今日人类学民族学论丛
Anthropology and Ethnology Today Series

贵州大学民族学重点学科群建设项目资助
贵州大学重大文科项目"社会性别、族群与发展"（GDZT201502）阶段性成果

社会性别视角下的贵州少数民族妇女研究

尤小菊　张　晓◎主编

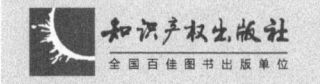

知识产权出版社
全国百佳图书出版单位

图书在版编目（CIP）数据

社会性别视角下的贵州少数民族妇女研究/尤小菊，张晓主编. —北京：知识产权出版社，2019.1
ISBN 978-7-5130-5969-5

Ⅰ.①社… Ⅱ.①尤… ②张… Ⅲ.①少数民族—妇女—研究—贵州 Ⅳ.①D442.873

中国版本图书馆 CIP 数据核字（2018）第 273754 号

内容提要

这本论文集是贵州大学妇女与社会发展研究中心近十年来从历届硕士研究生毕业论文中精心挑选出来的，也是贵州大学民族学学科近十年来教学与科研实践在女性人类学领域取得的阶段性成果。

在妇女发展成为时代主题的今天，全球化经济裹挟下的中国少数民族妇女在传统与现代话语夹击下的境遇更加复杂。从女性主义的立场，抛弃宏大的妇女一体的概念，关注全球化时代不同地区、不同民族女性的多样化实践，强调女性知识谱系和女性个体经验的重要性，将女性问题放在社会实践、社会转型中去重新审视和考量，扩展传统人类学的研究视野，呈现现实生活中少数民族女性的多样性面貌，是这本论文集的努力旨趣所在。

我们希望这本集子能引起更多学界同仁和社会力量关注少数民族妇女发展等社会议题。

责任编辑：冯　彤　　　　　　　　责任校对：王　岩
封面设计：张　冀　　　　　　　　责任印制：孙婷婷

社会性别视角下的贵州少数民族妇女研究

尤小菊　张　晓　主编

出版发行：	知识产权出版社有限责任公司	网　　址：	http://www.ipph.cn
社　　址：	北京市海淀区气象路50号院	邮　　编：	100081
责编电话：	010-82000860 转 8386	责编邮箱：	fengtong@cnipr.com
发行电话：	010-82000860 转 8101/8102	发行传真：	010-82000893/82005070/82000270
印　　刷：	北京建宏印刷有限公司	经　　销：	各大网上书店、新华书店及相关专业书店
开　　本：	787mm×1092mm 1/16	印　　张：	20.25
版　　次：	2019年1月第1版	印　　次：	2019年1月第1次印刷
字　　数：	331千字	定　　价：	89.00元

ISBN 978-7-5130-5969-5

出版权专有　侵权必究
如有印装质量问题，本社负责调换。

序 言

一、女性人类学的发展

兴起于20世纪70年代的女性人类学已成为国际学术领域的热门议题之一。1975年，密歇根大学出版的《迈向妇女人类学》标志着女性人类学的成熟。

中国女性人类学研究则处于初始阶段。20世纪80年代以来，特别是1995年世界妇女大会后，妇女与社会性别研究才逐渐进入中国学者的视野。已有研究领域多集中于妇女理论、妇女现实问题、妇女（口述）史研究。学术界已有研究范式主要关注的是以妇女问题为切入点，以妇女为研究对象，就女性论女性或对女性经验的静态研究。大多学者把少数民族妇女视为弱势群体，对其研究更多的是出于一种人文关怀，而缺乏科学意识和理论思考。少数民族妇女研究领域普遍缺乏性别比较、性别分析的观念与视角，较少触及社会性别实践动态及其相关的多重权力结构的互动。从女性人类学角度对少数民族地区妇女研究，特别是进行实证与应用研究为数不多。

中国正处于传统文化与现代化交接碰撞的社会转型期。如何在宏大的社会转型的背景下，开展少数民族妇女研究，需要借鉴国外相关理论，找到西方女性人类学理论与中国少数民族女性问题研究的切入点，结合中国实际开展研究，并思考和探讨女性人类学的中国本土化问题。

二、贵州大学民族与妇女发展研究中心

贵州大学民族与妇女发展研究中心成立于2001年。中心成立宗旨是针对贵州少数民族妇女所面临的问题和困难，通过项目的方式进行实际干预，寻

求解决的办法，为贵州少数民族妇女的发展做出贡献；探索具有实效性的学科发展模式，将"教学""研究"和"发展"结合起来，让"研究"能够为教学和现实服务，使学生能够学习到针对贵州实际情况、解决具体问题的知识及理论；而在"教学"过程中教师和学生也能够参加到具体的项目里面，能够学中用，又在用中学；妇女发展所积累的实践经验又给研究提供研究基础。

中心主任张晓教授原为贵州省社科院民族所所长，2007年调入贵州大学，致力于贵州少数民族妇女、社会性别与妇女发展等教学与科研工作。专著《西江苗族妇女口述史研究》是中国学者在少数民族妇女口述史方面的开创之作。张教授先后为民族学研究生先后开设《社会性别与族群发展》《贵州少数民族妇女研究》《女性人类学》《民族文化传承与妇女发展》《应用人类学》等社会性别相关课程。青年教师尤小菊博士于2008年加入该中心，自2012年至2016年为本校民族试验班本科生和民族学专业研究生先后开设《社会性别概论》《女性人类学》课程。

另外，中心也一直不间断地推动妇女学和社会性别学科梯队建设，并建立与国际妇女学、社会性别学学界的联系。贵州大学民族与妇女发展研究中心与美国密歇根大学有长期良好的学术联系。2001年6月，密歇根大学妇女研究中心多名学者获邀参加在贵州贵阳召开的"社会性别、民族与社会发展"研讨会，双方正式建立学术联系。2007年密歇根大学王政教授赴贵州大学进行学术交流，并举行两场专题讲座。2009年6月26~29日举办的"社会性别研究国际学术会议"，双方进一步加深了学术联系。2012~2013年，贵州大学副教授尤小菊赴密歇根大学妇女与社会性别研究所研修一年，主修女性人类学与社会性别。2014年7月，复旦—密歇根大学社会性别研究所举办第三届"社会性别：学位论文写作的有效范畴"高级研修班。中心派出一名青年教师和一名研究生全程参与。

正是在该中心老中青教师十几年如一日的努力下，以细水长流的方式不间断地推动贵州大学妇女与社会性别学的学科建设和贵州少数民族妇女研究，从而渐渐促成少数民族妇女研究并使之成为贵州大学乃至贵州省的特色研究领域。

三、关于这本集子

我们目前处在一个急剧变革与快速转型的发展时代。全球化发展为不同国家的不同族群妇女的本土化实践提供了更大的舞台和更多的机会。如何在具体研究中抛弃宏大的妇女一体的概念，探索全球化时代不同少数民族妇女的多样化探索，强调探索女性个体主观经验的重要性，将少数民族妇女研究放在社会实践、社会转型中去审视和考量，是这本论文集的努力旨趣之所在。

本论文集收录的四篇论文均为贵州大学民族学研究生的硕士学位论文，也是贵州大学民族与妇女发展中心在长期的教学与科研实践中取得的阶段性成果。

蒙祥忠作为贵州土生土长的水族学生，完成一篇"家乡人类学"研究。论文以水族从酒曲植物的认知到酿酒工艺制作过程为研究对象，探讨水族的生命观。水族将120种酒曲植物作为神圣物看待，根据植物的特性、功效、性别等进行独特的命名与分类，并根据本民族的文化机制制订相关的采集原则，以及根据不同的植物起到不同的功效和同一种植物不同的部位具有不同的效用而制订相关的利用规则。在水族看来，植物既然具有生命力，那么它们就有雄性和雌性之分，进而可进行"婚嫁"，通过交配而诞生新的生命。在这样的植物认知的基础上，水族先民创造了独具特色的酿酒工艺，水族酿酒工艺的过程是无意识模拟人造生命的过程。水族把120种植物看似生命的种子，妇女是生命的缔造者，酒是新的生命。水族通过无意识的人造生命的模拟，表达了对生命起源的崇拜、对生命繁衍的渴望、对生命护佑的意愿，以及对生命壮大的祈求。水族女人不仅是酒曲植物采集者，也是植物认知体系的拥有者，同时也是酿酒工艺的实施者，她们不仅是新生命的缔造者，而且也是酒文化的创造者。

张妙琴以贵州省威宁县雪山镇切冲苗寨为例，将麻的切入点和女性的视角相结合，探讨麻的物性和文化意义，物与人的互动—互构、对社会关系的塑造或凸显。笔者首先分析麻因"极强的环境适应性""较好的柔韧性""可食性""可入药性"等特殊物性而进入切冲苗族的社会生活，获得象征、记忆、交换、转换、连接等文化意义，进而塑造或凸显当地的社会文化。在这一分析下，笔者探讨麻与其最初进入纺织领域的掌握者苗族妇女之间的互动—互构关系，并进一步挖掘探讨该关系背后，由麻在多种社会交换场合中建构的社会关系及关系主体间的互动，即麻和麻织物建构的，在个体间的情感交换和家族间婚姻交换中的男女夫妻关系；在贡献与回报交换中的女人与家庭和社会之间的权责关系；在纺织中女人间互慰共勉的姐妹情。这些关系在麻与妇女结合的这条线上构筑切冲苗族的社会关系网络。因此，苗族妇女织的麻布是社会关系的隐喻。苗族妇女不只在织布，更在编织社会关系网络。用于家族间进行婚姻交换的女人，如麻纺织中一根根纬线，串起一条条经线般的延绵不断的父系继嗣群，编织一个基于麻与妇女之脉络的社会关系网络。最终，不仅展现麻在切冲苗族社会生活中不可或缺的重要性，凸显出苗族妇女在当地民族文化的创造与传承中的能动性和贡献性，更证实由麻切入理解大花苗社会文化和社会关系的可能性和重要性。

潘璐璐是来自黔东南的苗族学生。她以四个不同地区为田野点，将苗族妇女小群体的文化现象放置于全球化和城乡流动的语境中，从苗族妇女结群现象本身，窥视苗族社会结构和苗族两性关系差异，分析苗族妇女在各种场景下结群的产生原因、特性及其功能；并在社会流动的特殊语境与背景下，归纳出四种不同地域、有各自特性的妇女小群体，运用女性人类学的理论视野，分别从主体性意识、身份认同、社会网络、社会空间、文化调适、文化传承等多维度分析四个不同苗族妇女的结群实践。结群不仅是她们对自我身份认同归属的表达，女性的主体能动性也得以在亲属关系、两性角色、情感、社区组织的参与以及日常生活实践等不同层面得以鲜明地体现。妇女小群体借由自己的群体力量，展现自我主体性和姐妹情谊、抵抗父权和汉族民族中心主义权威，也是其获得社会认同的重要途径。而对这些活动描述的背后，反映妇女小群体从传统到现代的变迁，而小群体的变迁实际上就是苗族传统文化的变迁，是认识当下苗族社会的一个必要途径，从而为文化多样性和传统文化的变迁和传承提供一个研究视角。

贾婷采用女性主义口述访谈法进入舟溪田野，结合人类学传统的参与性观察进行调查。在舟溪苗族社会变迁的大背景下，通过叙述舟溪传统社会、传统技能（纺织及纺织文化）改革的前后变化，性别分工的变化导致性别角色和两性关系的变化，以此揭示社会文化建构社会性别的过程。在这个建构过程中，苗族妇女的角色在不断变化，分别从文化调适、传承等方面体现自己的主体性。事实上，纺织代表一种性别分工，是象征妇女社会角色的标志。当社会变迁和文化转型后，纺织开始分化，那么妇女的社会角色将会改变。通过从农业经济体制改革、工业发展、科技引入和旅游业发展等方面叙述舟溪社会的改变，阐述舟溪苗族社会从内到外建构当地性别文化的过程。

四、缺憾和若干亮点

研究选题上，研究对象只涉及水族和苗族，尚未扩展到贵州省内其他少数民族妇女。贵州省有17个世居少数民族，对其他少数民族妇女继续展开深入研究是我们未来的努力方向。

研究方法上，仍是以人类学传统的民族志方法为主，综合运用参与观察和深度访谈、口述史，同时也会依据各自研究对象和研究内容有所扩展，如潘璐璐，突破人类学传统社区研究，采用多点民族志实践，这种努力值得肯定。

值得一提的是，四位作者本科专业均不是民族学人类学专业。蒙祥忠和潘璐璐作为贵州本地的水族和苗族，某种程度上其研究可归为"家乡人类学"范畴，其他二位作者则来自贵州省外。作为跨专业的汉族学生，他们能在三年的时间内系统完成民族学人类学专业训练，并把硕士论文写成这样，已属不易。当然错误在所难免，责任全在指导老师。我们编这样一本集子，既是对贵州大学民族学硕士点成立十多年在社会性别与少数民族妇女教学与科研领域的反思和总结，另外也希望引起学界和社会各届力量关注少数民族妇女发展以及社会性别主流化等社会议题，吸引更多有识之士投身此领域。

编者

2018年9月1日

目 录

论水族对生命的理解与表达

　　——从酒曲植物的认知到酿酒工艺的解读 ………………… 蒙祥忠（1）

"麻"与苗族妇女的人类学研究

　　——以贵州省威宁县雪山镇切冲寨为例 ………………… 张妙琴（64）

城乡流动中苗族妇女小群体与传统文化的传承和变迁 ………… 潘璐璐（133）

性别视角下的舟溪苗族妇女纺织 ……………………………… 贾　婷（220）

论水族对生命的理解与表达

——从酒曲植物的认知到酿酒工艺的解读

蒙祥忠

导　言

一、选题缘由

植物是人类赖以生存和发展的物质基础。美国人类学家路易斯·亨利·摩尔根（Lewis. H. Morgan）认为，人类进入蒙昧阶段在局限的生活环境内以植物的根和果实作为天然食物。当人类脱离蒙昧阶段而进入低级野蛮社会后，通过种植获取了淀粉食物，人类通过田野农业而获得无穷食物。[1] 世界各民族在漫长的历史长河中，总结和发展各自利用植物的丰富经验。有些民族通过文字、图形、实物、语言和风俗习惯等方式对植物进行记载，但有些植物尚未被整理与发掘。

生活在世界自然遗产茂兰喀斯特山区的土著民族将丰富的植物种类保存至今，茂兰喀斯特申请世界自然遗产成功在一定程度上得益于当地民族世世代代对生态环境的保护。笔者于2007年在茂兰喀斯特山区进行民族调查发

---

[1] [美] 路易斯·亨利·摩尔根，杨东莼，马雍，马巨译. 古代社会 [M]. 北京：商务印书馆，1977：19-24.

现，❶ 当地的水族同胞至今仍传承着使用120种植物作为制作酒曲的原料，并对这些植物有特殊的认知方式。在植物认知的基础上，利用植物创造独具特色的水族酒文化。透视水族酒文化，其文化的内核象征了水族的生命观，植物与生命观有密切的联系。

茂兰喀斯特山区的水族利用120种植物制作酒曲，这些植物在当地水族人看来都是神圣的植物。当地水族制定一系列的采集与利用植物的文化机制，将植物进行人格化的命名与分类，从植物的采集到酿造的整个过程均由妇女操作。当地水族认为120种酒曲植物具有雄性和雌性之分，植物有大、中、小之分，这些植物分为药引、酸、甜、苦、辣五大类别，不同酒曲植物具有不同的功效，且在制作酒曲与酿造中严格规定了各种禁忌等。透过其文化现象，它象征的意义是，120种植物象征生命的种子，酒曲制作象征两性结合的模拟过程，妇女象征孕育生命的子宫，酒象征新的生命。整个酒曲制作和酿造的过程是模拟人造生命的仪式过程。

从水族文化研究的成果来看，前人尚未涉及以水族酒曲植物的认知和酿酒工艺为研究对象来探讨水族的生命观，也很少有人前往此地进行民族学调查研究，笔者选择这样的命题将是开创性的研究，意义重大。

二、研究的意义

本论文以水族从酒曲植物的认知到酿酒工艺为研究对象，探讨水族的生命观。研究的意义：一是有利于保护民族地区资源开发与利用。二是有利于保护民族文化多样性提供政策参考。三是为生态文明建设提供理论依据。四是为论证万物有灵论、文化的整体观、认知人类学和象征人类学之间具有密切的联系，提供一个鲜明的案例，丰富了人类学的研究成果。

三、文献回顾

（一）生命问题的复杂性

自古以来，生命问题一直是个复杂性问题，形成了诸如，古代思想家的

---

❶ 笔者于2007年主持国际福特基金课题"西南各少数民族地方性生态知识的发掘、传承、利用、推广研究"之子课题，课题总负责人为杨庭硕教授。结题后，笔者继续跟踪调查，历时两年时间完成了本论文。

生命观、生理学的生命观、生物化学和分子生物学的生命观、生态学的生命观和进化论的生命观等。

中国古代的生命观主要有儒家生命观和道家生命观。儒家生命观表现为自然属性倾向。如孔子所整理的《易传》中的《系辞下》提出"天地之大德曰生",以及在《序卦传》的"有天,然后万物生焉"表示生命的自然属性。道家生命观认为"天人合一",在《尚书》《礼记》《山海经》《列子》和《史记》等有其生命观的体现,认为天地和人体相互对应,生命运动和天地日月运动的节律相一致。生理学往往把能够完成诸如消化、新陈代谢、排泄、呼吸、运动、生长、发育和对外界刺激做出反应的功能的系统称为生命系统。生物化学和分子生物学又往往把生命有机体看作是可传递编码在 DNA 和 RNA 中的遗传信息系统,这些信息可以控制蛋白质的合成,而蛋白质决定生物的主要性状。生态学的生命观把生命看作是生物圈中种种不可逆物质循环过程的中心环节。进化论往往把一个能够通过自然选择进化的系统看作是生命系统。

(二) 水族文化研究

目前,热衷民族学研究的学者不断地加大对水族文化的研究,并取得一定的成果。例如,潘朝霖、韦宗林主编的《中国水族文化研究》涵盖了水族社会诸多领域,包括水族历史、水族经济、水族政治、水书、水族文化艺术等,[1]但没有专门的章节研究水族的生命观,更没有以水族从植物的认知到酿酒工艺为研究对象而去解释水族的生命观。水族文化研究的相关文献比较零散,水族本土研究者也比较少。20 世纪 40 年代,岑家梧、李方桂、张为纲、陈国钧等著名专家学者调查水族社会历史文化,发表出版了《水书与水家来源》《水话研究》《水家来源试探》等成果,成为水家学研究的奠基之力作。在水族社会里,大家比较公认的有,潘一志先生、潘朝霖先生、石国义先生等。年轻一代的学者有韦宗林教授、韩荣培教授和蒙爱军教授等。他们都对水族社会的研究作了相当大的贡献,为后人研究水族奠定了基础,但成果不多,尚需加大研究力度。

---

[1] 潘朝霖,韦宗林主编. 中国水族文化研究. 贵阳:贵州人民出版社,2003.

(三) 民间植物研究

康克林（H. C. Conklin，1926— ）率先进行了民间植物认知的研究，于 1954 年完成了他的博士论文：《哈努诺人与植物界的关系》。哈努诺人的植物学资料因被列维－斯特劳斯（Claude Lévi–Strauss）在《野性的思维》一书中的引用而著名。在哈努诺人的语言中，"哈努诺人用 150 多个名称表示植物的各个部分和属性。这些名称为辨认植物和'讨论区分各类植物，而且还往往表明药用和营养的重要特征的几百种植物特性'提供了类目"。❶ 可以说，康克林的研究工作奠定了民间植物分类，尤其是民间植物分类和命名的普遍原理的基础。1895 年，美国植物学家哈什伯杰（J. W. Harshberger）在芝加哥太阳报上发表了关于"土著植物学"（Aboriginal–botany）的文章。次年，他在《芝加哥植物学报》上正式采用了"民族植物学"（Ethnobotany）作为科学名词，认为民族植物学是研究土著民族使用和进行贸易的植物状况的科学。1941 年，美国民族植物学家琼斯（V. H. Jones）进一步研究，认为民族植物学是透过文化现象来研究人与植物种群之间的直接相互作用的一门科学。1978 年，美国植物学家福特（Richard. I. Ford）进一步发展这一概念，确立了民族植物成为独立科学的地位，并在世界范围内广为传播。❷

新一代的民族科学研究者，伯林与生物学家 P. H. 雷文（Peter H. Raven）和 D. E. 布里德洛弗（Dennis E. Breedlove）合作，经长期对墨西哥南部和秘鲁的广大地区进行了田野调查，尤其是对墨西哥讲玛雅语的泽尔沱人（Tzeltal）的植物分类进行了详细研究，在世界著名的学术期刊《科学》（Science）上先后发表了《民间分类学与生物分类》❸ 和《分类学的起源》两篇重要文章。他们将泽尔沱人的民间植物分类和生物科学分类进行比较，划分民间植物分类与生物分类的三种关系：粗分、细分和一一对应的关系，探讨了民间分类群在文化上的重要性。美国人类学家 C. H. 布朗（Cecil. H. Brown）致力于民族科学和认知语言学的研究。发表论著有：《民间生物分类学中的独特先驱与隐蔽类群》《哈斯特克人的植物分类学》《生物和非生物民间分类的某些一般原理》

---

❶ [法] 列维－斯特劳斯，李幼蒸译. 野性的思维 [M]. 北京：中国人民大学出版社，2006：14.
❷ 裴盛基，龙春林. 应用民族植物学. 昆明：云南民族出版社，1998：1.
❸ Berlin, B, D. E. Breedlove, and P. H Raven: Folk taxonomy and Biological Classification [M]. Science, 154, 1966, 273–275.

和《民间植物的生活型：它们的普遍性与演进》等。他统计了世界上 105 种语言中的植物生活型术语后，提出民间植物生活型名称的演化过程，即人类对植物生活型的认知顺序。❶ 其认知模式是先认知树，再到草，再到灌木和藤本。

在中国，裴盛基教授首先提倡"民族植物学"研究。1978 年 1 月 1 日，我国第一个专门研究民族植物学的机构——民族植物研究室在中国科学院昆明植物研究所成立。1990 年 10 月在昆明召开的第二届国际民族生物学大会（The Second International Congress of Ethnobiology），促进了中国"民族植物学"及其相关学科的发展。❷ 2000 年，裴盛基先生荣幸当选为国际民族植物协会主席。不言而喻，我国民族植物学研究影响日益显著，赢得国际同行的尊重。❸ 中国民间植物学的研究取得了一定的成果。但真正从人类学的视角去研究植物的比较少，需要加大研究力度。

（四）认知人类学（Cognitive Anthropology）

古德纳夫（W. H. Goodenough）是认知人类学的先驱者，他认为"所谓某个社会的文化，就是其成员明确认识的，相互关联的，为进行解释而形成的各种各样的模式"❹，也就是说文化是某个社会的分类体系。由于深受"萨皮尔－霍尔夫假说"——文化模式塑着民族思维的假设的影响，并采用雅各布森的结构语言的方法，认知人类学试图探究每个民族的分类体系，因而早期认知人类学又被称为"民间分类学"（Folk Taxonomy）。从研究视角或研究者的立场来看，认知人类学借用派克（K. L. Pike）语言中的两个概念，即 etic（源于 Phonrtic，语音）和 emic（源于 Phonemic，音位），来区分两种研究立场。简言之，etic（客位）立场就是站在局外人的立场来看待所有研究的文化；emic（主位）立场是站在局内人的立场对待所研究的文化。因此，认知人类学本质上是一种文化分析的方法。❺

---

❶ Brown, Ceil H. Folk botanical life-forms: their universality and growth [J]. American Anthropologist, 1977 (79): 318.
❷ 裴盛基, 龙春林. 应用民族植物学 [M]. 云南：云南民族出版社, 1998: 2.
❸ 尹绍亭. 人类学生态研究的历史与现状. 载中央民族大学民族学与社会学学院、中国少数民族研究中心编. 中国民族学纵横 [M]. 北京：民族出版社, 2003: 123.
❹ 庄锡昌, 孙志民. 文化人类学的理论构架 [M]. 杭州：浙江人民出版社, 1988: 223.
❺ 庄孔韶. 人类学通论 [M]. 山西：山西教育出版社, 2001: 26-27.

20世纪六七十年代，认知人类学在理论和方法上都发生了转变。其重点不仅仅限于原住民对事物的分类及其关系的研究，也注意对分类的心理过程的研究。20世纪80年代以来，图式理论成了认知人类学理解文化心理方面的主要手段。认知人类学者越来越与结构主义者一样，其最终的目的都是发现普遍的精神原则。认知主义者通过对文化的某个领域的词汇分析，寻找某一群人的认知结构，即存在于某一文化的成员心中的模式、规则或结构。认知人类学的理论基础就是：真正的文化存在于文化负荷者心中。❶

由于认知人类学所倡导的严格的研究方法，因此象征人类学或解释人类学那种凭借人类学家的自觉而不能被证实的研究遭到了认知人类学的质疑。然而，象征人类学却一直在从事认知研究。20世纪80年代中期认知对联系人类学的诗或象征方面的隐喻产生了兴趣。在隐喻和隐喻理论方面，象征人类学和认知认人类学产生了广泛的对话。❷

（五）象征人类学（Symbolic Anthropology）

人们将象征人类学追溯到19世纪末20世纪初，对于代表社会地位和生命经历的各种仪式进行解释、赋予意义的研究。象征人类学有两种研究倾向：一种是由列维－斯特劳斯所代表的，以结构人类学、结构语言学、认知人类学为中心的"抽象的系统学派"，重点放在神话研究中象征的分类和理论方面；另一种以 V. 特纳（Victor Turner）为首，是由微观社会学、社会语言学、民俗学、文艺批评等领域所共同具有的"象征和社会的动力学派"，重视庆祝和祭祀及其具体过程。❸ E. 利奇（Edmund Leach）在《文化与交流》中，用列维－斯特劳斯的烹饪三角式图解来表达蝴蝶结领带的意义—象征。❹ 特纳专门研究宗教与仪式。他发表了《象征的研究》《象征之林》和《恩登布人狩猎仪式的象征主义主题》等。他由于研究以治疗礼仪为中心的礼仪符号而体会到象征作用的力量，因而把研究焦点置于动态的象征性上。❺

---

❶ 黄淑娉，龚佩华. 文化人类学理论方法研究［M］. 广州：广东高等教育出版社，2004：383－384.

❷ Jennifer Cash: Cognitive Anthropology, Http：//cognet. mit. edu/MITECS/Entry/casson.

❸ 黄淑娉，龚佩华. 文化人类学理论方法研究［M］. 广州：广东高等教育出版社，2004：384－385.

❹ ［英］E. 利奇，郭凡等译. 文化与交流［M］. 广州：中山大学出版社，1990：57.

❺ 黄淑娉，龚佩华. 文化人类学理论方法研究［M］. 广州：广东高等教育出版社，2004：388.

王铭铭在其《社会人类学与中国研究》中指出，20世纪70~80年代，汉学人类学出现两大潮流：其一是社区调查的复归和范式的地方性检验的兴起，其二是象征人类学的发达。这两大潮流构成了汉学人类学第三个时代的主要特点。……在结构主义的影响下，西方人类学从20世纪60年代起开始重视象征体系与社会体系关系的探讨。在一段相当长时间的和平时代出现之后，世界出现了新的格局，文化之间的交往方式也从战争转入经济文化霸权的争夺。民族文化的独特性及其在世界文明格局中的地位问题重新成为人类学研究的主题，符号—象征体系作为文化独特的主要表现形式跃然成为人类学者的主要关注点。在道格拉斯（Douglas）、格尔茨（Clifford Geertz）、特纳等著名学者的倡导下，象征人类学成为人类学研究的主流。在这一主流的推动下，许多从事汉学人类学研究工作的学者（如武雅士、芮马丁、王斯福等），十分重视"汉人民间宗教"的探讨，他们力图在中国人的信仰、仪式与象征体系中发掘中国文明与社会构造的模式。❶

四、研究方法

本论文主要是以万物有灵论的哲理性为指导思想，根据马林诺夫斯基的文化整体观、认知人类学和象征人类学等观点去加以解释水族从植物的认知到酿酒工艺中所蕴含的象征意义，进而透视水族对生命现象的理解与表达。在研究中具体采取如下方法。

首先，使用参与观察法。当前，人类学较为流行的研究方法是参与观察法，它要求人类学家从书斋中走出来，深入到土著居民的生活中，学习他们的语言，与他们一起生活，收集第一手资料。本论文要直接了解水族怎么对120种酒曲植物的命名、分类和使用，这首先要求研究者了解水族的语言才有可能进行准确的记录。在田野调查期间，当地水族妇女热情帮助，妇女们带领笔者和其他调研工作者一起穿梭于深山老林和田间寻找植物标本。笔者共收集了120种水族酒曲植物标本和44种水族传统糯稻标本。借助汉语拼音，按水族语音记录它们的名称，以及记录这些植物的药用部位、分布和生产环境、采集、主要成分和作用、功效等。

---

❶ 王铭铭. 社会人类学与中国研究［M］. 桂林：广西师范大学出版社，2005：17-18.

其次，使用深描的手法（Thick description）。在具体文本写作过程中使用深描的方法。水族酿酒工艺的整个流程及其对植物的认知非常复杂，但必须将每个环节都进行描写，不能漏掉任何细节。以便于解释其所象征的意义，更能准确地理解水族的生命观。为了确保民族志材料的科学价值，笔者在论文中将明确标明哪些是土著人的思考，哪些是笔者的理解。马林诺夫斯基认为"唯有符合以下条件的民族志材料才具有无可置疑的科学价值：我们可以分辨出哪些材料是由直接观察与土著人的陈述和解说得来的，哪些材料是作者基于他的常识与心理领悟得来的。"❶

最后，使用象征人类学的文化分析方法。由于象征文化构成的另一个语义世界是人类文化的一个重要组成部分，不包括象征文化理解的文化认识将是不完整的，没有象征文化理解的文化解释往往是浅表性的，甚至是错误的。❷ 借助象征研究方法，透视水族的生命观。

五、田野点概括

水族❸主要分布于云贵高原苗岭山脉以南的都柳江和龙江上游地区。水族由百越民族集团中的"骆越"逐渐发展成为单一民族。秦汉以前，水族先民主要活动于两广地区的邕江流域一带，秦伐岭南之后，逐渐向黔桂边境转移，并从百越民族母体中分离出来，至唐宋之际形成单一民族——水族。据全国第五次人口普查统计，全国水族人口约41万人，贵州境内的水族人口约37万人。主要聚居于三都、荔波、独山、都匀、丹寨、雷山、榕江、从江和毕节等地，其他水族人口分布在云南、广西等地。

水族自古以来都自称"睢"或"人睢"，即睢或睢人。水家民间有此古语："吃水睢，成人睢；吃水河睢，成人睢"。古语指出了"睢水""睢河"和"睢溪"养育水家人先民共同体"睢""人睢"。"睢""人睢"即为当今的水族。"睢水""睢河"和"睢溪"在何方呢？中国以睢、濉命名的河道有

---

❶ ［英］马凌诺斯基，梁永佳，李绍明译，高丙中校. 西太平洋的航海者［M］. 北京：华夏出版社，2002：2.

❷ 居阅时，瞿明安. 中国象征文化［M］. 上海：上海人民出版社，2001：24.

❸ 潘朝霖，韦宗林主编. 中国水族文化研究［M］. 贵阳：贵州人民出版社出版，2003；何积全. 水族民俗探幽［M］. 成都：四川民族出版社，1992；石国义主编. 水族村落家族文化［M］. 贵阳：贵州民族出版社，2007.

三条。其一为睢水，故道在今河南省开封，向东流经杞县、睢县、宁陵、商丘、夏邑、永城，接着转入安徽省濉溪市、宿县、灵璧，然后穿过江苏省睢宁县，流到宿迁县注入泗水，最后汇入濉河入海。另两条是濉溪及新濉溪，发源于安徽省砀山境内，穿入河南省夏邑县境，又流过安徽濉溪县、灵璧县、泗县境内，最后流经江苏省泗洪县注入洪泽湖。睢、濉同音，早期用睢，后期增用濉。据水家先民活动之地推断，水家古语所指"睢河、睢溪"或"睢水"与古水道睢水、濉水关联最大。水族的主源氏族是在睢地生息繁衍而来。水族自称"睢"，显然是水族先民在逼迫迁离睢水流域之后，出于怀恋故土，怀念祖先的心里，以"睢"作为自己的族号。

水族拥有自己的语言和文字，水语属汉藏语系壮侗语族侗水语支，水族古文字——"水书"，是迄今仍在使用的古象形文字，号称中国古文字的活化石。水语中的"水书"称为"泐睢"，"泐"是水语"书"及"字"的意思。古汉字"泐"意为"石的纹理"，通"勒"，即铭刻之意，引申为"书写"。"勒睢"即"勒"在睢地石头上的书。水书是水族古文字、水族书籍的汉译通称，是水族信仰文化、民间知识杂糅的综合典籍。

调查点水庆村位于茂兰喀斯特世界自然遗产的边缘地带，属都柳江和龙江上游。全村共7个自然村寨8个村民小组，居民299户1328人。主要是蒙姓和少部分的常姓，皆为水族，通用水语。该村分散而居，但其内部的社会组织非常稳固，互惠关系较明显，共同举办红白喜事，共同轮流耕作，共同酿酒等。婚姻关系具有严格的规定，属三代以内的同一蒙公后代的不能通婚，其余皆可通婚。全村家家户户都储存糯米窖酒和酒曲，每户窖藏都上百斤，每户所收藏的酒曲至少可用两年。全村妇女均能掌握酿酒工艺，一部分妇女能认识全部酒曲植物，每家都有一套祖宗传承下来的酿酒工具。

水庆村距荔波县城约30公里，全村总面积55平方公里。该村西南面与一个瑶族乡接壤，东北面靠近榕江县的水族聚集区，东面与三都水族自治县的九阡镇接壤。该村属喀斯特地貌，其东、南、北面都是孤峰残林，西面是缓坡，孤峰残林和缓坡围绕着较为平坦的稻田分布。山峰里溶洞颇多，且呈现出峰峦叠嶂的喀斯特峰丛漏斗及峰丛洼地景观。此地气候属中亚热带季风湿润区，四季分明，冬无严寒，夏无酷暑；全年降雨量1752毫米，年平均温度15.3摄氏度，年平均相对湿度83%，日照充足。流经该村的河流共3条，走向均是自北向南，汇合于村委会所在地后流入溶洞，最后进入荔波县旅游景点的龙江上游和都柳江上游。

水庆森林面积约5000亩。该地区有维管束植物154科514属1203种；木本植物103科361属883种；草本45科127属289种，主要有苦苣苔科、兰科、天南星科、唇形科及蕨毛蕨科、蹄盖蕨科、水龙骨科等❶。孤峰残林里多为藤蔓植物，石缝长满了青苔，树木多从石缝中生长，树根呈扁形，紧紧包住岩石，树根到处蔓延。植物和青苔将裸露的岩石紧紧遮蔽，起到降低无序升温作用。稀少的黄枝油杉、短叶黄杉、福建柏、华南五针松等构成了一道美丽的自然风光。

水庆的建筑主要是杆栏式，是根据当地气候特点而设计的。房屋两头似三角形，利于吸收自然风，起到风扇作用。村寨的两座凉亭颇具民族特色，分布在不同方位，其一代表雄性，其一代表雌性。水庆的稻田是用石头堆砌而成，祖先在位于河流两旁的农田的田坎上栽种许多枫树，有效地防止洪水将农田冲垮，枫树被砍掉其上半身，以免遮蔽稻田享受足够阳光。金秋时节，圆锥形的草垛与喀斯特峰林遥相呼应，景观美丽，是旅游观光的好去处。

第一章　水族酒曲植物的分类、采集与利用

第一节　酒曲植物的命名与分类

生活在茂兰喀斯特森林里的水族同胞至今仍使用120种植物作为制作酒曲的原料，这些植物在水族的文化观念中是神圣物，水族将这些植物进行人格化的命名与分类。总的来看，植物被分为雄性和雌性之分，大、中、小之分，120种植物被分为药引、酸、甜、苦、辣五大类别。

民间分类学（Folk Taxomony）是一种文化现象，它的结构在文化内部和

---

❶　熊康宁主编. 荔波锥状喀斯特生态过程与生物多样性［M］. 贵阳：贵州人民出版社，2006：571－574.

文化间的差异可以通过文化在分类中的应用而得到解释。❶ 民间植物分类（Folk plant classification）是指科学分类以外的存在于民间中对植物进行分门别类的一种方法和过程。民间植物分类是传统环境知识的重要组成部分和认知人类学的重要研究对象之一。前文已提到，康克林的《哈努诺人的咀嚼槟榔》中研究了努哈诺人用150多个名称来表示植物的各个部分和属性，他们区分植物时根据其叶形、颜色、产地、大小、性别、生长习性、植物寄主、生长期、味觉、气味等。❷ 但是，分类存在的主要证据就是它的命名。❸ 语言是分类的基础，在进行民间植物分类时须分析植物名称在语言上的构成情况。水族先民不仅创造了自己的文字，而且拥有丰富的语言，为该民族对物质世界的分类提供了前提条件。

要掌握水族对酒曲植物的命名，首先要理解原始名（Primary Name）和衍生名（Secondary Name）的概念。❹ 原始名是一个"语言单元"，只表达一个意思。它可分为两种类型：一是语义上不能再进一步拆分分析。二是有多个元素组成，语义上可进一步拆分分析。衍生名是指由多个元素组成，在语义上可进一步拆分分析，它是在原始名上加上修饰词构成。

经田野调查，水族将120种植物进行了独具特色的命名与分类，掌握这些知识主要是妇女，而且年纪越大的妇女掌握越多。在此仅列举几种植物的命名情况（见表1-1）。

表1-1 水族酒曲植物简单原始名与衍生名列举图表

民间名 Folk name	汉语名 Chinese name
简单原始名 Simple primary name	
ao	稻

---

❶ Frake, C. O. Language and Cultural Description [M]. Stanford University Press, Stanford, California. p116. 1980.

❷ 黄淑娉，龚佩华主编. 文化人类学理论方法研究 [M]. 广州：广东高等教育出版社，2004：377.

❸ Sturtevant, William C. studies in Ethnoscience [M]. American Anthropologist. 66 (3), p. 106. 1964.

❹ Berlin, B. D. E. Breedlove, and P. H. Raven: General Principles of Classification and Nomenclature in Folk Biology. American Anthropologist, 75, p. 215-242, 1973; Berlin, B. Folk systematics in relation to biological classification and nomenclature. Annual Review of Ecology and Systematics, 4, p259-271; [美] 盖利·J. 马丁原，裴盛基，贺善安编译. 民族植物学手册 [M]. 昆明：云南科技出版社，1998：237.

续表

民间名 Folk name	汉语名 Chinese name
简单原始名 Simple primary name	
ma	菜（药材）
mai	树
yao	藤
衍生名 Secondary name	
ao lai men	黑糯稻
ao lai han	红糯稻
ma ding	蓝淀草
ma dui gun	莲花草

  水族严格按照原始名和衍生名的规则将酒曲植物命名。除此之外，水族还将一些酒曲植物分为雄性与雌性，以及大、中、小。从植物的形状来看，其特征完全不一样，但其名称有共同的部分，在名称后冠以后缀"hai"或"ni"。水语中的雄性叫"hai"，雌性叫"ni"。例如，植物"wa weng nao hai"和植物"wa weng nao ni"是两种不同的植物，但名称的前部分却是一样。类似的植物还有，"wa gou he""hen huo""ha wa liang""geng""wa man he""ma wa wan n""xing di""na no""ban kao""liang dong""wa diu""wa la he"等，都具有雄性和雌性之名。另一种命名的方法是，120种酒曲植物中，还有一些植物是同一个名称，但有大、中、小之分。120种酒曲植物绝大部分都存在以上特点，阴阳相对，二元对立。泰勒曾指出，"人类智力的最隐秘的活动化为万物有灵观的本质以后，二元论的哲学赋予每个不免于死的人以善的和恶的精灵，它们在整个生活过程中促使人在善行和恶行、幸福和不幸的道路上时而前进，时而后退。"❶ 水族将这些植物视为有性别的生命，视之为神圣物，进而十分珍爱，体现了二元论指导水族人保护生物的善行的一面。

  水族酒曲植物的命名大致与北美洲对植物的认知有所相似。列维－斯特劳斯有类似研究，在北美就像在古代世界一样，艾草植物有女性、月亮、黑夜等含义，主要用于治疗痛经和难产。与之相反的一类，它具有男性、太阳、

---

❶ ［英］爱德华·泰勒，连树声译. 原始文化 [M]. 上海：上海文艺出版社，1992：655-656.

白天的含义。这首先是因为，神圣的性质属于具有意指作用的一对植物，而不单属于一种或一类植物。[1] 按照列维-斯特劳斯的理解，水族 120 种酒曲植物都是神圣的，植物之间阴阳相对，具有二分法。在此，可借用列维-斯特劳斯的"二分法图形"来表示酒曲植物之间的关系。其图形见图 1-1。

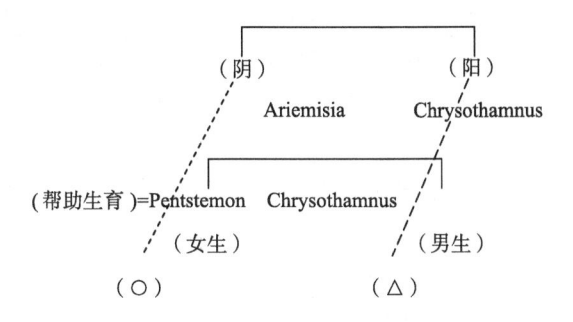

```
              （阴）          （阳）
              Ariemisia    Chrysothamnus

(帮助生育)=Pentstemon   Chrysothamnus
              （女生）        （男生）
              （〇）          （△）
```

图 1-1 水族酒曲植物二分法图形

水族根据酒曲植物的习性、功效、形状、气味等将之进行了五大分类。第一类为药引，水语称为"百亿妮骂"；第二类为酸类植物；第三类为甜类植物；第四类为苦类植物；第五类为辣味植物。水族妇女对这些植物了如指掌，妇女们往往借助手掌的五根手指帮助记忆。当地妇女如是描述，拇指代表药引类，食指代表酸类，中指代表甜类，无名指代表苦类，小拇指代表辣类。在此，借助手掌图作如此描述（见图 1-2）。

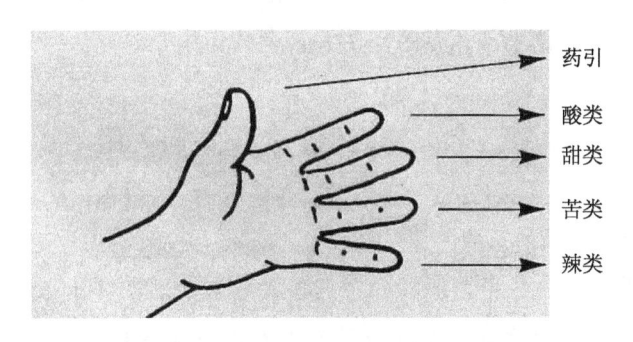

图 1-2 水族酒曲植物五大分类手掌图

在当地水族妇女的帮助下，笔者收集到 120 种酒曲植物标本，在此仅列

---

[1] ［法］克洛德·列维-斯特劳斯，李幼蒸译. 野性的思维 [M]. 北京：中国人民大学出版社，2006：54.

举部分植物的分类如下（见表1-2）。

表1-2 水族120种酒曲植物五大分类列举

名称	生长地	习性	类别
bei ni hangyao	田坎上	阴阳	药引
biao he ni	藤类植物，岩石上	喜阳	酸类
wa la hai	寨子边、河边、有水的地方	喜阴	甜类
wa lian	山脚下平缓地，土地肥沃的地方	喜阴	甜类
ma en a	岩石里	喜阳	甜类
ma wa zhou	山腰山脚石缝中	喜阳	甜类
ha hun di	岩石上，青苔地	喜阳	甜类
ha huannao	半山腰	喜阴	甜类
ma man ding	山腰岩石上	喜阴	甜类
makan	寨子边、道路边	阴阳	苦类
ma ben ao	耕地里、寨子边	阴阳	苦类
ni la haning	森林茂密地，攀沿于树上	喜阴	辣类

以上仅列举了部分的植物，水族认为这些植物相互控制，其中药引子最为重要。120种植物中有些是甜类、有些是苦类、有些是辣类、有些是酸类，它们相互控制，彼此调和。防止酒过甜，或过酸，或过苦，或过辣。有些植物对酒酿起到增加热量的作用，为了防止过热，有的植物起到退凉的作用。不同种植物的功效也不同，有的作用大，有的作用小。

第二节 酒曲植物的采集与利用

（一）酒曲植物的采集

采集植物的第一天：农历二〇〇七年六月六日，戊申日，天气：晴

参加采集酒曲植物的妇女于清晨8点左右就集中起来，分成3组。第一组9人，领队人蒙玲庆（也是总领所有的采集成员），75岁，文盲；第二组9人，领队人蒙九芬，62岁，文盲；第三组7人，领队人蒙有福，45岁，文盲。我们调研组共6人，3男3女，每一男一女组成一组分别参与3个组采集。每组配备一台照相机，每采到一味药物就进行拍照，详细描写每味药物所处的环境，并一一作好标签。3组同时向太阳升起的方向出发，距离村寨不

远的地方，蒙玲庆首先采集到了第一味药后，3个组就分散到不同的山峰采集。

当天采集的时间从早到晚，一共采集到22味药物。

采集植物的第二天：农历二〇〇七年六月七日，己酉日，天气：晴

采集的时间从早到晚，一共采集到18味药物。

采集植物的第三天：农历二〇〇七年六月八日，天气：晴

采集时间从早到晚，一共采集到20味药物。

采集植物的第四天：农历二〇〇七年六月九日，庚戌日，天气：晴

采集时间从早到晚，一共采集到24味药物。

采集植物的第五天：农历二〇〇七年六月十日，壬子日，天气：晴转雨

下午突然暴雨，采集被迫中断。一共采集到14味药物。

采集植物的第六天：农历二〇〇七年六月十一日，癸丑日，天气：晴

采集时间从早到晚，一共采集到22味药物。

采集120种植物一共用掉了6天时间。调查人员感到筋疲力尽，身体虚弱的人还患了热感冒，有的由于身体较重爬山十分费力，所以只参加了一天时间。能够坚持到最后的，每个组就只剩下一人。坚持到最后的人，其脸、手和衣服都已被划破，皮肤被蚊子咬出了很多水泡。森林里根本没有路，是使用镰刀等工具披荆斩棘后才能通过。调查人员随时感到危险的到来，担心脚踩到老蛇或者惊动马蜂窝。蛇蜕下的皮随处可见，令人感到十分担忧。森林里的各种鸟兽的怪声令人感到恐怖。在跟踪采集的过程中，由于调查人员体力透支，跟不上妇女们的步伐，在一些十分危险的悬崖地段，妇女还主动帮助，让我们安全通过。幸运的是，整个采集过程没有发生任何意外。当地妇女解释说："在出发之前，我们已经赶走鬼了，它们不敢跟踪我们。有史以来，采集药物从未发生任何意外。"

采集植物一般由一位德高望重的老年妇女统领，参加采集的妇女们在老妇的带领下，大家结队面朝太阳升起的方向走去。刚走出村寨不远之地，老妇割下一把茅草并打结。然后，将打结一端朝着西方摆放在道路中央，并咒着恶鬼等不许跟踪采集植物的人。在老妇先采到第一株植物之后，其他人方才结伴分散到各处山峰去采集。采集植物一般不许孕妇、经期的妇女和男人参与。特别是尽量减少男人触摸这些植物，否则酒曲植物就有可能降低或者

失去功效。这与 E. E. 埃文思-普里查德研究阿赞德人所采集的本吉毒药植物是相反的,他们是不许女人参与此工作的。他们哪怕在神谕操作中使用过的树叶也要避免被女人发现,"如果女人弄脏了树叶,藏在隐蔽处的毒药就会失去功效。"❶

由于酒曲植物比较珍贵而稀少,绝大部分的植物生长在深山老林。有的生长在悬崖峭壁,要想获取相当困难。但越是难以获取的植物,其药性越大也越重要。再大的困难也要冒着生命危险采集,绝不允许将这些植物移植。移植的植物没有功效,且谁移植植物,谁家就有可能招致祸害。这与阿赞德人的规则有所相似。阿赞德人认为"如果某人移植了这种植物,这个人的亲戚就会死"。E. E. 埃文思-普里查德对此的理解是"毒药之所以被赋予神秘功效,一部分是因为它的罕见,还有一部分原因是获取它必须经受很多的痛苦"❷。这样的解释,似乎可用来理解水族的这一采集原则。

水族村寨具有聚族而居的特点,一个村寨就是具有父亲血统的同一姓氏的宗族。因此,统领的老妇在分派妇女采集药物时,往往将具有婆媳、妯娌或姑嫂的关系的分为一组,每组大约 10 人。每组前往某个方向或某座山峰专门采集老妇指定的药物。下次制作酒曲时,仍按原来的采集任务安排工作,这样妇女们所认知的植物是有限的,每个家庭一般只认识那些由她们所采集的植物名称。随着人口增加和村寨规模的扩大,以及在人口离散转移的过程中,有些药物随着妇女的老逝、外嫁或迁移而逐渐失传,导致了难以凑齐 120 种植物。

采集植物的日子选择在每年农历六月份的虎日,从虎日开始采集直至收集到 120 种,期间不能中止。水族认为虎日可趋凶,是个吉日。采集严格按照"适度"方式进行。一是单株生长的草本药物,每片山坡一次只能采集三至五株。二是对丛生的木本植物和藤蔓植物则采取"见三采一""见五采二"的方式进行。三是生长在一起的雌性与雄性的一对植物,只能采集其中的一株,不能全部采取,以免灭绝。水族认为,如果对每个地方的酒曲植物进行

---

❶ [英] E. E. 埃文思-普里查德,高丙中译. 阿赞德人的巫术、神谕和魔法 [M]. 北京:商务印书馆,2006:285.

❷ [英] E. E. 埃文思-普里查德,高丙中译. 阿赞德人的巫术、神谕和魔法 [M]. 北京:商务印书馆,2006:281.

"超量"采集,将造成那个地方的酒曲植物因此而绝种。那么,采集的人也将因此而有"断子绝孙"的危险。120种酒曲植物并不能在一天的时间内就能全部采集得到,一般要持续六到七天或更长的时间。采集期间,在老妇的指挥下将所采到的植物进行分类管理。用于熬制汤汁的部分置于屋内阴凉处的地板上;用于粉状的药物则暴晒于太阳光下,夜间不收回屋内,而是让植物汲取次日清晨的晨露,直到晒干才收回,存放备用。

(二)酒曲植物的利用

水族妇女认为,有的植物起到增加酒的酸味的作用;有的植物起到增加酒的甜味的作用;有的植物起到增加酒的苦味的作用;有的植物起到增加酒的辣味的作用;有的植物起到提高酒酿的温度的作用;有的植物起到降低酒酿的温度的作用;有的植物具有药用的作用;有的植物具有保健的作用;有的植物可帮助孕妇顺利分娩;有的植物可帮助刚分娩后的妇女恢复体力等。

不同植物起到的功效不同,同一植物,其根、叶、茎、果、皮等各自起到不同的功效,要进行分类利用。当地水族妇女在长期的经验积累下,掌握了植物的使用量,使用过多或过少都会影响到酒的品质。现列举当地水族妇女利用120种植物如下(见表1-3)。

表1-3 水族120种酒曲植物的利用统计表

序号	植物名称(水语)	使用部位	用量	功效或其他
1	bei ni hangyao	茎、叶	5株	药引,几乎控制所有的药物
2	ge ju di	茎、叶	7株	增加酒的香味,食用起到开胃
3	ma eng he	茎、叶	5株	使酒的颜色变红,可食用
4	ma nv ge meng	茎、叶	4株	使酒保持香味,可治疗烧伤、烫伤
5	wa wengnao(雌性)	茎、叶	5株	主要是为了配齐药味,可食用
6	ma ling en	茎、叶	3株	与酒曲中的甜味植物相配,可食用
7	ma mia	茎、叶	4株	无味、可治疗呼吸道及消化不良
8	yao wan	茎、叶	15株	无味、起到保健作用
9	makan	茎、叶	5株	使酒酿变咸,可治疗肚子疼、腹泻
10	wa gou he(雌性)	茎、叶	6株	使酒特别香味
11	ma guo zai	茎、叶	16株	促进其他药物发挥作用
12	ha hungua	茎、叶	3株	使酒更甜/可治疗因食用食盐过多导致的浮肿,妇女坐月子时服用以消肿

续表

序号	植物名称（水语）	使用部位	用量	功效或其他
13	hen huo hai（雄性）	茎、叶	3株	增加酒的香味
14	hen huo ni（雌性）	茎、叶	6株	增加酒的香味
15	ha wa liang（雌性）	茎、叶	3株	控制酒不能过酸也不能过甜
16	geng（雌性）	茎、叶	2株	增加酒的甜味
17	wa man he（雄性）	茎、叶	2株	可以治疗关节炎
18	biao wag eng	茎、叶	2株	促进酒酿发酵，避免酒酿变苦变酸
19	wa gang	茎、叶	3株	妇女坐月子时可用之与猪脚炖来吃
20	waing	茎、叶	4株	有臭味，使酒有一定的辣味
21	ma ding ma he	茎、叶	3株	使酒酿变软，促进发酵
22	ma ben ao	茎、叶	3株	使酒含有苦味
23	wa an n	茎、叶	9株	使酒酿不能发酵过快，有开胃作用
24	wa ying nong	茎、叶	3株	增加酒香味，猪牛可食用
25	maing king	茎、叶	6株	使略酒带酸味
26	ma man ding	茎、叶	9株	促进酒酿发酵，提高出酒率
27	ga ba nong	茎、叶	5株	使酒增加香味、有补体作用
28	gen duo ga	茎、叶	4株	使酒具有黏稠
…	……	……	……	……
65	ma wa wan ni（雄性）	茎、叶	5株	增加水分
以上酒曲植物的茎、叶均用于熬制汤汁，共计65种				
66	ha hun gen	全株	10株	使酒保质不变味/可助孕妇顺产
67	ma liang di	全株	10株	可控制十几种药物，促使其他发挥作用
68	xing di（雄性）	全株	5株	保持酒的香味
69	mei gen hao	全株	9株	使酒曲容易成形，不散开，利于发酵
70	shannuo（雄性）	全株	9株	提高酒的度数/可治疗关节炎
71	na no（雌性）	全株	3株	保持酒的香甜味、不变质
72	na no（雄性）	全株	3株	保持酒的香甜味、不变质
73	bankao（雄性）	全株	2株	使酒香又甜
74	liang dong（雄性）	全株	4株	使酒具有一定的辣味
75	ni le kv	全株	3株	妇女分娩时用来使胎盘脱落
76	wa diu（雌性）	全株	9株	使烤酒时，不使酒酿粘锅
……	……	……	……	……
95	ni la haning	全株	5株	使酒具有一定的辣味

续表

序号	植物名称（水语）	使用部位	用量	功效或其他
以上酒曲植物的茎和根用于熬制汤汁、叶子晒干搓成粉状，共计31种					
96	ma le geng	茎、叶	3株	可治疗腹泻，可煮给小孩子吃，煮成汤汁加水给小孩洗澡，是上好的小孩皮肤保健药物
97	wa de gen ding	茎、叶	10株	起到防止酒被烤糊的作用
98	ga bu gang m	茎、叶	3株	使酒有一定的味苦，提高出酒率
99	ma ao	茎、叶	3株	提高酒的味甜/可治疗胃痛
……	……	……	……	……
107	bang zhu	茎、叶	1株	使酒色泽更清，提高香味
以上酒曲植物的茎、叶均晒干搓成粉状，共计11种				
108	ge duo ga	茎、叶	3株	可熬水饮用，起到保健作用
……	……	……	……	……
112	diu gui（大血藤）	茎、叶	4株	增加酒的香甜味和黏稠度/单味泡酒可以治腰酸背疼
以上酒曲植物只用皮或茎或叶熬制汤汁，共计5种				
113	wa duo he	全株	5株	使酒不能过于黏稠
114	wa la he（雄性）	全株	5株	增加酒的香味
以上全株既用于熬制汤汁，又用于作为粉末的酒曲植物，共计2种				
116	小麦	麦穗	2斤	粮食作物原料
117	小米	禾穗	2斤	粮食作物原料
……	……	……	……	……
120	燕麦	麦穗	4斤	野生粮食作物原料
以上是制作酒曲的粗坯原料，共计6种				

从以上统计来看，水族利用120种植物作为制作酒曲的重要药物，很多植物起到不同的功效，利用的方法也不一样。同一植物，利用各部位的方法也有所不同。有些植物的茎叶均用于熬制汤汁；有些植物的茎根用于熬制汤汁，叶子晒干搓成粉状；有些植物的茎叶均晒干搓成粉状；有些植物的皮，或茎或叶用于熬制汤汁；有些植物的全株既用于熬制汤汁，又作为粉末利用；有些植物作为制曲粗坯原料等。很多植物具有药效功能，可治疗某些疾病。值得一提的是，孕妇饮用120种植物酿造出来的酒可起到保健作用，妇女分娩后喝了这样的酒可很快恢复体力。当然，有些植物看似没有什么作用，但却不能缺少。当

问及"这些植物为什么没有作用呢?",妇女们总是说:"不知道""反正就是这样"。我们大概可这样理解,水族妇女似乎只关注这些植物的象征意义。

第三节 水族的万物有灵论(Animism)

泰勒(Edward B. Tylor)在《原始文化》中认为"万物有灵观构成了处在人类最低阶段的部族的特点,它从此不断地上升,在传播过程中发生深刻的变化,但自始至终保持一种完整的连续性,进入于高度的现代文化之中"。"事实上,万物有灵观既构成了蒙昧人的哲学基础,同样也构成了文明民族的哲学基础"。"万物有灵观分解为两个主要信条,它们构成一个完整学说的各部分。其中的第一条,包括各个生物的灵魂,这灵魂在肉体死亡或消失之后能够继续存在。另一条则包括各个精灵本身,上升到威力强大的诸神行列。神灵被认为影响或控制着物质世界的现象和人的今生和来世的生活,并且认为神灵和人是相通的,人的一举一动都可以引起神灵高兴或不悦;于是对它们的存在的信仰就或早或晚自然地甚至可以说必不可免地导致对它们的实际崇拜或希望得到它们的怜悯。这样一来,充分发展起来的万物有灵观就包括了信奉神灵和未来的生活,信奉主管神和附属神,这些信奉在实践中转为某种实际的崇拜"[1]。笔者认为,人类存在以上的认识是在人与自然的关系中产生的。正如基辛(R. Keesing)说:"这个世界是人所无法控制的,人必须研究并且学会去调适于自然的平衡状态,人类的环境深受气候的主宰,加上日月年岁的循环,人与大自然的关系是无可避免的而且是神圣的。表示这种亲和关系的方式,有将自然力神秘地人格化(泛生信仰),或相信超自然生命的存在(泛灵信仰),或根据鸟、兽、自然力间的关系,将社会群体间的关系概念化(图腾)。"[2]

从水族对酒曲植物的采集、命名、分类与利用来看,水族是将这120种酒曲植物作为有生命现象来看,认为植物既然有生命,那么就有雄性和雌性之分,进而两性可进行"婚嫁"后诞生新的生命,构成了水族的万物有灵观。

---

[1] [英]爱德华·泰勒,连树声译. 原始文化[M]. 上海:上海文艺出版社,1992:414-415.
[2] [英]基辛(R. Keesing),张恭启,于嘉云,译,陈其南校订. 人类学绪论[M]. 台北:巨流图书公司,2004:125.

正如詹·乔·弗雷泽（James George Frazer, 1854—1941）在《金枝》中提到"把树木花草当作有生命的人一样，这种观念自然地就会把它们分为男性和女性来对待，他们就会在真实的意义上，而不是形象地或诗意地实行婚嫁。这种观念并非纯粹幻想。因为植物也像动物一样有自己的两性，通过雄性和雌性的结合，就可生育繁殖"。❶ 也正如黄应贵教授在《物与物质文化》中也提到"树具体象征了活力、生命、成长与繁殖力等，而具备了活力与自我再生力量这两个基本性质。更因为根植于土地的树是任何农业社会所有生命的基础（Rival 1998：149），乃成为肯定生命与否定死亡的文化再现"。❷ 在万物有灵论的文化规约下，当地水族将其周围环境的山峰进行了人性化的命名，例如将村寨旁的三座山峰称为"三姊妹看犀牛"，还把一座山峰称为守护寨子的"老虎山"。这些形状怪异的山峰，引起了人们产生各种幻想，认为它是某种动物或者人变的。久而久之，他们对之产生了崇拜。对山的崇拜也是原始人自然崇拜的重要内容之一。❸ 当地水族还把寨子旁边的两棵看护村寨的枫树分为母树和公树，平时要对之祭拜。

纵观水族对植物的认知，得知该民族的万物有灵论，即是自然界的万物都是有生命的，既然有生命，那么它就有雌性和雄性之分，进而两性结合后就可诞生新的生命。可见，水族将万物有灵论进行了延展性思考。而泰勒的万物有灵论主要是对宗教的起源和演化进行解释。水族的万物有灵论规约了该民族的生态行为，使其将自然万物置于神圣的地位进而加以保护，在一定程度上促进了水族地区的生态系统的稳定发展。

第二章 水族民间酿酒工艺的"深描"

美国人类学家克利福德·格尔茨在《文化的解释》中提到了深描的概念。他认为文化是一种社会可以在其中得到清晰描述的即深描的脉络。描述必须

---

❶ ［英］詹·乔·弗雷泽，徐育新，汪培基，张泽石译. 金枝 [M]. 北京：中国民间文艺出版社，1987：173.
❷ 黄应贵主编. 物与物质文化 [M]. 台北："中央研究院民族学研究所". 2004：4-5.
❸ 杨堃. 民族学概论 [M]. 北京：中国社会科学出版社，1984：274.

依照特定一类人对自己经验的阐释,因为那是他们所承认的描述;这些描述之所以是人类学的描述,就是因为人类学者事实上承认它们。[1] 王铭铭对格尔茨有这样的认识,他认为格尔茨的解释人类学的核心是用新的符号手段即"深度描写"和认知角度即"地方性知识"(Local knowledge)来认识文化。人类学者并不能像古典时代所期待的那样完全钻进当地人的脑中,他们与当地人一样在解释本地人(被研究者)的文化。格尔茨理论最有价值的地方在于他对"地方性知识"的重视和应用。[2] 水族的酿酒工艺实则地方性知识,以下对其深描,其价值也是对之的重视和应用。

第一节 酒曲制作

二〇〇七年农历六月廿三日,乙丑日,天气:晴。

清晨9点,参加酒曲制作的妇女们很早就集中在地势比较宽广的一户人家,共24人。在蒙玲庆的指挥下,酒曲制作有序进行。酒曲制作的很多环节由于不许男人观看,因此我们调查组的女生显得很重要,很不巧合的是我们调查组中有位女生还是经期,她很自觉地在某些环节里回避起来。因此自始至终参与观察的只有两位女生。男生们观察了那些允许男人观看的所有环节。不过水族先民由于在远古时没有预料到今天会有摄像机的先进设备,所以水族并没有规定不许使用摄像机拍摄的禁忌。因此,我们将摄像机固定在一个位置将整个过程拍摄起来,当然事先向当地妇女作了申请并得到同意才会这么做的。从清晨9点开始,一直到下午6点,整个酒曲制作才算完成。

制作酒曲分为几个部分,一是采集植物阶段;二是晾晒植物阶段;三是酒曲加工阶段;四是培养酵母菌阶段;五是晾晒酒曲阶段。

酒曲制作的第一阶段是采集,这在前一章已经作了详细的描述,在此不再复述。

酒曲制作的第二阶段是:晾晒植物。水族妇女从村寨的四面八方采集来

---

[1] [美]克利福德·格尔兹,纳日碧力戈等译,王铭铭校. 文化的解释 [M]. 上海:上海人民出版社,1999:16-17.
[2] 周大鸣,秦红增. 人类学视野中的文化冲突及其消解方式 [M]. 民族研究,2002 (4):33.

的120种酒曲植物要经晒干再将叶子和茎分开。在晾晒的过程中不许小孩、月经期的妇女和孕妇靠近。水族认为，植物在晾晒期间需要一个安静的环境，作为人要对这些药物具有珍爱的态度，人们担心这些植物"生气"后拒绝与人配合，从而失去功效。因此，不允许小孩、月经期的妇女和孕妇靠近。在天气晴朗的情况下，晾晒时间一般需要六天左右。

酒曲制作的第三阶段是：酒曲加工。先将用来煮汤的叶子放在大锅里熬水。使用的柴火有所讲究，即不能使用樟木，妇女们的解释是樟木是一种不吉利的植物，它很可能会杀死酒曲的生命。实际上是因为樟木的味道较强烈，会串味，影响到酒曲植物的原味。待这些药物散发出味道后，将老玉米、红辣椒放进锅里。玉米煮熟后赐给小孩吃，红辣椒则用来辟邪。按照妇女们的说法，玉米汲取了这些植物的药物成分，小孩吃后不易生病。经5个小时左右的熬煮，锅里的药汤呈棕黑色，很苦。围观的男女老少要争抢着喝药汤，认为此药汤可增强抵抗力，起到强身健体和滋阴壮阳的作用。待药汤稍降温后，就将其倒进已粉碎成面的小米、燕麦、黑糯谷和部分用于粉末的植物等的混合物里并搅拌、和匀。然后，妇女们用手将之捏成坨坨。曲坨的形状分为两种，一种是大且一面扁平中间有凹陷，另一种是小而稍扁。前者代表雌性，后者代表雄性。

酒曲制作的第四阶段是：培养酵母菌。捏好曲坨后，要将其搬进空的禾仓里，因为禾仓通风差温度高，且无人走动，是培养酵母菌的最佳环境。先用稻草铺开，再将曲坨摆在稻草之上。曲坨的摆放也有规定，即是要将雄性和雌性的曲坨成对摆放或者几个雌性围绕一个雄性摆放。水族妇女的解释是，让其成对以便繁衍生命。摆好曲坨后，再用稻草将它们盖上，最后还用旧毛毯铺在稻草上面，并在毛毯上放置几个红辣椒，且数量必须是单数。关上仓门，在门头插上茅草以辟邪。5天后，打开禾仓门就闻到一股浓烈的霉味，仓禾里的温度达到32摄氏度，湿度超过90% RH。曲坨长满了霉，大致可以看出有三种，一是簇生的橙红色的霉；二是丛生状的灰色的霉；三是青灰色稍短的霉。用温度计贴近曲坨测试达40摄氏度，湿度接近100% RH。妇女们将霉菌轻揉一下，使之全粘在曲坨原料的表面上，再将稻草和毛毯重新盖上，关上仓门，待6天后再将曲坨抬出来晾晒。

酒曲制作的第五阶段是：晾晒酒曲。将培养好的酵母菌进行晾晒。第一天，酒曲仍继续生长橙红色的霉。再经一天时间的晾晒，酒曲的水分基本上被蒸发掉，重量减少到原来的 1/3 左右。待酒曲全被晒干后，将原剩下的或使用过的酒曲植物的茎作为燃料，将这些酒曲烘烤，目的是使酒曲变得更香。这时候，整个酒曲制作的过程才算完成。酒曲的保管也有讲究，要把酒曲坨挂在火塘上方或灶边，避免酒曲发生霉变，保持其功效。

在酒曲制作的过程中，很多环节是不允许男人、月经期的妇女和孕妇在场，也不允许他们看见，否则就导致制作的失败。妇女们认为，月经期的妇女和孕妇会杀死酒曲里弱小的生命，月经期的妇女和孕妇在水族看来很不吉利。酒曲制作的基本流程如下：

植物采集 → 晾晒植物 → 酒曲加工 → 培养母菌 → 晾晒酒曲

图 1-3　水族酒曲制作流程图

第二节　发酵、蒸馏与窖藏

二〇〇七年农历六月三十日，壬申，天气：晴：浸泡糯米、蒸糯米拌酒曲和装缸环节。

笔者选择蒙九芬家作为烤酒观察的对象，其原因是蒙九芬在整个村寨来讲，她是烤酒能手，烤的酒也是最好喝。早上 10 点，蒙九芬，以及其家宗里的两位 42 岁左右的妇女前来帮助她一起进行烤酒。当天要进行浸泡糯米、蒸糯米拌酒曲和装缸的环节。我们调查组也分为 3 个组，第一组负责测量各种酿酒工具的尺寸，记录使用多少的原料和酒曲量，以及测量温度。第二组负责观察水族妇女进行的一系列的仪式，包括使用什么武器驱赶鬼等。第三组负责访谈有关水族酿酒的历史。从早晨 10 点开始，直到晚上 10 点才完成以上几个环节。

二〇〇七年农历七月初一日至初七日，晴天多，有一天下暴雨：发酵阶段。

发酵期间，我们调查组每隔 4 个小时就观察一次（晚上睡觉时间除外），观察的方法是用耳听听发酵所冒出的声音，用鼻闻闻发酵产生的气味，用温度计和湿度计测量温度和湿度，还要仔细观察糯米饭被发酵时颜色的变化等。一共观察了7天时间，发酵才算结束。

二〇〇七年农历七月初八日，庚辰，晴：蒸馏环节。

蒙九芬等3位妇女集中在蒙九芬家共同烤酒。调查组分成两组，一组负责记测量温度和访谈，一组负责观察所使用的一切材料和采取的所有仪式。由于烤酒不许大声喧哗，因此访谈和观察都小心翼翼中进行。整个现场显得紧张而安静。在妇女们的配合下，将烤酒的所有的细节都进行了调查与记录。

烤酒要咨询水书先生择日进行，一般是集中在每年农历七月份至十月份。烤酒的过程中有很多禁忌和宗教仪式。烤酒当天，先使用茅草打结插在大门口，以警示外人闯入。在水族地区，如看到谁家门口插着茅草的，人们就会知道其家有可能在施行法师等仪式而不会登门拜访。然后，把菜刀放在门槛下，刀口朝外。当地妇女说："这是要把不明身份的鬼赶走"。在酿造工具上挂着一个或几个红辣椒和一把小剪刀加以避邪，妇女们说："小剪刀可以剪掉孕妇肚子里的小孩，红辣椒可以辣着孩子的眼睛，使其看不见"。烤酒过程不许喧哗，尽量不让其他人家发现，当地妇女说："以免遇上那些命不好的人"（指那些没有子孙后代的人，或配偶死于非命的人等）。还要拒绝孕妇和经期的女人观看。正在酿造的过程中，如有寨子上的人或者其他陌生人进来，其人需要做的一件事就是用水瓢舀着一瓢水倒进大锅里且说着"加酒加酒"。闲人进来要自觉帮助主人，不许任何人闲着观看。烤酒主要分为以下几个步骤。

第一步是浸泡糯米：酿酒的第一步是将称好的糯米淘好，然后浸泡4个小时左右。选择糯米很有讲究，水族妇女认为不同的糯米酿出来的酒的味道不一样。经调查，当地水族尚传承着40多种传统糯稻品种。在水族看来，黑糯米是首选，酿出来的酒是最香，其次是摘糯，再次是打糯。相同的糯米，栽种在不同区域又有不同的效果。栽种在土壤较肥沃的稻田的糯稻酿出来的酒要好喝得多，栽种在土壤较贫瘠的稻田的糯稻酿出来的酒则不如前者。要选择新糯米做原料，陈粮生虫不宜使用。生虫的糯米含有脂肪和蛋白质会导致酒的品质低劣。脂肪和蛋白质在霉的作用下，发酵后分解为醛和酮等有毒物质，这就会影响酒的品质。浸泡糯米的时间一定要控制好，时间短使糯米表面的果胶没有溶胀，米心没有充分吸水，不仅不易蒸熟，而且影响发酵。

糯米得以充分浸泡才使其中的淀粉溶胀，酒曲的菌株才能寄生，利于发酵。浸泡时间过长则会使糯米表面的果胶断裂、脱形，碎屑易于混入酒中，一方面影响酒的透明度，一方面使酒在窖藏时酒中碎屑继续发酵，从而影响酒的品质。

第二步是蒸糯米：蒸糯米使用的甑子是一门学问，水族妇女认为甑子的年限越长越好，大多是祖辈存留下来的。被蒸熟的糯米呈半透明，并未粘在一起。倒出蒸好的糯米之前，先用冷水从甑子的顶部往下浇，妇女们的解释是使糯米饭不粘手便于搅拌。实际上，煮熟的糯米的淀粉是多脂链淀粉，其特点是遇冷收缩，表面产生硬壳，使糯米饭之间减少粘连，利于搅拌酒曲时能使每一粒米饭都粘上酒曲，使米饭发酵后不脱形，酿出来的酒透明度高，味道纯正。

第三步是拌酒曲和装缸：拌酒曲和装缸是发酵准备工序中的关键技术操作。酒曲的量一定要控制好，一般是由经验丰富的妇女来操作。先将酒曲坨捏碎成粉末，选择酒曲坨要同时有雌性和雄性，妇女们认为"两者在酒中会结合在一起，交配后生长出酒来"。待蒸熟的糯米的温度降至40摄氏度左右，把酒曲粉面撒在米饭上并拌匀。搅拌好酒曲后，将待发酵的糯米饭装进瓦缸里准备发酵。糯米饭要平整地放进缸里，以减少米饭与空气的接触面积，避免杂菌生长，利于发酵。装缸过程有一系列的仪式和禁忌，首先要用茅草向缸里飞舞，以赶走缸里的鬼。然后用拇指在糯米饭的表面上压一个小窝窝，再在小窝里放进一块烧红的木炭，之后还要放进三个或五个红辣椒。妇女们的解释是，这样可以避免那些用肉眼看不见的"人"来捣乱，指的是孕妇腹内的胎儿或鬼。

第四步是糯米饭发酵：经一夜发酵可闻到一些香味，糯米饭的表层已发霉，霉呈丛生状，青灰色，糯米饭开始变软。第三天，离缸较远处就可闻到香味，开始产生酒酿。霉已覆盖糯米饭的表面，霉的下方已成糟状，呈乳白色，有甜味。且发出冒泡的声音，气体不断地从底部往上溢出。缸里的温度比外界要高出3摄氏度时不再密封，改用透气的筛子盖之。第四天，舀出来的酒酿已有10斤之多，表层的霉全部倒状，沾上酒酿后呈黑色，糯米饭已霉烂，呈黄色。此时要将糯米稀饭、米糠和酒曲加入缸内，使其继续发酵。第七天，用清水倒进缸内，浸泡一到两天后就进行烤酒。

第五步是烤酒、蒸馏：烤酒、蒸馏使用的工具同样是年限越长越理想。烤酒使用的工具有两个铁锅，大的放在灶火上，小的放在甑子上，距离甑子底部约 18 厘米的地方有个方形孔，将酒槽的下端穿入此孔，上端离甑子上方只有 4 厘米，酒槽倾斜安放，成 30 度角。先把酒糟倒入大锅，将小锅放于甑子上方，把冷水倒入其内，再开始加热。酒糟温度达 82 摄氏度左右，小锅里的水达 27 摄氏度左右后，就开始酿出酒了，这过程需 30 分钟。当小锅里的水温达 51 摄氏度后就要换入冷水，目的是使酒糟的酒蒸气遇冷后凝结成液体，通过酒槽排放出来。每次换水需 15 分钟左右，水温升至 50 摄氏度左右后又要换成冷水，按此反复操作 6 次左右，酒糟里的酒分子几乎全部被酿出来。之后，将之前在发酵糯米饭时舀出来的一部分酒酿加热，把酒酿中的水分全部蒸发掉，酒酿由乳白色变成咖啡色，并有一股煳味，再把剩下一部分的酒酿和之搅拌，融化后倒进刚蒸馏出来的酒，并搅拌。此时酒的颜色呈咖啡色，味道甜而淳厚。值得一提的是，烤酒、蒸馏环节对水的选择很有讲究。水族妇女们选择水的依据是，能够养活鱼的河流才能使用，没有鱼的河流一般不会考虑；其次是看该河流是否有细沙和石头，那些具有烂泥的河流的水酿出来酒就不如前者。妇女们认为，能够养活鱼的河流才有生命力，对烤酒才有作用。

第六步是密封酒坛与窖藏：密封酒坛很关键，如果密封不好就会使坛里的酒被蒸发掉，导致浓度降低。水族妇女总结了一个很好的经验，办法简单但很科学，即是使用火灰密封酒坛。选择比较细腻的火灰，用水将之搅拌、和成糊状，再将之糊在酒坛坛沿，用手抚平。之后，要选择地方保管酒坛。一般是窖藏在洞穴里和埋藏在泥土里，或安放在阴凉的墙角。放在墙角无人走动，以免因被震动地板而影响到密封好的酒坛，导致酒分子泄露。窖藏洞穴和泥土里可使酒坛有个较好的微生物环境，防止其他的微生物进入，使酒的味道更淳、更香。

至此，整个酿酒工序已经结束，其中的每个环节都是当地妇女在生产实践中经验的累积，尽管妇女们不知道什么叫微生物，但实际上是利用、控制了微生物。水族妇女所酿造的酒的味道醇厚、香味浓郁，闻名遐迩，是当地水族妇女智慧的结晶。酿造的基本流程见图 1-4。

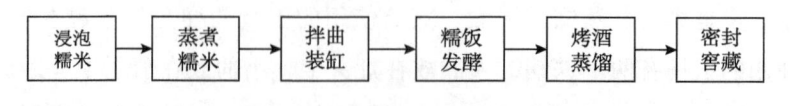

浸泡糯米 → 蒸煮糯米 → 拌曲装缸 → 糯饭发酵 → 烤酒蒸馏 → 密封窖藏

图1-4 水族酿酒工艺流程图

第三节 水族酿酒工艺的地方性知识（Local knowledge）

格尔茨首先提出了"地方性知识"。他在爪哇、巴厘岛和摩洛哥等地做过田野调查后，逐渐认识到在西方的知识体系之外，还存在各种各样从未写进过课本和词典的本土文化知识。例如，巴厘人按出生的长幼序数而被命名为"头生的""二生的""三生的""四生的"四种，超过老四又开始新的循环，即是第五个孩子也叫"头生的"，第六个则叫"二生的"，在一母所生的同胞中，叫"二生的"，那个人也许是"头生的"老五或老九的大哥。这种循环式的称谓序列并不能真正反映同胞之中的长幼之序，却体现一种往复无穷的生命观念，虽不可翻译，却是具有文化特质的地域性的知识，故称之为"地方性知识"。还有类似的情况，爱斯基摩人有关"雪"的几十种区分词汇；上古汉语中为各种家养动物的阉割所起的专名也很特别，如猪曰豮，牛曰犗，马曰骟，羊曰羯，狗曰猗，鸡曰鐏，人曰宫，猫曰净等，我们都可视之为特定文化中所有的"地方性知识"。[1] 前文提到的康克林研究菲律宾的哈努诺族描述植物各种部位和特性的语汇多达一百五十种，而植物分类的单位有一千八百种之多，比西方现代植物学的分类还多五百项。这些知识都属于地方性知识的范畴。

在现代的文明社会中，人们往往只关注现代科学而忽视各民族的地方性知识，但我们不得不承认这些地方性知识是土著民族的智慧的结晶，水族的酿酒工艺也是如此。水族对其周围生物环境高度熟悉，这是水族文化动机的需要。"他们对周围环境的高度熟悉、热心关切，以及关于它的精确知识，往往使调查者们感到怪异，这显示了使土著居民与他们的白种客人判然有别的

---

[1] [美]格尔茨，王海龙，张家瑄译. 地方性知识——阐释人类学论文集 [M]. 北京：中央编译出版社，2000.

生活态度和兴趣所在"。❶ 水族酒曲植物在其他民族看来也许没有引起关切，但对水族来说是神圣物，且象征特殊的文化意义。

上文已提到，水族对植物的采集、命名、分类，以及酿造的过程都十分特殊，可以说这是属于水族人民的一项专利。采集原则与禁忌，看似一种为了使人类不至于断子绝孙，但它却是一种保护生态环境的行为，至少我们可以看到了水族在实行一种"适度原则"。实际上，这种"适度原则"已深入到该民族的思想意识中。水族一直以来主要依靠森林作为建筑物和柴火原料，但水族的森林并非受到很大的破坏。正因为"适度原则"已被作为保护环境的一种手段之一，当地居民上山砍柴通常不会将整棵树木砍掉，而只是砍掉树丫。父母教育孩子上山砍柴也是这样，如果孩子将整棵树砍伐将遭到批评，严重的要受到"刑罚"。类似这样的文化行为，笔者曾于 2007 年在黔东南州榕江县高排苗族村调查苗族 13 年举行一次的"牯藏节"时发现，"牯藏节"当天，几乎家家户户都在自家门前插上一棵较大木桩，木桩是用来捆住水牛的，是便于杀牛而用的。这些木桩必须是在前一天从山上砍伐，当地居民平时各在自家的"自留山"上砍树烧火，但在这一天，山是公共的，只要你看中哪棵树都可以砍伐。可是，其砍伐就有严格的规定了。当地苗族认为，砍伐的树木必须是那些树根分支为几棵树的，那些只生长单独的树木是不能砍伐的。苗族的理解是，树根没有分支为几棵树的，预示着该树没有繁衍能力，一旦有人使用，其后代也就断子绝孙。这样的逻辑思维和水族极为相似，都是一种良好的生态行为。

从水族对酒曲植物的命名、分类与利用来看。水族使用丰富的语言对植物进行命名，对一些分为雄性和雌性之分的植物，就冠以"ni"或"hai"加以区分。特别是分类的方法非常复杂。首先，当地妇女要根据植物的特性、气味、功效等分为五大分类。水族还认为植物的不同部位有不同的功效，一棵植物往往被分为几个部分使用，有的部位用来做粉面，有的用来煎汤。其次，水族严格按照所积累的经验控制使用量，每种植物使用多少将影响到酒的品质和味道，水族妇女都一清二楚。水族先民们世世代代将这样的知识传

---

❶ ［法］列维－斯特劳斯，李幼蒸译. 野性的思维［M］. 北京：中国人民大学出版社，2006：7.

播至今，难能可贵。

从酿酒的整个过程来看，水族的酿酒工艺十分高超，酿酒没有使用现代的任何化学添加剂，也没有任何的现代酿造工具，凭借120种植物和糯稻，以及选择适当的水源就可以酿造美味的糯米酒。在制作酒曲中，充分地使用到了微生物的知识。窖藏糯米酒的方法也很特别，水族根据其生态系统的特点，将酒窖藏在洞穴里或者是深埋在土地里，这是一项具有价值意义的地方性知识。密封酒坛的方法也很独特，妇女们总结了这样的经验，由于当地使用喀斯特森林里的树木作为柴火，其燃烧出来的火灰含有一种类似石膏的物质，这种物质密封性很好，以致酒不易挥发。以上列举的这些知识，可以说是一种生态智慧，对生态安全起到积极的作用。杨庭硕先生在其著作《生态人类学导论》中提到，各民族地方性知识中所包含的生态智慧与技能可以帮助我们突破时间与空间的双重限制，凭借最小的投入获取现代自然科学难以获取的生态资料。[1]

水族从对植物的认知到利用，彰显了水族人民的智慧。在现代文明下，酿酒工艺非常发达，酒已成为人类重要的一种贸易商品和交际必需品。而世界仅有40多万人口的水族，至今还传承着使用120种植物作为酒曲制作的原料，整个酿造过程还保存了最原生态的制作方法，这不得不让人关注。那么，是什么力量促使这样的地方性知识得以传承下来呢？其背后象征什么样的文化意义？下文将一一回答。

第三章 水族酿酒工艺的文化象征

象征（符号）人类学研究民族社会中的符号现象，着重研究意义—象征，认为只有将意义—象征作为人类的特征来进行研究才有真正的重要意义。象征人类学是文化象征系统，这个象征系统提供了建构和重构实体的基础。[2] 人

---

[1] 杨庭硕. 生态人类学导论 [M]. 北京：民族出版社，2007：100.
[2] 黄淑娉，龚佩华. 文化人类学理论方法研究 [M]. 广州：广东高等教育出版社，2004：384.

不仅是"天生的分类动物",❶ 也是"应用象征的动物"。❷ "象征就是用具体的媒介物表现某种特殊的意义。一个象征包括两个层面:一是某一具体的媒介物。二是该事物所表现的特殊意义。两者的有机结合便是象征"。❸ 特纳认为象征乃是人类社会存在的基本需要(如狩猎、种植、生殖等)和人在公共社会中所依赖的共同价值的结合。同时,象征又是人的愿望与表达,它们承载着不受社会规范约束的本能冲动、野性与情感。❹ 宗教仪式中的象征,与人的认知活动和心理活动都有关联,同时又和社会的结构紧密联系。❺

水族酿酒工艺应该包括从植物的采集到酿造的整体过程,即是从 120 种植物的采集到利用到酒曲制作,再到烤酒的整个过程。其过程涉及神灵信仰和仪式等。对于人类学者来说,神灵信仰和仪式构成了文化基本特质,也构成了社会形貌的象征展示方式。因此,无论采用何种解释体系,人类学者在进入田野调查和民族志与论文写作时,信仰与仪式向来是主要观察焦点和论题。民间信仰、仪式和象征这一系列的文化现象具有双重特性:一方面,它们颇类似于原始巫术和万物有灵论的遗存并且与"世俗生活"分不开;另一方面,它们又与宗教现象有相当多的类似之类。❻ 在水族民间酿酒工艺的文化象征中,以 120 种酒曲植物的采集、分类和利用为媒介物,制作的整个流程是一种仪式的过程,且蕴含象征意义,是属于一种动态的象征性。可这样理解,采集植物是从自然界中获取生命的种子;酒曲制作是模拟生命两性结合的过程;酿造是人为干预下的制造生命的过程。酒曲是两性生命的种子,妇女是孕育生命的子宫,酿造出来的酒是新的生命。而酒——这新的生命贯穿了水族的整个生产生活。

整个酿酒工艺的过程是水族在进行无意识模拟人造生命的过程。在此,有必要引入列维－斯特劳斯对无意识的解释。前意识作为在一生中积累起来的回忆和表象的仓库,仅仅是记忆的一个方面。前意识尽管具有持续多年的

---

❶ R. H, B. Berlin, and D. E. Breedlove: The Origins of Taxonomy [M]. Science174, p. 1210, 1971.
❷ 史宗主编,金泽等译. 20 世纪西方宗教人类学文选 [M]. 上海:上海三联书店,1995:195.
❸ 何星亮. 象征的类型 [M]. 民族研究,2003(3):40.
❹ 金泽. 宗教人类学导论 [M]. 北京:宗教文化出版社,2001:285.
❺ 金泽. 宗教人类学导论 [M]. 北京:宗教文化出版社,2001:287.
❻ 王铭铭. 社会人类学与中国研究 [M]. 桂林:广西师范大学出版社,2005:132－135.

性质，但也有其局限性，因为这个术语指的是：即使记忆可以保持，但对个人而言并非永远都能做到。但是，无意识却始终是空白，或者更准确地说，它与意象之不同，犹如胃与通过其中食物之不同。无意识作为一种特定功能的器官，仅仅将结构规律加之于在别处产生，不能用语言表达的那些成分，如脉搏、情绪、表象和记忆。因此，我们可以说，前意识是个人的词典，我们每个人都在其中积累个人经历的词汇，但是这种词汇对于我们和其他人来说，其重要性仅仅在于，无意识状态是按照自己的规律组织词汇，从而将这些词汇转化为语言。因为这些规律对于一切人以及在无意识进行活动的一切情况下都是相同的。词汇不如结构重要。不论神话是个人的再创造，还是来自传统，它从其个人的抑或集体的源泉中汲取它使用的形象材料。但是结构保持不变，而象征功能则是通过结构来完成的。❶ 本章试图通过探讨水族从植物的认知到酿酒工艺所蕴含的文化象征来揭示水族对生命现象的理解与表达。

第一节　对生命起源的崇拜与表达

我国各民族关于生命起源的神话有所不同，表达方式各式各样。水族古歌《开天地造人烟》描述了一位女性牙娲的造人创举："初造人，上下里糊，初造人，盖上连下，初造人，黑咕隆咚，天连地，不分昼夜，地靠天，连成一片。哪个来，把天掰开，那个来，撑天才得，牙巫来，把天掰开，牙巫来，把天撑住。她一拉，分成两半。左成天，右成地"。❷ 为使天地永不分开，不再重新合拢，牙巫又想了个办法："造铁柱，撑住两边，炼铜柱，撑天肚囊，撑头次，高七万丈，撑二次，云层开朗。撑好了，天稳固固，撑好了，地稳笃笃"❸

神话中的牙巫是位伟大的女神，牙巫即是牙娲。在水语中，牙义为奶奶、婆婆，娲为其名。牙娲以宏大的力量创造了天和地。接着她又造四个哥弟，这四个哥弟分别是雷公、龙、虎和人。在史诗《造人歌》有解释人类是怎么

---

❶ [法] 克劳德·列维-斯特劳斯，陆晓禾，黄锡光等译. 结构人类学 [M]，北京：文化艺术出版社，1989：40.
❷ 潘朝霖，韦宗林主编. 中国水族文化研究 [M]. 贵阳：贵州人民出版社，2004：436.
❸ 潘朝霖，韦宗林主编. 中国水族文化研究 [M]. 贵阳：贵州人民出版社，2030：437.

来的，史诗记载："初造人，有个牙巫。牙巫造，四个哥弟；头一个，就是雷公；二一个，就是水龙；三一个，才是老虎；小满屋，是我们人。"❶ 后来，四哥弟为争夺地方和粮食而比武斗法，人击石起火烧了其他三个取得胜利，"烧老虎，皮癞毛焦。烧水龙，周身起泡。烧雷公，满脸通红。虎烧焦，虎跑进山；龙烧伤，龙逃进海；雷烧疼，跳上天空。让地方留下给人"。雷公不服便造洪水淹牙巫子孙，牙巫种下瓜种，不久结了个大瓜，洪水来了姐弟俩把瓜"凿成仓""抠成房"。暴雨倾盆，洪水淹没了大地，姐弟俩躲进了瓜里幸免于难。洪水过后，姐弟俩通过滚石磨、钓鱼、丢夺撬等占卜成亲并生下一孩子，但该孩子无头无脑，无手无脚的怪胎。于是，他们将孩子剁啐倒在山野，被乌鸦叼走，乌鸦因不吃这些已发酸的肉便吐遍山野，三天后，满山遍野冒炊烟，到处都是人的踪影。

水族通过以上神话追忆了人类的起源，天地先创造女人，再给女人受胎，最后创造出人类。对比毛利人，发现有相似之处。"毛利人讲述天（Rangi）和地（Papa）最初联合的戏剧性的起源故事，从这里，最初男性和女性空间的联结，形成了将他们分离开来的神。在下一阶段，一个神（Tane）按照大地的阴阜的样式，创造出女人，又通过给她受胎，创造出人类。"❷ 水族和毛利人一样，人类起源是由女性创造的。

有关牙娲造人在水族民间文学中还有其他的反映。例如，牙娲剪小纸人放在木箱中造人或捏木叶小人藏于土罐中造人。此外，还有牙娲生仙蛋孵化出人及各种动物。天神牙娲被风神化雨浇淋身上而生下 12 个仙蛋，孵化出人和 11 种动物，动物包括雷、龙、虎、蛇、熊、猴、牛、马、猪、狗和凤凰。最后人战胜了动物。

从水族造人神话中来看，可总结为：一是其最初的场面是一幅迷蒙混沌的景象，造人过程十分神秘。这和其他西南少数民族地区创世神话传说中一致，即是一切生命的起源无论是原始的海洋、天和地，其生命的发源地的特点都是黑暗的景象。如彝族创始神话《勒俄特依》描述世界之初是"天地没有形成之前，曾有过宇宙混沌时期。上面没有天，下面没有地，中间无云过，

---

❶ 潘朝霖，韦宗林主编. 中国水族文化研究［M］. 贵阳：贵州人民出版社，2004：438.
❷ ［美］马歇尔·萨林斯，刘永华译，赵丙祥校. 历史的隐喻与神话的现实——桑威奇群岛王国早期历史中的结构［M］. 上海：上海人民出版社，2003：249.

四周未形成。天的四方黑沉沉，地的四方阴森森"。❶ 二是水族认为造人者是女性，且其力量宏大，生命力非常旺盛。三是生命是自然而形成的。生命起源是从无生物到有生物的过程，一切从无到有自然发生。四是四哥弟争夺粮食、天地和房屋的故事蕴含了"神的虚无缥缈形象逐步隐退，而以人作为主人公凭借自己实力去认识自然、改造自然、改造社会的英雄形象，逐步展现在历史的舞台上。人类以万物之灵的形象，逐步开拓自己通往理解境界的历程"❷。五是兄弟成婚之前通过占卜获取兆象判定，这是万物有灵，尊崇明神观念的反映。生命起源遵循万物有灵论。兄妹成婚标志了先民认识男性在生殖中的地位，生命的起源与男女两性有关。

基于以上总结，水族从植物的认知到酿酒工艺，表达了对生命起源的崇拜。水族从大自然中获取了120种植物，这些植物作为酒曲的原料，而酒曲是酿酒的最重要的元素，没有酒曲，就不能酿出酒来。120种植物对水族来说就是生命种子的象征，这些生命的种子是大自然赐予的。符合了水族认为生命的起源来于天地的万物中。很多植物对酒曲没有什么作用，但也不能缺少。这些植物对水族来说已经被视为神圣的东西，十分尊贵，非一般的世俗植物，具有文化意义。在杜尔凯姆看来，神圣与世俗的区别实际上是一种"等级"或层次的区别，说一个事物是神圣的，意味着它在本质上优越于世俗的事物，这种优越性既见之于它的尊贵，亦见之于它的力量。因此，酒曲植物在水族看来非同一般，它们是生命起源的种子。

整个酿酒的过程都是由妇女来操持，几乎所有的妇女都掌握了这门技艺，且其过程显得十分神秘。可以说它是一项"女人的仪式"或"人造生命的仪式"，仪式模拟了女性是生命的缔造者，妇女在此象征了传说中的造人者——牙娲。整个酿造过程虽然皆由妇女操持，但一些年长的男人，一般是上了60岁以上的"寨老"也略知酿酒技术，不过这些男人很少参与。男人主要的工作是维修和制造酿酒工具，且男人负责翻阅《水书》择日举行酿造仪式，而择日对仪式相当重要。说明了男性对酿造的工作起到十分关键的作用，权力很大。正如其他母系社会一样，尽管社会位置乃是通过母系一方所决定，但

---

❶ 毕节地区黎文翻译组. 西南黎志选 [M]. 贵阳：贵州民族出版社，1988.
❷ 潘朝霖，韦宗林主编. 中国水族文化研究 [M]. 贵阳：贵州人民出版社，2004：6.

权力还是掌握在男人的手里。[1] 象征了男性在生命的起源中起到重要的作用。酿酒过程进行了一系列的宗教仪式，还不许男人在场，过程十分神秘。象征女性创造人类的过程是个神秘的过程。

120 种酒曲植物中绝大部分都是从深山老林里获取，采集非常艰难，有些酒曲植物生长在悬崖峭壁，妇女们冒着生命危险而收集。采集的时候还要择日，表明了水族对这些药物的崇敬。这象征了水族在造人即生命起源的最初阶段非常困难。采集药物困难象征的是牙娲通过三番五次的努力才创造出生命。牙娲首先将世界分为天和地，接着创造了四个哥弟，四个哥弟又经过斗争，最后人获得胜利，但又遇上雷公因不服而制造洪水企图将人毁灭，幸免的两个姐弟生下孩子，但孩子又是怪胎，幸好乌鸦嫌弃发酸的被剁啐的怪孩子的肉而将之吐在山野上，这些肉奇迹般地变成人。象征了生命起源非常困难，经历了很多的蹉跎与挫折。

水族为什么偏偏要采集 120 种酒曲植物呢？120 种植物中，有一些植物在妇女们看来对酒曲没有什么功效，但为什么还要采集它呢？妇女们的回答是"老人一直都是采他们的，没有什么用也要用，反正要配齐 120 种"。120 种植物中最重要的一种药物是，水语称"百亿夯枓"，其意思就是有 120 根须的药。这味药是五大类植物中的"药引"，其他药物都是在它的控制下而发生作用。实际上"百亿夯枓"并不是真正就有 120 根须，它大概就有 80、90 根，"120"是水族用来命名的。这是为什么呢？"120"这个数字实际上象征了生命起源中天神牙娲生下 12 个仙蛋中的 12 这个数字。120 是 12 的倍数，水族对生命起源的崇拜追忆了天神牙娲造人是与 12 有关的这个数字，从 12 到 120 就是从少到多，象征生命繁衍的速率。

《水书》将时间分为上元年、下元年和中元年，每元年为 60 年，120 则是 60 的倍数，象征生命的流逝。[2] 数字 60 和 120 在水族看来是非常吉利的数字。水族的"借端"和"借卯"加起来刚好是 120 天，这是水族对宇宙万物的理解。有关水族的"12"数字文化在其日常生活中十分常见。例如，在都

---

[1] ［英］维克多. 特纳，黄剑波，柳博赟译. 仪式过程：结构与反结构［M］. 北京：中国人民大学出版社，2006：14.

[2] 参考蒙家荣水书先生的观点；蒙家荣是位水书先生，现被荔波县档案局聘任水书翻译工作，也即是笔者的父亲。

匀地区的水族同胞举行丧葬仪式非常隆重，其中在丧葬仪式的前一天要进行"开控"，"开控"是整个仪式中的前奏曲，是在水书先生和祭师指导下进行。在万事俱备的情况下，要点燃12个铁炮。铁炮是水族丧葬仪式中的必需品，它是使用钢铁制成，大约有20公分高、3公分直径的圆柱。先使用火药填充，然后再点燃，铁炮发生巨响，声音传播至20公里以外。当地水书先生解释，点燃铁炮是向祖宗神灵宣示仪式的开始，至于为什么要点燃12支，当地人只是解释这是水族的传统，是神灵需要人们这么做。实际上，这是水族在对生命的起源的崇拜上，追忆了"12"这个数字的重要性。

第二节　对生命繁衍的渴望与表达

生命繁衍促进人类不断发展壮大，每个民族都为之而努力奋斗。生命繁衍的前提条件是两性结合，它令人感到神秘。水族却通过酿酒仪式揭开了这样的神秘面纱。水族把120种植物看作是两性的生命种子，把妇女看作子宫，酒是新的生命。这当中，水族是将生命的种子置入了妇女的腹中。因此，需进一步深刻地理解，水族崇拜生命的繁衍的核心不是两性的结合，而是生命种子的传递，也就是世代传递的生命种子才是水族对生命崇拜的关键。

从采集酒曲植物的禁忌来看，水族严格按照当地生物习惯法的"适度"采集方式进行，即单株生长的草本药物，每片山坡一次只能采集三至五株，对丛生的木本植物和藤蔓植物则采取"见三采一"，"见五采二"的方式进行。水族认为，如果对每个地方的药物进行"超量"采集，将造成那个地方的药物因此而绝种。若不遵循此原则，采集人也将因此而有"断子绝孙"的危险。采集诸如具有两性区分的植物时，必须遇见雄性和雌性生长在一起，且超过三株以上的才能采集。妇女们的解释是两者生长在一起的才具有生命力，酒曲才有功效，皆为雄性或雌性的就像是患上了不孕不育症。当地妇女认为，具有生命的植物是通过交配而繁衍起来的，如将原本有异性陪伴的植物的另一方采集掉，留下的单独的植物将失去交配的对象而灭绝。水族采集植物的原则模拟了生命繁衍的基本前提条件，即是两性的结合。

整个酿酒工艺一般只有妇女才能掌握全部的技术，这象征了妇女是繁衍生命的载体。妇女们将120种植物作为生命的种子置入其体内进行孕育，借助妇女作为载体诞生新的生命——酒，象征了水族崇拜生命的繁衍的核心是生命种子的传递。从水族有关历史资料来看，水族是从母权社会演变而来的。前面提到的牙娲造人神话，表明了造人者是女性。牙娲是水族先民最为崇拜的女性，她是繁衍生命的最大功劳。此外，从水语的女性人物类称谓词冠来看，水语中的母亲叫"妮"，伯母叫"妮劳"，巫婆叫"妮薅"，叔母叫"妮低"等，几乎所有的女性的称呼都要冠以"妮"的读音。动物类的泛称也是冠以"妮"的读音，如黄牛称"妮搏"，虫子称"妮内"等。植物类的泛称也涉及"妮"的读音，如树称"妮埋"，竹子称"妮份"，药材称"妮哈"等。非生物类的泛称也冠以"妮"的读音，如石头称"妮定"，泥巴称"妮哄"等。还有，鬼神类的泛称也冠以"妮"的读音，如"妮忙"是鬼神的统称，瘟疫类的鬼称"妮丙"等。说明了从母权社会开始，水族就对女性十分崇拜。因此，在繁衍生命的关键环节中，强调了女性作为传递生命种子的重要载体——子宫。

从水族对酒曲植物的利用来看，妇女要采集不同种类的植物，每一味药都有象征性的意义。诸如有些是坚硬的木质，它象征了生育力的坚强与旺盛；有些植物含有白色的乳汁，它象征了卵子和精子的颜色；有些植物会开花结果，它象征了新生命繁衍与诞生。这和苏格兰人类学家维克多·特纳研究非洲恩丹布仪式有惊人的相似之处，恩丹布社会处于母系氏族社会，社会结构的延续是通过妇女来进行。恩丹布人认为，"选择这种树是因为它的木质比较坚硬，坚硬代表着病人所需要的健康和力量"，"被选中，不过是因为它们能够结出果实，从而可以代表人们举行仪式的目的：让受礼者重新获得生育能力"。[1] 120种药物中，不同的植物利用的部位不同，不同的部位起到的功效又有所不同。有的使用叶、有的使用茎、有的使用根、有的使用皮、有的使用花、有的使用全株。象征了在生命的繁衍中，每个生命种子的不同部位起到了不同的作用。从水族使用药物的数量来看，每一种药物使用的量皆是其祖祖辈辈的经验积累，数量过多或者过少都会使酒曲失效。象征了生命的繁衍存在一系列严格的规则，结构非常严谨。因此，在生命繁衍的过程中，任

---

[1] [英] 维克多·特纳. 黄剑波, 柳博赟译. 仪式过程：结构与反结构 [M]. 北京：中国人民大学出版社，2006：24.

何一个环节发生差错就会使生命发生意外,甚至"流产"。

酒曲的培养酵母菌环节中,妇女们模拟男性和女性的性器官的形状而捏造酒曲,曲坨小而圆的代表雄性,曲坨大且一面扁平中间有凹陷的代表雌性。并将雄性和雌性成对放置或几个雌性围在一个雄性周围,使之便于交配。水族传统观念认为,生物世界之所以生生不息,万物随阳而终,复陈阴而起,皆因雌雄相配,阴阳相合。酿酒是生命的再造过程,要想酿出好酒,酒曲也必须阴阳相合。这与鲁思·本尼迪克特（Ruth Benedict）所研究的荷比人有些相似,"在荷比,人们普遍在礼仪上使用一种黑色小圆筒,与之相联的还有小麦圈或圆轮,圆轮是男性的象征,而圆圈则是代表女性"[1]。水族以之作为生殖崇拜对象,但注重的是其具有创造力和生殖力。"生殖崇拜的外在形式虽然将性器官或性行为作为崇拜的对象,但受崇拜的是生殖器官或性行为所代表的创造力和生殖力"[2]。从曲坨摆放的形式来看,曲坨的两性被安排在一起,象征了两性在不断地进行交配。一对雄、雌性成对摆放象征一夫一妻制,几个雌性围绕一个雄性摆放象征群婚制。似乎也在象征了水族是从群婚制演变到一夫一妻制的文化变迁。这十分类似于恩丹布人的"Wubwabg'u"的仪式,他们以 muhotuhotu 树代表"男人",mudyi 树的树枝代表"女人"。在仪式中将前者的枝条放置在后者的枝条之上,他们如是解释,"把枝条绑在一起象征着男人和女人在性关系上的联合（Kudisunda）"[3]。水族妇女摆置曲坨的样式象征了两性交配繁衍生命的文化意义。

水族酿酒对水的选择很有讲究,妇女们要选择有鱼的河水。认为养活鱼的河流才有生命,鱼活则水活,鱼死则水死。在水族看来,动态代表生命,静态代表死亡,水和鱼皆是生命力的象征。关于这一点,泰勒曾指出,"民族学为我们揭示了人类学宗教中如此重要的成分,那就是对水井和湖泊、小溪和河流的崇拜。这是一切都归结如下。我们时代的诗的形象对于原始人来说都是哲学真理。原始人认为,水不是受力的法则的支配,而是受生命和意志

---

[1] [美]鲁思.本尼迪克特,张燕,傅铿译. 文化模式［M］. 杭州:浙江人民出版社,1987:116.

[2] 金泽. 宗教人类学导论［M］. 北京:宗教文化出版社,2001:113.

[3] [英]维克多·特纳,黄剑波,柳博赟译. 仪式过程:结构与反结构［M］. 北京:中国人民大学出版社,2006:63-64.

的指挥。原始哲学的水的精灵是强使水流得快或慢的灵魂。它们以友好或敌对的态度来对待人。最后，人在能够给他带来丰足或不幸的物体中看到了影响他的生活的神，看到了需要对之祈祷的神，需要怕和爱、颂扬和以祭品来讨好的神"。❶ 水族将水和鱼作为崇拜对象，在酿酒工艺中得以体现。

在中国，龙图腾文化是家喻户晓。"但在水族现实生活中，却更多地表现在龙图腾前期的鱼图腾习俗。鱼的传人及鱼图腾崇拜观念在水族社会生活影响最为深远"。❷ 这方面表现在水族的婚姻中存在崇尚鱼的习俗。很多水族地区提亲时要将几条小鱼塞在竹篮底部，礼品放在上面。女方接到礼品后先检查是否有小干鱼，若没有就会拒绝。接亲时要看男方家送来的信物中是否有用罩鱼笼和象征大鱼的一串金刚藤叶才同意发亲。"渔业生产是水族先民的重要经济，而鱼又是生育的象征，开亲双方都期望生儿育女，传宗接代。为此，借此信物，把接到一个能继承祖宗烟火的好媳妇的内涵曲折的表现出来"❸。当新娘进入新郎家的大门时，其祖辈要将一只新土罐盛上清水喂养的两条鱼放在大门侧面，最后要放在新娘的房间的门边，以期盼新娘生育旺盛，子孙如鱼群繁盛、机敏。❹ 在水族地区存在鱼图腾崇拜，因此妇女们在模拟生命的繁衍时要将鱼置于重要的地位，"借助鱼旺盛的生殖力和机灵特征来繁衍种族。'处于延续种族的迫切愿望，人们艳羡鱼的强大的生殖力，希望自己的子孙能像鱼一样的绵绵不绝'"。❺ 总之，水和鱼是神圣的象征物。鱼象征生命繁衍的绵绵不绝。水是生命之源，象征生命的滔滔不绝。

以上所提到鱼具有旺盛的生命力的象征，笔者不得不引入一个相关的话题。在水族的文化中，水族往往将动物能够生存的地方视为有生命力的圣地。文章所选择的调查点的村寨史就流传这样的故事。该村现辖几个寨子，当前居住在拉干寨的家宗的势力比较单薄，奇怪的是，该寨子有不少的中年人患有痴呆症，绝大部分的家庭也比较贫困，人口也比较少，还有几户人家断子绝孙。相反，现在的拉头寨人丁兴旺，有不少人还是国家干部，上百万的老

---

❶ [英] 爱德华·泰勒，连树声译. 原始文化 [M]. 上海：上海文艺出版社，1992：660.
❷ 潘朝霖，韦宗林主编. 中国水族文化研究 [M]. 贵阳：贵州人民出版社，2004：7.
❸ 潘朝霖. 水族鱼图腾探源. 载贵州民族论丛. 贵阳：贵州民族出版社，2002：223.
❹ 中国各民族宗教与神话大辞典. 水族，罩鱼龙 [M]. 北京：学苑出版社，1990：551.
❺ 赵沛霖. 兴的源起——历史积淀与诗歌艺术 [M]. 北京：中国社会科学出版社，1987：27.

板有几位，生活比较富有，房屋也修得比较漂亮。仅仅相距1000米左右的距离，为什么有如此大的差距呢？当地老人介绍，现在的拉头寨在100多年以前是一片沼泽地，当时整个水庆村就只有拉干一个寨子。该村老祖宗发现一个惊人的历史事实，即是古代的拉干寨的牛、马、鸡、鸭等家禽白天总是喜欢聚到现在的拉头寨，就连天上的鸟也喜欢飞到拉头寨栖息。于是老人们说："连我们的家禽都喜欢那里，那么我们人更应喜欢，说明那里是生命繁衍的最好地方"，于是有一小部分的老人就搬迁到现在的拉头寨，后来搬迁到拉头寨的人口繁衍很快，逐渐超过了拉干寨。当地人认为，今天导致两个寨子有如此的差距是由于拉头寨选择了一个有利于生命繁衍的地方栖息。

第三节　对生命护佑的意愿与表达

生命种子的结合，其目的是要繁衍与诞生新的生命，但其中一个重要的环节即是怀孕阶段。在现代生活中，孕妇通过现代科学，利用B超等手段可以检查到胎儿的身体健康状况，可在现代医学的帮助下将胎儿进行保护，以顺利分娩诞生新的生命。然而，水族先民在没有掌握类似现代科学技术的情况下，凭借感知判断其胎儿的健康状况，并制定了一系列护佑生命的文化机制，使生命种子结合、萌发并成长、最后顺利出生。水族通过对植物的认知到酿酒工艺表达了对生命护佑的意愿。

水族妇女选择每年农历六月的虎日开始采集酒曲植物。"择日"文化在水族社会十分重要，举办红白喜事都要进行择日，且择日都经《水书》推算。水族认为，选择一个美好的日子结婚，象征夫妻将实现美满的婚姻家庭。选择一个吉日安葬死者，死者在阴间里才会保佑世人，死人的家族也才会发达。采集酒曲植物要选择虎日进行，水族认为虎可以驱凶。"虎日"在这里不仅代表吉日，"虎"这一凶猛威力象征了可以用来驱凶、可以护佑生命的文化符号。

采集药物当天，水族妇女们走到离村寨不远的地方割下一株茅草，并将茅草打结后再摆放在道路的中央，打结的一端朝着西方。且还诅咒着："不要跟踪我们，你过来我们就杀死你"。当地妇女如是解释，这样做的目的是为了驱赶那些不明身份的鬼跟踪妇女们上山采集，以免鬼遇上所要采收的药物后，使药物容易失去功效，不明身份的鬼对药物来说是不吉利的。打结的茅草在妇女们看来是驱赶恶鬼、保护药物不被侵害的有力武器。从茅草的特质与形状来看，它生长在各种地方，四季长青，容易获取；它似一把锋利的尖刀，容易划破人的皮肤。这容易使人对它产生一种特殊的感觉，于是视之为一种抵挡各种恶鬼与护佑生命的有力武器。至于为什么要打结，这是便于与那些没有被使用的茅草区分开来而作的符号，没有打结的茅草在水族看来并没有起到类似的功能。水族利用茅草，应该说也在进行了一种文化符号的创造。使用茅草打结驱赶恶鬼的文化行为在水族社会中十分常见，在此举些例子。例如，一位妇女背着小孩出行时，常常将打结的茅草插在背带上，或者在出行不远处摆放打结的茅草，用石头按住茅草以免被风吹走，茅草被打结的一端要与人行走的方向相反，这样做的目的是为了保护孩子，不许恶鬼跟踪孩子。人们长途跋涉时，往往出现口渴，若要饮用路边的水井时，得先用打结的茅草丢进水井里后方能喝水。水族认为，恶鬼无处不在，一旦遇上，就有可能遭到祸害。打结的茅草在水族社会生活中不同于一般植物，它象征了驱赶恶鬼、护佑生命的神圣武器。

酿酒工艺仪式中要遵循很多禁忌（Taboo）。禁忌指与原始宗教观念相联系的对特定的物、人或行为的限制和禁止，普遍存在于原始民族中。❶ 水族采取一系列的禁忌的目的是对生命的护佑的需要。第一，已经结婚但没有生育能力的妇女禁止参与酿造。酿造是人造生命的过程，没有生育能力的女人参与酿造，象征制造生命的失败。第二，禁止在酿造中遇上"恶鬼"。水族是一个典型的泛神民族，其信仰的鬼神有七八百多个，鬼，水语称为"忙"，或称"居""杂"。这些鬼分为"恶鬼"和"善鬼"，在《水书》中有所反映。第三，禁止孕妇和月经期的妇女参与酿造。第四，禁止命运悲惨的妇女参与酿造。命运悲惨通常是指其丈夫死于非命的妇女。

水族认为，孕妇腹内的胎儿生命比较弱小，容易被鬼的邪气附上，所以一旦孕妇参与酿酒，就有可能将恶鬼带进来，使制作的整个现场惹上恶鬼。在水族看来，孕妇是不吉利的。人们十分担心遇上孕妇，如上山狩猎，避免

---

❶ 黄平，罗红光，许宝强主编. 社会学·人类学新词典 [M]. 长春：吉林人民出版社，2003：82.

在途中遇上孕妇。将小猪仔、牛等家畜拿去市场做买卖等生意时，要避免在路上遇见孕妇。一旦发现某家有孕妇的，很多人要绕道而行，一般不经过孕妇家的门口。水族认为月经期的妇女也是"不干净的"，"不干净"是指月经已经被鬼缠上，鬼已经附在妇女的阴道和身上，使月经期的妇女沾满邪气，容易使其周围的人带来不祥。世界上有很多族群对月经都持相似的看法，例如，"在不列颠哥伦比亚的搬运工印第安人中，对女孩青春期的害怕和恐惧达到了登峰造极的程度。……人们用一块兽皮制成的大头巾将她的脸、胸部和脚都要遮盖起来，……以驱除她身上充满着的邪气。……而她对其他所有的人来说都是一种不祥的根源"❶。弗雷泽也举过类似的例子，"一个澳大利亚的黑人发现他妻子月经期间躺在他的毯子上，便杀了他的妻子，他自己在半个月内也因害怕而死了。因此，澳大利亚的妇女在月经期间不许接触男人用的东西，甚至不得走在男人们经常走过的道路上，否则就要死亡"❷。当然，有的民族认为经期的妇女是有利的。例如列维-斯特劳斯在研究希达查人的猎鹰仪式中发现，猎鹰活动的一个显著的特征是，妇女在经期中起到有益的作用，这与狩猎民族几乎普遍持有的信念相反。他从三种观点分析了有益的原因。"一是从严格形式的观点来看，一次狩猎同时也是另一次狩猎的反面，因为赋予月经的作用也同样是相反的。二是从技术观点看，沾血的兽尸很快便成了腐肉，它在几个小时，甚至几天内接近活的猎人，它是完成捕获的手段，而且有意义的是，土著人用同样一个词来指爱人的拥抱和鸟樱诱饵。三是在语义的层次上，至少北美印第安人认为，遗精是由于想保持各自纯净状态的两性之间的联系过于紧密的缘故。在近处狩猎时，女人经期总有引起过度性交的损耗。而在远处狩猎时，情况正相反：这时性交是欠缺的，弥补的唯一办法是允许遗精。遗精表现为相继轴上的周期性或同时轴上的腐坏。"❸可以说，在水族社会里，人们在从事各种仪式或者进行买卖，甚至在进行赌博之前总是尽量避免遇见孕妇和月经期的女人。当然，孕妇对于其家人来说

---

❶ [美]鲁思·本尼迪克特，张燕，傅铿译. 文化模式 [M]. 杭州：浙江人民出版社，1987：27.

❷ [英]詹·乔·弗雷泽，徐育新，汪培基，张泽石译. 金枝 [M]. 北京：中国民间文艺出版社，1987：312.

❸ [法]克洛德·列维-斯特劳斯，李幼蒸译. 野性的思维 [M] 北京：中国人民出版社，2006：59.

是值得高兴而庆祝的。

　　没有生育能力的妇女、孕妇和月经期的人在这样的仪式中被视为社会特殊而边缘的人。印证了"禁忌存在于那些有特殊社会地位的人和处于社会边缘的人之中"。❶ 在酿造的各个环节中都禁止这些特殊而边缘的人参与，且采取防范危机的相关措施。例如，妇女们熬酒曲植物的过程中，首先要用一大把打结的茅草和一把菜刀插在门头上，其目的也是要挡住不明身份的鬼闯入，导致生命种子被杀死。在熬药的大锅里放一颗红辣椒，辣椒的作用也是辟邪的，它可以驱鬼。在装缸过程中，要用打结的茅草向缸里飞舞，以赶走缸里的鬼。还要在糯米饭的表面上压一个小窝窝，再在小窝里放进一块烧红的木炭和三个或五个红辣椒，且念道："哪个来看就辣哪个的眼睛。谁脚重就烧谁的脚。"当地人十分害怕"小人"或鬼来捣乱，"小人"指孕妇腹内的胎儿。"脚重"的人是指那些命运悲惨的人，或者是指恶鬼。水族使用火驱赶恶鬼，这和中国用火祭祀文化有一定的关系。火最主要应用在祭祀与熟食两大方面。火与一般人民的日常生活密不可分，特别是针对疾病的预防。《周礼》主行火政令的"司爟"，其职规定四季钻木取火所用不同的木燧。古人认识燃烧过久的火易引起疾病，所以随着季节的变化而改火，据说目的是为了"救时疾"。时疾大概即季节性的流行病或传染病态。火为何可以预防疾病？在鬼神祸祟、成为人疾病主要来源的时代，火是鬼神所畏，这大概即是四时变国火以救时疾病的原因罢。❷ 水族利用火驱鬼与此有一定的文化根源。

　　在蒸馏的过程中，要使用一把菜刀放在门槛底下，刀口朝外。同时，要在烤酒的工具上挂一把剪刀。其目的是为了杀死和挡住来路不明的恶鬼。使用刀具驱鬼文化在水族社会十分常见，例如前文提到都匀水族地区进行丧葬仪式的"开控"环节中，这样的一个仪式，祭司要从整个村寨收集几十把菜刀、柴刀、斧头等刀具，然后召集几十个人，每人手持一把刀集中在主人家的堂屋里，在祭司的指挥下使用刀背不断地向房屋的梁柱猛砍，同时双腿不断地向地板猛蹬，以及有节奏地高吼，大概持续半个小时。这样做的目的是要使用这些刀将恶鬼驱赶。在此，再举个水族人的禁忌，当婴儿出生后，主

---

❶ 黄平，罗红光，许宝强主编. 社会学. 人类学新词典 [M]. 长春：吉林人民出版社，2003：82.
❷ 黄应贵主编. 物与物质文化 [M]. 台北："中央研究院民族学研究所"，2004：33 – 34.

人家要在自家的大门口插上草标以警示其他外人闯入，以免给新生的婴儿带来患病之类的不吉利，还有特别注意属相与新生婴儿相克的人要回避，不能去看婴儿。说明了水族对生命的理解是，一个正在萌芽中的生命种子十分脆弱，稍有不慎就有可能使生命死亡，因而要精心呵护。禁忌仪式往往起到了极大的功能作用，最终能够护佑生命的顺利出生。各种禁忌仪式象征了对生命的护佑而采取的防范措施。

除了遵循以上的禁忌之外，水族妇女对护佑腹中生命另有其他办法，即是要保护好新生命的母体。妇女在怀孕期间，往往要饮用使用 120 种酒曲植物酿造出来的酒。酒在水族看来是新的生命，喝酒即是象征了给予母体添加新的生命力。这与汉族等其他民族是不一样的，汉族严格规定孕妇不许喝酒。当地妇女还认为，酒起到保健作用，母体得以强身健体才能使子宫里的胎儿健康成长，并顺利分娩。水族人认为酒对胎儿有益，而合皮人认为吃松鼠肉有益于孕妇，原因是松鼠都有掘地而行的习性，并在被迫追逐进入一个洞里后又从其他地方"钻出"，因此它们会帮助胎儿"快些出来"。[1] 此外，妇女们还使用黑糯米煮成稀饭给孕妇吃，这种黑糯米也是 120 种酒曲植物中的一种。目前，当地水族尚传承着 40 几种糯稻，而黑糯米是其中的极品，它既是酒曲植物也是酿酒的原料，吃起来令人回味，且营养丰富，可以保健。孕妇吃后，可为胎儿补充营养。水族妇女还使用 120 种酒曲植物中的一些植物来帮助难产的孕妇分娩，"gea ju"植物就是其中之一。其治疗的方法是，将之捣碎后，用棉布包好并捆在难产的孕妇的肚子上，然后用温水反复地从上而下将药物淋湿，孕妇很快就会分娩。水族妇女如是解释，希望胎儿就像水从上而下那样顺流，且药物对分娩起到催化剂的作用。从现代医学技术的角度来看，其做法没有科学依据，但其仪式的过程模拟了婴儿降生的过程。

水族对生命的护佑还表现在其他的仪式与习俗上。在水族地区有这样的习俗，当女儿出生后，父母要为女儿烤上一坛酒，并将它埋在地里，或者窖藏在溶洞里。待到女儿嫁出当天，人们要将为女儿所窖藏的糯米酒来招待亲朋好友。酒在这里代表了生命，女儿出嫁喝上这些酒以期具有旺盛的生育能力，为其丈夫传宗接代。水族妇女在孕育期还有这样的习俗，"妇女怀孕后，

---

[1] [法]列维-斯特劳斯,李幼蒸译. 野性的思维[M]. 北京：中国人民大学出版社,2006：68.

过去许多人家都要请鬼师来念神定胎、保胎。所谓定胎，就是要求生男还是生女。保胎，则要求胎儿一定要正常发育，不流产。这样供祭形式是在母娘供桌边设一祭坛，插上纸竹箴，杀鸡一只，加之酒肉和糯米饭等进行供祭，并由鬼师念诵咒语。祭毕，撤走祭坛，将纸竹箴捆在一根木棍上，钉在地母娘娘供桌边，表示胎儿已定，婴儿能够健康发育，安全出世"。❶ 水族之所以举行这些仪式，其目的就是要将胎儿进行护佑，使其顺利诞生。

总之，水族认为一个正在孕育或者幼小的生命是比较脆弱的，一旦遭到不测就容易死亡。因此，要采取相应的措施加以护佑。以上所列举的这些禁忌、仪式与习俗正是象征了水族对生命护佑的意愿与表达。

第四节 对生命壮大的祈求与表达

从采集植物到发酵蒸馏，最后诞生了新的生命——酒，酒贯穿了水族社会的一切生产生活。酿酒工艺可谓是"女人生育仪式"，是模拟人造生命的过程。透视水族从酒曲植物的认知到酿酒工艺的文化现象，其内核蕴含了水族对生命起源的崇拜、对生命繁衍的愿望、对生命护佑的意愿以及对生命壮大的祈求。

马林诺夫斯基强调文化是一个整体，文化具有特定的社会功能。"他坚信文化现象不是由随机发明或简单借用的后果，而要取决于基本需求和满足需求的诸多可能性……"❷ 他认为："人类通过合作、使用人工制品、消费的活动来满足需求之外，我们没有别的办法来定义功能。这里的关键概念就是组织（Organization），为了达成任何目的，获取任何成果，人类都必须组织。"❸ 酿酒工艺文化是取决于水族社会基本需求和满足需求而进行的，即是要通过酒来组织水族社会的关系，以酒为媒介获取本民族的发展壮大。酒也就当然贯穿了水族社会的一切生产生活，文化的整体观在水族社会里表现得淋漓尽

---

❶ 何积全. 水族民俗探幽 [M]. 成都：四川民族出版社，1992：179.
❷ [英] 马林诺夫斯基，黄剑波等译. 科学的文化理论. "英文序言" [M]. 北京：中央民族大学出版社，1999：26.
❸ [英] 马林诺夫斯基，黄剑波等译. 科学的文化理论 [M]. 北京：中央民族大学出版社，1999：55.

致。本章将以酒为主线,探讨酒在社会中的重要性,论证水族是通过酒为媒介,祈求本民族的发展壮大。

水族主要分布在云贵高原苗岭山脉以南的都柳江和龙江上游地区。水族在这样的环境中以水稻种植为生,一旦遇上自然灾害将难以应对。正如斯科特所说:"齐脖深的河水中,只要涌来一阵细浪,就会陷入灭顶之灾。"❶ 马林诺夫斯基也认为,这类社会"即使在最顺利的状态之下,也永远免不了食料缺乏的危险,所以食料丰富乃是常态生活的首要条件"。❷ 因此,互助、互惠对水族来说显得更加重要。互助和谐的观念,就水族家庭内部而言,人们强调父母子女之间、夫妻之间、兄弟之间的相亲相爱,强调家庭的和睦;就家族而言,强调家族体系中有秩序的、整体的和谐,从而使人们获得一种对家族的心理依靠,使家族内部凝聚力增强,促使家族乃至整个社会保持稳定。这种互助的观念在日常生活中体现为当每家每户遇到一些婚、丧、建房之类的大事时,都是在家族成员帮助下完成的。如办喜事,设酒席招待客人的工作,就由家族中叔伯、兄弟和主人共同分担,客人分别到各家入席就餐。在农忙时,人们常常不是单独地干活,而是几家一起合作,轮流帮忙。❸ 水族人民通过互助、互惠,相互馈赠礼物和劳动力,其中礼物主要包括糯米和酒,水族"正是借助食物的实际意义和象征意义来表达水族人对于生存的深切关注"。❹ 在这样的互惠、交换中,巩固了水族社会的组织结构,使本民族不断发展壮大。

唐代《旧唐书·南蛮西南蛮》记载,唐时,包括水族先民在内的东谢蛮地区就存在"婚姻之礼,以牛酒为聘"的习俗。水族的婚礼十分隆重,牛和酒是必不可少的重要聘礼。女方家要聘给男方家一头小牛,牛不仅代表了女方嫁到男方家后所具有的劳动财产标志,也代表着女方家陪嫁女儿的经济能力,使女儿生活在丈夫家后获得话语权。这和努尔人婚姻文化有所相似,在努尔人社会里,"族外通婚的规则常常以牛的形式来表达。婚姻关系的缔结是

---

❶ [美]斯科特,程立显,刘建等译. 农民的道义经济学:东南亚的反叛与生存 [M]. 北京:译林出版社,2001:1.

❷ [英]马林诺夫斯基,李安宅译. 巫术科学宗教与神话 [M]. 北京:中国民间文艺出版社,1986:25.

❸ 陶渝苏,蒙祥忠:从文本看水族道德伦理观 [J]. 西南民族大学学报,2007 (7):56.

❹ 蒙爱军."办客":水族社会资本的建构 [J]. 思想站线,2008,3 (34).

通过对牛的支付来完成的,婚礼仪式的每个阶段也以牛的交换或杀戮为标志,而且,婚姻中伴侣及其子女的法定地位也以他们对牛的权利和义务来界定"。❶ 水族婚姻仪式一般要使用700至2000斤糯米来酿酒。婚礼当天,举行一系列的宗教仪式都使用酒来祭拜。有些家庭一旦有女儿出生就开始酿酒窖藏,待女儿结婚当天开坛饮用。也有些家庭待女儿快到结婚年龄的前五六年,就要酿酒窖藏,以备婚宴上招待客人。在水族传统社会里,举办婚礼主要分为提亲、开亲、定亲和迎亲几个阶段。每个环节都必须使用到酒。其中,最为隆重的迎亲环节中,男方家要给女方家送去4挑糯米粑,200斤酒和300斤猪肉。当天,女方家还要将为女儿酿造的糯米酒招待客人。水族传统社会里,前来送礼的亲朋好友,酒也是必不可少的礼品。即使流行使用人民币作为礼金的今天,舅舅家和姑妈家送的礼品中还必须包含一定分量的酒。酒在一起程度上象征了礼尚往来的重要礼物,是水族组织社会结构的重要载体。

　　前文已提到,水族是典型的神灵崇拜民族,对鬼特别崇敬。泰勒在《原始文化》中提到:"我们几乎在万物有灵观的宗教全部广泛领域里看到,活人在一定的场合下殷勤地款待死人。这是阴魂崇拜,是全世界最深远而有力的宗教之一。这种宗教带着含有恐惧的敬意承认祖先精灵的存在。那些祖先握有善和恶的力量出现在人们中间。然而生和死彼此之间不能和睦相处,从蒙昧时代开始,我们就看到了活着的人们用来力图摆脱家魔的许多方法"。❷ 水族也是如此,水族民间流传有360个鬼,有的学者还认为水族的鬼有900多个。在水族看来,这些鬼包括善鬼和恶鬼,存在着善和恶的二元对立。正如"易洛魁人相信有一位大神、一位恶神和许多地位较低的神灵,他们还相信灵魂不灭和来世"。❸ 水族的鬼神观念中,有个鬼叫陆绛公是整个水族所要共同尊崇敬仰的善鬼。传说陆绛公是"水书"的创造者与传播者,实际上也就是带领水族走向文明世界的领头人,被视为全水族的保护神。但其他善鬼多为家中亡者灵魂,只能保护家庭或家族,从而只在小范围内受到供奉。❹ 水族认

---

❶ [英]埃文思-普里查德,褚建芳,阎书昌,赵旭东译. 努尔人——对尼罗河畔一个人群的生活方式和政治的描述[M]. 北京:华夏出版社,2002:21.
❷ [英]爱德华·泰勒,连树声译. 原始文化[M]. 上海:上海文艺出版社出版,1992:506.
❸ [美]路易斯·亨利·摩尔根,杨东莼,马雍,马巨译. 古代社会上册[M]. 1977:112.
❹ 何积全. 水族民俗探幽[M]. 成都:四川民族出版社,1992:243.

为鬼魂随时都可以作祟害人，因此将鬼魂作为崇敬的对象，并且存在祈求鬼魂护佑的心理。而对鬼魂的崇敬与祈求护佑的最好办法就是祭祀。因此，除了在日常生活要对这些善鬼供奉之外，还表现在丧葬仪式中极力对死人的祭拜，以求护佑。泰勒曾提到，"崇拜死人阴魂和崇拜自然的古代遗留制度，在中国仍然是盛行的宗教，它完全承认对充满世界的无数精灵的崇拜。对它们的个体存在的信仰表现在奉献给它们的祭品之中。孔夫子说：'应当给精灵奉献祭品，就像它们出席祭祀一样'"。❶

水族祭祀所必须具备的祭品就是酒。例如，在都匀地区举行丧葬仪式时，他们要请来"水书先生"施行法式，"水书先生"手持一碗糯米酒并不断将酒向空中喷洒且念咒，从陆绛公开始，列数宗族所有祖先前来享受供馔。还叙述了本民族的起源、繁衍、迁徙的历史，以表示对祖先的感激。所有这些祭祀的目的就是要祈求鬼魂赐福消灾，祈求活人平安，发展壮大自己的势力。因此，酒在水族丧葬仪式中占有非常重要的地位，它象征了活人与死人之间的对话的媒介。

在以上所述的文化机制下，水族的很多地区还传承着这样传统文化，一旦家里有人上40岁就开始为其烤酒窖藏，待该人去世后，使用窖藏的糯米酒来招待前来参加葬礼的客人，要保证每位到场的客人都能喝到这种窖酒。有的老人如活到80岁以上，则就意味着在举行丧葬仪式的当天，参加葬礼的人就有可能喝上窖藏40年以上的糯米酒。参加葬礼的人都争取喝上这样酒，认为该酒可以延长人的寿命，且喝了死人的酒意味着对死者的尊敬，进而祈求死者对他们的护佑。值得提及的是，当前都匀地区的水族还传承了这样的文化现象。即当老人快要去世时，则在老人断气的前几秒钟，其大儿子或者其他人要给快要死的老人喂3口糯米酒。当地水族的解释是，给快要死的老人喝酒，其目的主要是给予补充新的生命，增强其体力，使其在阴间里能够找到自己的归宿，方才有能力护佑他（她）的子孙后代。

水族将酒作为生命力量的象征，利用酒与鬼魂取得沟通，祈求本民族的发展壮大。正如"努尔人通过他的牛来与鬼魂或神灵建立联系。……通过沿着奶牛或公牛的脊背抹草灰，人们便可以同与这头牛有联系的神灵或鬼魂发

---

❶ ［英］爱德华·泰勒，连树声译. 原始文化［M］. 上海：上海文艺出版社，1992：658.

生接触，并请它给予帮助。努尔人与死者和神灵进行交流的另一种途径便是献祭，如果没有公牛或公羊献祭，努尔人典礼仪式便不完整了"。❶ 水族和努尔人在这方面有着非常相似的地方。

水族最长的传统节日是卯节与端节，水族称"借卯"与"借端"，两者类似于汉族的春节。卯节的时间在水历（见文章附表2）的九十月间（相当于农历五六月）逢卯日（除丁卯之外）分批进行。端节的时间从水历年末的十二月到岁初的正月或二月（相当于农历八、九、十月之间）逢亥日分批进行。卯节是以寅日为除夕。端节多以戌日为大年除夕，有的以酉、己、午日为除夕。"借卯"正值庄稼接近成熟期间，属于绿色生命的旺盛季节。水族以"借卯"节日仪式表达了对生命的讴歌。"借端"正值收割庄稼期间，属于生命诞生的季节。水族以"借端"节日仪式表达了对生命诞生的庆祝。过卯节和端节期间，水族要邀请自己的亲朋好友前来做客。宴席上，水族要使用最好的糯米窖酒招待客人。家族或宗族之间都要相互宴请彼此的客人，从早晨到夜晚，过节的整个村寨都窖酒飘香，歌唱祝酒歌，气氛非常热烈，其乐融融。酒成为水族联络感情、巩固人际关系的重要载体。

水族除了利用酒作为加强社会组织的同时，水家人时时刻刻都忘不了对自己的祖宗和一些被水族赋予神圣的崇拜物进行祭祀，祈求护佑。过节前一天，水族要带着糯米酒、糯米饭和猪肉等前往村寨周边的大树、桥和菩萨等处进行供奉，祈祷孩子健康成长，求得家人平安。尤其是，水族特别重视对村寨周边的神树进行祭拜。当地水族认为神树能够护佑人丁兴旺、庄稼丰收等。正如弗雷泽在《金枝》中列举很多土著民族对神树的崇拜而说明了树神具有造福于人的能力，如相信树或树的精灵能行云降雨，能使阳光普照；树神能保佑庄稼丰收；树神能保佑六畜兴旺，妇人多子等。❷ 水族对待祈祷"既是理性的行为，也是实际的行为"。❸ 过节当天，在用餐之前得先使用糯米酒、糯米饭和鸡鸭等在自家的堂屋供奉祖宗，其目的也是祈求祖宗保佑世人健康。

---

❶ [英] 埃文思－普里查德，褚建芳，阎书昌，赵旭东译. 努尔人——对尼罗河畔一个人群的生活方式和政治的描述 [M]. 北京：华夏出版社，2002：24－25.

❷ [英] 詹·乔·弗雷泽，徐育新，汪培基，张泽石译. 金枝 [M]. 北京：中国民间文艺出版社，1987：177－179.

❸ [英] 爱德华·泰勒，连树声译. 原始文化 [M]. 上海：上海文艺出版社，1992：798.

水族的卯节和端节都要使用铜鼓作为庆贺的工具，但是在使用之前也必须以酒祭拜。"借端"要以敲铜鼓来祭祖，有铜鼓的人家将之悬挂于堂屋，然后以酒祭拜之，并将酒洒于铜鼓内，然后才能击鼓庆贺。"借卯"则有所不同，"在供前必须先用两杯酒淋铜鼓"。❶ 水族通过以上活动，其心理动机则是期盼宗族神灵对世人的庇护，以求自身的发展壮大。

酒是水族的强身健体与驱除疾病的神圣物。上文也提到，通常情况下，孕妇与刚刚分娩的妇女不应饮酒，但在水族地区，酒却代表力量，能够强身健体与驱除疾病。在水族的思想观念中，孕妇饮用她们所酿造的糯米酒可以使胎儿获得力量的补充，生命会更加旺盛。刚刚分娩的妇女饮用她们的糯米酒就能够很快恢复体力。此外，水族认为，经常饮用这些糯米酒可以起到滋阴壮阳的作用，还有诸如腹泻等疾病饮用适当的糯米酒就可痊愈。这样的文化事实表明，酒与水族的生育、生命紧密联系。酒在水族文化观念中象征了生命。

水族先民在长期的生产生活实践中，以酒为题材创作文学作品，表达了其思想感情。例如，水族的祝酒歌如是歌唱，主人唱："酒不醇，怪酿酒药；味不香，应怪曲娘；我心意，溶在酒里；不好喝，你也该尝；你不饮，也该接杯；手拉手，喜欢一场；我尊贵的客人哈喂！我珍贵的客人哈喂！"客人应唱："主人，殷勤招待；菜满桌，窖酒飘香。你双手，举杯相劝；春风暖，醉透心肠。慢慢来，品尝美味，到这里，不醉何方？我尊贵的客人哈喂！我珍贵的客人哈喂！"酒已经成为水族创作各种文本的重要题材，文本充分体现了水族的世界观。

酒是水族"外交"的重要交换礼物。水族的糯米窖酒早已远近闻名，水族在各种"外交"活动中往往馈赠他们自己酿造的酒作为礼品。1959年国庆10周年时，三都水族自治县第一任女副县长蒙世花，即用水族糯米窖酒代表贵州少数民族向毛泽东、周恩来、朱德等党和国家领导人敬酒，毛主席在品尝甘醇的水家糯米窖酒之后，连称"好酒！好酒！"并要求"再来一杯！"这一情节长期以来，一直被水族民间传为佳话。实际上，水族将酒作为礼品赠给国家领导人同样是一种祭祀的动机。正如泰勒所说："假如注意到自然的万

---

❶ 何积全. 水族民俗探幽 [M]. 成都：四川民族出版社, 1992：290.

物有灵观宗教的基本原理，那人的灵魂观念是神的观念的原型，那么，人和人的相互关系就应当按类比阐明祭祀的动机。事实上祭祀正是这样。可以在最普遍的意义上断言，假如在普通人为了获得利益或者避免某种不愉快的事，为了得到帮助和申诉委屈而向地位高的人物送礼的活动中，重要的人物由神代替，并以适应的方式来适用转送神礼物的方法，则在我们面前就出现了合乎逻辑的供物仪式的理论，同时为经历了各种变化的时代过程之供物仪式的直接目的提供了几乎圆满的解释，甚至提出了它们的原始意义。"[1] 当今，现代文明不断推进。水族与其他民族的交往日益加深，很多水族同胞已身为国家领导干部。他们常常以糯米酒作为馈赠礼品，建立人际关系。因此，水族的糯米酒也在不断地取得世人的青睐。值得关注的是，水族以之作为"外交"的礼品，将有利于水族同胞不断地融入现代社会的大家庭，使水族文化与异民族文化发生有益的交流，相互之间汲取精华，为中国民族事业乃至全社会的发展做出积极的推动作用。对水族而言，其结果将是有利于水族的不断发展壮大。

水族人热衷于酒，并赋予一定的文化意义，用此与鬼神、与同族、与异族进行沟通，交换所需要的利益，这种交换一直以来十分稳固。酒已被水族人添加了一种具有价值的光环。这与马林诺夫斯基的库拉研究有相似之处。马林诺夫斯基认为，"库拉不是一种偷偷摸摸、不稳定的交换形式，相反，它有神话的背景，有传统法规的支持，有巫术仪式的伴随。……神话、巫术和传统在它周围建立起明确的仪式和礼节，给它以浪漫的光环，并在土著人的头脑里建立了价值观，使他们热衷于这个简单交易"。[2] 水族糯米窨酒被赋予了象征意义，对实现本民族生生不息、发展壮大具有现实的文化功能。水族聚集于一个离现代西方社会十分遥远的地方，其土著民族的生活方式表现出鲜明的特质，这种特质为什么存在？在功能主义支配地位的时代，解释这个问题的主要途径，就是对被研究者生活需求和社会组织方式的理解。[3] 从上文可知，酒确实是水族生活的需要和社会组织的建构的载体。

---

[1] [英] 爱德华·泰勒, 连树声译. 原始文化 [M]. 上海：上海文艺出版社, 1992: 821.
[2] [英] 马凌诺斯基, 梁永佳, 李绍明译, 高丙中校. 西太平洋的航海者 [M]. 北京：华夏出版社, 2002: 80.
[3] 王铭铭. 社会人类学与中国研究 [M]. 桂林：广西师范大学出版社, 2005: 12.

纵观以上列举，酒贯穿了水族社会的一切生产生活。酒象征生命，水族通过酒表达了对生命壮大的祈求。

第四章 水族酿酒工艺的生态价值与保护意义

第一节 水族酿酒工艺的生态价值

综观上文，水族从酒曲植物的认知到酿酒工艺表达了对生命的讴歌和对生命的礼赞，形成了水族的生命观。通过进一步分析，水族的生命观形成了水族生态观的认识根源，酿酒工艺具有高度的生态价值。

水族的酒文化与其生态观有密切的联系。在此，将酒文化与水族的生态观纳入一个框架进行研究。从水族的酿酒工艺来看，其整个过程蕴含生态观。首先，水族酿酒需要120种酒曲植物，植物具有雄性和雌性之分。植物可通过婚嫁进行交配，繁衍更多的生命。水族将植物视为神圣而进行崇拜。在万物有灵论的规范下，水族不会轻易破坏大自然的一草一木。其次，从采集植物的原则来看，水族遵循了"适度原则"。关于适度原则，笔者认为就是对生态进行适当的干预，使生态环境更好地发展。所列举的"见三采一"，"见五采二"等采集原则就是很好的例子。为了采集规则生效，水族还制定了"违反者要面临断子绝孙"的后果的文化机制来规范人们的行为。而这样的行为规范对生态的保护起到了很好的效果。最后，令人关注的是，在水族社会中，酒贯穿了其一切生产生活。文化是一个整体，各文化要素之间相互作用相互影响。因此，与酒文化要素有关的其他文化事项必然受到影响。但这种影响是向好的一面发展。由于水族对酒的需要，作为制造酒的原料的糯稻也就相应地被人们关切。下面主要是从水族传统糯稻的生态价值谈起，论证水族酒文化的生态价值。

水族通过酒文化表达了对生命现象的理解。可以说酒文化贯穿了水族文化的主线，是整个文化的内核，并具有高度的适应性。水族酿酒工艺除了需要酒曲植物外，其主要原料就是糯米。因此，水族酒文化的发展带动了传统糯稻的传承。经实地调查，目前在茂兰喀斯特山区的水庆村尚传承着 44 种传统糯稻品种，这些品种不仅具有高度的文化适应，而且具有高度的生物适用能力。

水族人民喜糯食，清中叶以前都还以糯米为主食，通常以之作为待客上品，糯米饭、糯米粑、粽子常作为馈品。[1] 在很长的历史时期内，水族是以种植禾糯为生。据当地水族老人回忆，过去的水庆村是以种植糯稻为主，品种有 60 多个，糯米饭是主食，种植少量的粘稻主要是为了喂养家禽和交公粮。集体化之后，因粮食紧张改种粘稻，杂交稻培育成功后，在行政手段下很快推广开来，传统糯稻品种的数量和种植面积急剧减少，不过部分传统糯稻品种仍得以传承下来。经调查且采集糯稻标本得知，水庆村尚存糯稻品种至少 44 种。笔者的调查方法是，根据当地老人介绍，每种糯稻品种寻找一块稻田，时间选择在糯稻接近成熟期间。每块稻田采 3 个各 1 平方米的样方，然后分别测量各样方的窝数、分蘖数，每个样方取 2 株糯稻标本，然后求其出土身高、芒长、谷粒数的平均数等。最后，向栽种该糯稻品种的主人询问相关插秧时间、收割时间和名称等。其部分糯稻品种如下（见表 1-4）。

表 1-4 水族部分传统糯稻品种列举

序号	水语名	插秧时间	收割时间	稻田类型	谷粒数	成熟期身高/cm	芒长/cm	品种类型	品性
1	ao bai zou	四月	七月	烂泥田	291	152	1.3	摘糯	耐阴、耐水淹、耐冷
2	ao bai han	三月	九月	烂泥田	246	152	3	摘糯	耐阴、耐水淹、耐冷
3	ao ba man	三月	九月	烂泥田	188	163	无	摘糯	耐阴、耐水淹、耐冷
4	ao ba han	四月	九月	烂泥田	402	168	1.4	摘糯	耐阴、耐水淹、耐冷
5	ao han	四月	九月	烂泥田	199	165	7.4	摘糯	耐阴、耐水淹、耐冷
6	ao bai di	四月	九月	烂泥田	275	181	4.5	摘糯	耐阴、耐水淹、耐冷
7	ao zen hu lao	四月	九月	烂泥田	228	181	7.7	摘糯	耐阴、耐水淹、耐冷
8	ao zen hu di	四月	九月	烂泥田	174	179	2	摘糯	耐阴、耐水淹、耐冷
9	ao laigua	三月	九月	烂泥田	235	173	无	摘糯	耐阴、耐水淹、耐冷
10	ao gang	三月	九月	烂泥田	121	180	1.2	摘糯	耐阴、耐水淹、耐冷

---

[1] 《水族简史》编写组. 水族简史 [M]. 贵阳：贵州民族出版社，1985：12.

续表

序号	水语名	插秧时间	收割时间	稻田类型	谷粒数	成熟期身高/cm	芒长/cm	品种类型	品性
11	ao lai wai zou	四月	七月	烂泥田	157	144	5.3	摘糯	耐阴、耐水淹、耐冷
12	ao ba zou han	三月	九月	烂泥田	191	177	5.8	摘糯	耐阴、耐水淹、耐冷
13	ao ganggua	三月	九月	烂泥田	133	169	5.2	摘糯	耐阴、耐水淹、耐冷
14	ao lang lan	四月	九月	烂泥田	156	172	1.6	摘糯	耐阴、耐水淹、耐冷
15	ao bai lao	四月	九月	烂泥田	285	201	1.2	摘糯	耐阴、耐水淹、耐冷
16	aoreng zou	四月	七月	烂泥田	192	180	5.4	摘糯	耐阴、耐水淹、耐冷
17	aoreng lao	四月	九月	烂泥田	272	168	4.4	摘糯	耐阴、耐水淹、耐冷
18	ao ran gan	三月	九月	烂泥田	201	175	4	摘糯	耐阴、耐水淹、耐冷
19	ao gen rannen	三月	八月	一般水田	368	146	无	摘糯	耐阴、耐水淹、耐冷
20	ao lai hai	三月	八月	一般水田	191	166	无	摘糯	耐阴、耐水淹、耐冷
……	……	……	……	……	……	……	……	……	……
44	ao baireng	三月	十月	烂泥田	372	133	5.1	摘糯	耐阴、耐水淹、耐冷

水族传统糯稻品种可做如下归纳。

第一，传统糯稻品种特别能耐阴与耐冷。44个糯稻品种中，至少有25种是耐阴与耐冷的品种，有23种是栽种在烂泥田里。通常情况下，杂交水稻需要有足够的阳光和适当的水温才能茁壮成长，阴凉的地方往往颗粒无收。而这些烂泥田的水温比较低（通常为20摄氏度以下），且一些稻田位于孤峰残林底部，日照时间非常短。但这些糯稻品种特别能耐阴，适应低温的稻田。因此，根据水族传统糯稻的生物适应能力，我们可将之推广到温度较低，日照不够充足的地区进行栽种。

第二，传统糯稻品种特别能耐水淹，生长期较长，蓄水能力强，可缓解水资源短缺的问题。传统糯稻品种可在一年四季不断水的稻田里正常生长，杂交水稻一旦分蘖并接近成熟期后，要将稻田里的水全部排放，才能促进其成熟。而表中绝大部分的糯稻品种可在稻田里生长直到成熟，不须将稻田的水排放，它们特别能耐水淹。传统糯稻生长期较长，有的从农历三月就开始栽种直到农历九月底或十月才收割，占一年的八个月左右。而这些品种因大多数是高秆，有很强的保水和蓄水能力，水浸泡糯稻秆高达55厘米以上。整个水庆村的烂泥田有 300 多亩，那么光是烂泥田蓄水能力就为 300 亩×666.67 平方米×0.55 米 =110000.055 立方米。若水庆村所有的农田都种植糯稻，其蓄水能力至少为 1160 亩×666.67 平方米×0.55 米 =425335.46 立方米，这个数量相当于一个很大的水库。若栽种杂交稻，一般到农历七月初就把农田里的水全部放干，过早地将这些水资源排放是种浪费。但种植传统糯稻的就不一样，哪怕进入秋天到冬天，糯稻截流了较多水资源。进入秋冬后，龙江和都柳江下游出现了淡水资源短缺的现象，如果其上游尚截留大量的水资源，那么水资源短缺就能得以缓解。因此，如果将水族传统糯稻品种推广在整个龙江和都柳江上游地区进行种植，那么水资源短缺的问题就有可能得到解决。

第三，传统糯稻品种不需使用化肥与农药，有效稳定了生态系统。水族传统糯稻品种可在土地相对贫瘠的稻田里生长，不宜使用化肥，只需要施放些杂草和少量的农家粪就可促进它的成长。在生长过程中也不容易招惹病虫，无须喷洒农药。而杂交水族虽然产量高，但它是在依赖较多的化肥与农药下实现。然而，使用过多的化肥与农药将会导致生态系统失去平衡。在调查中发现，由于使用过多的化肥与农药，很多稻田已经出现了板结现象，一些农田不再适应鱼类的生物生存。当地水家人回忆，过去栽种糯稻的时候，每亩田年产鱼至少 5 斤，还有很多的螺丝等其他可供人类食用的生物。而现在，每户人家总的鱼量就只能满足其"借端"或"借卯"节日的需要，甚至不够。其实，只要仔细算账，不难发现杂交水稻粮食产量高于糯稻产量是事实，但是种植糯稻还可以收获鱼之类的食物，其综合产量不一定低于杂交水稻。值得思考的是，过多地使用化肥和农药，将会破坏生态系统。当地近几年发生过因农药污染而出现家禽被毒死的现象，埋下了生态安全隐患的问题。如果种植传统糯稻也许能够避免这样事件的发生，更能有效稳定生态系统。

第四，传统糯稻品种抗风险能力强，劳动力投入比较小。喀斯特森林地区食果（种子）鸟类有 16 种之多。[1] 水稻在收割之前要重点防止这些鸟类的取食，一般是在稻田里立个"稻草人"来吓退食果鸟类。但很多传统糯稻品种都长芒，最长的芒达 7.7cm，这些芒有效地起到抵御食果鸟类取食的效果。

---

[1] 熊康宁. 中国南方喀斯特荔波锥状喀斯特生态过程与生物多样性 [M]. 贵阳：贵州人民出版社，2006：8.

许多传统糯稻生长期较长,有的要在农历九月到十月后才能收割,而九十月的秋风较大,阴雨天气也较多,但这些糯稻也不会因大风和雨水而被吹落与发生霉烂。在喀斯特地区,地广人稀,每个村寨对土地的使用权辐射较广。很多稻田距离村寨很远,如果要对之进行深耕细作将难以完成劳务。因此,水族往往在这些稻田里栽种糯稻。其主要原因是这些糯稻不需要进行过多的管理。种植杂交水稻,首先得将稻田进行至少一犁二耙,有的甚至三犁三耙。种植糯稻的,只需将田里杂草除掉和简单挖松即可栽种,劳动力投入较小。还有,栽种摘稻的农田还不需将稻草割掉,而是让其腐烂在水田里,然后放养鱼种,稻田在冬天里保持充足的水源。这实际上就是当地老百姓根据这些糯稻的生物属性而进行了简单但又实用的泡冬田。这些泡冬田之水通过地下渗透到周边河流。保证了丰富水资源的同时,其劳动力的投入也较小。

值得关注的是,今天,茂兰喀斯特山区的水庆村还传承着44个传统糯稻品种,为人类保护生物多样性做出了一项重要的贡献。杨庭硕教授近年来呕心沥血地进行生态人类学研究。杨教授经多年的田野调查发现,贵州黎平县黄岗村的侗族,至今还在稳定传承着24个糯稻品种;贵州格头苗寨,至今传承着3个糯稻品种;湖南平坦阳烂村历史上存在20多个糯稻品种,至今还传承着6个糯稻品种。[1]对比水庆村来讲,水族传承糯稻品种更为丰富。当地水家人认为这些糯稻品种是其祖祖辈辈传承下来的,品种从何而来对当今水族人来说也是个谜。笔者试图大胆判断,水庆乃至中国应该是糯稻的发源地。基幸也曾提到,"新石器时代有关稻米、薯蓣和芋等的种植和发展的航海技术文化业,于公元前三千年至二千五百年间,从中国传播到东南亚"。[2]

笔者认为,水族传统糯稻品种得以传承,一方面是水族文化的需要,一方面是对其所处的生态环境的高度适应。即水族传统糯稻品种具有高度的文化适应能力和生物适应能力。传承或复原水族传统糯稻文化不仅有利于该民族文化的向前发展,而且对维护生态安全具有十分重要的现实意义。

---

[1] 罗康隆,杨庭硕. 传统糯稻农业在稳定中国南方淡水资源的价值[J]. 农业考古,2008:60-61.

[2] [美]基辛著,张恭启,于嘉云合译,陈其南校订. 人类学绪论[M]. 台北:巨流图书公司,2004:139.

第二节　水族酿酒工艺的保护意义

水族酒文化当属该民族的"地方性知识"或称为"本土知识"，人们一般认为两者同属一个概念。前文已提到有关"地方性知识"的概念，在此不再复述，本节重点探讨水族酒文化的保护意义。许多民族都具有自己的独特的本土知识，但人们往往不容易意识自身的知识，正如"身在此山中，云深不知处"的感觉。这是因为，自然科学的迅猛发展，转移了人们对自身本土知识的注意力。还有不同民族之间由于地域空间、风俗习惯、生活方式等差异的干预而导致了对于异民族的本土知识缺乏敏感性，更难以做出准确的价值评估和全面的认识和理解。因此，对于各民族的本土知识应该加以发掘与保护。

世界各民族文化一般存在差异性，是其祖宗传承下来的。今天论及文化保护的话题，不因存在对某民族文化偏见的心态。正如马歇尔·萨林斯（Marshall Sahlins）说："文化是论种类，而非高下；是复数，而非单数。存在没有文明的人民，但不存在没有文化的人民。……每种人民都对他们自己特有的幸福心领神会：文化是他们祖先传统的遗产，在他们的语言中以清晰的概念来传承，并且适合他们特定的生活状况。"[1] 因而符合某民族自身的需要的文化，则应自觉加以保护。文化又存在变迁的事实，每个民族文化将随着社会的发展而不断发生变迁。但每个民族的某些文化事项得以传承下来，是有其功能价值所在，也是优于其他发生变迁了的文化。正如 E. R. 塞维斯（Elman Rogers Service）所说的，"在人类社会中，由于各种渠道而产生了新的特质，这些特质又变成了社会中文化的潜在组成部分。而且，确实是只有一部分因其适应了现存结构而被保留了下来——但常常已经不是初始的形式了。这些优于其他的保留下来的特质，可能具有了特殊的重要性，以与非常特殊的环境状况相对应"。[2] 水族将酿酒工艺的知识保存下来，是因为其社会的需要。但我们也应该看到该文化现象在当今文化的冲突下，其地位遭到了

---

[1] [美] 马歇尔·萨林斯，张宏明译. "土著"如何思考——以库克船长为例 [M]. 上海：上海人民出版社，2003：14.

[2] [美] E. R. 塞维斯，黄宝玮等译. 文化进化论 [M]. 北京：华夏出版社，1991：10.

前所未有的挑战。因此，应该将之保护起来。但是，保护水族的酒文化是一个非常复杂而艰难的工作。首先，要将水族如何对酒曲植物的认知纳入保护的对象，但其认知又是一个十分复杂的过程，如何鉴定是一项令人难以把握的事。其次，酿造是一个动态的过程，其过程具有严密的秩序。人们常常较为关注某物的保护，而对于这种动态的工艺该如何保护则需要思考更多的方案。然而，我们也应该意识到，保护对于文化的持有者来说是外加的词汇，是研究者的提法。关键的是，文化的持有者要有"文化自觉"的态度。因此，提倡民族文化保护应该出自土著民族的思考，而这种保护应该建立在文化功能价值的基础之上。水族也正因为酒文化对其的重要性而"自觉"将之传承至今。

综观全文，水族生活在生物多样的生态环境里，及其先民的文化智慧，使水族先民很早就酿造出了工艺独特的窨酒。水族糯米窨酒，因其酒曲富含120味中草药而成为贵州民族酒类中的珍品。其酒色泽棕黄，状若稀释的蜂蜜，晶莹透亮，香味馥郁，清甜爽口，适量饮服，能助兴提神、舒筋活血，以及具有保健作用。水族民间传说中将之称为"九仙酒"，普遍流行于三都水族自治县的九阡、周覃、三洞、恒丰、廷牌；荔波的茂兰、永康、瑶麓、水庆、水尧、佳荣；榕江县的新华、水尾等水族地区。由于主产地是荔波、三都毗连的九阡地区的缘故，现在民间多称为"九阡酒"。2001年7月13日，北京申办2008年奥运会喜获成功之际，三都水族自治县的水族同胞兴奋之余，亲手酿制了99坛20世纪50年代毛主席曾亲自品尝并盛赞过的九阡酒藏窨地下，以赠送北京奥运会。2008年7月14日，在九阡镇水各村隆重举行了"中国水族卯文化国际旅游节暨迎奥运·三都水乡窨酒揭酒仪式"，水乡儿女将这深藏地下7年之久的99坛九阡窨酒赠送给北京奥运盛会。表达了水族儿女与祖国各民族心连心，共同为祖国的事业而奋斗。

水族糯米窨酒与贵州其他民族酒类单纯的蒸馏或只发酵（如乌蒙山地区的水花酒、甜酒）不蒸馏不同，其技术上具有蒸馏与发酵两种工艺的有机结合。水族糯米窨酒，除了工艺繁杂之外，其核心技术，就是酒曲必须使用120种植物制作。笔者曾在其他水族地区做过类似调查发现，很多村寨现在均已不能采足120味中草药，"九阡酒"的主产区九阡镇的板高村一带现在只能采集60多种药物，榕江县水尾乡的高望村一带只能采集50多种，三洞乡板告村有一专业制作糯米窖酒酒曲的专业户，亦仅能采集72种药物（其产品现在供应三都县的牛场、水龙、中和、三洞、周覃、九阡等广大水族地区），九阡镇水昔村成书于民国初年的专门记载水族糯米窖酒酒曲酒谱制作的手抄资料，亦仅有94种药物的记载。❶造成这样变迁的一部分原因是，掌握这些技术的只是妇女，并且有些环节只有德高望重的妇女才把握。正如弗朗兹·博厄斯（Franz Boas，1858—1942）所说的："在那些习俗由少数人维护的地方，变化会容易一些。在许多部落，神圣的仪式由一个或几个祭司操纵，虽然这些人被认为是忠实地保护着仪式的每一个细节不受损伤，但我们有丰富的证据表明，因为遗忘、个人野心、个人贤明或富于想象力的工作或是神秘保守者死亡都会使仪式的形式遭受巨变。"❷

使用120味中草药制曲，过去曾经是包括水庆村在内的广大水族地区酿造糯米窖酒的工艺过程，它使水族糯米窖酒酒质甘醇，米酒飘香而远近闻名。水族糯米窖酒，在工艺技术上，集发酵工艺和蒸馏工艺于一身，其酿造的全过程不但富含水族先民关于自然、关于人类发展的朴素的生命观，也蕴藏着水族长期在生产实践中总结出来的生态智慧，是水族重要的非物质文化遗产。

今天，水族酒文化之所以在世界自然遗产茂兰喀斯特的边缘地区得以完整传承，除了糯稻种植等民族文化传统因素的需要之外，很显然也得益于当地未遭破坏的喀斯特地质地貌的生物多样性环境。因而，以科学发展观来看，要保护人类非物质文化遗产，在确保民族文化传承的同时，还应保护该文化遗产所赖以生存的生态环境。

综观全文，保护水族酒文化不仅可以保护其民族的文化多样性，对保护生物多样性也具有十分重要的现实意义。保护人类文化多样性与生物多样性是人类获得幸福的前提条件，是人类获取生生不息发展壮大的必然需要。全人类必须为之而努力奋斗。

---

❶ 此段在贵州民族研究所韩荣培先生的指导下完成，在此表示致谢。
❷ ［美］弗朗兹·博厄斯，刘莎，谭晓勤，张卓宏译，王建民校. 人类学与现代生活［M］. 北京：华夏出版社，1999：101.

结 论

本论文在田野调查的基础上,从认知人类学、象征人类学等的视角出发,探讨了水族对生命现象的理解与表达。得出如下结论。

一是水族的万物有灵观具有延展性。水族的万物有灵观在泰勒万物有灵观的基础上进行了推延。水族认为自然万物具有生命,既然有生命,那么就有雄性和雌性之分,进而两性的结合后,就可以诞生新的生命,生命存在于一切生产生活之中。

二是文化的真正内核表现在它所蕴含的象征意义。水族对酒曲植物的认知和酿造的整个过程,是该民族的传统文化。但是透过这一文化现象,其深层次的含义是象征了水族对生命现象的理解与表达。120种酒曲植物象征生命种子,酒曲制作的过程象征模拟两性结合的过程,妇女象征生命的缔造者,酿造出来的酒象征新的生命。整个酿酒工艺过程象征了模拟人造生命的过程。水族酿酒工艺,表象是一种民间工艺的地方性知识,但其内核是一种象征性。

三是地方性知识具有生态价值与保护意义。水族从植物的认知到酿酒工艺,当属该民族的地方性知识。由于文化是个整体,在酒文化高度适应的情况下,牵制了水族传统糯稻品种的传承,而这些糯稻品种对稳定生态系统具有积极推动作用。因此,保护酒文化的地方性知识具有现实的意义。

参考文献

[1] [英] 马凌诺斯基. 西太平洋的航海者 [M]. 梁永佳,李绍明,译. 高丙中,校. 北京: 华夏出版社, 2002.

[2] [英] 马林诺夫斯基. 巫术科学宗教与神话 [M]. 李安宅,译. 北京:中国民间文艺出版社, 1986.

[3] [英] 马林诺夫斯基. 科学的文化理论,"英文序言"黄剑波,等,译. [M]. 北京:中央民族大学出版社, 1999.

[4] [美] 马歇尔·萨林斯. "土著"如何思考——以库克船长为例 [M]. 张宏明,译. 上海:上海人民出版社, 2003.

[5] [美] 马歇尔·萨林斯. 历史的隐喻与神话的现实——桑威奇群岛王国早期历史中的

结构［M］. 刘永华,译. 赵丙祥,校. 上海：上海人民出版社,2003.

［6］［英］E. E. 埃文思－普里查德. 阿赞德人的巫术、神谕和魔法［M］. 高丙中,译. 北京：商务印书馆,2006.

［7］［英］E. E. 埃文思－普里查德. 努尔人——对尼罗河畔一个人群的生活方式和政治的描述［M］. 褚建芳,阎书昌,赵旭东,译. 北京：华夏出版社,2002.

［8］［美］E. R. 塞维斯. 文化进化论［M］. 黄宝玮,等,译. 北京：华夏出版社,1991.

［9］［英］E. 利奇. 文化与交流［M］. 郭凡,等,译. 广州：中山大学出版社,1990.

［10］王铭铭. 社会人类学与中国研究［M］. 桂林：广西师范大学出版社,2005.

［11］水族简史编写组. 水族简史［M］. 贵阳：贵州民族出版社,1985.

［12］尹绍亭. 人类学生态研究的历史与现状//中央民族大学民族学与社会学学院、中国少数民族研究中心编. 中国民族学纵横［M］. 北京：民族出版社,2003.

［13］中国各民族宗教与神话大辞典. 水族. 罩鱼龙［M］. 北京：学苑出版社,1990.

［14］［美］弗朗兹·博厄斯. 人类学与现代生活［M］. 刘莎,谭晓勤,张卓宏,译. 王建民,校. 北京：华夏出版社,1999.

［15］史宗. 20 世纪西方宗教人类学文选［M］. 金泽,等,译. 上海：上海三联书店,1995.

［16］石国义. 水族村落家族文化［M］. 贵阳：贵州民族出版社,2007.

［17］［法］列维－斯特劳斯. 野性的思维［M］. 李幼蒸,译. 北京：中国人民大学出版社,2006.

［18］毕节地区黎文翻译组. 西南黎志选［M］. 贵阳：贵州民族出版社,1988.

［19］庄孔韶. 人类学通论［M］. 太原：山西教育出版社,2001.

［20］庄锡昌,孙志民. 文化人类学的理论构架［M］. 杭州：浙江人民出版社,1988.

［21］何积全. 水族民俗探幽［M］. 成都：四川民族出版社,1992.

［22］何星亮. 象征的类型［J］. 民族研究,2003（3）.

［23］［法］克劳德·列维－斯特劳斯. 结构人类学［M］. 陆晓禾,黄锡光,等,译. 北京：文化艺术出版社,1989.

［24］［美］克利福德·格尔兹. 文化的解释［M］. 纳日碧力戈,等,译,王铭铭,校. 上海：上海人民出版社,1999.

［25］［美］克利福德·格尔兹. 地方性知识——阐释人类学论文集［M］. 王海龙,张家瑄,译. 北京：中央编译出版社,2000.

［26］金泽. 宗教人类学导论［M］. 北京：宗教文化出版社,2001.

［27］居阅时,瞿明安. 中国象征文化［M］. 上海：上海人民出版社,2001.

［28］罗康隆，杨庭硕. 传统糯稻农业在稳定中国南方淡水资源的价值［J］. 农业考古，2008（1）.

［29］杨堃. 民族学概论［M］. 北京：中国社会科学出版社，1984.

［30］杨庭硕，等. 生态人类学导论［M］. 北京：民族出版社，2007.

［31］周大鸣，秦红增. 人类学视野中的文化冲突及其消解方式［J］. 民族研究，2002（4）.

［32］赵沛霖. 兴的源起［M］. 北京：中国社会科学出版社，1987.

［33］［英］爱德华·泰勒. 原始文化［J］. 连树声，译. 上海：上海文艺出版社，1992.

［34］陶渝苏，蒙祥忠. 从文本看水族道德伦理观［J］. 西南民族大学学报，2007（7）.

［35］［美］盖利. J. 马丁原. 民族植物学手册［M］. 裴盛基，贺善安，编译. 昆明：云南科技出版社，1998.

［36］黄淑娉，龚佩华. 文化人类学理论方法研究［M］. 广州：广东高等教育出版社，2004.

［37］黄平，罗红光，许宝强. 社会学，人类学新词典［M］. 长春：吉林人民出版社，2003.

［38］黄应贵. 物与物质文化［M］. 台北："中央研究院民族学研究所". 2004.

［39］［美］基辛（R. Keesing）. 人类学绪论［M］. 张恭启，于嘉云，译. 陈其南，校订. 台北：巨流图书公司，2004.

［40］［英］维克多·特纳. 仪式过程：结构与反结构［M］. 黄剑波，柳博赟，译. 北京：中国人民大学出版社，2006.

［41］［美］鲁思·本尼迪克特. 文化模式［M］. 张燕，傅铿，译. 杭州：浙江人民出版社，1987.

［42］［美］斯科特. 农民的道义经济学：东南亚的反叛与生存［M］. 程立显，刘建，等，译. 北京：译林出版社，2001.

［43］蒙爱军. "办客"：水族社会资本的建构［J］. 思想战线，2008，34（3）.

［44］［美］路易斯·亨利·摩尔根. 古代社会［M］. 杨东莼，马雍，马巨，译. 北京：商务印书馆，1981.

［45］［英］詹·乔·弗雷泽. 金枝［M］. 徐育新，汪培基，张泽石，译. 北京：中国民间文艺出版社，1987.

［46］裴盛基，龙春林. 应用民族植物学［M］. 昆明：云南民族出版社，1998.

［47］熊康宁，等. 中国南方喀斯特荔波锥状喀斯特生态过程与生物多样性［M］. 贵阳：贵州人民出版社，2006.

［48］潘朝霖，韦宗林. 中国水族文化研究［M］. 贵阳：贵州人民出版社，2003.

[49] Berlin, B, D. E. Breedlove, P. H Raven: Folk taxonomy and Biological Classification [M]. Science, 1966.

[50] Frake, C. O. Language and Cultural Description [M]. Stanford: Stanford University Press California, 1980.

[51] Sturtevant, William C. studies in Ethnoscience [J]. American Anthropologist, 1964, 66 (3).

[52] Berlin, B. D. E. Breedlove, P. H. Raven: General Principles of Classification and Nomenclature in Folk Biology [M]. American Anthropologist, 1973.

[53] R. H, B. Berlin, D. E. Breedlove: The Origins of Taxonomy [M]. Science, 1971.

"麻"与苗族妇女的人类学研究

——以贵州省威宁县雪山镇切冲寨为例

张妙琴

前　言

一、研究缘起

2007年10月20日至21日，笔者有幸参加在贵阳举办的"苗族传统生态文化与自然资源管理参与式行动研究项目总结会议"。通过听取来自威宁县雪山镇切冲寨的一位苗族妇女朱XF关于"麻"的简要报告，笔者对"麻"产生了特别浓厚的兴趣。同年12月8日至12日，在贵阳举办的由贵州省妇女能力建设与发展促进会主办、福特基金会资助的"省际多学科社会性别学习与交流研讨会——社会性别的影响与作用"活动中，不仅巩固了笔者在课堂上学习的"社会性别理论与方法"，而且还拓宽了笔者分析问题的视角。为了参加2009年7月底在昆明召开的第16届世界民族学人类学联合会，笔者在查阅丰富翔实的相关文献资料的基础上，于2008年1月深入威宁县雪山镇和石门坎进行实地调查，完成《麻文化与苗族妇女健康及生态环境的关系——以贵州省威宁县雪山镇苗族村寨为中心的考察》❶一文，它是笔者运用专业理论和方法研究"麻"的首次尝试，为本文奠定了一定的研究基础。时值毕业论文

---

❶ 张妙琴，黄椿雨. 麻文化与苗族妇女健康及生态环境的关系——以贵州省威宁县雪山镇苗族村寨为中心的考察. 载张晓、张寒梅主编. 文化多样性与社会性别行动研究文集［M］. 北京：中国言实出版社，2008.

的选题，鉴于笔者曾对"麻"有过一次研究，在导师张晓教授的建议下，笔者便决定继续进行"麻"与苗族妇女的相关研究。

在本文，加双引号的麻，即"麻"，是包括麻植物、麻织物和麻文化的整体，而麻仅仅指麻植物。麻植物的各部分，如麻籽、麻皮、麻秆、麻根等；各类麻织物，如花衣服、裤子、内衬、裙子、背衫、袋子等；各种麻文化，如服饰、婚丧、节庆、信仰中的麻文化，在论文写作的过程中，会直接使用这些子部分的名称。作此界定，是为了方便笔者的叙述和读者的理解。为了更详细地了解苗族麻文化，笔者于2008年1月至2009年1月共四次进入威宁县雪山镇切冲苗寨进行实地调查。笔者对雪山镇切冲苗寨的情况有了较为全面了解的同时，也对"麻"与苗族妇女的关系有了一定的认识。笔者发现，麻文化是切冲苗族文化的主要组成部分。切冲寨以前家家户户都种植麻，而今却只有7户人家（不足全寨的5%）仍在种植。麻文化正在面临消失的危机。"麻"几乎贯穿了当地苗族社会生活的方方面面，从衣着、食用、治病、制作麻绳麻袋等生产生活到节日、恋爱、婚姻、丧葬、民间传说等精神生活，等等。麻的种植、栽培与利用、纺麻织布的技术、服饰文化、服饰上的民族记忆等均掌握在妇女手里，并由她们传承。由此可见，麻文化与妇女有密切的关系。那么，在切冲苗寨，"麻"的文化意义体现在哪些方面？与妇女的关系是什么？这一关系背后的社会关系，如女人与男人、家庭和社会、女人之间的关系又如何呢？麻文化的衰落、原因及其对妇女的影响如何？对于这些问题的追问与探讨，是笔者研究的出发点。

二、理论分析框架

（一）物与物质文化研究

物是人类学的主要研究课题，且发展出不同的理论立场。对此，台湾学者黄应贵作了简明扼要的介绍，"受西方资本主义意识形态的影响，物被视为人类创造与劳力活动的结果。因此，早期演化论便以物质开发的程度来表征社会文化进展的程度。正如当时资本主义经济学的基本假定一样，这样的研究立场蕴含人与物有着主体与客体之别的二分观点。相对之下，M. Mauss 在 *The Gift* 一书及日后的相关研究中，为了批评与改正资本主义经济学对人类社会带来的负面影响，由人与物不可分的文化观点，发展出社会的象征起源论。

不过，到了 C. Lévi‐Strauss，他从结构论立场认为不论是演化论者将人与物分离的二元论或 Mauss 将人与物连接的象征论，都只在处理现象的表面。事实上，在有关人与物的现象背后，交换才是关键的而为人类学应探讨的对象。因为它才是社会的再现与繁衍的机制，超越人类意识的存在，属于潜意识的深层结构，且这根基于人类思考原则而来的层面可以被客观地加以研究。另外，由交换的内容与形式，还可以掌握不同类型社会运作的机制"❶（黄应贵2004：2）。

黄应贵同时强调，《物与物质文化》（2004）一书最突出的贡献在于有关不同的探讨路径❷所再现的不同物性。因为早期各学派研究物的主要目的都是在探讨社会结构或社会本身，"物只是用来证明社会结构或社会存在的附属物，而没有其独立存在的价值"。❸

20世纪80年代初复兴的物与物质文化研究中，人类学家强调物及物质文化本身有其自成一格而独立自主的逻辑与性质，侧重将物自成一格的特性与社会文化特性结合，来探讨物性如何塑造或凸显社会文化。物性是物得以被认知、分类、表征化、隐喻化、符号化、象征化等的基础，先于主观意识而客观存在。物性又可与历史及社会经济条件、其他社会分类范畴相连接。由物切入所做的物质文化研究，不仅可以对理解被研究社会文化提供的新观点，而且对人类学知识理论发展具有独特贡献。这一理论立场，对笔者以麻及其物性为切入点研究切冲苗族社会文化无疑具有总体性的指导意义。

（二）女性人类学

女性人类学产生于20世纪70年代，是女性学与人类学交叉、相结合而形成的人类学的一门分支学科，以弥补传统人类学研究和女性主义研究理论的不足和偏颇。它将女性主义倡导的女性视角引入人类学，主张研究妇女是如何创造文化而文化又是如何限制和塑造妇女的双向运动过程。这引发人类学对以往研究和民族志中的男性中心主义和西方中心主义进行反思和批判。女性人类学并不只是研究女性，也包括男性在内的社会性别及性别关系。正

---

❶ 黄应贵主编. 物与物质文化 [M]. 台北："中央研究院民族学研究所"，2004：2.

❷ 即所谓的"四种探讨路径"或"四大研究领域"：物自身；交换；物的象征化及其与其他分类的关系；社会生活方式与心性。参见黄应贵主编. 物与物质文化 [M]. 台北："中央研究院民族学研究所"，2004：1.

❸ 黄应贵. 物与物质文化 [M]. 台北："中央研究院民族学研究所"，2004：2.

如亨瑞塔·摩尔（Henrietta L. Moore）在《女性主义与人类学》所言，女性人类学不仅仅是妇女研究妇女，更侧重研究性别，研究男性与女性之间的关系，研究性别在构成人类社会历史、思想意识、经济制度和政治结构过程中所起的作用。❶ 女性人类学提倡"尊重观点的多元"，力图通过"对人和社会的关系，特别是对女性和社会关系的理解，以达到对文化的理解"。❷ 该理论对笔者从苗族妇女的视角看切冲社会文化无疑具有重要的指导意义。

（三）符号互动理论

米德被公认为是互动论最有影响的创立者。他认为，符号的互动是人类社会行为的特点。个体的互动是带有符号性质的，自我的社会性是在互动中形成发展的，强调自我如何借助符号的互动产生的过程。布鲁默是米德的学生，继承和发展了米德思想。布鲁默强调社会的"过程"性质，认为社会本质上是一个动态展开的过程。社会结构——角色、地位、规范、权力等是作为互动的结果而存在的。符号互动理论强调社会是一种动态实体，是经由持续的沟通、互动过程形成的。❸ 符号互动论强调人类互动是以为文化所定义的符号的意义为中介的。人类互动是基于有意义的符号之上的一种行动过程。该理论主张在与他人处于互动关系的个体的日常情境中研究人类群体生活。特别重视与强调事物的意义、符号在社会行为中的作用。该理论的引入，将有利于笔者阐述妇女与麻和麻文化的互动—互构关系及该关系背后，麻塑造的女人与男人、女人与家庭和社会、女人与女人之间的互动关系。

三、研究综述

（一）麻和麻文化

麻在我国具有相当长的栽培和使用历史，《史记》记载尧舜时期我国就已经有麻的种植了。作为重要的经济作物，麻有食用、纺织和药用三大用途。从20世纪80年代起，国内对麻及麻文化的研究逐渐多起来。但却首先和集

---

❶ Henrietta L. Moore：Feminism and Anthropology, Minneapolis：University of Minnesota Press, 1988：6.

❷ [美] 卢克·拉斯特. 人类学的邀请 [M]. 王媛、徐默译. 北京：北京大学出版社，2008：167.

❸ 于海. 西方社会思想史 [M]. 上海：复旦大学出版社，2005：365-380.

中表现在植物学、农（史）学、经济（史）学和纺织工业等学科，民族学/人类学的较晚，也较少。如王裕中的《古代的大麻种植技术》、宋湛庆的《我国古代麻类作物的种植历史和栽培技术》、戴蕃瑨的《中国大麻的起源、用途及其地理分布》、杨希义的《大麻、芝麻与亚麻的栽培历史》、邵松生的《有趣的世界麻文化》、肖芝平的《五类麻纤维前景诱人》、李琳光的《"绿洲"演绎中国麻文化精华》、高志强和马会英《大麻纤维的性能及其应用研究》、高志勇和张万海的《大麻的生物学特征及应用研究概况》等论文。这些文献分别介绍麻的种植和使用历史、栽培方法和技术、用途、性能、现代性应用（以纺织技术为主）及零星的文化意义。它们虽然不是民族学/人类学论文，但包含丰富的麻的物性。如麻的生物特征、麻纤维的柔韧性、可食性、可入药性、气候环境适应性等。它们为本文的研究提供有关麻的物性的基础知识，具有一定的参考价值。❶

可见，"麻文化"一词的使用已较为普遍，但至今还没有人做过定义。本文定义的麻文化，是一个文化系统，是基于"麻"在切冲苗族人生活各方面中的体现提出的，特指在苗族社会生活中与"麻"相关的一切文化现象。它包括技术、历史、经济、服饰、食物、医药、节日、恋爱、婚姻、丧葬、民间传说等相互关联的各个方面。罗有亮的《红河苗族的麻与麻纺织技术》不算一篇真正意义上的民族学/人类学论文，但它较为全面和详细地介绍了苗族的麻种植技术和麻纺织技术。❷ 颜恩泉的《论苗族服饰的演变与麻塘文化》❸、杜薇的《火麻在苗族文化中的意义》❹ 和《火麻的种植与苗族文化》❺、古文

---

❶ 详见王裕中. 古代的大麻种植技术 [J]. 农业考古，1983（2）；宋湛庆. 我国古代麻类作物的种植历史和栽培技术 [J]. 中国麻业科学，1987（2）；戴蕃瑨. 中国大麻的起源、用途及其地理分布 [J]. 西南师范大学学报，1989，14（3）；杨希义. 大麻、芝麻与亚麻的栽培历史 [J]. 农业考古，1991（3）；邵松生. 有趣的世界麻文化 [J]. 江苏纺织，2001（6）；肖芝平. 五类麻纤维前景诱人 [J]. 新农业，2003（11）；李琳光. "绿洲"演绎中国麻文化精华 [J]. 中国纺织，2004（10）；高志强、马会英. 大麻纤维的性能及其应用研究 [J]. 北京纺织，2004，25（6）；高志勇、张万海. 大麻的生物学特征及应用研究概况 [J]. 毛纺科技，2006，(6).

❷ 罗有亮. 红河苗族的麻与麻纺织技术. 扬鬃，王良范主编. 苗侗文谭：第48期 [C]. 贵阳：贵州人民出版社，2005.

❸ 颜恩泉. 论苗族服饰的演变与麻塘文化 [J]. 云南师范大学（哲学社会科学学报），1993，25（1）.

❹ 杜薇. 火麻在苗族文化中的意义 [D]. 昆明：云南大学，2005.

❺ 杜薇. 火麻的种植与苗族文化//尹绍亭，[日] 秋道智弥. 人类学生态环境史研究 [M]. 北京：中国社会科学出版社，2006.

凤的《论苗族麻文化传统及其形成》❶ 等，这些论著虽然涵盖了麻文化的历史、经济、服饰、食物、医药、节日、恋爱、婚姻、丧葬、民间传说等方面，但还是比较零散。尽管这些麻的文化研究成果不多，深度也不够，但对本文同样具有一定的参考价值。

（二）苗族妇女研究

苗族妇女研究，随着 20 世纪 90 年代初中国妇女研究的第二次高潮和少数民族妇女研究的兴起而兴起。但在此前，老一辈民族学家陈国钧在 1939 年发表的《苗族妇女的特质》可谓是苗族妇女研究的开山和奠基之作。该文从"家庭地位""经济活动"和"劳动状况"三个方面来展现苗族妇女"坚苦耐劳、自重自立、能干"的特质。该文对本文的参考意义不言而喻，尤其是"劳动状况"部分。它描述了苗族妇女在家庭分工中的劳动范围："苗族妇女劳动的部门众多，主要的家事与耕种稻麦杂粮外，打草鞋，纺布绩麻做衣裙，绣花纹，撷猪菜，春米、磨秭、磨荞、磨苞谷等为家用；采水芹，采蕨菜，折茨藜、山楂、红子、毛栗、煤炭、柴草、河鱼等挑往市场易钱。"❷ 显然，苗族妇女在家庭劳动分工中，与自然资源尤其是作为纺织来源的纤维作物密切联系在一起。这有助于笔者理解苗族妇女的家庭经济和社会文化中的地位，及为什么是妇女而不是男人掌握麻的种植和纺织技术、创造麻文化的原因。

目前，虽然研究苗族妇女的学者不少，但具有代表性的不多。王慧琴、张晓、古文凤等是这方面的代表。王慧琴的《苗族女性文化》一书，从"绚丽的女性服饰文化""民间文学中的女性形象""女性的歌舞与节日""早熟的爱情生活""独特的婚姻""苗族的家庭""苗族信仰以及外来宗教在苗族妇女中的传播""对女性的束缚""苗族妇女的社会角色"和"演变中的苗族女性文化"十个方面系统全面地阐述苗族女性文化，展现苗族妇女在苗族文化创造、发展和传承中的重要地位和作用。该书不但展现苗族妇女在苗族文化创造和传承中的重要地位和作用，而且还进一步表明是妇女而不是男人掌握麻的种植和纺织技术。王慧琴说："苗族妇女参加的农活很多，除参加田间

---

❶ 古文凤. 论苗族麻文化传统及其形成//云南省民族学会苗学研究委员会编. 苗族的迁徙与文化. 昆明：云南民族出版社，2006.

❷ 陈国钧. 苗族妇女的特质//见吴泽霖、陈国钧等著. 贵州苗夷社会研究 [M]. 北京：民族出版社，2003：61.

劳动外，还要从事为满足衣食住行和一家男女老少各方面需求而必需进行的家务劳动，而纺织更是苗族女性的专责。"❶ 显见，苗族妇女虽然承担了繁重的劳动，与男同耕，却独担织务，但却也因此创造了丰富灿烂的女性文化。《苗族女性文化》似乎偏重于苗族妇女对文化的创造，而忽略文化对苗族妇女的反向塑造，但它对本文仍然具有一定的参考价值。

（三）苗族妇女与麻和麻文化

苗族妇女与麻和麻文化的研究，本质上就是苗族妇女创造麻和麻文化与麻和麻文化形塑苗族妇女的互动研究。从上面的综述已知，麻文化是由苗族妇女创造和传承的。而麻和麻文化对苗族妇女的形塑主要集中在技术层面，即麻的种植和纺织技术。麻的这两套技术是一个统一且连续的技术系统，切冲苗族将之称为"种麻织布"，都掌握在妇女手里。

美国女性人类学家白馥兰（Francesca Bray）研究中国"女性技术"的代表作《技术与性别——晚期帝制中国的权力经纬》是一部别开生面的物质文化史，也是一部视角独特的妇女史。它力主将科技看作是表达与塑造中国文化、社会形态的有力的物质形式，并采取这样一种视角考察了宋代至清代中国传统社会中的"女性技术"，从家庭空间与生活、女性的纺织生产、女性生育与保健三个方面，分析了科技如何强有力地传播和塑造中国传统文化中的性别规则与女性角色。这里的"女性技术"即白馥兰在书中所谓的"妇术"："生产女性观念的一种技术体系，因此，一般来说，也是关于性别系统和性别等级关系的技术体系。"❷ 在中国的"妇术"中，包括了三个科技领域，在帝国晚期对于赋予妇女生活以形态和意义尤其重要，即房屋建筑、纺织和生育。纺织在古代又称为"妇工"。白馥兰认为，"妇工"通常被定义为织物的生产，基本上是纺和织的过程，既是本业也是技巧。❸ "妇工"作为妇女的本业，不仅凸显出妇女对于家庭经济与对于履行国家义务所做贡献的重要性，对于社会秩序来说更是不可或缺的道德贡献。❹ 白馥兰的这一研究和主张，为

---

❶ 王慧琴. 苗族女性文化 [M]. 北京：北京大学出版社，1995：184 – 187.

❷ [美] 白馥兰. 技术与性别——晚期帝制中国的权力经纬 [M]. 江湄，邓京力译，南京：江苏人民出版社，2006：4.

❸ 同上，145 页。

❹ 同上，146 页、190 – 199 页。

本文分析麻的种植和纺织技术对苗族妇女的形塑提供强大的理论支持。

古文凤的《民族文化的织手》(1995)一书，仍是以麻的纺织技术（文化）为主要内容的苗族妇女研究著作。作者采用纪实的手法，通过丰富翔实的资料，记述生活在云南高原的苗族妇女的人生历程，展示苗族妇女纺织麻布、挑花、刺绣、蜡染、服饰等民族工艺，赞美她们从云雾中走向现代社会开拓进取的精神。❶ 该书在描述苗族妇女创造灿烂的麻文化的同时，也不乏述及麻文化对苗族妇女的反向塑造。稍有遗憾的是，该书缺乏对麻的物性研究的视角和方法，对麻的文化意义的挖掘也不够，使苗族妇女和麻的互动成为无心之作，既不是该书的主题，也不够深入。

张原的《雷山县苗族社会馈赠交换中的结构与实践》一文，从社会实践与实践者的角度，运用象征意义的阐释与分析方法，将物的象征结构与人的社会实践联系起来，对具体场景中物的流动与消费的方式进行细致的考察。通过一些案例的分析和研究，它呈现了雷山县苗族社会礼物交换与互惠交往的一些基本特征，并对馈赠交往中的情景性的人格互动、情感表达、社会关系的建构，以及人们对符号象征秩序的能动实践等问题进行一定的讨论。❷ 这有助于笔者理解，以麻及麻织物为"礼物"进行的互惠交换中，由"麻"塑造或凸显的女人与男人、女人与家庭和社会、女人与女人之间的社会互动关系。唯一的不足是，张原虽然点到了礼物的性别差别，但是对女人在交换与互惠交往实践中的能动性和作用的关注不够，而这却是本文所要尝试的。

张晓的《西江苗族妇女口述史研究》和《"好女人"的建构——以西江苗寨的一个家庭为例》是两部研究苗族妇女与社会文化互动的代表作。在《西江苗族妇女口述史研究》一书中，作者运用文化人类学参与式观察的田野工作方法，对贵州省雷山县西江苗寨妇女群体与特定文化体系间的互动关系进行了多角度的深入分析。❸《"好女人"的建构——以西江苗寨的一个家庭为例》一书，以西江苗寨一个家族女性鲜活生动的大量案例为主要的剖析个案，从"文化的建构""历史的建构"和"女性的自我建构"三方面来阐释，

---

❶ 古文凤. 民族文化的织手［M］. 昆明：云南教育出版社，1995.
❷ 张原. 雷山县苗族社会馈赠交换中的结构与实践［M］//中国民族博物馆苗族文化雷山研究中心 雷山苗学研究会编. 雷山旅游与文化［M］. 贵阳：贵州民族出版社，2008.
❸ 张晓. 西江苗族妇女口述史研究［M］. 贵阳：贵州人民出版社，1997.

西江苗族社会历史、文化和女性个体三者之间的互动过程，及该过程中互动主体如何建构一位"好女人"。[1]尽管这两部女性人类学著作是关于黔东南苗族的，而那里的社会组织、历史文化与切冲苗寨有不小的差异。但书中重视的女性视角和女性能动性显然对本文有重大的启发意义，倡导的田野中的妇女口述史研究方法同样对本文有极大的借鉴意义。

综上所述，对于苗族，单独研究麻和单独研究妇女的论著较少，单独研究麻文化的更是寥寥无几。而结合麻的切入点和女性视角，将麻、苗族妇女和文化三者联系起来，对它们之间的互动—互构关系及该关系背后麻塑造或凸显的社会文化，麻与麻制品在社会交换与互惠实践活动中塑造的社会关系，如女人与男人、家庭和社会、女人之间的关系等的研究，在笔者所查阅的资料范围内，尚未发现有人研究过。因此，需要加大这方面的研究力度或作开创性的研究。

四、研究意义

本文试图在上述理论和文献的基础上，以切冲苗寨为例，结合麻的切入点和女性的视角，对麻的物性和文化意义进行探讨，进而研究麻、苗族妇女和文化三者之间的互动—互构关系及该关系背后麻和麻织物塑造的社会关系，如女人与男人、家庭和社会、女人之间的关系等的研究。当然，本文更注重田野中苗族妇女情感和生活体验，及她们在与麻的互动—互构过程中、以麻织物为"礼物"的社会交换和互惠实践活动中的能动性。这一能动性还贯穿于麻塑造的女人与男人、家庭和社会及女人之间的社会关系，使这些社会关系也具有互动性。经由这些关系进一步理解，当地苗族基于麻和妇女这一脉络的基本社会关系网。从而展现"麻"在切冲苗族社会生活中不可或缺的重要性，更凸显妇女在当地民族文化创造与传承中的能动性和贡献性。本文的研究期望，能丰富物与物质文化研究中的物性研究，及其在物塑造或凸显社会文化、人—物互构、社会交换等领域中的研究；弥补物和物质文化研究中女性视角的不足。当然本文更期望在"苗学"的这方面研究中，不但能做出

---

[1] 张晓. "好女人"的建构——以西江苗寨的一个家庭为例 [M]. 贵阳：贵州人民出版社，2007.

同样的学术贡献，而且还能取得探索性的学术价值。

五、研究方法

本文主要采取民族学/人类学的田野工作为主、文献资料分析法为辅的研究方法。

首先，参与观察法。它是田野工作的精髓部分。本文的大部分内容都是运用这一方法得来的丰富翔实的第一手资料。笔者多次进入威宁县雪山镇切冲苗寨，大多时候和当地苗族人同吃同住，和他们打成一片，得到他们的欢迎和信赖。笔者深入了解当地社会文化的各方面，亲自观摩麻园地，及刮麻、绩麻、织布、绣花衣服等纺织技术，并参加婚礼和花山节等节庆。

其次，访谈法。它也是田野工作中最常用的方法之一。笔者主要采用深度访谈，对象以女性为主，也有男性；内容以麻为切入点，包括社会文化的各方面、个人人生经历，尤其是女性个体的口述史。与当地人建立的良好关系，使笔者能和访谈对象进行深入的长时间访谈，不同年龄、性别的访谈资料为本文的研究提供一个个鲜活生动的个案。

最后，文献资料分析法。笔者从图书馆、硕士点及老师学长处借阅、复印，或者自己购买相关理论书籍、文史资料、期刊论文。笔者还在一些报刊、网站阅读某些相关资料。这些为本文的研究打下一定的理论和文献基础。

此外，笔者第一次进入切冲寨时还曾使用过表格调查，以了解当地的人口、经济状况及麻的栽种现状。

第一章 我的田野——切冲苗寨

人类学区别于其他社会科学在于其十分强调把民族志学的田野工作作为获得社会和文化新知识的最重要来源。

——托马斯·许兰德·埃里克森（Thomas Hylland Eriksen）

2008年1月25日　星期五　小雪

这是我初次来到切冲。切冲给我的印象，与之前的石门坎及整个威宁给我的印象一样：地广人稀，且略带荒凉。与石门坎唯一不同的是，这里的植被比较好，且道路比较安全。向导朱 XF 用"远看青山绿水，近看狗屎牛粪"形象地描述切冲的村貌。由低矮土墙瓦房和少许茅草房、平房凌乱组成的村寨里，妇孺和上了年纪的男人是人口的主体，青年人很少，都出去打工了。因为我在威宁的这段时间正赶上了贵州雪凝天气，大路无法行车。我们是从我住的雪山镇步行到切冲的。早上，在向导的带领下，我们从雪山中学后面的小路，翻山越岭一个半小时走到切冲，上下午采访，午餐在农户家吃，傍晚又步行回来。当地的主食是洋芋和苞谷，虽然生活条件不好，但当地人很热情好客。在苗家的热情款待下，让我在寒冷的田野中感到丝丝暖意。飘雪的夜晚，我在日记本的首行写上：这里土地虽然很贫瘠，但同样孕育了丰富多彩的民族文化。

——来自作者的田野笔记

第一节　地理环境、经济与人口

切冲寨地处乌蒙山麓腹地，在行政区划上，隶属于贵州省威宁县雪山镇栽树村，距县城约 44 公里，距城镇约 5 公里。切冲寨是一个自然寨，由马家组、学堂组、前锋组三个村民小组首尾相连而成。切冲寨与南面的余家组组成切冲社区，整个切冲社区土地面积 5500 亩。其中耕地 600 亩，山林 2000 亩（其中退耕还林地 1100 亩，松树），2002 年在原来的荒山上种植了 2000 亩毛栗树，荒山草坡 900 余亩。整个切冲寨有 149 户 558 人，男 277 人，女 281 人。其中，7 人为彝族，1 人为汉族（为彝族家的上门女婿），其余均为苗族。

切冲寨地处海拔 2460 米的高寒多雾山区。年降雨量在 1100 毫米以上，但 7 月平均气温低于 17.5℃，夏季低温而不稳，无霜期 160～195 天。具有夏季凉爽，冬季严寒，平均温差较大的典型高原气候。切冲寨的生态环境较好，水资源和森林资源丰富，林地覆盖率高达 80%。寨下山脚有一株古老的金丝绵树，树根处涌出泉水，给人"古老树根喷泉水，清泉落地哒哒响"的感觉，当地人因此称之为"哒哒泉水"。由于该寨地理位置偏僻、交通不便，信息闭塞，其经济社会发展相对滞后，人民生活水平比较低。房屋多为低矮的泥筑瓦房，有少量平房和茅草房。全寨以农业为主，农作物主要有荞麦、玉米、洋芋、少量大豆、芸豆、辣椒等，畜禽主要有牛、马、羊、猪、狗、鸡等。该寨经济收入除了依靠养猪、牛、马、羊、鸡等有点收入外，村民经济来源主要依靠外出打工和耕种。2007 年人均占有粮食 320 公斤，年均纯收入 600 元。

第二节　民族历史与文化

切冲寨的苗族自称"Ad Hmaob"，操苗语西部方言滇东北次方言，在当代汉文献中被称为大花苗。据考证，苗族约在南宋时期自东面沿乌江南北两源三条路线迁入乌撒❶（今威宁），而大花苗的名称出现才不过百余年，我国旧志中亦没有记载。当地苗族人也不清楚为什么自己被称为大花苗。对此，苗族学者杨汉先认为，大花苗名称有三个来源❷：一，该支苗旧时曾居众苗之首位，故名曰"大花苗"。二，大花苗者因彼等衣饰之花纹粗大故而得名。三，大花苗名称乃汉人见彼等衣式古雅故汉人名之。这三种来源有一定的合理性，但却未能体现大花苗的自称"Ad Hmaob"的全部内涵。虽然西部苗族支系繁杂，但他们的自称发音均接近"Hmong"，因此"Hmong"可广义地指包括大花苗在内的整个西部苗族。❸ 而"Hmong"之所以能指代整个西部苗族，是因为它代表着一整套博大而精深的文化体系（见第二章第三节）。

切冲苗族人对于寨子的历史比"大花苗"名称的由来清楚多了。据传，切冲在明朝时是汉族驻地，有一年因瘟疫全部病死了，而后成为彝寨。苗民则是"老鸦无树桩，苗家无地方"，现在的人来自不同的地方，大多自威宁兴隆河一带迁来。他们租种彝族土目的土地，向土目交纳地租。有一年寨子传染伤寒（因发高烧要吃水，所以民间叫"吃水病"），死了很多人。彝族土目认为不顺，搬走了。这里便成了苗寨，至今已有 180 年左右了。民间流传现在的人的姓组在一起八字大，镇得住（伤寒）。前锋组以张姓、罗姓、朱姓居

---

❶ 杨汉先. 大花苗移入乌撒传说考//贵州省民族研究所编. 民族研究参考资料第二十集——民国年间苗族论文集 [M]. 贵阳：贵州省民族研究所，1983：124 - 130.

❷ 杨汉先. 大花苗名称来源//吴泽霖，陈国均等. 贵州苗夷社会研究 [M]. 北京：民族出版社，2003：92 - 93.

❸ 石茂明. 跨国界苗族（Hmong 人）研究 [D]. 北京：中央民族大学，2004 年. 虽然操滇东北次方言的苗族自称 Ad Hmaob，但朱文光证实 Ad 只是前冠词，受彝语影响，无实意。见朱文光. 苗族"阿孟"进入滇东北考. 载云南省民族学会苗学研究委员会编. 苗族的迁徙与文化. 昆明：云南民族出版社，2006：10. 故石茂明关于 Hmong 可广义地指整个西部苗族一说可取。

多，马家组王姓居多，赵姓和马姓各只有一家，但马姓迁徙至此地比其他姓氏早，故称马家组。1908年，英国牧师从现学堂组路过，随后建了切冲福音堂，1914年建教会学校，为石门光华小学的分校"光华四小"。中华人民共和国成立后，"光华四小"改名为"切冲小学"，现为切冲教学点。改革开放后，"切冲福音堂"在旧址重建。学堂组因此而得名。

当地人的原有宗教信仰是自然崇拜和祖先崇拜。从20世纪初西方基督教徒开始在当地传教，不少人皈依了基督教。基督教的传入，不仅对当地原有的宗教信仰，而且对当地社会文化都是一个很大的冲击。每逢周日，寨内所有基督徒及对教会存有善意的人都会聚集在"切冲福音堂"做礼拜。目前，切冲寨民几乎都信教，因为不信教在当地很受孤立。由此可知，信教也成为当地人们进行有效的社会交往的一个手段。不过，相对而言，原有宗教信仰已淡薄了很多。

切冲苗族主要节日有花山节、仙水节、春节和苗年节，其中以花山节最为盛大、隆重。花山节又叫赶花场，由苗语"那体劳"翻译而来。由于花山节于每年的农历五月初五举行，所以现在不少文献又将花山节称为端午节/端阳节❶。花山节作为威宁苗族最为隆重且盛大的传统佳节，有特定的举行场地，即花山。规模较大的花山有石门坎、大寨、马踏、长海子、瓜拉等。花山节原来其实是一种祭祀活动，后来才逐渐演变成娱乐性节日。届时，苗族男女老少身穿盛装，三五成群地从四面八方赶到百花争艳的花山场，载歌载舞，举行射弩、骑马、穿衣、穿针、绩麻等竞赛，欢庆佳节。男人悠扬的芦笙曲响彻云霄，女人们艳丽的衣服与大自然融为一体，把花山场点缀成五彩斑斓的世界。事实上，花山节的主要功能，是为青年男女提供谈婚论嫁的机会和场所（见第二章第三节和第四章第一节），它给青年男女之外的群体带来的多重娱乐性效用则次之。切冲寨民一般是到邻镇龙街的大寨和马踏赶花山。

仙水节的苗语为"南取好嗷"。关于仙水节的起源，有多种传说，各说不一。传说，有个美丽的姑娘和孤儿卓赞相爱，遭到姑娘父亲的残酷迫害，这个节日由此而产生。故苗族认为这是自己的传统节日。是日，苗族男女老少

---

❶ 苏文清．威宁苗族百年实录［M］．贵阳：贵州民族出版社，2006：57．杨忠德．威宁苗族的端午节//政协文史资料研究委员会主编．威宁文史资料（第三辑），1988：168．

到仙水岩脚去饮水，求子求福。也有其他民族参加，但滇东北次方言苗族的人数最多，除威宁境内的苗族外，还有赫章县、云南省彝良县，昭通市等地的苗族。活动地址在今威宁龙街镇马踏乡陆家营，时间是每年农历七月的猪日，那月几个猪天就举行几次活动。活动内容主要有烧香取水、做生意、吹芦笙、赛马、对歌等。20世纪50年代前，热闹非凡，人多时可达三四万人。之后的几十年间人数上万。

苗年的苗语为"阿卯庶"，也是威宁苗族的年节，每年农历十一月三十日举行。春节作为全国性节日，当然也是苗族的一大节日了。

尽管切冲寨在改革开放以来发生了不少的变迁，它的社会却仍然按照原有的文化规则和逻辑在运行，包括上述文化事象在内的文化系统的核心内容还在，传统文化风俗形态还较为完整。而且变迁也是正常且不可避免的事。本文接下来将要探讨的内容，正是在这样一个社会、历史、经济、文化、人口和自然环境等具体背景下发生和实践的。

第二章　苗族妇女对"麻"的认知

切冲苗族妇女对"麻"的认知，是基于其在社会性别分工中对家庭的衣着负有全权的责任，而麻的物性是其被认知的基础。物性是使物得以被认知、分类、表征化、隐喻化、符号化、象征化，即文化化的基础。

麻的特殊物性，一方面使之能转化成为麻线、麻布、麻布服饰等制成品，另一方面使麻在食和医上得到使用。这两方面使麻及其制成品进入切冲苗族的社会生活，形成独特的麻文化。在麻从自然物到文化物，再从文化物成为文化体系的这一过程中，妇女几乎是唯一的实践者。当然，从被认知的那一刻起，麻就具有丰富的文化意义了。以下三小节将详细论述麻的特殊物性及其过程。

第一节　麻植物

在我国多数农耕民族的传统社会中，"男耕女织"和"男主外，女主内"

是基本的性别分工。在这一分工模式下，在家庭分工中，男人负责耕作，女人负责纺织；在公共事务中，男人一般从事对外交往、参与社区事务、区域性的商业活动等，女人则担负着理家、抚幼赡老、饲养家禽家畜等工作。由于妇女"主内"的社会性别分工，形成了妇女与山林、土地等自然资源密切而直接的关系，使"她们手里握着连接自然的纽带"❶。可见，妇女在长期的生产生活劳动中，积累了关于自然资源的丰富经验和知识。

苗族传统社会的性别分工不是简单的"男耕女织"和"男主外，女主内"。在苗族社会中，妇女承担了极其繁重的劳动，与男同耕，却独担织务。苗族妇女参加的农活很多，除参加田间劳动外，还要从事为满足衣食住行和一家男女老少各方面需求而必需进行的家务劳动，而纺织则更是苗族女性的专责（王慧琴1995：184－187）。这样的分工，使切冲苗族妇女在寻找和栽培衣着原料及制作衣着的长期过程中形成对麻的经验和认知。

苗族种麻纺麻的历史很悠久。因出土麻籽和白色大麻布及类似苗族芦笙的乐器而被认为是苗族文化的长沙马王堆汉代女尸墓，从考古学的角度证实了这一点。❷ 在切冲苗寨，寨民说，他们的祖先还居住在东方平原的时候，就已经学会种麻纺麻了，并在战败后将其带到现在的居住地。当地古歌传说，创始之初，人身上全是长毛。是食人妖波卡吃人时把人身上的毛拔光了，人类才无毛遮阳避寒。作为对波卡的惩罚，天爷爷叫波卡最先给人类送来麻种，教人类种麻织布做衣穿。这个传说在一定程度上印证了切冲苗族种麻纺麻的悠久历史。

麻的苗语（西部方言滇东北次方言）叫 mangx。据笔者了解，切冲苗族目前种的麻有火麻和苎麻，但主要是火麻，苎麻比较少。火麻其实就是大麻，是大麻在我国民间的俗称。从生物特征来看，火麻直根较细，黄绿色。茎直立，圆柱形，上部分枝，无毛，高1～2米。叶互生，条形或条状披针形，长1.8～4厘米，宽2～5毫米，先端锐尖，基部渐狭，全缘，有3脉，无叶柄。花雌雄异株。火麻每年一种一收，于每年农历四月中下旬播种，农历七月中旬收割。生产周期短，一般为三个月左右，既有利于提高土地的利用率，也有

---

❶ 和钟华. 她们手里握着连接自然的纽带［J］. 人与生物圈, 2005（1）: 63.
❷ 古文凤. 论苗族麻文化传统及其形成//云南省民族学会苗学研究委员会编. 苗族的迁徙与文化. 昆明：云南民族出版社, 2006：99.

利于苗族过去那种迁徙不定、游耕/刀耕火种的生产生活方式。而苎麻，根是由地下茎和根系形成的强大根蔸。地上茎直立，圆柱形，表面有毛，高1.5~2米，基部直径0.8~1.2厘米，一般不分枝，绿色或带红色，成熟时皮层木栓化，变褐色。叶互生，宽卵形或近圆形，表面粗糙，背面密生交织的白色柔毛。花雌雄同株。苎麻只要一种下去，就能多年收割。每年发芽三次，分别是农历三月、六月和九月，第一次发芽由于地上茎参差不齐而不宜收割，后两次发芽可以收割。苎麻适合定居的生产生活方式，由于其发达的根茎有利于保持水土而常被切冲苗家人栽种于房屋前后，但由于其长期占据土地不利于提高土地利用率而不被切冲苗家人大规模栽种。见访谈案例1、2。

访谈案例1. 朱XF：火麻是一年生草本植物，茎直立，圆柱形，有大拇指粗细，上部分枝，没有毛。到收割时有将近两米高。适宜在避风向阳的肥沃地方种植。火麻的吸湿性很强，但麻园地种植的蔬菜和粮食质量很好。一般在农历4月中下旬播种，在农历7月中旬收割。较短的生产周期，使麻的种植不与粮食争地，提高紧缺的耕地的利用率，是适应苗族刀耕火种的生产方式的需要。

访谈案例2. 某老奶奶：我家种的是苎麻。我们前两年种下去的，每年都可以收割。别看它现在（元月）像根干树枝一样，入春后，它能发三次芽，分别是农历三月、六月和九月，可以收割两次。第一次发芽，因麻的整体质量不好，所以不进行收割。苎麻种一次就能收获很多年，火麻每年都要种。同等面积的麻园地，苎麻的产量低，但质量好，做出的麻布柔软细腻；火麻的产量高，但质量稍次些，做出的麻布亦稍次些。

麻的这些生物特征，是切冲苗族妇女长期种麻的经验和知识，是她们对麻的初步认识。切冲苗族妇女进一步认识到，麻的气候环境适应性强；麻纤维柔韧性好，耐磨、防霉抑菌、吸湿放湿快、悬垂性好、透气性好、无刺痒感；麻籽富含营养，可入食；麻叶、麻籽和麻根茎可入药；麻可以驱邪，是神圣物，因而麻具有多重象征意义（包括麻的强适应性也具有深刻的隐喻和象征意义，麻的多重象征意义将于本章第三节麻文化部分作详细阐述）。

麻进入切冲苗族人的视线，确实源于上述其纤维的诸多优点，而被归类为纤维作物。《中国大百科全书·纺织》（中国大百科全书出版社，1984年6月）中记载了大麻是世界上最早栽培利用的纤维作物之一。麻纤维柔韧性好、耐磨、防霉抑菌、吸湿放湿快、悬垂性好、透气性好、无刺痒感。切冲苗族人追求纤维作物，首要和主要是用在衣着原料上。在麻之前，苗族祖先也曾以树叶、树皮、棕树皮、野生葛藤作为制作衣着的原料。麻一进入苗族人的视线就得到了他们的青睐，并一直沿用了上千年。虽然在某些苗族地区，麻已经被棉替代，但是在切冲，苗族人至今仍在使用麻。麻不但为苗族人提供了千年的衣着保障，还为苗族人丰富灿烂的服饰文化提供了物质基础。切冲苗族人家家户户都有一定面积的麻园地（又称麻塘），当地流传"苗人生前三分麻园地，死后也要用麻"的说法。甚至在20世纪50年代土地入社时，政府还是给苗家保留了麻园地。见案例3。

案例3. 因麻用量大，苗族无户不种，故20世纪50年代土地入社时，人民政府规定，苗族麻园地不入社（摘自《威宁彝族回族苗族自治县民族志》第200页）。

麻可入食，或作为粮食，在汉文献中早有记载。《诗经·七月》中有"九月叔苴。采荼薪樗，食我农夫。""苴"就是大麻籽。汉代将大麻籽列为五谷之一。苎麻的根也可食用，《救荒本草》《本草纲目》等就指出苎麻可"救饥，采根刮洗去皮，煮极熟，食之甜美""可刮洗煮食救荒，味甘美"。清代《补农书》也说"苎头更可入粉为食"。[1] 因此，清代人吴其睿在《植物名实图考》中说"盖麻籽不以入食，始于近代"。在生存条件比汉族恶劣的苗族也曾经历过一段以麻为食的时期。例如，云南苗族现在还有人用多余的麻籽磨豆腐吃。[2] 切冲苗族现在已经不以麻籽为食了，留种后多余的麻籽一般拿来当猪和鸡的饲料。麻籽富含营养，用来饲养猪和鸡，可使猪"立肥"和使鸡"日常生卵不抱"。见访谈案例4。

访谈案例4. 朱XF、王XD：麻籽喂猪比大米、小麦（的）效果还好，饲养的猪长得肥壮；（撒落麻园地的麻籽）还能养很多（种

---

[1] 宋湛庆. 我国古代麻类作物的种植历史和栽培技术 [J] 中国麻业科学，1987（2）：2.
[2] 杜薇. 火麻的种植与苗族文化//尹绍亭，[日]秋道智弥. 人类学生态环境史研究. 北京：中国社会科学出版社，2006.

类）的鸟；母鸡吃了麻籽不会下软壳蛋，因为麻籽有补钙的功效。

麻的可入药特性，也是麻较早被认知的物性之一。麻全身上下都是宝，麻叶、麻籽、麻根和麻秆都可以入药。甚至在现代科技条件下，还可以制成纸、建材、化妆品、保健品等，当然这不是本文关注的焦点。虽然切冲苗族人对麻的药用价值的认识有限，不能达至现代医学知识的水平，但他们很早就认识和利用麻的药用功效了。而且，麻还因其神奇的药效而被神物化（见本章第三节）。切冲苗族目前多将麻用于治疗跌打损伤、人畜便秘、难产及中风等神秘疾病（这些病来得快，苗族人无法用传统知识解释，往往将其归为中邪等神秘病）。见访谈案例5、6。

访谈案例5. 韩WJ：以前呢，我不小心从房子上摔下来，跌断腿。有一位老年妇女叫我用苎麻的根茎捣碎，加适量红糖包扎，我按照她的方法去做，三个月后，腿就痊愈了。

访谈案例6. 张MCh：麻籽可以用于治（人畜）便秘、催产、打胎盘，又可以当营养品。牲畜或人分娩时，如遇到难产和胎盘不落的情况，让其咀嚼吃下一勺子的火麻籽即可解决问题。

以上麻的这些重要物性，是切冲苗族妇女在种麻、用麻为家庭、社会提供衣着的长期实践中经验和知识的积累，是一种宝贵的地方性知识，也是一种文化。它体现了切冲苗族妇女在纤维来源（主要以衣着用料来源为主）、食用、药用三个现实生活领域对麻的上述物性的认知和利用。这些物性是麻得以被认知、分类、隐喻化、象征化的基础，使其被制成多种麻制品，并使其进入当地苗族文化生活，生成麻文化这一独特的文化系统。虽然麻制品与成为文化的麻（也可能是麻的某一部分）具有新的物性，并被切冲苗族人赋予了新的内涵，但它们仍然还以麻的上述物性为基础。

第二节 麻织物

在切冲苗寨，麻制品一直以来都只有麻织物，而非现代工业技术加工制造的纸、建材、化妆品、保健品等。麻织物，顾名思义，就是用麻纤维纺织和编织成的一切物品。麻织物是以麻的纤维柔韧性为基础，基于切冲苗族人对衣着原料的需要发展而来的。因为苗族人种植栽培麻的最初目的就是为了穿衣防寒保暖，而服饰以外的其他东西都是这一目的的副产物。麻织物包括麻线、麻布、麻布衣服、背衫、麻布鞋、麻袋、挎包、腰袋、麻绳，等等。从麻纤维到这些麻制品有一个脉络化的过程。首先是从麻皮纤维到麻线，这是所有麻织物产生的基础阶段。然后，一方面由麻线纺织成麻布，再由麻布做成麻布衣服、背衫、麻布鞋、麻袋、挎包、腰袋等；另一方面由多余的麻线直接编织成麻绳、草鞋等。这些麻织物也有其独特的物性，在切冲苗族人日常生活中具有极其重要的现实意义，是当地苗族人的生活必备品。

衣着源于人自我保护的功利目的，如御寒、避暑、防虫蛇和荆棘的伤害等。苗族并不是一开始就穿麻布衣服的，正如前述，他们也曾穿过树皮、棕衣等，后来虽然在某些苗区麻布衣服被棉毛衣服替代，但穿着麻布衣服的历史最长。对切冲大花苗而言，他们居住的生态环境海拔 2460 米，高寒多雾，且土地贫瘠，不适合种植棉花和养蚕缫丝。而麻对气候、环境的适应能力强，不论海拔高低、气候冷暖，都能生长。因此，在轻工产品普及大花苗地区的改革开放以前，麻一直是切冲苗族人的衣着原料。切冲苗族的衣服为无领无扣对襟衣，分便衣和花衣，当地人习惯将花衣称为花衣服（将在下一节进一步阐述）。便衣是平时生产生活常用的服装。男性便衣有长短之分，女性便衣均为短衣。袖子为黑色，袖口小，配腰带。

不管是便衣还是花衣服，麻布衣服都有以下特性：耐穿、垂感好、暖和、透气性好、防菌、吸汗、防风湿和皮肤病、养皮肤、易洗等。见访谈案例 7、8、9、10。

> 访谈案例 7. 张 YF：麻布裙子好穿、好洗。穿脏了的话，用烧过的柴灰就能洗白，又耐穿，一件麻布裙子，就可以穿一辈子喽。穿起来沉稳，垂感好，且养皮肤。
>
> 访谈案例 8. 王 ChQ：我母亲穿化纤衣服身上就长了好多红疹，但一穿上麻布制作的衣服，红疹就慢慢消掉了。
>
> 访谈案例 9. 王 XM：裙子、衣裳还是用麻制作的热乎（暖和）。现在，皮肤病比较多，不知道是不是因为穿现代衣服的原因。麻做的衣服虽然有点粗糙，但透气，不会引起皮肤过敏。
>
> 访谈案例 10. 李 ZHH：麻布衣裙对坐月子的妇女防风湿是很有

帮助的。过去，穿麻制作的衣服在身上，一点都不会痒，也没有什么皮肤病。现在这些衣服，有些好穿，有些穿在身上就好痒。还是麻制作的衣服好，只是现在做不出来。

麻布衣服的这些特性对人体有诸多益处，帮助切冲苗族人度过艰难的岁月，在恶劣的环境中生存和繁衍。因此，就算从种麻到制成衣服再苦再累，工艺繁杂，37道工序全由妇女承担，苗族妇女也要坚持种麻纺麻。由于整个家庭的衣着都以麻纤维为原料，所以对麻纤维的需求量很大。尽管人们尽量扩大种植面积和做好田间管理以增加产量，但多数人家的麻纤维还是不够充裕。即使这样，苗族妇女在衣服之外，也会拿出部分麻线麻布制作背衫、麻布鞋、麻袋、挎包、腰袋，及麻绳、草鞋等生活中同样必不可少的物品。

在日常生活中，背衫是用来背小孩子的，因此家家户户都要做，因为每家都会有小孩的时候。据说背衫也不容易做，上了年纪的妇女现在都不做了——用朱XH的话来说就是"有心无力"，而在中年妇女中好像只有张YF会做。张YF就是以制作和出售包括背衫在内的纺织品为生的，但背衫已由纯麻变成麻、毛线和棉线的混合品了，花样也多样化了。麻布鞋、麻袋、挎包、腰袋也是苗家人常用的，麻袋可以装谷物和干菜等，挎包、腰袋出远门时用来装干粮等。挎包一般是女性用的，而腰袋既可装干粮又可固定裤头，多为男性用。而麻绳可以用来编草鞋、背箩筐、捆柴、拴牲口等。见访谈案例11、12、13、14。

访谈案例11. 朱XH：种麻，它用处很多，麻皮纤维可以做线子来织布做衣服，可以打成绳子来背东西，还可以用来做草鞋。可是现在年纪大了，有心无力，衣服、背衫都难得做了。

访谈案例12. 朱JF：麻除了可以用来做麻布和麻布衣服外，还可以用来做成绳子。绳子主要是用来捆柴，背箩筐，拴牲口等，好背又牢固，比尼龙线好多了。

访谈案例13. 王XY：现在大家穿胶鞋、布鞋、皮鞋，妇女也不用打草鞋了。我们年轻时呀，白天干一天的活，晚上也没得休息。吃完晚饭后，要打草鞋，还要纺麻织布，往往熬个通宵。

访谈案例14. 张YF：我的姐妹、朋友们13岁就会做麻了，而我14岁才开始学做麻的。她们对我说，以前我们说你"不成器"，现在你已经比我们做得好了。她们为我感到高兴。我说，我很用心学才做到的。她们说，如果你不用心，几个月你能做得出来吗？我说，几个月都做不出来呀，是我学了三年才做出来的。现在我是什么都学会了，花衣服、裙子、背衫等等，而她们仍然只会做花衣服、裙子，还是不会做背衫。

这些麻织物是上一节切冲苗族妇女对麻植物物性认知的延伸和利用。作为人工制品，这些麻织物有异于自然状态的麻的独特物性。这些物性也被切冲苗族人利用，使这些麻织物成为他们日常生活的必需品。麻织物的实用价值，再次证明了麻和麻制品在切冲苗族社会生活中的重要性。千百年来，麻及其制成品保障了切冲苗族人在衣着、食物、药品等方面的需要，使其在艰难的岁月和恶劣的环境中生存和繁衍。一切进入人类实践活动的物，不论是自然状态的物或是人工制成物，都被烙下文化的印记，具有文化意义。这样，物既是文化的载体，还倾注了人的情感和技艺，深入人的心灵和意识，久而久之还会被符号化、象征化。因此，麻和麻织物在切冲苗族人心中，不但是具体实用的生活必需品，有现实功用，更是他们的文化，具有极为丰富的文化意义，能塑造和凸显他们的社会文化。下一节将全面阐释麻及其制成品的文化意义。

第三节 麻文化

本文采纳功能主义学派代表人物马林诺斯基文化整体论的主张，认为麻文化是一个文化整体。基于"麻"在切冲苗族人社会生活各方面中的体现，本文认为，麻文化是由切冲苗族人社会生活中一切与麻有关的相互关联的文化现象组成的文化系统。它涉及切冲苗族人的技术、历史、经济、服饰、食物、医药、节日、恋爱、婚姻、丧葬、民间传说等相互关联的各个方面。麻及其制成品在切冲苗族社会生活中，不仅在衣着、食用、医用等方面具有重大的经济实用功效，而且还具有相当丰富的文化意义；倾注了切冲苗族人的情感和技艺，深入人的心灵和意识，贯穿于当地的服饰、节庆、婚丧、历史、民间传说等，具有多重象征意义；作为礼物在多种社会场合中进行互惠交换，强化或转换社会关系，塑造或凸显社会文化。

一、服饰文化——穿在身上的文化、民族记忆和身份象征

服饰不仅御寒和装饰,而且是一种文化——遮羞蔽体以区别于禽兽,是文明的标志。服饰是物质文化的重要组成部分,是民族身份、性别、社会阶层和地位的显著而重要的标志和象征。服饰的象征作用同样是基于其独特的性质,正如韦娜和施奈德所指出的,衣服的延展性、柔软性、变异性及易脆性等这些特性使衣服不仅有象征的潜力来隐喻社会或表现社会关系脉络,它的政治与社会意义更可由人的活动来显现。[1]

如前所述,切冲苗族服饰都是用麻做的,且是自给自足的。切冲苗族人的服饰一般包括衣服、裙子、头饰和裹腿。服饰不仅是大花苗的民族身份和支系身份的象征,而且还在图案、长短、样式、佩饰上标志性别、年龄和军衔(阶层)的区别,并承载着大花苗对民族历史的记忆。

衣服分为便衣和花衣服两大类。如果说便衣还不足以区别大花苗和其他民族及本民族的其他支系,那么花衣服显然能够胜任这一任务。花衣服是苗族喜庆节日的盛装,也是婚礼服,由披肩、吊旗、袖子、内衬、肩带、腰带六个部分组成。总的来说,花衣服在料色、图案、花纹和织法上没有性别、年龄和阶层之别,但是披肩上的图案却具有象征意义并承载民族记忆,而内衬样式和肩带则分别标志性别和军衔身份。花衣服以红、白、黑色为主。披肩分左右两块,每块披肩由两块披底和一块披面组成,披面在两块披底之间。披肩的披底图案由无数个三角形、菱形等几何图形按对顶角的原理,有规则地排列组合。披肩的图案有三种,一为 hlud zaos nzyul,即虎掌花;二为 hlud dlang nbat,即孔雀花;三为 hlud ad nyangb,即蕨草花。[2] 这三种图案的花衣服分别象征远古时期苗族部落首领格曰尤老、格蚩尤老、赶骚卯比的战袍。

---

[1] Weiner Annette and Jane Schneider, eds. *Cloth and Human Experience*. Washington, DC: Smithsonian Institution Press. 1989. 转引自黄应贵主编. 物与物质文化. 台北:中央研究院民族学研究所,2004:5.

[2] 除了这三种主要花纹,还有绕麻架花(因为绕麻架像十字形,所以又叫十字花)、青蛙花等,甚至还引入不少现代花纹。据朱 XF、张 GH 等说,花衣服是古代苗族武士穿的盔甲,大花苗这一支苗族是蚩尤的保卫队,所以服饰会保留战衣的样式。服饰上的青蛙花、十字花、蕨草花等,用来避邪。红、黑、白三色代表梯田、森林和河流。见拙作《麻文化与苗族妇女健康及生态环境的关系——以贵州省威宁县雪山镇苗族村寨为中心的考察》,载于张晓、张寒梅主编. 文化多样性与社会性别行动研究文集. 北京:中国言实出版社,2008:158.

披肩的图案象征着苗族故居平原宽广，田园连片的美好河山。背心上的吊旗，表示盾牌，又表示军旗，上端白色为旗套，下端五簇吊须表示旗须。袖子为挑织的长筒花袖，袖端接白麻布。内衬为白麻布制成，男子内衬后块连缀在一起，前块分开，均长齐小腿部位。妇女的内衬较短，长齐臀部。肩带用红色、白色、蓝色、黑色、绿色等织成，横跨前胸，以示军衔。腰带用白麻布缝制，呈筒形。花衣服是花苗的象征，而花衣服上粗大的图案和花纹是大花苗的象征，以区别于小花苗。这正是为什么杨汉先将其作为大花苗名称的来源之一（见第一章）。

妇女裙子有六种，一为 dieb mib，即漂白布花裙；二为 dieb ndlangx，即麻布花裙；三为 dieb ndlaos，即麻布花格裙；四为 dieb daik，即麻布靛染花格裙；五为 dieb sangb，即麻布靛染裙；六为 dieb dleub，即白麻布裙。这六种裙子，以漂白布花裙最为精致，一条裙子由上中下三部分组成。上部分称 shit dieb，即裙基，为白色，由七或九根白线连缀，使裙基呈皱折形。七根连线，示意苗族是由七个祖先的子孙繁衍而来。九根连线，示意苗族由九个部落组成。中部称 jid dieb，即裙腰。裙腰上端用三根线连缀，使之呈褶皱状，其含意是苗族过了黄河后，就分成三部分。裙腰的中下段由三根或四根菱形花纹相连的线条，呈田块图案，分别围绕裙腰一周，其间布有稀疏的长约 5 寸、宽 0.2 寸的青红相间的布条，其含意是黄河以南，长江以北的苗族故居是无际平原，田园相连，仅有稀少的田埂。下部分称 deut dieb，即裙脚，裙脚由三根青蓝线条和两根青红布条以及众多的小三角形组成，示意苗族过了长江后，就进入了山区。漂白布花裙多作节日盛装与花衣服配套穿着。其他裙子作为平时生产生活中穿用。

头饰分为古饰和新饰、男饰和女饰、老年头饰和青壮年头饰、生育前后的女性头饰。男性古饰有军饰和民饰两种，军饰头戴冠，冠顶插花雉尾，以示军人。民饰中，老年人剃光头，包白帕，青壮年留长辫发，或在脑后挽尖发髻，额发剪为弧形，以纪念远古战争中，男扮女装突围得救的历史。男性新饰，老年的与古饰相同，青壮年留平头或青年头。女性古饰，已生育的妇女于头顶上挽尖发髻。发髻用空木角于头顶定形。这个木角在远古渡江途中曾被妇女用作携带粮种的器物，为纪念苗族妇女的聪明才智，至今空木角仍有妇女用作头饰品。少女和未生育的妇女在喜庆节日或领队送亲时，要加戴冠和耳镯，少女发里加青羊毛线，于两耳侧挽尖发髻，以刺猬签或红铜签定位；额发剪为弧形，戴耳镯。女性新饰，已生育的妇女于头顶挽圆平发或尖发髻。少女和未生育的妇女用圆发器在耳朵侧挽髻。古饰进入20世纪以后，逐渐被新饰取代。现在只有在喜庆节日时，才有部分妇女将发饰挽成发髻。

裹腿分为男性裹腿和女性裹腿。男性裹腿可以说就是长筒袜。女性裹腿有古饰和新饰。古饰裹腿约长1丈、宽4寸，由青、白、红三色布条组成，上条为青色，中条为白色，下条为红色。相传远古苗族部落战败后，在渡黄河突围中，不少妇女被俘，敌人为使被俘苗族妇女不能逃走，就把后脚筋割断，用白布包扎，鲜血染红白布，她们为了不忘这种残酷的摧残，苗族妇女便把它制成裹腿。新饰的裹腿长、宽均与古饰相同，仅由青白二色布条组成，上条为青色，下条为白色。古饰进入20世纪后，逐渐被新饰代替。

可见，服饰的文化意义非常丰富，不仅记载和传承历史传说、民族记忆，而且还在颜色、图案、长短、大小、样式、佩饰上标志身份地位的区别，如民族、支系、性别、年龄和阶层（如军民之分）等身份地位。从这些材料中还可看到，服饰的某些转换可以标示某些身份、时间的转换，如便装和盛装的替换对应时间在日常生活和婚丧节庆的轮转，及军民阶层的互换、青壮年人群向老年人群的转变，未生育妇女向生育妇女的转变等。麻和麻制品转换身份的文化功能，还表现在婚丧嫁娶及节庆等。

二、婚丧、节庆、信仰中的麻——交换、转换和神圣物

威宁苗族至今尚存在一定范围的姑舅表优先婚❶。如笔者的受访者马 GR 就是一典型案例。姑舅表优先婚，即姑舅表兄弟姐妹之间有优先交错婚媾的权利，只有在舅家（或姑妈家）没有适龄的儿子，或虽有适龄儿子但不愿意娶姑妈（或舅舅）的女儿为妻的情况下，姑妈（或舅舅）的女儿才能外嫁。苗族姑舅表优先婚，以舅家儿子单向享有娶姑妈女儿的优先权利——父系交表婚最为常见。以往的研究对姑舅表优先婚作了多种阐释，但至今最为合理的莫过于交换理论。交换理论将姑舅表优先婚视为本质上是一种不同群体之

---

❶ 姑舅表优先婚，简称姑舅表婚，也称交表婚或交错从表婚。姑舅表婚有双向和单向之分。双向姑舅表婚（双向交表婚），即舅家的儿子和姑妈的儿子有优先娶对方女儿的权利；单向姑舅表婚有父系交表婚和母系交表婚，即只有一方享有优先娶另一方女儿的权利，而另一方则没有这种权利。

间基于互惠原则交换女人的婚姻制度，以建立或维持彼此之间的社会关系。姑舅表优先婚和与其配套的姨表不婚划定了特定的通婚范围。这构成了切冲苗族婚姻交换的社会背景。

对个体而言，当结婚年龄临近时，一个男子可以选姑家群体中的任何一个未婚表姐妹作为配偶，而一个女子也可以选舅家群体中的任何一个未婚表兄弟作为配偶。在苗族，这种选择往往以"自由恋爱"的方式进行，当然这是限定了范围的"自由"——即姑舅群体之内。花山节、仙水节、年节等节庆被作为婚姻交换的具体制度安排，为个体提供"自由恋爱"的场合。个体作为婚姻交换的具体执行者，往往在这些特定场合中相中自己的配偶（表兄弟姐妹中的一个），并以某种物的馈赠/交换来确定这种婚姻关系，无形中完成群体对婚姻交换的制度安排。花山节中男青年对女青年唱的《劝嫁歌》❶表明他们的表亲关系，歌的内容如下。

> 我的表妹啊，
> 你长得差不多了，
> 纺纱织布都会了，
> 挑花点裙也会了，
> 表妹啊，
> 你该做客（出嫁）啦。

在花山节中，青年男女心知肚明自己可以追求哪些人，而不可以追求哪些人，因为他们所处社会文化一直在这样提示他们。互相可以婚配的男女群体在一起跳芦笙舞，女子身上的花衣服和漂白布花裙象征着她的生育能力，谁的花衣服和漂白布花裙越多越精致，表明她的生育能力越强，她就越能吸引优秀男子的目光；而跳奏芦笙舞的技能是女子选择男子的标准。节日高潮过后，成群结队的青年男女在一起吃饭、对歌。最后，一对两情相悦的男女将通过女子给男子送一套制作精致的花衣服来确定他们的婚姻关系。这套花

---

❶ 安天荣．威宁苗族风情习俗及其歌谣、传说等拾零//威宁文史资料（第三辑）［M］．1988：55．

衣服如现代婚礼中的婚戒一样起着"全面给予（prestations totales）"❶的作用，象征着女孩将自己的全部托付给男孩，包括自己的一生、拥有的纺织品和将从父母那获得的嫁妆。男子以手镯或发簪作为回礼，同样象征"全面给予"，并在不久后将女子带回家见父母，而女子也必须穿着花衣服才能进男子家门（尽管两老早就认识自己的外甥女）。见访谈案例15、16。

  访谈案例15. 汪JC：我们苗家人结婚，女人不但要给自己做麻布嫁衣（花衣），也必须给未婚夫一套的。以前呢，我是姐妹中做的花衣服和麻布衣裙子做得最多的人。我和我老公是在花山节上相识相恋的。记得那天，我一天就换穿了好几套自己亲手制作花衣服和麻布衣裙子（两者是配套的），每跳一段（种）舞就换一套衣裙，跳得让人兴高采烈。我老公看见我花衣服和麻布裙子又多又漂亮，舞又跳得好，就主动来追求我。婚后，他和孩子们都很支持我继续纺麻织布，这让我感到很高兴。我们每年都去赶花山（参加花山节），虽然它是属于青年人的，但它能让我们重温当年恋爱的情景。

  访谈案例16. 李ZhX：我们这里呀，女人不仅要为自己做嫁衣，而且还要为其男人做一套花衣服。只有这样，进了男方家，公公婆婆才会认可我们是他们家的媳妇。

  当然，并不是所有的夫妇都是在花山节、仙水节和苗年的节庆中确定婚姻关系的，在"自由恋爱"之外，还有父母包办的婚姻。但不管是哪种形式的婚姻，它们都是群体之间的婚姻交换，且男女个体之间都是以女子赠男子花衣服为缔结婚姻的象征。女子必须穿着花衣服才能进男子家门也是必守的规矩。

  在婚前，女子从小就要为自己准备嫁妆，尽管父母兄嫂会为她另做准备。女子自己准备的嫁妆主要是纺织品，这些显示了她的纺织技艺和前述的生育能力。而父母兄嫂会为她准备的嫁妆包括纺织品和畜禽等。嫁妆的丰厚与否决定这桩婚姻能否得到双方亲属的赞誉和祝福，新娘子能否获得婆婆的认同，并被委以"蜂王"（当家理事的人）的重任。这些对女子而言是莫大的荣誉。更重要的是这些嫁妆将作为女子对夫家的贡献，帮助夫家克服将来未知的困

---

❶ ［法］马赛尔·莫斯. 论馈赠——传统社会的交换形式及其功能［M］. 卢汇译，北京：中央民族大学出版社，2002：6.

难（见第四章第二节）。在婚礼上，新郎新娘子要穿着民族盛装——花衣服为婚礼服，婆婆要将自己纺织的一套精致的花衣服赠予媳妇，表示自己对媳妇纺织技艺、生育能力及担当"蜂王"的能力认可，并在媳妇生第一胎时予以最终认同，从而将"他群"的女人转换为"我群"的女人。

随着《中华人民共和国婚姻法》禁止"三代以内旁系血亲"结婚的法令在全国的推行，现代化在黔西北地区的推进，姑舅表婚表面上在威宁苗族中已经越来越少了。但经调查发现，这种婚姻还在一定范围内持续着。❶ 在乡土气息依旧浓厚的切冲，社会依然按照原有的文化规则和逻辑运行。虽然婚姻的形式变了，但是婚姻规则还没变，个体及其所在的家庭或家族之间仍然是以个体间的花衣服交换来建立姻亲关系。花衣服依然在定情、婚礼等场合中塑造和凸显个体及其所在的家庭或家族之间的姻亲关系，在这些场合中它仍然起着交换、象征和转换的文化功能。

麻和麻制品的这些文化功能在切冲苗寨的丧葬和信仰中得到进一步体现，它们延伸自麻具有神奇的药效特性与当地人的自然和灵魂崇拜。除了麻籽和麻根茎具有可入药性外，麻秆、麻叶及剥下来的麻皮纤维会发出的特殊气味和分泌出的特殊物质，可以使突然昏厥的人苏醒而被赋予神圣性，加上当地苗族人的自然和灵魂崇拜的加工，从而使之涉及灵魂、神鬼、生死等。苗族人信仰万物有灵、神鬼和祖先的存在，一切祸福皆源自这些灵魂、鬼怪、神和祖先。切冲苗族人把中风等突然昏厥说成"撞鬼"，人的灵魂被恶灵、恶鬼带走了。"撞鬼"者或不停抽搐，口吐白沫，或不省人事，或两者兼有。遇到这种情况，要及时用麻匹（方言，即尚青的麻皮纤维）铺在"撞鬼"者身上，然后用水喷洒上去，"撞鬼"者顷刻即可醒来。这种说法在切冲苗寨广泛传说，下面仅以朱 JM 的口述为例。

> 访谈案例 17. 朱 JM：小时候看到过，我的一个哥哥撞鬼晕倒下去，父亲用麻皮铺，还用水喷上去，就好起来了。但小孩子不准看的，所以我没亲眼看到哥哥醒过来。

---

❶ 实际上，只要不发生危及社会秩序的事情，地方政府一般不会干涉这类民众生活，而乡里乡亲也多认可这种婚姻。因此，《婚姻法》的效用其实并不是很明显，反而现代化导致的观念转变的作用要大一些。

当地人深信麻能把人的灵魂从阴间拉回来，但这其实是由麻匹喷洒上水后发出的特殊气味和分泌出的特殊物质的神奇药效所致。然而这并不是重点，重点是麻却因而被赋予了神圣性。对此，当地还流传一个凄美的民间传说。

  访谈案例 18. 王 XD、朱 XF：传说过去有一位来自西方的芦笙吹得最棒的小伙子和一位来自东方的最漂亮、最能干（纺织手艺最好）的好姑娘相恋，并结成夫妻。由于小伙子吹芦笙太好了，所以阴间的皇帝邀请他到阴间的宫殿为阴间的皇帝吹奏芦笙。小伙子一去就为阴间的皇帝吹了七天七夜的芦笙。去之前，他就跟她爱人说，如果看到他满身大汗，身体虚弱，就表明他回来了，正到达阴阳交界的地方。这时需要用麻匹（不能用麻匹之外的东西）铺在他身上，且用嘴含水喷在上面，他的灵魂就能从阴间回到阳间，回到他的身体，他就会自然地醒过来。可是，她爱人还没来得及用麻匹铺，他岳母看到小伙子躺在那里大汗淋漓的，觉得很是可怜，就用自己的裙子为小伙子擦汗，小伙子的脸皮马上被刮了下来。结果，那个小伙子的灵魂就回不来而飘向阴间。姑娘很爱小伙子，想跟着他去，可是阴间下起大雪，且越下越大，厚至姑娘腰间，小伙子却能雪上飘。姑娘追不上小伙子，只能回到人间。从此，两人阴阳相隔。

麻的神圣性的另一表现是麻被作为吉祥物，且被交换以建立虚拟的血亲关系。苗族小孩如果爱哭闹、生病，就被认为是被恶灵、恶鬼骚扰，要拜"干爹"，由"干爹"给小孩搓一根麻绳，并拴在小孩脖子上。作为吉祥物，由"干爹"亲手搓制和拴在小孩脖子的麻绳，一是可以驱邪，赶走恶灵、恶鬼，二是可以守住小孩的灵魂。当小孩长大后，需要拿掉麻绳以免有碍美观，也要将它烧成灰，用灰在小孩的脖子画一个圈，象征麻绳还在小孩脖子上。这根麻绳还象征小孩家和"干爹"家的虚拟的血亲关系，这种关系从建立开始起一般会延续两三代人。小孩家通过拜"干爹"换取麻绳对小孩的保佑，并通过建立的虚拟的血亲关系使彼此在困难时获得帮助（即劳力财力的互惠交换）。朱 XF 讲述了关于麻绳吉祥物的说法的另一种变体，这种变体剔除拜"干爹"和交换的内容，只保留了麻绳驱邪守魂方面的内容。尽管如此，但却更能说明麻的多重文化意义和不可动摇的神圣性。

从访谈案例 18 我们可以看到，切冲苗族人相信麻可以连接和转换阴阳两个空间或者可以说生死两个空间。但是他们并不简单地将世界划分为阴阳或生死两界的二元对立，在阴阳或生死两界之外还有一个故土——祖宗之地，它在阴间的另一边，需经过阴间才能达到。案例中，小伙子最终飘到的地方就是苗族人的故土——祖宗之地。阴间被苗族人形容成道路漫长而崎岖，布满穷山恶水，充满虫蛇、豺狼虎豹的地带，但也是到达祖宗之地的必经地带。这或多或少和他们长期迁徙漂泊有关。三个空间可以互相连接和转换，但必须通过某些特殊的物质来实现，而麻及麻制品就是这样的物质。除了前面提及的将"撞鬼"者灵魂从阴间带回阳间，带回"撞鬼"者身体外，麻及麻制品的这种应用还常见于丧葬之中。

威宁一带的苗族（甚至整个西部苗族）认为灵魂的总量是恒定不变的，灵魂在故土——祖宗之地和阳间（现世）两个空间来回转换。阳间死一个人，故土就多一个灵魂；阳间有一个小孩出生就代表祖宗那里有一个灵魂前来投胎。所以在人死后举办丧事的时候，要给死者净身，然后给他（她）穿上白净麻布衣服——寿衣，将死者亲人如女儿和媳妇送的麻布及麻布服饰等垫在死者头下或放在死者身边，以免死者的灵魂在阴间——返回故土的路上遭到虫蛇、豺狼虎豹和鬼怪的袭击而成为孤魂野鬼，因为麻及麻制品可以驱除虫蛇、豺狼虎豹和鬼怪，从而保证死者的灵魂顺利回归故土，回到祖宗的怀抱。不穿麻布衣服的灵魂是不被苗族祖宗认可和接纳的，即不能从阴间进入故土祖宗之地，因此麻能够连接和转换三个不同空间的作用保证了苗族灵魂数量的恒定。苗族死人灵魂回归祖宗之地的线路由丧葬中"师傅"（类似于法师）吟诵的《引路经》来指引，这条路其实就是他们迁徙路线的历史记忆。在丧葬中，祭拜死者的猪、鸡及其他祭品，要用麻线捆了然后牵到死者手中，死者才能收到这些祭品。尽管随着生活水平的提高，丧葬中死人的寿衣逐渐由棉料替代麻，但人们还是要象征性地在系上一条麻布或麻匹，随葬品还有不少麻纺织品，且丧葬仪式基本不变，保留了麻的所有文化功能。

正如笔者在前面提及的，一切进入人类实践活动的物，不论是自然状态的物还是人工制成物，都被打上了文化的烙印，具有了文化意义。"麻"在苗族社会文化生活中如此之重，以致大部分西部苗族认为，麻（mangx）等于 Hmong（苗族），苗族等于麻，没有"麻"就谈不上是 Hmong。当然，"麻"

得以成为大部分西部苗族的象征，主要还是来自它极强的环境适应性，使其得以隐喻和象征苗族这个"东方吉普赛人"的坚韧不屈的民族精神，虽然历经磨难，却不屈不挠、顽强生存。就像我们在第一章中提到的，操西部方言的各苗族的自称略同，即均可称为"Hmong"❶，且作为阿蒙支系（Ad Hmaob，操滇东北次方言）的切冲苗族也将麻称为"mangx"。因此，从麻在切冲苗族社会文化生活中的表现和重要性可见，麻文化是切冲苗族文化主要组成部分。

本章系统论述了麻从自然物成为文化物，再从文化物成为文化体系的过程，即切冲苗族妇女对麻的特殊物性的认知与利用过程。麻的特殊物性使麻成为文化，塑造和凸显切冲苗族的社会文化。然而，本文从女性视角对麻及麻文化的进一步研究其与人的互动关系及该关系背后的社会关系。下一章将着重阐述麻及麻文化与苗族妇女的互动关系，因为在切冲苗寨麻文化化的实践过程中，苗族妇女几乎是唯一的实践者。

第三章　"麻"与苗族妇女的互动关系

尽管以往的研究也曾指出妇女尤其是少数民族妇女，在性别分工上与自然界有十分密切的关系，但是直到21世纪初生态女性主义传入中国后，这个观点才得到人们的普遍重视和认同。妇女由于在性别分工中对社会家庭的某个或者某些领域担负着责任，而使其在利用自然资源完成这些职责时创造了某些文化。这些文化有时可能只是族群文化的某一部分或者某一分支，如服饰文化，有时却可能占据了整个族群文化的主要部分，如切冲苗族的麻文化。而20世纪80年代后复兴的物与物质文化的研究表明，物的物性不仅可以塑造或凸显社会文化，甚至还影响人的心性、心智等。所以，文化主体在创造文化的同时，文化及承载文化的物质也在塑造和制约着文化主体，两者是一

---

❶ 石茂明. 跨国界苗族（Hmong人）研究［D］. 北京：中央民族大学，2004年。虽然操滇东北次方言的苗族自称 Ad Hmaob，但朱文光证实 Ad 只是前冠词，受彝语影响，无实意。见朱文光《苗族"阿孟"进入滇东北考》，载云南省民族学会苗学研究委员会编《苗族的迁徙与文化》，昆明：云南民族出版社，2006年，第10页。故石茂明关于 Hmong 可广义地指整个西部苗族一说可取。

种互动—互构的关系。而这种关系是进一步理解社会关系的关键,因此,笔者认为它具有极为重要的研究意义。

在切冲苗族的传统社会中,纺织是妇女的专职,所以是妇女首先接触、认知、栽培和种植作为纺织原料的麻。妇女将麻带进切冲苗族的社会文化生活,以她们勤劳的双手、精湛的技艺生产出精致漂亮的麻纺织品,当然也包括麻籽、麻秆和麻叶的利用,创造出丰富灿烂的麻文化。麻和麻制品同样也会反过来影响妇女,从而形成了它们和妇女之间的互动关系。

第一节 苗族妇女——麻文化的织手

苗族妇女除了要料理家务,比如煮饭、打水、磨米、舂碓、拾柴火、打猪菜、洗衣服、饲养畜禽、照顾小孩和老人等,还要在自然界物产丰富和粮食短缺的时节采集各种野生食物,与男人一起下地耕种、建房屋等,而纺麻织布更是妇女的专职。妇女的劳动在社会生活中涉及之广、影响之大,以致老一辈民族学家陈国钧在研究苗夷妇女的特质时说:"她们如此般的勤劳,她们的男子也自然为生产努力,遂使苗胞维持几千年自给自足的经济生活,完全由于妇女影响男子的功劳。"❶ "妇女都能独立谋生,有经济生产的能力,所以在家庭分子的地位中,似乎以妇女为重心……"❷。苗族妇女因此创造了丰富灿烂的女性文化及民族文化。王慧琴认为,"苗族妇女几乎参与了苗族全部精神文明和物质文明的创造。苗族女性文化要比男性文化更具代表性,更具有苗族的文化特征"。❸ 笔者认为,在特殊情况下,女性文化有可能占据民族文化的主要部分,如切冲苗族麻文化。换言之,麻文化是切冲苗族文化主要组成部分。因此,可以说,苗族妇女既是切冲麻文化的织手——创造者,也是切冲苗族文化的织手——创造者。

苗族妇女的这种身份地位,体现在从种麻织布到麻及麻制品在社会生活

---

❶ 陈国钧. 苗夷族妇女的特质 [M],载吴泽霖,陈国钧等. 贵州苗夷社会研究. 北京:民族出版社,2004:61.

❷ 陈国钧. 苗夷族妇女的特质 [M],载吴泽霖,陈国钧等. 贵州苗夷社会研究. 北京:民族出版社,2004:59.

❸ 王慧琴. 苗族女性文化 [M]. 北京:北京大学出版社,1995:1.

中的文化化过程及麻文化的传承过程。在这一过程中，妇女几乎是唯一的实践者。妇女要管理麻园地和纺织工具；掌握种麻织布做花衣服的技术；向家庭、社会提供用于交换与象征的麻及麻制品；向下一代女性传授管理麻园地、种麻织布做花衣服的技术及服饰上的民族记忆和象征意义，等等。

在切冲苗家，一个女孩从五六岁、七八岁起就跟在母亲、奶奶或者其他年长女性身边以坚强的毅力逐渐参与和学习种麻织布、挑花刺绣，并从她们那获知服饰上的样式、花纹、图案隐含历史故事和象征意义。女孩子首先要学的是种麻织布的技术，这套技术极其繁杂，费工大、耗时长，从种麻到织成衣服包括大大小小37道工序，整套技能全由妇女承担，男人只是按照妇女的要求和设计制作纺织工具及做些辅助工作。见访谈案例19。

> 访谈案例 19. 朱 XH：以前呀，我们都很喜欢学的，还缠着大人教呢。8 岁大的时候，我们都已经学会绩麻了。从种麻到织制麻布衣服整个过程主要是由女人来完成。砍（割）麻，刮麻，煮麻，纺线这四个程序时，男人会帮忙干一些体力活。比如，煮麻线时，麻线很重，男人会帮忙翻。纺线嘛，白天女人纺线手脚酸了，太累了，晚上体贴点的男人也会帮忙挽麻线到麻线架上。

种麻织布的技术是麻文化的重要组成部分，是妇女集体智慧的结晶。这套技术的主要工序见表 2-1，主要工具见表 2-2。

表 2-1 种麻织布技术的主要工序

程序名	主要操作内容
撒麻	时间一般为农历四月中下旬，麻园要选在避风向阳的地方。撒麻前，先将土挖松，打细，整平，然后用锄头掏好浅浅的沟，放入麻籽后放细的农家肥，最后盖上泥土。撒麻要密，这样才能使麻长得细长，有利于提高麻皮纤维的产量和质量。反之，撒疏了，麻长得粗壮，影响麻皮纤维的产量和质量
田间管理	因为麻撒得密且长势迅速，因此几乎没有杂草能长过它，所以也就不用除草。但是，一定要注意除虫。一般情况下，当麻长到 30 厘米高时，就要在麻叶上撒上薄薄的一层草木灰，这样既可除虫，又可施肥，一举两得。如此每隔一段时间撒一次。一般撒三次，麻即可到 100 厘米左右高了，就不用再撒了。另外，在麻还小时，还须在麻塘周围撒些六六粉，以防老鼠来咬、鸟雀来啄

续表

程序名	主要操作内容
割麻	时间一般是农历七月中旬，要掌握好时间，不能割得太早也不能割得太晚。割早麻皮嫩，麻皮纤维参差不齐，割晚麻老，麻皮纤维不顺丝。割麻时要选好粗细长短，分类放置。割下的麻要勤翻晒，随时注意气候变化，早晒晚收
捂麻	麻晒干后，先在水塘里浸泡5至6个小时后再捞出来。捂麻前，首先垫上一层很厚的青色杂草把麻捆交叉堆放上，再盖上一层厚青草将麻严密覆盖。一般捂上24小时左右，再将麻取出，晾干收好
刮麻	麻可以分别刮成粗丝和细丝两种。细丝用作节日盛装，粗丝用作生活内装。刮下来的麻要晒干收好
绩麻	先搓一根均匀的麻皮挽到左手上，在麻皮的尾部处稍稍撕开，再将尾对尾地交叉搓扭，使之连接牢固，用同样的方法将麻皮头部同样撕开，分别与另两根麻皮的头部搓扭接紧。绩麻可以坐着绩，也可以在生产生活中走路时绩
纺线	把皮带套在绞线机和转动轮上，脚踏板分别套到转动轮和支柱插上，把五根转子插进绞线机四个圆子里，每根转子系上一根麻线，左手四指夹住麻线，右手拿压线杆，在四根转子前面轻微压住四根麻线，两只脚分别踏上脚踏板，交换着往外踏，待线返解后，再轻微踏一下，用压线杆送到四根转子上
绕麻线	把绕麻架放到绕麻架支脚上，有一根小竹棍以核度为准固定好绕麻架和支脚，在绕麻架其中一端用一根小麻绳从中隔开，以此取出绕线。在小绳隔开的地方，弯绕一圈，直绕一圈，以便回麻时找线头，也就是所称的麻线眼
煮和洗麻线	首先在大锅里放入半锅水，用筛子将杂木灰筛入水锅里，分别放入每一支麻线。再将灰和麻线搅匀，用旺火煮上9个小时左右，捞出来再放入温度较高煮麻线灶里，继续用煮麻线锅盖上捂上13个小时左右，再拿出来背到水里去洗。第一次要将麻线上灰全洗干净，马上再煮，然后洗晒数次。清洗麻线时，要把每一根零乱的麻线扯均，理顺，拧干，再晾晒干
回麻线	将一支麻线套在绕麻架上，找绕麻线时留下的线头系回，回下的麻线由两只手撕扯一下，韧性强的回放一遍由左牵向右，韧性差的由左回线
牵麻线	牵线前，要准备好粗细长短相等的五根木桩，要按牵的物长短钉在地上。牵线时，其中两根木桩先要交叉，用于拿提纵。牵完线后，要用小绳从交叉处隔开
滚麻线	把收好的牵线头端固定在木桩上，尾端固定在滚线人的腰上，把每根牵线插入梳子使间再固定在滚线人的腰间竹棍上。穿完线，再把竹棍固定在滚线头上，准备一些与滚线头长短相连的竹棍。或者边滚线边支撑
拿提纵	老式织布机拿一个提纵，改进后的织布机拿两对。拿提纵时，要让每根牵线插入上下两个提纵
织布	把滚线头装到织布机定位上，把梳子装到梳槽中，牵线头端固定在滚布头上，下提纵拴在脚踏板上，上提纵拴到提纵架上，即可织布

表 2-2　种麻织布的主要工具

工具名称	对应的工序
普通劳动工具，如锄头、镰刀、背篓、撮箕、锅盆、木棍等。	撒麻、田间管理、割麻、刮麻、煮麻、洗麻
绕麻架	绕麻线、回麻线
纺线机	纺麻
织布机：老式和新式	滚线和拿提纵（织布机上的滚经轴）、织布

当小女孩长成少女，并把种麻织布的技能学得差不多的时候，她就开始和同龄女性伙伴包括自己的姐妹、朋友一起纺麻织布，一起赶花山，互相帮忙、欣赏、交流心得及其他心事。虽然一个女子在她还没有成为妇女❶即结婚并生第一个孩子前没有自己的麻园地和纺织工具，或者说这些东西不为她所掌管，但是她和母亲共同纺麻织布还是能从母亲那分得她该得的那份劳动成果，以作为自己的嫁资及在节庆中在男子面前显示自己的技艺与才能。麻园地和种麻织布的工具并不是由母亲传给女儿的，除非这个女儿是招赘女儿，而是由婆婆传给媳妇，换句话说，一个女子在她成为妇女后会从婆婆那接管麻园地和纺麻织布的工具，如果她是招赘女儿，那她就从自己母亲那接管那些东西。因为当这个女人成为一名妇女后，她就是这个家庭的新任"蜂王"，即当家理事的人，与丈夫开始新一轮家庭分工，承担家中所有的家务，包括所有家庭成员的衣着。见访谈案例20。

访谈案例 20. 朱 XH：我妈妈死得早，早早地我就负责做很多麻布衣服，家里所有人的衣服（包括十个娃娃）都是我做的。那时呀天天做，但还很有精神，整天笑呵呵的。现在年纪大了，基本上不做了，反而笑都笑不出来了。女人们一起纺麻织布，一起去赶花山。嫁给我家男人后，除了做这个麻呢，还必须参加生产劳动。只有这样，男人才喜欢。如果只是做麻，男人是不会喜欢的。

妇女除了要操持家务，还要负责向她的女儿们传授种麻织布的技艺、讲述服饰上隐含的历史故事和象征意义、教授女德等，并为女儿们置办嫁妆，虽然女儿们也会自己准备她们的嫁妆。因为女儿们的嫁妆不仅关系她们自己

---

❶ 以前一般以生第一个孩子为标志，现在多以结婚为标志。

的幸福，还关系父母及整个家庭、家族的脸面和声誉。而当这个妇女自己的儿子结婚娶妻，她就像婆婆对自己一样将"蜂王"的重任交给儿媳，当然也包括衣着之责，也就是说，麻园地和种麻织布的工具交由儿媳掌管。而她自己则另外开辟一小块地出来继续种麻，但并不是为了提供家用，而是为了充实她个人的生活，具有了更多的精神文化意义。

由此可见，苗族妇女不仅终其一生——即在个体的有限生命中，将民族文化包括历史记忆，如关于故土、祖宗和迁徙的记忆，信仰、节庆、情爱、婚丧娶嫁、传说故事等融贯于麻及其制品（以麻纺织品为主）中，发展民族文化，使之以麻文化的形态展现出来，而且在生命的不断繁衍中一代接一代地传承和发展麻文化。麻文化的这条传承线是女性的，麻园地、种麻织布的工具和技术、上述麻及其制品蕴含的种种文化象征意义均在女性之间传承，由母亲传女儿和由婆婆传媳妇。如此，一代传一代，代代相承，永不间断。因此，苗族妇女是麻文化/民族文化的织手，是麻文化/民族文化的创造者和传承者。她们织的不只是麻纺织品，更是文化——麻文化/民族文化。与其说这是苗族妇女的宿命，倒不如说是她们自己主动承担这项传承和发展民族文化的历史重任。在历遭驱逐而迁徙不定、四处求生的艰苦岁月中，男人忙于保家卫族，确保民族安全迁徙，无暇他顾。于是女人主动挑起保留谷种、照顾家小、记载历史、传承和发展民族文化的重任。由于苗族以前没有文字，所以其历史和文化除了口耳相传和实践演绎之外，主要还载于民族服饰——纺织品之上，这就又得经由妇女之手来完成。因此，切冲苗族文化是以麻文化的形态来呈现，并掌握在妇女手中，由妇女传承和发展。虽然如此，麻及麻文化/民族文化也在形塑和建构着妇女。

第二节 "麻"——形塑苗族妇女

访谈案例 21. 朱 QF：我是 14 岁时从龙街嫁到这里的。我妈妈很会做（纺织）麻布衣服，我小的时候也很喜欢跟她学做。我还没有学会，妈妈就去世了，不久我就嫁到这里来了，所以我嫁过来时没有做花衣服送我爱人。因为我不会种麻织布做衣服，所以婆婆觉得我没本事，看不起我、骂我，对我很不满意，让我在大家面前没脸面。刚开始她教我绩麻、纺麻、织布，后来她就不管我了。我下（发）毒誓学好纺麻织布做花衣服给她，不让人瞧不起我。现在我会做花衣服，婆婆也不再说我、骂我了。

就像上面这个例子所展现的那样，苗族社会如何对一个不懂女工——种麻织布做衣服的苗族妇女进行心理和精神的惩罚，并最终将之形塑成为符合社会文化所期望和要求的妇女。这比上文所述的麻及麻纺织品对女人的生理影响更大，当然这些生理影响都是正面、积极的影响，且男人也同样享受了它们的恩泽。"麻"，包括麻、麻纺织品、种麻织布做衣服的技术和麻文化等（见前言），对苗族妇女的规约和形塑，是通过一套关于什么样的女人才是聪明伶俐、心灵手巧、有本事的能干女人的社会标准话语来实现的。它涉及女人的形象、名声、德行（德性）等。那么，什么样的女人才算得上是聪明伶俐、心灵手巧、有本事的能干女人呢？在切冲苗族人心中，答案是十分明确的，种麻织布做衣服做得好的女人就是聪明伶俐、心灵手巧、有本事的能干女人。做得越好越有本事、越能干。实际上，种麻织布做衣服只是最基本的要求，而能将民族文化淋漓尽致地表现在服饰上，将麻及其纺织品自如地运用于各个生活场景中，如前文提到的花山节、婚姻和丧葬等，才是更高一级的要求。当然，女人是在学会种麻织布做衣服的过程中，逐渐学会和运用这些文化意义的。

这套社会话语主要通过社会舆论的手段对妇女的心理和精神进行奖惩，以达到将女人形塑成为一个聪明伶俐、心灵手巧、有本事的能干女人的社会目标。案例21向我们展示了它惩罚的一面，将不会种麻织布做衣服的女人责骂为没有本事的女人。朱XF、马GR的公婆、王YQ和王XY异口同声地说道，不会种麻织布做衣服的女人没本事。这种关于"没有本事的女人"的社会舆论往往与女人的终身幸福联结在一起，以强化社会文化对"没本事的女人"的心理和精神惩罚的效果。如前文所述，在花山节中，苗族女子身上的花衣服和漂白布花裙象征着她的生育能力，谁的花衣服和漂白布花裙越多越精致，表明她的生育能力越强，她就越能吸引优秀男子的目光。其实，这些精致漂亮的服饰还反映女人聪明、能干、手艺精湛。下例将展现麻纺织技艺与女人幸福联结形塑女人的节日实践。

案例22.❶ 传说，过去有一苗族男子娶有两个妻子，大妻生有一女额脑，小妻生有一女额珍。大妻勤劳、善良，教会额脑一手好纺织手艺；小妻狠毒，好吃懒做，其女额珍也无一技之长。一天小妻借故害死了大妻，额脑生活于小妈的棍棒下。一年一度的花山节到来了，山坡上热闹非凡。额脑穿上自己精心制作的漂亮麻布衣裙去参加节日聚会。额珍也去了，却穿了一身用芭蕉叶缝制的衣裙。花山场上有一位英俊的小伙子一眼就看上了额脑，便吹着芦笙过来与额脑对歌、跳舞。小妈看到后妒火烧心，把额珍也推到小伙子身边。额脑额珍一左一右站在小妈身边，小伙子吹着芦笙走向她们。芦笙唱道："的拉打，的罗夺，我要左边的那一个。"小妈急忙把额珍推到左边，把额脑拉到右边。小伙子有吹道："的拉打，的罗夺，这回我要右边的那一个。"小妈又把额珍拉到右边，把额脑推到左边。没拉几下，额珍的芭蕉叶衣裙被扯成了碎片，她羞愧地跑回家躲起来，额脑被心爱的人带着远走高飞。聪明能干的姑娘，在花山场上总能觅到称心如意的郎君。

可见，聪明能干、手艺精湛的女人成为男人娶妻的标准，这种标准一旦固定下来就会成为社会规范，就会发挥重要的社会作用，使社会文化往该方向塑造女人，并在生活中实践。女孩子不会纺麻织布，就没有小伙子会看上，就嫁不出去。妇女不会纺麻织布，就是无能，不称职。因此，女孩子从小就被父母要求要勤劳能干，学习纺麻织布。而男孩子也是从小就被父母长辈教导要娶一个心灵手巧、技艺精湛的能干女子为妻。所以男女青年恋爱对歌时，姑娘的纺织本领总是成为小伙子们试探、寻问、赞美的话题。如《踩山调》❷对唱中男方唱道：

> 说到纺麻和织布，我就只会干瞪眼。
> 拿起镰刀进麻塘，割下麻来不会拴。
> 晒出麻来不会剥，不知是坐还是站。
> 剥下麻皮不会绩，急得浑身冒冷汗。

---

❶ 古文凤. 民族文化的织手. 昆明：云南教育出版社，1995：25.
❷ 同上，第26页.

坐上纺车学纺麻，手脚不听心使唤。
麻线还未绕三转，东拉西扯乱一团。
织机摆在堂屋里，踏上几脚不会转。
黄蜡化在蜡锅里，心中没有好图案。
拿起蜡笔点花裙，花里胡哨真难看。
蓝靛泡在染缸里，拿起布来不会染。
别家织机响当当，个个都穿新衣裳。
我无伴侣来纺布，芭蕉叶子披一张。

纺麻织布的技艺和文化塑造女人的社会舆论与实践活动，不仅见诸上述传为佳话的传说，还见诸苗族人实实在在的生活之中，被人们切切实实地奉行着。见访谈案例21、23、24、25。

访谈案例23. 朱XF：种麻是苗家祖祖辈辈流传下来的优秀传统文化。苗家老人历来把会做麻（纺麻织布）的女孩子标作心灵手巧的女孩，不会做麻（纺麻织布）的女孩子视为嫁不出去的姑娘。

访谈案例24. 张GH：花衣服做得好的女孩，人们夸她心灵手巧、手艺好，给她竖大拇指。男孩子们都喜欢她，追求她。不会做花衣服的女孩子会被视为没有本事，没才能，嫁不出去。

访谈案例25. 张YF：18岁之前，因不会做麻布衣服而被说"不成器"。❶ 那个时候，非常痛苦、难过，所以下决心天天学，每天晚上熬到12点都还没睡觉。我家老公是来我们寨子玩，而我正在哒哒泉水边洗衣裳，他见我做的麻布衣裙好，他说，你做衣服做得很好，我要娶你。那个时候，洗麻线、洗麻布衣裳真是太高兴了，一大把一大把地洗了后晒在哒哒泉水边，除了得到快乐、高兴，还得到夸奖。

这些案例也充分展示了，切冲苗族社会文化对会种麻织布做衣服和做得好的女人进行奖励，这和社会文化惩罚不会种麻织布做衣服的女人是对应的。会种麻织布做衣服和做得好的苗族女人，为社会所赞扬，乡里乡亲都知道她

---

❶ "不成器"是指没本事，不能干。

的勤劳、手巧、能干，父母亦为之自豪。这样的女子往往成为花山场的焦点，青年男子追求的首选对象，这对她来说是无上的荣耀，可使她整天生活在幸福之中。正如案例22所说，"聪明能干的姑娘，在花山场上总能觅到称心如意的郎君"，这是苗族社会对心灵手巧、聪明能干的苗家女人的奖励和回报。而女人确实可以从种麻织布做衣服当中获得愉悦的心情，成就感是一方面，女人之间的姐妹情和友情是与爱情、亲情同等重要的社会关系（见第四章），是女人心理健康必不可少的组成部分，这是另一方面。成就感实际上被女人在整个社会文化对女人的奖励过程中所感受和享受，而成就感毋庸置疑能给人带来愉悦的心情。事实上，在纺麻织布的技术和麻文化建构苗族女人的过程中，虽然奖惩并存，但是奖励的使用往往比惩罚的使用多得多。因为苗族妇女的整体形象和名声以勤劳能干、心灵手巧著称。极大部分女人自小都勤劳、聪明、能干，只有极个别女人好逸恶劳，无一技之长而被社会所唾骂。而案例21中的朱QF也并不是好逸恶劳的女人，而是因为幼年丧母才没有学会纺麻织布，但是她后来也学会了。因此，社会在大多数的时间里是在赞美手艺精湛、勤劳、能干的女人，并将这样的女人的故事传为佳话，从而达到塑造女人及强化这种塑造的社会文化目标。

　　纺麻织布的技术和麻文化还培养了苗族女性的德行（德性），这对社会秩序来说无疑是一种不可或缺的道德贡献。传统社会的秩序稳定最需要社会性别分工的各司其职，尤其是女性在其劳动领域内的尽职。因此，女性在其劳动领域内的失职，将被看作是对社会秩序的莫大威胁和不可容忍的事情。而以"个体的"美德（高尚和优良的德行（德性））维护和巩固"公共"秩序乃是各类社会所惯用的治理手段。一旦整个苗族社会的女性纺麻织布能手为榜样被定型为社会规范，就会在人群中逐渐形成共同心理和意识，并深植于人们心理和思想深处，甚至成为社会遗传。换句话说，精于纺麻织布是苗族社会所公认的世代相传的女性美德。苗族女性因此从小就自内心深处要向"社会模范"看齐，要掌握纺麻织布这门技术和知识，并一代接一代地传承。第二个方面，苗族女性在纺麻织布做衣服的过程中，学会勤劳、节俭、孝道和责任，学会尊重自己和他人的劳动成果。当一个苗族妇女被委以"蜂王"的重任后，她就有义务负责全家老小的衣着，她生产的麻布和制作的衣饰温暖家人，以尽自己作为妻子和母亲的职责，及作为媳妇的孝道。同时，也让她体会到劳作的艰辛和劳动成果的来之不易，从而学会勤俭持家。第三个方面，一个好逸恶劳、没有德行的女人必为社会所唾弃而累及父母、家庭的脸面和声誉。她要么因不易嫁出去而破坏姑舅间的婚姻交换，要么出嫁后得不到婆家的认可而导致家庭关系紧张。不论是何种情况，均会造成不稳定的社会关系。因此，父母和家庭为顾及脸面和声誉、女儿的幸福及与亲家的关系，必然要求女儿从小学习纺麻织布做衣服，养成勤劳、节俭的良好德行。这三个方面无形中维护和巩固了社会秩序。

总的来说，本章论述了"麻"与苗族妇女的互构。妇女因其对家庭、社会的"衣着"领域担负全责而成为麻文化理所当然的创造者和传承者。事实上，苗族妇女不只独担织务，而且还分担不少的男性劳动；本文定义的麻文化是切冲苗寨的民族文化的主要组成部分，它涉及当地民族文化的方方面面，换句话说，切冲苗寨民族文化的方方面面以麻文化的形态来呈现。因此，妇女不仅是麻文化的创造者和传承者，也是切冲民族文化的创造者和传承者。切冲苗寨只是一个范例，我们还可以小见大，从切冲苗寨看到整个大花苗，甚至绝大多数西部苗族。苗族妇女的麻纺织不仅生产有价值的物品，而且还培养了妇女的德行（德性）。苗族妇女生产的织物，既可温暖家人，也可用来向彝族土司交租纳税，又可在市场上交换粮、盐等物品，这一点笔者在下一章还要做进一步阐述。也正因为苗族妇女的麻纺织具有如此重要的社会意义，苗族社会文化才要在多个层面将作为麻文化的实践主体的妇女塑造成勤劳、能干、德行（德性）良好的麻纺织能手。所以"麻"与苗族妇女的这种互构，可以说已经达至"你中有我，我中有你"的境界。然而，正如笔者在前文中提到的，对人物关系的解析是理解其背后社会关系的关键，而社会关系也是本文从女性视角对麻及麻文化进一步研究的焦点。那么"麻"与苗族妇女的互动关系背后的社会关系是怎么样的呢？或者说，"麻"塑造或凸显了怎样的社会关系呢？苗族妇女如何操作，主动建构抑或被动形塑呢？这些都是非常值得我们关注的话题，将在下一章做较为详尽的阐述。

第四章　"麻"建构的社会关系

在这一章中，笔者将探讨"麻"与切冲苗族妇女结合，如何塑造或凸显了切冲苗寨的社会关系。该话题亦可表述为，苗族妇女如何通过麻这个对切冲苗族人极其重要的物质来主动地建构社会关系，而不是被动地为社会文化所建构。因为经由前文，我们已经知道，苗族妇女是将麻带入切冲苗族社会生活的实践主体，是麻文化的织手，与"麻"互构—结合。因此，从苗族妇女的能动性视角，本章将着重阐述，"麻"经由苗族妇女之手所塑造或凸显女人与男人、女人与家庭和社会、女人与女人之间的关系。这三种关系最贴近本文的主题——"麻"与妇女，既可承前文"麻"与苗族妇女的互动关系，及两者在切冲苗族社会文化中的重要性，亦可展现切冲苗族社会的主要脉络，而凸显苗族女性的能动性与创造、传承文化的贡献性。

从妇女视角而来的这样三个关系，必然涉及妇女的情感、体验、家庭和社会贡献（作用）。切冲苗族妇女将麻嵌入（embed）社会文化生活之中，（至少）在三个方面创造了社会价值。擅长纺麻织布的女人，本身就是婚姻交换中最珍贵、最有价值的礼物，有利于巩固联姻家族间的结盟；妇女生产的麻纺织物，既可温暖家人，又可交租纳税及在市场上交换其他物品；妇女在纺织过程中培养的德行（德性）有助于维护和巩固社会秩序。而对妇女个体而言，她做出的贡献换取的心理、精神回报——赞誉、认可、尊敬和"蜂王"之任等，她附着在"麻"（主要是麻织物）上的对丈夫、家庭、姐妹、朋友等的感情，才是最重要的。

第一节 女人与男人——家族间的婚姻交换与个体间的情感交换

毋庸置疑，在所要探讨的三种关系之中，女人和男人之间的关系是基础。女人和男人之间的关系，可从不同角度分出许多类来，而以男女之间的婚姻关系也叫夫妻关系为基础。这在每个民族都是一样的。于威宁苗族，有女始祖努利毕玛丽碧造人并使男女婚配以繁衍后代，及洪水滔天后兄妹结婚繁衍族人的古歌[1]，对这一关系的基础地位的反映。这也印证了费孝通关于以夫妻

---

[1] 《努利毕玛丽碧》，载《威宁苗族百年实录》，贵阳：贵州民族出版社，2006：108页；《洪水滔天》见杨汉先. 大花苗歌谣种类. 载吴泽霖、陈国钧等. 贵州苗夷社会研究. 北京：民族出版社，2004：179.

关系为基础的生育制度是人和社会的再生产（繁衍）的学说❶。因此，没有男女婚姻关系/夫妻关系，就不会有芸芸众生，自然也不会有其他的关系。

在苗族，婚姻关系往往是以姑舅表婚的方式来缔结，而冠以"自由恋爱、自主婚姻"之名。这种婚姻实质上是不同家族之间的女人交换，既为了种族的繁衍，也为了家族间的结盟。尽管苗族女人被用于家庭间的婚姻交换，但她（们）也并非没有选择的余地。苗族女人被允许在婚姻交换群体中，自由选择自己中意、两情相悦的男人（同辈未婚）为夫。既然有选择配偶的自由，也必然有选择配偶的标准。当然，选择配偶的自由和标准是双向的，女人有，男人也有。勤劳能干、善于纺麻织布和节俭持家是男人选择女人的标准，而勤奋、能耕（尽管女人与男人同耕，但耕作中的犁地等主要还是男人的工作）善猎、能说会道是女人选择男人的标准，有经营和管理才能或有文化当然更好。具有如此之自由和标准，是因为这关乎切冲苗族青年个体的终身大事和幸福。

既然婚姻关乎切冲苗族青年个体的终身大事和幸福，势必会倾注个体之情感。苗族女性尤是如此。苗族女人对男人的情爱，贯穿于建立婚姻关系的"踩月亮"阶段和婚礼阶段，并以花衣服等实物来传达。苗族青年个体是家族婚姻交换的具体执行者，他/她在考虑家族利益时，也在谋求自身的幸福。男人自小勤练耕猎技能，学习经营和管理之道，甚至求学等，目的就是为了能娶到一个勤劳能干、善于纺织、节俭持家的女人来当家，自己好放心在外面做事，而女人同样希望通过自己的"优秀"（拥有前述的标准）嫁给一个优秀的男人而换取自身的终身幸福。因此，在家族间进行婚姻交换时，执行交换的青年个体之间也在进行情感、终生幸福的交换。

婚姻关系的建立需经过"踩月亮"阶段和婚礼阶段。"踩月亮"阶段实际上就是谈恋爱阶段。"踩月亮"，即在月光皎洁的夜晚，苗家小伙子三五成群来到村寨边，选一个地方，吹奏芦笙、短笛和木叶，邀寨内的姑娘来赏月谈情的社交方式，后来演变成谈恋爱的代名词，包括"吃平伙饭""赶花场"（花山节）等节日及平时的赶场、劳动等活动中的恋爱活动。谈恋爱在切冲苗

---

❶ 费孝通. 生育制度［M］. 上海：商务印书馆，1999；王铭铭. 人与社会再生产：从《生育制度》到实践理论［J］. 社会科学战线，1997（5）.

族（甚至在整个大花苗也是一样的）并非单一的称法（方式）。它在不同的时间、空间有不同的称法，并由时间统领空间。从时间来看，切冲苗族青年男女的恋爱有平日性恋爱和节日性恋爱之分。而空间随着时间的流动而转移。

平日性恋爱，主要以如下三种方式为主：赶场、亲朋的婚礼、联合劳动。这三种方式其实可视为次级的节日性恋爱，它们要么是在特定特殊时间和空间中发生，要么为特别事件进行，但它们仍然不属于真正意义上的节日性恋爱。

赶场切冲寨所在的雪山镇每月逢 2 日、5 日、8 日❶开市，市场在雪山镇政府所在地。赶场的人以雪山镇的人为主，其次是邻镇龙街的人。赶场当日，人们或步行或乘车，涌向雪山镇。市场一般要到中午才开始热闹起来，因为人们需要一定的时间才能赶到市场，但它却散得比较快，下午 4 点钟的光景就开始散集了。来赶场的苗族年轻姑娘和小伙子穿着民族服装，三五成群地在市场的人流中流动，给热闹的市集增添了几分颜色。如果说已成家的男女来赶场是为了买或卖——购买家庭日用百货或卖掉某物以增加家庭收入，如朱 XF 将做好的花衣服、裙子和背衫等织物拿到市场上去出售，那么对于尚未负起家庭重任的年轻姑娘和小伙子们来说，他们来赶场完全就是为了"来玩"。所谓"来玩"实际上就是谈恋爱，而年轻姑娘购买梳妆物品、小伙子卖猎物等只是"来玩"的借口，买不买、卖不卖都无所谓。在雪山镇市场上有两个显著的地方是苗族青年男女聚集的场所。一处是公路东面紧挨着的三家餐馆，他们往往在此打伙吃午饭、对歌，借此交流感情；另一处是市场西面的台球场，这个台球场是改革开放后才有的。原先人们还会到西面的草地上去对歌，但现在已经不去了，那里正在建设新的农贸交易市场。调查发现，赶场谈恋爱的青年多数是已经认识了，而不认识的由认识的介绍。由于农活占据了他们大部分的时间，所以他们并不是每次赶场都能来，并在本次见面时约好下次见面，这样的约定是对紧凑时间的合理安排。因此，赶场谈恋爱仅是增进了解的方式，还不是最终定情的方式。

亲朋的婚礼也是苗族青年男女相识相知的极好时期和场合。不论是接亲队伍，还是送亲队伍，其中大部分人是新郎/新娘的适婚亲朋好友。而且婚姻

---

❶ 包括 2 日、5 日、8 日、12 日、15 日、18 日、22 日、25 日、28 日。

双方会给接亲队伍和送亲队伍安排对歌，这是当地苗族婚姻礼仪不可缺少的部分。对歌的内容多以情爱为主，新娘方的姑娘们问，新郎方的小伙子们答，小伙子们如果答不上，就要被姑娘们用冷水泼（接亲领队和新郎除外），如此你来我往直至深夜。接亲队伍在新娘家住一晚，送亲队伍则在新郎家住三天，同样会给接送亲队伍安排对歌，并跳芦笙舞。这样的良辰吉日不仅是亲朋好友及族人祝福新人的好日子，也是新情侣产生的绝佳时期和场合。陌生的青年男女可以互相认识，已经互相认识或已经在谈感情的人可以进一步了解或巩固感情。但婚礼的举行带有不确定性，甚至不像赶场那样具有时间规律性。首先要考虑适婚人数，从上一代人成家到下一代人适婚需要一定时间，而且年龄上的参差不齐也是一个需要考虑的因素。另外，结婚物资的准备也需要一定时间。因此，虽然从主角——新郎新娘的角度看，婚礼仪式是两人共结连理关系的最终确认，神圣而庄重，但从适婚青年男女来说，它不失为谈情说爱的绝佳时期和场合，却也只能算是一种平日性的恋爱方式。

联合劳动往往发生在已经有婚姻联盟的两个家族之间，既可能发生农忙时期，如互助收割庄稼等，也可能发生在农闲时期，如帮忙修葺房屋等。不管是哪种情况，本来劳动是较为劳碌性的事情，既需时间也需体力，实不宜谈情说爱，但它却至少为青年男女提供了认识的机会。况且前已述及，女人不但要做好家务，还要参加耕作，甚至建房修房等，这更使这样的机会成为可能。劳动中苗族人喜欢吆歌以驱除疲劳，青年男女们的对歌也是被允许，但他们的对歌不像他们在赶场、亲友的婚礼及节庆中那么露骨，而是以有关生产的内容含蓄地表达彼此的情感，互相试探、互相了解。虽然这种社交方式建立在已有的姻亲关系之上，但却有可能产生新的联姻关系。因此，联合劳动也不失为青年男女交往的一种方式。

节日性恋爱是青年男女"踩月亮"社交活动的主体部分，包括"吃平伙饭"和"赶花场"两项主要的节日活动。

"吃平伙饭"，因其发生在旧历的腊月下旬至来年的正月上旬，正值全国人民过春节的时期而具有节日的性质，甚至有的学者将其称为"吃年饭"❶。参加"吃平伙饭"的人都是未婚青年男女，禁止已婚青年男女参与。"吃平伙

---

❶ 苏文清. 威宁苗族百年实录 [M]. 贵阳：贵州民族出版社，2006：11.

饭"的食物包括各类特色酒菜、饭及糖果,由姑娘们共同提供,体现"平伙"的精神。"吃平伙饭"的场所是姑娘们所在寨子的花房,它平日里是姑娘们的公共空间和专属空间,是姑娘们互诉心事的地方。

每当旧历的腊月下旬至来年的正月上旬,苗家小伙子就三五成群走村串寨,吹着芦笙、短笛和木叶,寻找自己的意中人。他们走到某一个寨子,寨子里的姑娘们,便梳妆打扮起来,穿着盛装,将小伙子们迎进花房,拿出她们凑集的饭菜和各种食品,招待小伙子们。姑娘们和小伙子们共同进餐,宴毕,大伙载歌载舞,奏笙吹笛,尽情欢乐。最后是对歌,对歌需分出胜负,如果小伙子胜,就拉姑娘来同坐一条凳子,并扯姑娘的裙子垫坐。如果姑娘胜,则舀水泼小伙子,小伙子要任其摆布。如果某个姑娘看中了某个小伙子,就会将身上花衣的某部分或准备好的某种织物——通常是腰带赠予这个小伙子,并将他带走,藏起来,过两三天才让他回去。如果小伙子也看中姑娘,就获得了请媒人来提亲的资格。其他没有找到意中人的姑娘,继续接待客人;小伙子也一样,继续走村串寨寻找。

在"吃平伙饭"中,姑娘们平摊食物,免费招待来访的小伙子们,不过她们的兄弟走访其他寨子时,也会得到当地姑娘们的盛情款待,如此看来,这一青年男女社交活动实际上是一种互惠的交换实践。抛开"吃平伙饭"带给青年男女个体的身心愉悦不说,这一青年男女社交活动的进一步作用是文化性和社会性的。它促成青年情侣或夫妇的概率还是比较大的,且在平日中已经互相了解或已有情感的青年男女此时可"定终身"了,这是社会认可且赞成的方式,从而保障了社会婚姻和生育的正常继替。

当然,并不是所有的青年男女在一次"吃平伙饭"中都找到意中人,但这种社交活动让他们不但结交了朋友,还可从中获得身心上的愉悦。互相爱慕的青年在活动中,虽然通过共同就餐、跳舞和对歌的渠道沟通和交流感情,但最终表达爱慕之情的却集中在女孩的纺织品上。这些纺织品,在切冲、威宁、在大花苗,当然都是用麻做的。

"赶花场"就是花山节,是整个"踩月亮"活动即谈恋爱活动中最重要、最隆重的一个。"赶花场"于每年旧历的五月初五举行,是大花苗的全民性节日,男女老少都参加,但以青年男女为主。因此,"赶花场"也必然以为青年男女提供谈情说爱、寻觅终身幸福的机会和场所为主要功能。这一功能,以及在"赶花场"中,未婚青年男女一起跳芦笙舞、对歌,将上述择偶标准实践于舞蹈、对歌之中进行择偶;从男性对女性的要求来看,除能歌善舞外,标准女性更主要的指标却体现在其麻纺织服饰上,这些服饰不但象征妇女的心灵和手艺,而且还象征妇女的各种能力,如生育能力、当家能力等;最终,麻纺织服饰凝聚了年轻姑娘对小伙子所有的情爱,交到小伙子手中,象征着"全面给予",从小伙子那里换取终身的幸福:终生的关爱和责任。

可见,苗族青年男女的恋爱,在不同时间和空间有不同的称法,也可以说,他们在不同时间和空间以不同的方式谈恋爱(即"踩月亮")。但不变的是,年轻姑娘的情感、花衣服和择偶标准。年轻姑娘们对每次恋爱活动都倾注了情感,她们自小学习纺麻织布和料理家务,练就一身才干,为将来的每次恋爱机会做准备;她们认真对待恋爱活动,极尽所能打扮自己,把自己纺织的麻布服饰穿得花枝招展,以使自己在每次赶集、吃平伙饭、赶花场都能展现自己的纺织技艺。年轻姑娘们身上的花衣服是她们心灵和手艺、生育能力和当家能力的象征,它们作为男人选择女人的主要标准是不变的,并一直被实践着,也是"踩月亮"中的对歌内容。最终花衣服还凝聚着姑娘对小伙子的情和爱,被用于定情中的礼物,具有"全面给予"的象征意义。情投意合者,在定情后将进入婚礼阶段,他们的婚姻关系才算最终确立。

婚礼是对婚姻关系的确认和见证,是家族和个体婚姻交换的完成。[1] 在恋爱中,两情相悦的苗族青年男女决定共结连理,以什么来确立呢?如何获得社会(至少在亲友圈)的认可呢?在仍是礼俗社会的切冲靠的就是婚礼。婚礼如何完成个体和群体的婚姻交换?婚姻中,上述的"全面给予"包括哪些内容?这些有什么社会文化意义?

虽然前文提到婚礼的举办具有时间不确定性,但切冲甚至是整个威宁的苗族,一般在每年旧历冬月[2]至来年正月十五这段时间内举办婚礼,这段时期正好是当地苗族最长的农闲期。一次详细的婚礼是这样的。

小伙子家择吉日,请能说会道之媒人(苗语:子稿)到姑娘家送话提亲(苗语:觉鲁)。媒人邀一同伴,带上男方家给的酒和若干个熟鸡蛋——俗称

---

[1] 婚礼对个体婚姻交换而言算是完成,但对群体——家族而言,既是完成,也是新的开始。
[2] 即农历十一月。

手礼来到姑娘所在的寨子,由熟人带引去女方家,到门口而未入门,就唱道:"今年好时辰,花儿开满坡,果子结满树,铧口来犁田,媒人来提亲""哈哈,今晚有碗酒搁在你家堂屋头!"姑娘父母听到后,便将他们请进屋。众人坐定,媒人表明来意,传完话,并婉转地说"今晚我们来,希望两位老人给双草鞋,给件蓑衣披,让我们好回去"说罢,不等主人回话,便起身离去。过十数天后,媒人便带着说亲的小伙子和同伴,提一壶酒、两只鸡、若干个熟鸡蛋和一小袋炒面等礼物,到姑娘家对话订婚(苗语:的鲁)。对话订婚时,媒人当着姑娘父母的面,称赞姑娘是位勤劳的家蜂,说如果姑娘能到小伙子家里主持家务,定能使他家获得幸福。姑娘父母就会问小伙子,是不是自愿娶他们家女儿?小伙子回答是心甘情愿的。如此,婚姻即算定下。又过十数天,媒人又提一小袋炒面和若干熟鸡蛋,去姑娘家商定结婚日期。双方自订婚之日起就要紧锣密鼓地筹备婚礼物资,只待到了商定的良辰吉日即可如期举办婚礼。

婚礼在威宁苗族中的俗称为"换娘",分"小娶"和"大娶"两套仪式。小娶目前已基本省去,而主要进行"大娶"。"大娶"女方家用单日,男方家用双日。是日,新郎在一长辈为首的接亲队伍的陪同下,带着彩礼——头猪、一头牛、一只羊、一坛酒、两只鸡、150~300个鸡蛋、炒面等,去新娘家接亲。晚宴后由媒人当众将彩礼交给新娘父母,并说道:"新郎猪"(猪的俗称)给岳父岳母招待众客人用;"奶价牛"(牛的俗称)给岳母,报答岳母的养育之恩;非姑舅婚的和非亲姑舅婚的,羊要给亲舅舅,亲姑舅婚的,则要么给其他亲舅要么给亲姨,均希望他们祝福外孙女婚后人丁发达、六畜兴旺。次日,新娘临出门时,请母亲或嫂嫂当着众亲友的面把自己精心制作的花衣服给新郎穿上,俗称"新郎衣",以赢得大家的赞美和祝福。新娘的嫁妆有新娘自己的纺织物、一头未曾生育的母牛、一匹小马、一对配偶小猪和一只母羊,这些嫁妆也可以在新婚夫妇回门时给。新妇怀孕产子时,娘家还要送餐具、家具等。

接、送亲路上如遇到另一接、送亲队伍,双方新娘需互赠梳子和头巾以示祝福,方能继续前行。不管接、送亲路途远近,均行"吃晌午"礼,行至离新郎家一二里,有新郎的亲妹或堂妹带七八个少女迎亲。在进门礼中,婆婆将自己所做的花衣服赠予媳妇,以示认可和接纳。至于在结婚之日,双方宴请宾客、载歌载舞，并安排接、送亲队伍对歌，好生热闹。男方婚礼第三日，欢送送亲队伍，送男性每人一头双月猪，女性每人一只小鸡，以作"脚价"。至此，婚事告毕。

从这样一个完整的婚礼过程，我们可以看到，婚礼通过提亲、接亲、"新郎衣"或叫"出门礼"、送亲、"吃晌午"、迎亲、"进门礼"或叫"新娘衣"、赠"脚价"等一整套仪式，及一系列物的交换确立一对青年男女的婚姻关系，也确立两个家族间的婚姻交换。如果没有意外，这种交换会一直持续下去。而对于个体，婚姻关系一经建立，经他们之手进行的双方家庭间的物的交换，将持续至他们生命结束为止。这些物的交换，最初是统括在以麻布花衣服为象征的"全面给予"之下的。显而易见，"全面给予"囊括了猪、牛、羊、马、鸡、酒、鸡蛋、炒面、家具等，及第二章提及的各类麻纺织物，等等。即在花衣服的交换之下，进行这些物的交换。当然，人——女人是最首要和最重要的交换对象，因为从经济的眼光看，女人并不只值这些，关于女人的家庭和社会价值，将在下一节论述。调查发现，婚礼仪式中的彩礼是随时代而变化的，而"时代"内涵丰富，包含诸多因素，如基督教传入后，在一些地方的婚礼中，彩礼中的猪、牛、羊由一头/只变成半头/只，而有些地方则保留原样；又如改革开放以来，威宁苗族经济生活水平提高，现代家用电器逐渐成为彩礼中的主角，但原彩礼的象征意义依然受到重视，尤其是花衣服——婚礼服的"全面给予"的象征意义。

由此可见，苗族女人从小纺麻织布、操持家务，培养妇德，以成为一个社会要求和认可的"能干女人"。但她们并不是命运的顺从者，而是积极主动地把握它。她们认真对待决定终身幸福的每次机遇，从谈恋爱到结婚，付出她们的情感。她们在可以选择的范围主动选择，做最佳选择。通过麻布花衣服的象征性交换，在完成家族婚姻交换的同时，也完成自己与所心仪的男人的情感和幸福交换。她们和男人建立的婚姻关系，为种族和自己的繁衍做出了积极的贡献，也为其他关系的建立奠定了基础。

第二节 女人与家庭、社会——贡献和回报的不对等交换

本文认为，女人与家庭、社会的互动关系的本质，是女人为家庭、社会

做了什么贡献，家庭、社会又给了女人什么回报，而使女人在家庭、社会中处于何种位置（地位）？之所以将社会和家庭放在一起探讨，是因为社会由家庭组成，而人又必然生活在一定的家庭中，所以人在对家庭做出贡献的同时，也就是在对社会做出贡献，虽然人有时也会不经过家庭而直接对社会做出贡献。

尽管前面的几个章节已经描述了苗族妇女对家庭、社会的贡献，但分散于其他分块内容中，较为零散，尚缺系统性。因此，本节将就她们的这一贡献加以论述。本节将从文章的主题——苗族妇女与"麻"的视角，论述妇女如何通过"麻"与家庭、社会进行互动，即"麻"塑造和凸显怎样的女人与家庭、社会的关系。从这个视角来看，女人的劳动/工作（体力和脑力）具有经济价值和社会文化价值，即女人为家庭、社会做出了经济和社会文化两方面的贡献。

从经济价值来看，苗族妇女及其生产的麻纺织品对家庭、社会的贡献巨大。抛开苗族妇女分担她们的男人的劳动不说，从衣、食、住、行是人类的基本需要来说，衣同食、住、行一样是一个重要的经济部门/领域，而这个部门/领域在苗族一直以来是由妇女独自承担的。如果从市场来满足一个人一年对衣着的需求，显然需要付出不少金钱。但大花苗却千百年来不靠市场就有精致的麻布衣服遮羞蔽体、防寒保暖，这完全是妇女的纺织工作（劳动）的功劳。

这种功劳可谓历史悠久、地位特殊。据老人说，苗族当初进入威宁，是为了躲避战乱和压迫，投靠当地封建领主寻求保护，因而在中华人民共和国成立之前，威宁苗族本身是没有土地的，全是租种当地彝族土司、土目的土地，并向彝族土司、土目交纳地租。由于屈身于人，且市场经济不发达、生产水平不高，所以苗家人极少持有货币（现金），所以苗族向彝族土司、土目交纳的地租以实物地租为主，货币地租次之。实物地租有谷租、羊租、猪租、鸡租、马租，等等。几乎所有的苗家生活极其艰难，多数时候没有多余的粮食和牲畜向土司、土目交租，这时苗族妇女生产的麻布就可充当地租的角色。在威宁，苗族的纺织技术比彝族和汉族的纺织技术好，如《威宁县龙街等地解放前苗族、彝族社会历史综合调查》❶一文所记载的："尽管彝族、汉族也自己自纺自织，但比起苗族确实略为逊色。……若是不做任何活路，一苗族妇女每天可纺线四两，而彝族则只能纺一两多。"苗族妇女纺织的麻布比较精致，深受彝族人的喜爱，所以在没有充足的粮食和牲畜交地租时，麻布也可以充当地租。有多余麻布的苗家在遇到这种困难时，往往能避免家庭成员成为"人租"，即人充当地租，无偿地到土司、土目家服劳役。因无力交租而世代成为"人租"的事件在史料中数不胜数，甚至在笔者采访的老人中，有人还能谈到他们祖父辈的"人租"经历。因此，苗族妇女在平时劳动中再苦再累也要坚持纺麻织布。苗族妇女不但在生产生活中、走路时绩麻，还要在深夜里纺麻。女人多且勤快的家庭，麻布多，不但可以充当地租，还可以拿到市场去交换油盐。当然，这样的家庭不多。

　　苗族妇女及其劳动上的历史贡献、地位使心灵手巧、勤劳能干的姑娘被比作宝贵的耕牛。威宁大花苗的《开亲歌》❷唱到："耕牛走了，爹妈的田地变荒野，爹妈的熟地变生地，爹妈的粮食变少了，爹妈不愿嫁女儿！亲家送来的酒肉，抵不上妈妈的'奶价'，抵不上爹爹养育的汗水！"这段歌词反映爹妈把女儿比作耕牛，不愿把女儿嫁出去的心情。它提供了三方面的信息：一，耕牛代表的牲畜对苗家很重要；二，为什么要表达不愿嫁女的心情呢？因为女儿非常宝贵，在家中的作用堪比耕牛；三，歌词虽然反映爹妈不愿嫁女的心情，但心情归心情，女儿终究还是要嫁的。嫁出去的女儿完全抵得上亲家送来的酒肉，酒肉一词在这里象征着婚礼中男方送的全部彩礼。难怪乎，婚礼要进行那么多套礼物交换仪式，交换那么多物品，以补偿女方家失去一个生殖力和劳动力。另一方面，苗族妇女生产的纺织品等价于牛、羊及其他家产。威宁苗族对离婚有这样一个判决惯例❸：男不要女，叫"男离"，任女方挑选一头牛和7~12只羊作为起码条件；女不要男，叫"女离"，任男方挑选7~9套新花衣服作为起码条件。然后再平分家产。从该离婚判决惯例不难看出，7~9套新花衣服等价于一头牛和7~12只羊。这两个方面虽然不能囊

---

❶ 载贵州省编辑组. 黔西北苗族彝族社会历史综合调查［M］. 贵阳：贵州民族出版社，1986：46.
❷ 安天荣. 威宁苗族风情习俗及其歌谣、传说等拾零//威宁文史资料（第三辑），1988：60.
❸ 同上，第61页。

括苗族妇女及其生产的纺织品的全部价值，但至少说明他们在苗族家庭、社会中的重要性。

直到20世纪改革开放以前，整个威宁苗族还以自种自织的麻布为衣着原料，甚至因用量大，20世纪50年代土地入社时，人民政府规定，苗族麻园地不用入社。随着市场经济的发展，生活水平的提高，部分苗家开始从市场购买现成布料或衣服，而不再自己种麻织布做衣服了。但这也让麻纺织品从自给自足品成为商品。有些人不再自己种麻织布，但在婚丧节庆中又需要穿戴，于是就会向还在种麻织布的人购买，而后者也看到了这种商机。朱XF和张YF现在就以制作和出售民族服饰作为自己的职业之一。朱XF现年48岁，高中文化，一直致力于恢复家乡（切冲）的麻文化，早年曾是切冲小学的一名教师，并组织民族文艺队，后来因生活困难而经商（小本生意），以经营民族服饰为主。而张YF小时候曾是朱XF的学生，现年33岁，是切冲寨年轻一代妇女中纺织手艺最好的，她制作的一块普通背衫卖给村里人就要20元钱，拿到市场上去卖还会更贵。张YF除了一般的农活，就是专门经营民族服饰生意。她家现在是切冲寨生活水平最好的家庭，建有平房，买有大彩电和拖拉机等。

可见，苗族妇女生产的麻纺织品，不仅保障了苗族家庭、社会成员上千年的衣着需求，而且可以救济家人于危难之中，及在市场上交换其他日用品。现在这些麻纺织品有商品化的趋势，假以时日，这种趋势规模化，给苗家人带来更大的福祉，也未尝没有可能。当然，苗族妇女及其生产的麻纺织，不仅具有经济价值，而且还有社会文化价值。

苗族妇女及其所从事的麻纺织工作对社会文化的贡献，体现在她们把麻带入社会、文化生活的整个实践过程，即她们发现麻、使用麻、制作麻料服饰、在各种人生场合使用麻及麻料服饰，并赋予麻及麻料服饰意义的过程。总的来说，可以从三个大的方面来概括：第一，正如笔者在第三章所论述的那样，妇女是麻文化的创造者和传承者。纺织是苗族妇女的专职，所以，种植栽培麻——衣着原料；纺麻织布；做衣服；将民族文化织在服饰上；在各种人生场合使用麻及麻料服饰，如婚礼中象征婚姻与情感交换的花衣服；传授女儿种麻、纺麻织布、做花衣的技术和花衣服上的民族知识；等等，都是妇女在做。而且，麻园地和纺织工具也是由女人掌管，并在女人之间传承。

这些行为和权限无疑是妇女对麻及麻织物的文化实践或文化创造。第二，正如笔者在上文所论及的，妇女在纺织过程中培养的良好德行（德性）有助于维护和巩固社会秩序。良好的妇德对社会秩序来说无疑是一种不可或缺的道德贡献。苗家的良好妇德有心灵手巧、勤劳、节俭、孝道和责任，而这些妇德是在种麻织布做花衣服的过程中逐渐培养的。在第三章，笔者已论述，良好的妇德从三个方面有助于维护和巩固社会秩序。第三，女人被用于家庭、家族间的婚姻交换，及花衣服被作为个体情感交换的礼物，有助于社会关系的建立和维持。婚姻交换建立的是姻亲关系和家族联盟。通过花衣服的象征性交换，苗族妇女在完成家族婚姻交换的同时，也完成自己与所心仪的男人的情感和幸福交换。女人的交换，既满足种族和个体的繁衍，也维持了原有的联姻关系，或者建立了新的联姻关系。

苗族妇女及其生产的麻纺织品的价值和贡献，决定了她们的家庭和社会地位。在威宁苗族中，歌颂女性的古歌不比歌颂男人的古歌少。女性要么被神化为能力非凡的、创造人类的女始祖，要么被歌颂为心灵手巧、勤劳、善良的纺织能手。在现实生活中，正如陈国钧所说的，"在苗族家庭分子的地位中，似乎以妇女为重心"（2003［1939］：59-61）。首先，苗族妇女及其劳动为她们赢得社会的尊重。在称谓词中，母性、女性被排列于首位，如汉语的"父母"在苗家叫"母父"。勤劳、善良、能耕擅织的妇女常被社会所称赞和敬重。其次，苗族妇女有一定的择偶自由。虽然是限定了范围的自由，但妇女至少可以在有限的对象中作自由选择，选择将自己的终身幸福托付给所心仪的男子。最后，妇女享有一定的财产管理权、使用权和所有权。在苗家，妇女是当家的，虽然无权决定家中特重大的事务，但日常事务还是可以决定的。不但全家老小的衣着，还有家中的柴米油盐，均由妇女掌管。纺织工具也是由妇女拥有和掌管的。从上面那个离婚惯例我们知道，不管是"男离"，还是"女离"，妇女都可以分到一半家产。"男离"，妇女多分一头牛和7~12只羊；"女离"，妇女少分7~9套新花衣服。虽然苗族家庭和社会给予妇女的地位远不及妇女对家庭和社会做出的贡献，更确切地说，苗族家庭和社会给予妇女的地位与妇女对家庭和社会做出的贡献是不对等的，苗族妇女对家庭和社会做出的贡献大于家庭和社会给予妇女的地位，而不对等的部分多少包含了苗族妇女对家庭成员的亲情奉献和对民族的感情奉献。但作为一种补偿,具有重大的意义,至少表明妇女在苗族家庭、社会中具有一定地位,受到一定的尊重。

第三节 女人与女人——纺织中互慰共勉的姐妹情

女人之间的关系也有很多种❶,如母女关系、婆媳关系、妯娌关系及姐妹关系。本节侧重于论述同辈近龄间的姐妹关系,因为母女关系、婆媳关系多以责任义务为主要内容,而姐妹关系更多的是以情感为主,尤其是女性内心深处的情感。这里的姐妹情包含了友情,苗家女人将姐妹关系普及化到朋友关系之上,或者说是将朋友关系虚拟化为姐妹关系,互相玩得好、感情深厚的都是姐妹。同时,姐妹关系也包含了妯娌关系,苗家的妯娌一反妯娌关系的常态,不是互相争斗负气,而是互相扶持,亲如姐妹。

女人与女人的姐妹情,是女人与男人、女人与家庭和社会的关系的情感弥补。苗族女人对男人的情感,不管是在婚前,还是在婚后,都不能公开而随意地流露,这是社会伦理道德所不允许的。当然,在"赶集""吃平伙饭""赶花场"及婚礼(亲友的和自己的)等特殊场合中,未婚女子是被允许自由表达自己的情感的。这些特殊场合虽然美好但却是短暂的。一个苗家女子在结婚前,除了与家中男性(如爷爷、父亲、兄弟等)朝夕相处之外,平时较少与其他男性接触。她大多时候是与自己的姐妹及同村寨的女性朋友在一起。"赶集""吃平伙饭""赶花场"及亲友的婚礼是她接触和了解非父系亲人之外的男性的周期性机会(亲友的婚礼除外,它不具有时间周期性)。她从小就得跟母亲学习打理各种家务、种麻织布做花衣服。稍大点,就可以跟着姐姐们或大龄女性们参加"赶集""吃平伙饭""赶花场"及参加亲友的婚礼,在她们的"踩月亮"活动(即恋爱活动)中充当"实习生",开开眼界,为自己将来正式参与积累见识。女子在"踩月亮"活动中可毫无顾忌表达男女间的情爱,这在男女关系中笔者已作详细描述。结婚后,不但苗族妇女不能公开而随意地流露自己对丈夫的情感,而且在私底下夫妻也会极少再直接表达彼此的情感。她的部分情感内化为对家庭(成员)的责任义务,也可以

---

❶ 本文不涉及同事、领导与下属等现代性关系,因为在目前的切冲寨还没有出现这些现代性关系。

说，以责任义务的方式来表达自己对家庭（成员）的感情；部分感情转化为对社会的责任：即对社会伦理道德的遵从。而女人们单独在一起时则没有这些拘束。她们可以无所顾忌地、自由地表达自己的情感——对人生和生活的想法和感受。因此，女人之间的姐妹情弥补夫妻感情内化为家庭责任和转化为社会责任后的情感缺失。

苗族妇女是天生的健谈者，她们往往聚在各种场合，边劳动边聊，手脚在动，嘴巴也在动。专属于女人的纺织领域，是女人之间交流姐妹感情的主要场合，并延伸到其他领域，如赶集、吃平伙饭、赶花场等"踩月亮"活动。女人们喜欢在一起纺麻织布，交流心得，互相帮助和学习，互相关心和欣赏；一起参加"踩月亮"活动；一起聊家长里短、生活琐事，等等。笔者来到切冲的第二天遇到难得的冬日里的晴天，"哒哒泉水"边苗家女三两一组的在洗麻布、洗衣服，有未婚少女，也有已婚的中年妇女。她们边洗边摆龙门阵（聊天），旁边草坪上放牧的小伙子吹着笛子，泉水声、洗衣声、闲聊声、笛子声响成一片，一派祥和的景象。而寨子里，也有三两一群的老婆婆在院坝晒太阳，聊家长里短。我的向导人朱 XF 说，只要天气好，这种景象经常有。当然，洗麻布、麻布衣服不是妇女聚在一起的唯一方式，纺麻织布的不少工序都需要两个人以上合作完成，如割麻、回麻线、牵麻线、滚麻线和拿提纵等，这些工序多是在屋檐下及院坝进行的。而一起参加赶集、吃平伙饭、赶花场等"踩月亮"活动的少女群体，比三两一组的纺麻织布群体要大，一般是五到七人，甚至更大，她们都是从小玩到大的姐妹、朋友。这样的少女群体结婚后一般分散，嫁到同一个寨子的则有条件——距离和时间经常往来，嫁在不同寨子的只能偶尔往来；嫁在不同寨子的会结交新的姐妹、朋友，从而组成三两一组共同纺麻织布的妇女群体。当然，老朋友、老姐妹之间会继续保持联系，比如她们会在一年一度的花山节中聚集，重温昔日的姐妹情谊，互相了解近况。

女人之间的关系在男人、家庭之外给予女人的情感弥补，既有劳力上的互助，也有心理和精神上的互慰共勉，但以后者为主。女人间的劳力互助有别于家庭之间在农忙季节的帮工，它是女人个体之间的，而后者更趋于团体——家庭之间的。这种劳力互助主要发生在纺麻织布的过程中，因此往往不被认为是很重的体力劳动，而被描述为是精细的工作，但它其实非常费时费力，它的多数工序需要多个妇女共同完成。比如洗晒好的麻线在绕麻架反复回好，然后在三到五米的几根木桩上来回牵好，再将麻线一根根穿过提纵置于滚经轴上，然后再滚麻线，一个人将滚经轴挂在胸前，两边由两个人（至少要有一个）帮忙将上下提纵向前推进，挂滚经轴的人才能不断向前卷麻线。这样的过程既费时又费力，极其麻烦，一个工序要花一到两天，而整个麻纺织过程都由女人完成。因此，没有女人之间的互相帮忙，个人的纺织工作很难完满完成。

女人在心理和精神上的互慰共勉比劳力上的互助来得更为重要，更能成为女人相聚的理由。从一个宽广的视角来看，它涉及女人的酸甜苦辣的人生体验的分担和分享，包括成长路上的互相扶持；纺织技术和经验的互相学习和交流；花山场上的互相欣赏；遇到困难时的互相关心、安慰和鼓励；女儿家心事的互相倾诉；好心情及家长里短的互相分享，等等，总之包括一切可以在心理和精神上达到互慰共勉的女人之间的姐妹情谊，这可算是一种大情大爱。

从前面的章节我们知道，苗家女的命是苦的，至少是累的，不但要独自承担全家的衣着，还要分担男人的劳动。其实，每一个人的人生都是一坛五味酒，酸甜苦辣咸五味掺杂其中，只是对某些人可能是甜味多一点，而对某些人可能是苦味多一点。对于苗家女，这坛五味酒可能会偏苦偏累，但也不乏甜辣等其他滋味。切冲寨就有几个具有苦中有乐的五味人生的典型代表。例如朱 XF，她和大姐朱 XH 都嫁在切冲，她们的娘家是邻镇龙街。小时候母亲死得早，家中十个兄弟姐妹和父亲的衣着全部由大姐朱 XH 负责，朱 XF 的纺织技术也是由朱 XH 教授的。朱 XF 跟朱 XH 学习种麻织布做花衣服，一起赶集、吃平伙饭、赶花场，最后还一起嫁到了切冲。这些少年的经历和姐妹情谊曾带给她们无限的欢乐，并陪伴她们成长。然而，个人的命运是不同的，朱 XH 累是累，但还算嫁了个好丈夫，丈夫王 ChL 性格好，勤劳、顾家，而且很支持朱 XH 种麻织布。朱 XF 的命运就很坎坷了，生了一女一男后，家境还是没有多大改善，丈夫因不满现状于 1989 年提出离婚，后离家出走。这对历遭磨难的朱 XF 和本来就困难重重的家庭，无疑是雪上加霜，但她没有像丈夫一样放手离去，而是坚强地撑起这个家。为了这个家，朱 XF 辞去切冲小学老师的工作，东奔西跑做小生意。今年 48 岁的朱 XF 熬了这么多年，终于把苦熬出甜来了。女儿张 M 和儿子张 W 在中国社会科学院知名教授沈 H 和石 MM 的推荐下，得到国内外助学机构的助学赞助完成初高中教育（张 M 一直受助到大专）。这让朱 XF 省去了儿女昂贵的教育经费。张 M 现在云南昆明某幼儿园当教师，张 W 也在沿海地区打工多年。今年朱 XF 与同为单身的王 YQ 结成半路夫妻，并 2009 年末在城镇边盖起了新房子，儿子张 W 也在春节前结婚，可谓是多喜临门。朱 XF 的人生可谓波澜起伏，苦乐掺杂，但她今天的苦尽甘来除了靠自己的努力，姐姐朱 XH 和妯娌等姐妹的关心、帮助和鼓励也非常重要，这给她敢于面对艰难生活的莫大勇气。见访谈案例 26。

访谈案例 26. 朱 XF：我是龙街镇人，于 1982 年嫁到这里，生有一女一儿。我的婚姻道路是曲折的，由于丈夫不满现状，向我提出离婚，但是因为我 1989 年做了绝育结扎手术，法院为保护妇女权益，不给予离婚，所以我丈夫于 1995 年 9 月 1 日偷偷地离家出走了。1995—1996 年我曾前往云南（原先不知道在哪，后打听到在云南）劝我丈夫回家，但没成功。我丈夫离家出走后，没给我留下一分钱和田地，没办法之下，我只好带着儿女到别处另租田地种下粮食。1997 年起，由于国家实行退耕还林政策，我没有土地再租种，而且儿女读书的费用也不用自己操心，于是就开始做起了小生意养家糊口。令我感到特别欣慰的是，一直以来，姐姐朱 XH 和我的妯娌等姐妹们都在身边鼓励和支持我。

从 1988 年至 1992 年我一直在切冲民办小学教书，但由于教学月薪较低：30 元/月，而且还是每学期才结算，无法解决我的家庭生活需要，所以我不得不离开了此民办小学。我认为民族文化应该得到传承和发扬，于是在 1993 年组织社区年青男女成立文艺表演队，学习民族舞蹈（大花苗）、刺绣、做花衣服等，同时我和表演队为政府做无酬劳性的服务：接待外界来宾（如来访专家、学者等）和政府上级部门。1999 年，我和我的表演队参加了县妇联组织的文艺大赛，由于交通不便，所以到达时比表演时间稍晚了些，于是没来得及化妆打扮，就匆匆地上台表演了，有些队员嘴里还嚼着干粮（如土豆）。评委们觉得我们勇气可嘉应该给予鼓励，因此就给了我们一个"鼓励奖"。表演队自成立以来一直由我负责和管理，刚成立时由十多个年轻人组成。成立至今，成员人数时多时少，其间有些队员离队成家了、有些队员外出打工，而又有新的成员加入。目前，表演小组已经进入正轨，常规事务已经不再由我操心，交由他人处理。我一直认为民族传统文化不能丢失，应该得到保护和传承，还认为现代年轻人懒，心理不健康，都是因为现在生活太闲散，整天没事做，不充实。由于自身的文化水平（高中学历）和努力及思想觉悟，外界来的学者专家一般都会找我做向导。我接待外来人员都是自愿和无酬劳的，但我从接待工作中也获得了诸多的收益。一方面，我在接待中加强了自己与外界的交流，拓宽了自己的知识面，开阔了自己的眼界；另一方面，生活上的困难也得到外界的帮助。例如，我女儿张 M，儿子张 W 在中国社会科学院沈 H 和石 MM 的推荐下得到台湾地区和国外的助学机构和个人的助学金，完成了初高中的学习（张 M 一直受助到大专），大大减轻了我的负担与压力。而如今儿女都已经独立了，让我不用为其操心。近两年雪山镇政府的办公室主任王 YQ 一直在追求我（笔者刚到她威宁的"小家"时，只见王 YQ 正在那里煮饭烧菜，并与我们打热乎共进晚餐）。我现在继续在做自己想做的事，虽然岁月不饶人，随着体力和精力的衰退，某些事情还是让我感到力不从心，但我对现在的生活很知足。

张 YF 是年轻妇女中这一命运的代表。张 YF 有两个姐姐，没有兄弟。姐姐们都外嫁，而自己留在家招上门女婿。张 YF 14 岁开始学习纺麻织布，到 18 岁才把一整套的麻纺织完全学会，而她的两个姐姐和朋友们都学得比她早，也会得比她快。因此，一开始由于不会纺织及学得太慢，张 YF 不受大人们喜欢，她感到非常难过和痛苦。但在两个姐姐和朋友们的帮助和鼓励下，张 YF 日夜努力，经常一个人练到晚上 12 点，终于不负众望把整套纺织技术学会。学会后，开心得不得了，遇到人就笑。由于两个姐姐和朋友们都外嫁了，嫁进来的同龄媳妇的纺织技术也没她好，所以她现在是切冲寨年轻妇女中纺织技术最好的。张 YF 20 岁结婚，她丈夫来切冲玩，无意间看见她在"哒哒泉水"边洗花衣服，洗的花衣服漂亮，身上的花衣服也漂亮，就主动追求她了。夫妻结婚 12 年后因感情破裂而离婚，主要原因是丈夫抱怨张 YF 整天只顾纺织误了农活，而张 YF 则说丈夫是个酒疯子，酒醉后打人，所以感情破裂。离婚后的张 YF 整个心思放在儿女和纺织上。现在她不是忙自己家中的农活，就是和寨中同龄妇女研究纺织，还专门经营起麻纺织物的出售。事实证明她农活和纺织两不误，她说丈夫曾提出过和好，但她拒绝了，说"世上没有后悔药，只有耗子药"。见访谈案例 27。

　　访谈案例 27. 张 YF：我有两个姐姐，没有兄弟。我 14 岁开始学做麻，直到 18 岁才学会。20 岁出嫁，直到 32 岁离婚。我姨姨一边教书，一边教我学做麻的。她怕我学不到，就鼓励我说，尽心尽力地学，一定要学好。我用心学，学得苦，天天学，学到晚上 12 点都还没睡。还有，我的姐妹、朋友们也都很鼓励我。还没有学到的时候，心里很难过，痛苦。一学会就特别高兴，高兴得遇见人的时候，就笑起来。因为我觉得自己"成器"了，真是太高兴了。我的姐妹、朋友们对我说，以前我们说你"不成器"，现在你已经比我们做得好了。她们为我感到高兴。我说，我很用心学才做到的。她们说，你不用心，几个月你做得出来吗？我说，几个月都做不出来呀，是我学了三年才做到的。现在我是什么都学会了，花衣服、裙子、背衫等，她们只会做花衣服、裙子，不会做背衫。我家老公是来我们寨子玩，而我正在哒哒泉水边洗衣裳，他见我做的麻布衣裙好，他说，你做衣服做得很好，我要娶你。那个时候，洗麻线、洗麻布衣裳真是太高兴了，一大把一大把地洗了后晒在哒哒泉水边，除了得到快乐、高兴，还得到夸奖。后来他经常吃酒醉❶，是个酒疯子，打我骂我。以前因为我做衣服做得好娶我，后来他说这个天天耽误时间没有做活路。他很不同意我做这个，而我心里一直想念着这个，我和他都不同心的。我心里很痛苦的，我是丢不了这个的。他说，要我天天和他做活路，我又做花衣服又做活路，他很生气，恨我，打我骂我。他说，你这样做，我是没时间给你做的。后来我们离婚了，离婚后相当难过，有二十个晚上没睡觉，做花衣服才好过些。不过，他现在跟别人讲，我那个婆娘（老婆）什么都做得好，再也找不到这么好的女人了，想回来和我好。我说我不要，"没有后悔药，只有

---

❶ 吃酒醉是指喝醉酒。

耗子药"。他现在看到我，眼泪都一直淌。他很后悔！我现在除了做些农活外，主要卖背衫，花衣服不好做，需要很长时间。

女人之间的关系及姐妹般的情谊，对女人的心理健康起着非常重要的作用。为女人释放消极心理和获取积极心理，主要是上述的纺织场合。在女人自己的场合中，她们可以无拘无束地向姐妹倾诉自己的苦闷，也可以分享姐妹的喜乐及关心和鼓励。这在劳累的家庭生活之外充实妇女的精神生活，让妇女总是生活在苦中有乐之中，有利于妇女进行心理调节而拥有健康的心理，进而有利于妇女进行正常的家庭、社会生活。见访谈案例28、29。这无疑还对社会秩序稳定有积极作用。因此，女人之间主要以麻纺织方式建立的关系，不仅是女人与男人、家庭和社会之间的关系补充，一种基本的社会关系，更是女人情感的调节机制，一种不可或缺的社会调节机制。

　　访谈案例28. 朱XH：那个时候，大集体生产，因而我们女人在一起的。因为做活路，所以绩麻时都在一起。而纺麻时，就是各家在各家纺的。我们就像姐妹一样都高高兴兴地在一起，一点也不觉得累啊。一边背粪（农家肥），一边手上还绩着麻（做针线），那时候我们个个都很有精神。女人们在一起欢欢乐乐地做麻。

　　访谈案例29. 王QJ：记得以前一群女人在一起做麻呀，不知道是多么好的一个情景啊！大家做起麻来，互相你看我做的，我看你做的，互相欣赏彼此的麻布衣裙。那时，我们女人在哒哒泉水边洗晒麻布裙子，白麻布，热热闹闹的，相互间嬉戏，溅起水来，打湿了对方都顾不上生气，还笑哈哈的。非常怀念那种情景呀。可现在难得见了，感到很凄凉。大家为了找钱，可钱呢，永远找不够，心理也觉得特别压抑、空虚。现在宰猪时，想找一条拴系猪的麻线都没有，很失落。

第五章　结论和余论

本文以贵州省威宁县雪山镇切冲大花苗为例，从女人的视角，或者说从女人的社会关系线，来探讨麻的物性、归类及其在苗族社会文化中的体现、具有的多重文化意义。麻的特殊物性使其进入当地大花苗社会生活的经济、文化关系的各方面，而塑造和凸显当地大花苗的社会文化，本文以麻文化来命名它所代表的文化系统。麻进入当地大花苗社会的最初领域——纺织领域是掌握在女人手中的，这也就使女人理所当然地首先与麻进行互动，最终两者达至互相构成的境界。而后，麻又经由女人这条社会关系线，塑造和凸显当地大花苗的社会关系，主要是女人与男人之间的关系、女人与家庭和社会之间的关系、女人与女人之间的关系，在这些关系中，麻发挥了象征、交换、转换、连接等文化功能和作用。在"麻"与女性的互动关系及该关系背后的社会关系的背后，揭示的是麻独立存在的价值及其在大花苗族社会生活中的不可或缺的重要性，因麻与妇女的互构达至"你中有我，我中有你"之境界，而又揭示女性在大花苗社会生活实践中的能动性，通过情感表达及对交换物——麻及麻织物的能动操控，而凸显其在社会关系建构及麻文化创造与传承中的贡献性。经由详细深入的分析和丰富生动的个案，本文得出以下结论。

一、结论

（一）麻的物性及其文化意义

物性在物与物质文化重归人类学的 1980 年代起受到重视，并贯穿于物与物质文化的四大研究领域[1]，给物与物质文化研究注入新生命。物性是物自成一格而独立自主的逻辑与性质，是物得以被认知、分类、表征化、隐喻化、符号化、象征化，即文化化[2]的基础，先于这些主观意识的客观存在。总的来说，麻具有如下四大物性：一、气候环境适应性强，不管海拔高低、气候冷暖、土地肥贫，麻都能生长，这是它在海拔 2000 多米以上的乌蒙高寒山区战胜棉花而成为当地苗族主要栽种的纤维植物。二、麻纤维柔韧性好、耐磨、防霉抑菌、吸湿放湿快、悬垂性好、透气性好、无刺痒感，麻纤维的这些特性使其纺织成的布，除了也具有这些特性之外，还具有延展性等。三、麻籽富含营养，具有可入食性。四、麻叶、麻籽和麻根茎具有可入药性，具有神

---

[1] 即物自身；交换；物的象征化及其与其他分类的关系；社会生活方式与心性。参见黄应贵主编. 物与物质文化. 台北："中央研究院民族学研究所"，2004：1.
[2] 即使……成为文化的过程，和社会化的用法一样，都是使动用法。下同。

奇的药效。这使麻被神圣化，被作为驱邪和转换空间的神圣物，因而具有多重象征意义。麻的这些特殊物性，首先使麻被归类为纤维植物。然后，一方面使之转化成为麻线、麻布、麻布服饰等制成品，另一方面使麻在食和医上得到使用。这两方面使麻及其制品进入切冲苗族的社会生活和文化生活。麻及麻制品从技术、历史、经济、服饰、食物、医药、节日、恋爱、婚姻、丧葬、民间传说各方面塑造和凸显切冲的社会文化，麻及麻制品因此具有经济实用功能及象征、转换、交换、隐喻、强化、记忆历史等文化意义。除衣食等经济领域外，麻的所有文化意义可主要归纳入服饰、婚恋和节庆、信仰和丧葬三个方面。服饰文化，是苗族人穿在身上的文化，是对历史的记忆和记载，也是身份——民族身份、支系身份、性别身份、年龄身份和阶层身份的象征。在婚恋和节庆中，麻纺织物尤其是花衣服，不但有多重象征意义，如象征妇女的心灵和手艺、生育能力和当家能力，还作为定情的礼物在青年男女间进行交换，更在婚礼中作为确认联姻关系和将他群的女人转换为我群的女人的象征物。在信仰和丧葬中，麻纤维、麻线、麻料衣服等都被神物化，可以驱邪，可以连接和转换生、死、祖宗之地三大空间，反映苗族人的空间观。本文试以麻文化来指代麻塑造和凸显的一系列相互关联的文化现象。麻文化涉及当地社会生活的各方面，在当地苗族社会文化中占有重要地位，以使包括切冲苗族在内的大部分西部苗族认为，麻（mangx，西部苗语）等于Hmong（西部苗族的自称），苗族等于麻，没有"麻"就谈不上是Hmong。最终，麻成了大部分西部苗族的象征符号，它极强的环境适应性隐喻和象征西部苗族到处迁徙谋生存但顽强不屈的民族性。然而，麻对切冲苗族社会文化的塑造和凸显，是其物性与当地苗族社会文化特性相结合的基础下进行的，或者说，是当地苗族特定的社会历史、政治、经济、文化、生境条件下进行的。如迁徙的历史、附属于彝族土司、土目的政治和经济、自给自足的耕猎经济类型、独特的文化和艰难的生境等。因此，麻的物性和切冲苗族自身的社会文化特性是麻塑造和凸显社会文化的基础。

（二）妇女与"麻"是相互构成的关系

在物塑造和凸显社会文化的过程中，必有作为实践主体的人，而实践主体也必先为该物及物质文化所形塑，两者相互建构，进而塑造和凸显社会文化。由于在社会性别分工上，纺织是苗族妇女的专职，因此是苗族妇女发现麻、栽培麻、认识麻的各种特性并利用这些特性将麻归类为纤维植物并带入纺织领域，生产出各种麻纺织物，创造了丰富灿烂的服饰文化。由于苗族社会性别分工超越了"男耕女织"，女人不但独司织务，还要与男人同耕，所以苗族妇女又将麻纺织物和麻叶、麻籽、麻根、麻秆等在带到社会生活的各方面，并赋予文化意义，创造了丰富灿烂的麻文化。从种麻、织布到麻和麻制品在社会生活中的文化化及传承的过程中，妇女几乎是唯一的实践者。因此，苗族妇女是麻文化的无可争议的创造者和传承者，是麻文化的织手。她们不但在纺织布，也在纺织文化。苗族妇女在创造麻文化的时候，也被麻及麻文化所创造——形塑，两者互相构成。本文借鉴白馥兰关于"女性掌握纺织技术和纺织技术塑造女人"的技术和人双向互动的观点，[1] 认为苗族妇女和麻及麻文化的互构主要发生在纺织领域。前已述及苗族妇女从纺织开始并主要在纺织中创造文化，再向其他领域逐渐延伸，主要是麻和麻织物进入其他文化领域。妇女管理麻园地和纺织工具；掌握种麻织布做花衣服的技术；向家庭、社会提供用于交换与象征的麻及麻制品；向下一代女性传授管理麻园地、种麻织布做花衣服的技术及服饰上的民族记忆和象征意义等。而麻及麻文化对苗族妇女的形塑也主要是在纺织中进行的，不管是聪明伶俐、心灵手巧、勤劳节俭、纺织能手的标准，还是有助于维护社会秩序的良好妇德，都是在种麻织布做花衣服中培养的。苗族妇女与麻及麻文化的这种互构，一方面是苗族妇女掌握着麻种植技术和纺织技术，生产和向家庭提供麻和麻纺织物，满足家庭成员衣着、食用、药用等经济实用需求，并在各种社会文化场合使用麻及麻纺织物，赋予它们文化意义，创造丰富灿烂的麻文化，为社会做出经济和文化两方面的重大贡献；另一方面，因苗族妇女为社会做出经济和文化两方面的重大贡献，而为麻及麻文化所形塑，以强化她们的这些贡献。以麻文化为主的切冲苗族文化，将苗族妇女塑造成聪明伶俐、心灵手巧的纺织能手，要她们掌握并世代传承麻的种植技术和纺织技术，让她在纺织过程中培养勤劳、节俭、孝道、责任等良好妇德。最终，使苗族妇女与麻及麻文化的这种互构，达至"你中有我，我中有你"的境界。

---

[1] [美]白馥兰. 技术与性别——晚期帝制中国的权力经纬[M]. 江湄、邓京力译. 南京：江苏人民出版社，2006.

（三）"麻"在多种场合中建构社会关系

麻织物作为多种物品在不同的交换场合中建构不同的社会关系。笔者侧重关注与本文主题密切相关的三大社会关系，即女人与男人、女人与家庭和社会、女人与女人之间的关系。在谈情说爱中，花衣服作为定情信物，凝聚姑娘对小伙子的情和爱，由姑娘赠予小伙子，以确定他们的爱情关系。在婚礼中，花衣服的交换——新娘赠予新郎和婆婆赠予儿媳，不但确立了男女个体间的夫妻关系，实现他们夫妻间的情感交换，而且也完成或建立了两个群体间（一般是姑舅群体）的联姻关系。花衣服的这种交换具有"全面给予"的意义，作为联姻群体间交换女人的象征，带动了彩礼和嫁妆的交换，如猪、牛、羊、马、鸡、酒、鸡蛋、炒面、家具和各类麻纺织物等，及日后各种节庆中的礼物和劳动力交换。麻织物还作为经济物品，涉入当地苗族家庭、社会的经济领域。从南宋时期苗族人迁入威宁依附于当地封建领主至1949年这种依附关系结束的几百年时间里，苗族妇女不但保障了家庭衣着需求，其生产的麻布还曾在不少时间里代替谷物和牲畜充当苗族人向彝族土司、土目交纳的地租缴纳，因为当时多数苗族并没有足够的谷物和牲畜来交地租。苗族人向彝族土司、土目交地租以换取土地耕种和保护。而改革开放后，苗家妇女纺织的麻布和制作的麻布衣服的商品性逐渐显现出来，麻纺织物进入市场交换，为家庭带来经济收入。苗族妇女因其对家庭、社会的这一经济贡献，及上述其对民族文化的巨大贡献——麻文化的创造者和传承者，而得到家庭、社会成员的一定尊重，具有一定的家庭、社会地位。但在男性主导的苗族社会，这种贡献和回报是不对等的，贡献要大于回报。但这却构成了苗族妇女与家庭、社会之间的基本关系。麻纺织作为一套复杂的女性技术体系，为苗族女人与女人之间的互相交往、互相帮助、互相安慰和互相鼓励提供家庭之外的空间，它属于女人群体自己的交往领域。在这个空间、领域，女人可以向姐妹、朋友自由倾述自己的心声，彼此帮助、安慰、鼓励。苗族女人间的姐妹情谊弥补了男女情爱转化为家庭责任和社会责任后的情感缺失，有助于她们调节心理，拥有健康的心理。

总之，麻的物性结合切冲苗族自身的社会文化特性，而使其被归类为纤维作物——纺织原料，被制成麻线、麻布、麻布衣服等纺织品，而得以进入当地苗族人的社会生活，具有多重文化意义，进而塑造或凸显当地苗族人的社会文化。正如韦娜和施奈德所说的，衣服（纺织物）的延展性、柔软性、变异性及易脆性等这些特性使衣服（纺织物）具有象征的潜力来隐喻社会或表现社会关系脉络。❶ 在切冲，麻布及其服饰也隐喻着社会关系，由经线和纬线交织而成的麻布就如被用于交换的女人将一个个不同的父系继嗣群串起来的社会关系网。一根根长长的经线隐喻一个个不同的绵延不断父系继嗣群，而被用于不同父系继嗣群之间进行婚姻交换的女人则是穿插于经线间的纬线。麻及其纺织物不但串起女人和男人，还衍生女人与家庭、社会和女人之间的关系，构架起按照自己脉络的社会关系网。因此，作为麻的种植和纺织技术的掌握主体的苗族妇女，不仅在创造物质——纺织麻服饰，还在纺织文化——麻文化，更在纺织社会关系网络。苗族妇女在建构社会关系的文化实践中，通过情感的主动表达及对交换物——麻及麻织物的能动操控，既创造和传承了民族文化，也谋求了自己的福祉。最终，展现麻在切冲苗族人社会生活中不可或缺的重要性，更凸显妇女在当地民族文化创造、传承中的地位和贡献。

二、余论

尽管切冲苗寨目前仍然按照原有的文化规则和逻辑在运行，尽管本文论及的文化事象在内的文化系统的核心内容还在，传统文化习俗形态还较为完整，但在改革开放以来当地确实发生了不少变迁。对于本文而言，麻文化正在发生如下变迁。

首先，麻的种植和使用逐年减少。采访到的老年妇女们异口同声地说以前家家户户都种麻，而且面积不小，甚至受访的男人也这么说。在20世纪50年代土地入社时，因苗家无户不种麻，且用量大，人民政府还规定，苗族麻园地不入社。但改革开放后，一方面，国家和政府将麻❷归类为毒品作物和物质，并制定法律法规禁止在医疗、教学、科研需要之外种植和栽培麻。对此，

---

❶ Weiner Annette and Jane Schneider, eds. Cloth and Human Experience. Washington, DC: Smithsonian Institution Press. 1989. 转引自黄应贵主编. 物与物质文化 [M]. 台北："中央研究院民族学研究所"，2004：5.

❷ 在文中，笔者已经说明，切冲所在的威宁地区种植和栽培的麻以火麻为主，兼种少量苎麻。火麻是大麻的俗称，因其果实可制成鸦片而被国家和政府归类为有害作物来禁止。而苎麻则没有被禁止。

对切冲苗族人而言倒是一种讽刺，他们将麻归类为纤维作物、衣着用料的来源，从来就不知道麻可以制成毒品。另一方面，现代化建设的全面推进，加速了苗家人与外界的接触，苗家人的思想观念在逐渐转变，"经济"意识在苗家人心中逐渐增强，不少人都将不再种麻织布的原因归于"形势"❶。包括麻园地在内的大部分土地拿来种植洋芋等经济作物，可供种麻的土地只剩屋前屋后的极小面积。有的家庭要女人也加入种植经济作物的生产劳动中，而没有时间种麻织布，有的家庭男人都出去打工了，女人要承担所有的家务和农活，根本没时间种麻织布。这两个方面均导致麻的种植和使用逐年减少。笔者在切冲做田野时，全寨149户只有7户还在种麻，比前一年又少了3户。麻及麻纺织物是麻文化的物质载体，没有麻及麻纺织物也就没有所谓的麻文化。因此，麻的种植和使用逐年减少，是麻文化发生变迁的第一个表现和原因。见访谈案例30、31、32、33。

> 访谈案例30. 王XY：做花衣服费力费时，现在两个女儿已经成家，有钱买衣服给自己穿，方便，所以自己也不用做了。虽然有时还穿麻布衣服，只是因为热乎。
>
> 访谈案例31. 朱JM：过去的麻布衣服，要慢慢地做，费时间。现在，根据"形势"，就是不做了，都到街上买得穿。除了做活路外，平常时间还要喂猪、喂牛、割草、踩猪草来消磨时间，没有时间做花衣服、裙子穿了。
>
> 访谈案例32. 一田间劳作的男人：以前种麻，做麻，现在没有做了，是因为觉得麻烦。虽然家有女儿，但嫁妆都可以买了，主要是这几年都随"形势"变化。家里的女人还是会做麻衣服的。如果说好洗，还是麻做的衣服好洗，漂亮当然是现代衣服啦。
>
> 访谈案例33. 一个背柴的妇女：难得做麻衣服，没时间没精力，要支撑一个家（无夫），女儿还在读书，她不会做，也不喜欢做。麻做的服饰好，但买穿的方便。

其次，麻纺织技术和文化的传承者缺失。随着现代化建设的全面推进，

---

❶ 在当地苗家人的眼中就是追求货币的收入，和全国追求物质文明的大趋势一致。

一方面，在主流文化的强大攻势下，苗族年轻一代逐渐向主流文化靠拢，他们看不到本民族文化的价值所在，甚至有文化自卑心理，从而自觉不自觉地放弃民族文化，如放弃穿着自己的民族服饰（除了在节庆中）；另一方面，生活水平的提高让人有能力购买现代服饰，而且在发展经济主导的社会里，人们追求高效率地使用时间，便捷的现代服饰正能满足这一需求，这就导致苗家人逐步放弃做工复杂、费时费力的民族服饰。价值观的转变和生活水平的提高，让苗族年轻一代女性，尤其是17~20岁这一代及以下的女孩，既不愿平时穿着民族服装，也不愿学习种麻织布做花衣服。这些女孩多处于受国家教育的年龄段，这不仅进一步促进她们思想观念的转变，还使她们无暇学习纺织。另一个原因是她们的母亲也没有心思和精力来教她们种麻织布做花衣服。这些导致麻纺织技术和文化面临传承者缺失的危机。见访谈案例34、35。

访谈案例34. 马YY：我母亲她们喜欢穿，是因为觉得麻布衣服穿着好看，而我觉得不好看，好土，所以不喜欢穿了。

访谈案例35. 韩QY：现代裙子漂亮点，麻布裙子热乎，好洗。现在我们这里，20岁以下的女性大都不会做麻了，挑花勉强会。

最后，民族文化中麻的元素有逐渐减少的趋势。关于这一点，笔者在上面的一些章节中也曾偶尔提到，主要表现为苗族文化中麻的文化元素逐渐被简化。如服饰原料由纯麻演变为麻和其他布料如棉、涤纶、毛的混合。盛装花衣服还是主要由纯麻制作，而便装多是麻和其他布料的混合，尤其是老年妇女平时穿的裙子，完全是市场上卖的非麻布料做的，或者是非麻布料的现成裙子。现在中年妇女在织布时，也通常以麻线为经线，以棉线为纬线，织出麻棉混合的布。因为麻种得少了，不够以麻为全部纺织原料，而且现在棉也容易买得到了。现在切冲及其四周的苗族在服饰上变化很大，不但年轻一代女性和男性平时不再穿民族服饰，大部分中年妇女也不再穿，仅剩小部分中年妇女与所有老年妇女，上身穿着现代装下身穿裙子。但在各种节日庆典中，几乎所有的人还是会穿着民族盛装花衣服的。又如丧葬中，给死者穿的麻布衣服逐渐演变为棉料衣服，而以一条麻布或麻匹象征性地系在死者腰间，替代麻布衣服原有的文化功能。但随葬品中，仍然还有不少麻织物，且文化功能仍然还在。尽管这些变化尚未触及麻文化的核心部分，但作为变迁的迹象，它们反映了麻在民族文化中被其他物质逐渐替代的可能趋势。

当然，由于麻在切冲苗族文化中不可或缺的重要性已延续几百乃至上千年，与它相关的文化事象在切冲苗族文化系统和人们的思想观念中根深蒂固。因此，上述三方面变迁尚未触及麻文化的核心部分，尚不足以现在就把麻文化从切冲民族文化中抹去。尽管如此，这些变迁却确实反映了麻文化衰落的趋势和面临消失的危机。这些变迁引发的可能问题同样需要关注和思考，例如，麻文化变迁对苗族妇女的影响。由于苗族妇女与"麻"的关系是"你中有我，我中有你"的相互构成，苗族妇女在民族文化中及家庭和社会中的身份地位与她们手中掌握的麻及麻文化紧密相关。那么麻文化衰落后，苗族妇女在民族文化中及家庭和社会中的位置该如何定位？采访到的一个男性王XD说，以前要靠女性掌家和提供衣着，但现在什么都可以买，要不要女人都没多大关系了。这位男性受访者的话虽然绝对了点，但却表明女性现在确实无所适从。而一些老年妇女因看到年轻一代女性不会纺织和自己的力不从心，而常常感到苦闷，并时常回忆自己年轻时纺麻织布的快乐来自我安慰。见访谈案例36。又如，麻及麻文化消失后，大花苗的族群身份该如何认同？麻在切冲大花苗及大部分西部苗族的社会文化中如此重要，以致成为大花苗和大部分西部苗族的民族象征，即"无麻不成Hmong，麻就是Hmong"❶。换句话说，麻及麻文化是当地苗族的文化灵魂，是他们赖以成为苗族（Hmong）的文化内涵。那么，如果麻和麻文化一旦消失之后，大花苗该何去何从？空留国家官方指定的政治性的民族身份外壳？还是会重构这种民族身份的文化内涵？以及麻文化能否复兴？等等。这些问题都需要作进一步的探讨。

> 访谈案例36. 朱XH：现在女孩子都不喜欢做麻了，要不然，还是希望她们做。我们以前读书时也还在绩麻。我家孙女看见我绩麻、织布就会问我，你在做什么，这是什么？我就回答她，织布做麻布裙子穿，问她想不想做？她摇摇头拒绝。以前人很单纯，没有人谈钱的问题，没有谁说谁是有钱，谁是没钱的，压力不大，女人们在一起欢欢乐乐地做麻，老人家教年轻姑娘，年轻姑娘教小娃娃做麻

---

❶ Hmong可作为切冲大花苗在内的西部苗族的自称，见笔者在本文第一章和第二章第三节的论述，而"无麻不成Hmong，麻就是Hmong"也可见本文第二章第三节的论述及结论部分的总结。

布衣服。现在大家聚在一起就是常常谈钱的问题，思想压力很大，心情很是沉重，一点也不谈做针线了。所以，以前大家看起来都很有精神，现在却都病恹恹的样子。不知道是不是吃的粮食都是用化肥的原因（具有讽刺的意味，比喻大家现在为物质追求所累，精神生活缺乏）？

参考文献

[1] 王裕中. 古代的大麻种植技术［J］. 农业考古，1983（2）.

[2] 宋湛庆. 我国古代麻类作物的种植历史和栽培技术［J］. 中国麻业科学，1987（2）.

[3] 戴蕃瑨. 中国大麻的起源、用途及其地理分布［J］. 西南师范大学学报，1989，14（3）.

[4] 杨希义. 大麻、芝麻与亚麻的栽培历史［J］. 农业考古，1991（3）.

[5] 邵松生. 有趣的世界麻文化［J］. 江苏纺织，2001（6）.

[6] 肖芝平. 五类麻纤维前景诱人［J］. 新农业，2003（11）.

[7] 李琳光. "绿洲"演绎中国麻文化精华［J］. 中国纺织，2004（10）.

[8] 高志强、马会英. 大麻纤维的性能及其应用研究［J］. 北京纺织，2004，25（6）.

[9] 高志勇、张万海. 大麻的生物学特征及应用研究概况［J］. 毛纺科技，2006（6）.

[10] 中国服装网. 中国麻文化考［EB/OL］. 2006－07. http：//www.fuzh.com/News/html/20067/83622.html.

[11] 罗有亮. 红河苗族的麻与麻纺织技术//扬鬃，王良范. 苗侗文谭：第48期［C］. 贵阳：贵州人民出版社，2005.

[12] 颜恩泉. 论苗族服饰的演变与麻塘文化［J］. 云南师范大学（哲学社会科学学报），1993，25（1）.

[13] 杜薇. 火麻在苗族文化中的意义［D］. 云南大学，2005.

[14] 杜薇. 火麻的种植与苗族文化//尹绍亭，［日］秋道智弥. 人类学生态环境史研究［M］. 北京：中国社会科学出版社，2006.

[15] 古文凤. 论苗族麻文化传统及其形成//云南省民族学会苗学研究委员会编. 苗族的迁徙与文化. 昆明：云南民族出版社，2006.

[16] 张晓、张寒梅. 文化多样性与社会性别行动研究文集［M］. 北京：中国言实出版社，2008.

[17] 黄应贵. 物与物质文化［M］. 台北："中央研究院民族学研究所"，2004.

[18] Henrietta L. Moore：Feminism and Anthropology，Minneapolis：University of Minnesota

Press, 1988.

[19] [美] 卢克·拉斯特. 人类学的邀请 [M]. 王媛, 徐默, 译, 北京: 北京大学出版社, 2008.

[20] 张晓. 西江苗族妇女口述史研究 [M]. 贵阳: 贵州人民出版社, 1997.

[21] 张晓. "好女人"的建构——以西江苗寨的一个家庭为例 [M]. 贵阳: 贵州大学出版社, 2007.

[22] 于海. 西方社会思想史 [M]. 上海: 复旦大学出版社, 2005.

[23] 吴泽霖、陈国钧等. 贵州苗夷社会研究 [M]. 北京: 民族出版社, 2004.

[24] 王慧琴. 苗族女性文化 [M]. 北京: 北京大学出版社, 1995.

[25] [美] 白馥兰. 技术与性别: 晚期帝制中国的权力经纬 [M]. 江湄, 邓京力, 译, 南京: 江苏人民出版社, 2006.

[26] 张原. 雷山县苗族社会馈赠交换中的结构与实践//中国民族博物馆苗族文化雷山研究中心 雷山苗学研究会编. 雷山旅游与文化 [M]. 贵阳: 贵州民族出版社, 2008.

[27] 古文凤. 民族文化的织手 [M]. 昆明: 云南教育出版社, 1995.

[28] 贵州省民族研究所编. 民族研究参考资料第二十集——民国年间苗族论文集 [C]. 贵阳: 贵州省民族研究所, 1983.

[29] 石茂明. 跨国界苗族 (Hmong 人) 研究 [D]. 中央民族大学, 2004.

[30] 云南省民族学会苗学研究委员会. 苗族的迁徙与文化 [M]. 昆明: 云南民族出版社, 2006.

[31] 苏文清. 威宁苗族百年实录 [M]. 贵阳: 贵州民族出版社, 2006.

[32] 和钟华. 她们手里握着连接自然的纽带 [J]. 人与生物圈, 2005 (1).

[33] 尹绍亭, [日] 秋道智弥. 人类学生态环境史研究 [M]. 北京: 中国社会科学出版社, 2006.

[34] [法] 马赛尔·莫斯. 论馈赠——传统社会的交换形式及其功能 [M]. 卢汇, 译, 北京: 中央民族大学出版社, 2002.

[35] 费孝通. 生育制度 [M]. 上海: 商务印书馆, 1999.

[36] 王铭铭. 人与社会再生产: 从《生育制度》到实践理论 [J]. 社会科学战线, 1997 (5).

[37] 贵州省编辑组. 黔西北苗族彝族社会历史综合调查 [Z]. 贵阳: 贵州民族出版社, 1986.

[38] 安天荣. 威宁苗族风情习俗及其歌谣、传说等拾零. 威宁文史资料（第三辑）[Z]. 1988.

城乡流动中苗族妇女小群体与传统文化的传承和变迁

潘璐璐

导 论

一、选题缘由

群体作为人类社会基本的社会单位，是人类存在的社会形式之一。人们在群体中成长，行为在群体中得到塑造，知识在群体中习得，决策也得以在群体中达成。总之，群体是人类的基本存在，苗族妇女普遍的结群现象也是苗族历史文化的产物。而本文的目的则是探讨苗族社会在全球化和资本操控背景下，苗族妇女小群体在城乡流动中的结群现象。

笔者生于贵州省东南部一个苗族家庭，在成长中发现身边的苗族女性长辈普遍以群体的方式出现。在日常生活中她们互相自称为姨妈或姊妹，而笔者作为小辈也一直尊称她们为姨妈。这些群体数目有大有小，人数多则十几人，少则两三人，大家在平日里常三三两两地互相串门、谈天或聚餐；每逢节庆，妇女们也多以小群体这样的活动单位和生活方式来开展文化活动，她们在一起参加集体活动时都穿着相同服装，作为她们群体内部和认同的标志。除此之外，2009年8月底至2010年1月初，笔者有幸参与了香港乐施会基金资助的"广州、雷山苗族城乡循环流动中的传统文化传承行动研究项目"，在导师的带领下，笔者结识了在雷山与广州两地之间流动的苗族农民工们。在接触农民工妇女的过程中，也发现了苗族妇女在繁华的都市里依然存在明显的成群结伴现象。她们在工作之余常常聚集在一起，一起谈笑、做绣花鞋、为女儿做嫁衣、相互帮忙照看孩子、参加节庆活动等，形成了一个个妇女小群体的文化景观。然而，这些聚集在一起的妇女和笔者在家乡其他地方接触到的不尽相同，她们之间的差异让笔者对女性之间的社会关系以及透过结群现象延伸出的相关问题产生了好奇。经导师建议，把调查对象扩大到苗族其他地方再作进一步比较。于是，笔者又将西江、雷山新塘村及凯里等地共四个妇女小群体作为本文的案例，试图去探讨具有多样化、不同语境的妇女结群文化现象的相关意义及表述形态。

在资本主义世界体系下，流动是当今社会的常态，资本操纵着全世界的信息和劳动力大量的流动，并通过"钱生钱"的方式不断地掠夺非西方国家的资源，刺激着全世界各个角落的消费形态和规模，这样的结果必然是全球化。而全球化又会造成巨大的分工差异，并且加速资本的流动、降低劳动力的成本，因此，中国廉价的劳动力便成了全球化的牺牲品，大量的苗族女性也被卷入其中。资本主义的全球化分工迫使她们从西向东、从贫困地区到富裕地区、从乡土到都市转移，她们被迫离开土地，离开传统社会的结构。在城乡流动和农村急剧变化转型下，妇女们到了新的环境里，势必要经历艰难的文化调适。在这过程里面，她们为何还要结伴形成自己的小群体呢？苗族妇女们是怎样通过结群来发挥她们的生存智慧，来学习、创造，寻求她们的生存方式？在文化变迁的语境下又表现出哪些社会功能与文化意义的流变呢？

妇女结群的需要和相关能力并不是先天具备，而是在社会规范和习俗的积淀下经世代传递而习得，并有所发明和变化。苗族妇女小群体本身就和苗族的传统文化有千丝万缕的关系，小群体的变化和文化的变迁不是两个分开的命题。结群本身就是苗族传统文化的表现形式之一，那么苗族文化在历经现代化和全球化的涤荡过后，妇女小群体的结群形式、结群目的和功能必然也会发生变化，甚至面临着解体的危险；而小群体的变迁，也加快了苗族传统文化的流变。

笔者基于对调查资料的分析和田野观察的体验，从苗族妇女小群体的现象本身，通过窥视苗族社会结构和苗族两性关系差异，分析苗族社会这种显性文化事项的产生原因、特性及其功能；并在当下社会流动的特殊语境与背景里，归纳四种处于不同地域、有着各自特性的妇女小群体，用社会性别的角度，从身份认同、社会网络、身体、生活空间等多维度地分析苗族妇女的结群实践。

二、研究意义

首先，苗族妇女在对苗族传统文化的塑造中，通过结群构筑自己的女性文化，并以各种方式的结群展现苗族女性的自主与独立。一直以来，妇女小群体被苗族女性生动地表述着，从务农互助的群体关系，到建立日常生活的互助网络，妇女小群体的现象可以看出女性如何在生活经验中，与男性、国家的互动，抑或是与同伴建立姐妹情谊来表述自己的独立性和主体性的。

其次，在改革开放和文化、经济、各方面全球化的推动下，城市和乡村的隔阂慢慢地减少，地域间的跨界变得更加容易。城市向原本待在农村的苗族妇女打开了大门，越来越多的苗族妇女都经历了从城市到乡村，从乡村到城市的流动，她们在走出家门、进入城市时都是以结群的方式融入其中。但在文化变迁和结群的流动下，性别关系的变化导致了新的劳动分工和新的社会角色，即男女社会关系发生了变化。加上外界文化影响、个体价值观的转变，小群体的形态、功能也在变化。总之，苗族妇女小群体文化呈现了苗族社会的变迁历史。

最后，在全球化大潮的影响下，不同区域、民族、社会经济状况、语言、宗教及文化背景的城乡妇女个体与群体也都具有各自的差异，这些差异纵横交织深嵌在妇女的日常生活世界，既然这些差异是由历史和时下急剧变迁过程中的社会、经济、文化及地理不对称构筑的，那么，将苗族女性放置在这些特定的结构和过程中予以考察就很有必要。本研究是在还未得到普遍承认多元主义和文化多样性的 21 世纪，提供一个不同的文化体系解释案例，提倡尊重不同文化差异来保障边缘弱势女性群体成员的平等主体权利。

三、国内外相关研究动态

（一）性别关系和姐妹情谊的研究

在第二次女性主义浪潮中产生的社会性别一词为研究男女两性关系提供了一个新的视角，成为西方女性主义理论研究的核心概念，这无疑给以生理为基本差异构建的男性权威沉重一击。在发展过程中，无论其曾无视性别差异追求女性与男性的平等，还是放大男女之间差异，导致两性印象被刻板化，都将女性主义置于两难的困境中。从而，由此挑战发展而来的文化决定论开始兴起，旨在将性别和文化观念相关联，认为性别差异是社会根据不同性别待以不同方式，并期有不同行为的结果，它随社会的演化、民族志的不同等呈现变化，形成不同的性别意识形式，即文化形成性别角色的差异。❶

因此，性别既不是生理上的表现，也不是人类生活中固定的男/女二分法，而是我们在社会配置、日常生活与实践中的一种模式。性别关系配置由社会性（而非生理性）产生。那么，这些配置以及所涉及的关系就会被改变，随着人类行为产生新的情况或是随着社会结构发展出新的趋势。琼·W.斯科特在《女性主义与历史》一文中，强调应该将关注点从关注妇女受压迫的共同经历转移到其内部之间的个体差异上来。尤其当社会变迁展示着文化过程的多元性和不稳定性时，女性经验的分裂，决定人们身份认同的各种社会关系的相互作用，以及各种差别内涵的历史变化，使她们不能不意识到，"妇女"不可能是一个内涵一致、固定不变的统一体。斯科特特别指出，妇女中的差异并不排除在妇女中形成共同政治纲领的可能性，这是为了加深女性主义者对历史和现状的认识。我国学界从西方引入社会性别理念和研究方法时，也经历了迷茫到理智的过程，将女性和社会性别研究置于本土的社会、历史、政治、经济和文化变迁之中。因此，20世纪70年代以后，第三世界妇女人类学的开始，我国也逐步注重社会性别研究与族性、阶级和政治权利的关系。不仅仅将第三世界妇女或中国妇女作为整体的受害者来谈，而是重视妇女在历史中的能动作用。❷ 因此，本文将努力在不同的背景下，表达具有不同经验的妇女及其与男性、国家、现代性的关系，由这种性别关系，投射出的是社会性别差异和性别藩篱的构建和解构过程，涉及关系、界限、实践、与认同，尤其是女性之间的认同构建实践。

这种认同实践在孩子的社会化过程中就有所体现。美国民族志研究学者贝雷·颂恩在《性别游戏》一书所提出的问题就是，孩子们在强调性别时，

---

❶ 庄孔韶. 人类学通论 [M]. 太原：山西教育出版社，2004：469.
❷ 王政. 国外学者对中国妇女和社会性别研究的现状 [J]. 山西师大学报，1997，4（24）.

如何建立性别差异？颂恩发现一种她称之为"划清界限"（Borderwork）的活动："一旦性别界限出现，原本松散的'男女聚群'，就会变成严格的'男生群与女生群'，两个群体泾渭分明，是一种具象的区隔。"❶。社会心理学认为，性别隔离是一种相当普遍的现象。男女差异导致的群体分化在儿童阶段就已经在游戏中有所表现。年幼的孩子们对他们玩伴的性别选择十分讲究。从三岁开始，他们就表现出对自己性别的显著偏爱，他们的亲和行为中存在一种明显的性别分裂，亲和行为指向更倾向于同性别的孩子。性别隔离的源泉可能是普遍的和高度功能性的性别范畴化，一种对自我和他人的分类。在年纪很小时，基于这种自我范畴化，孩子们就获得了一种原初的性别认同。❷在成人世界中，也体现出这种可供认同的性别角色。在诸多文学理论作品中就有所表现，但作家则更多描述的是女性之间姐妹情谊（Sisterhood）在不同背景的构建以及这种情谊存在的困境。"女性情谊"发端于美国白人女性主义运动，为了联合所有无论阶级、民族、国界的所有女性，构建一个抵抗男权的共同体。这个颇具政治意味的话语之后却被用于黑人女性主义者用来抵抗白人女性和男性双重的理论武器。因此，虽然来自于亲族称谓，但现实中却多被女权主义者作为政治话语来使用。

"姐妹情谊"主要是指：（1）姐妹之间的关系的表述；（2）如姐妹般的特性；（3）特定宗教社区里的女人；（4）女性之间为了共同目的联合。因此，姐妹情谊象征着女性间的亲密、爱慕以及相互支持的情感。尤其是在黑人女性主义批评中，作家们惯用的姐妹情谊更是女性主义者们研究的着眼点，它将分散的个体凝聚成集体力量形成巨大的推动力。早在19世纪，黑人女作家就开始在自传体小说中描写、抒发姐妹情谊，并揭露白人庄园主和白人妇女对黑人女性的非人性剥削，她们拒绝接受黑人社团与整个美国社会的男权加派给黑人妇女的传统角色。20世纪小说家艾丽丝·沃克、托妮·莫里森、托妮·凯得·班芭拉，剧作家洛林·汉斯贝林、艾丽斯·查尔得丽丝，诗人马格丽特·沃克、格温多林·布鲁克斯、莱基·乔万尼等人继承这一文学传

---

❶ [澳] R. W. Connell. 性/别：多元时代的性别角力 [M]. 刘泗翰，译. 台北：书林出版有限公司，2004：24.

❷ [英] 布朗. 群体过程 [M]. 胡鑫，庆小飞，译. 北京：中国轻工业出版社，2007：208.

统,浓墨重书这一黑人女性的传统主题。❶ 可看出,黑人女性在男权和白人妇女的双重压迫下,她们所构建和维护起来的姐妹情谊使她们形成集体的力量挑战权威,最后走向了自我救赎的道路。莫里森的《秀拉》《宠儿》、美国当代黑人女作家格罗丽亚·内勒《布鲁斯特街的女人们》(1982)、赫斯顿《他们眼望上苍》、艾丽丝·沃克问世于1982年的书信体小说《紫色》、托妮·莫里森《天堂》都旨在描写黑人女性相互间深厚的友好情谊,抑或是同性恋之间的爱恋,都为了体现了黑人女性团结一致反抗男权、建构自我的共同理想。在这些小说中,黑人女作家从黑人女性主义文学的创作视角出发,试图探索黑人妇女寻求解放的道路,强调黑人妇女内部团结互助的姐妹情谊的重要性。

在中国,真正意义上的女性文学出现于五四时期。相应地,书写姐妹情谊的女性文本也在这时及稍后出现。20世纪80年代以后,姐妹情谊依然是女性作家偏爱的主题之一。在男权文化依然占统治地位的文化传统之中,女性作家们曾在小说文本中苦苦寻找能承载她们情谊的姐妹"方舟",也经历了对姐妹情谊在现实生活中能走多远发出的质疑,也面对着男权文化势力对这种姐妹情谊的拆解、破坏,最终却依然是在精神上相互支持的"乌托邦"。而本文的研究则直接面向的是苗族社会特殊背景下的苗族妇女之间认同构建及产生的姐妹情谊实践,以展现苗族妇女之间姐妹关系的真实表述和为了共同目的的联合。

在以上研究的基础上可得知,性别概念不再是简单的性别区分,男女性别的差异由不同社会构建,而妇女结群和姐妹情谊的存在也是与当下的社会背景分不开的。本文就试图透过苗族妇女的结群现象,展现不同情境中苗族社会对性别关系的配置差异,以及这种实践的不同与苗族传统文化变迁的张力:历史变迁和环境变迁如何让性别配置和实践随着时间更迭而改头换面。妇女小群体内部并不是铁板一块的整体,不同个体在发生改变的同时,也在发挥着自身的能动作用,同时,她们的主体性和独立的争取正是通过结群来实现的,这样的现象和实践并不是像西方白人女性试图建构全球统一的女权共同体,也不是黑人女性作家和国内女性书写里描绘的反抗男权、寻求自我

---

❶ 哈旭娴. 黑人女性生存的基石:莫里森小说的姐妹情谊 [J]. 太原大学教育学院学报,2007 (9).

救赎的理想方舟，而是苗族社会实实在在的特殊存在。以下笔者将在流动语境下，从不同区域和类型的女性人类学的比较研究中探讨苗族社会性别配置和认同实践的性别概念。用性别视角分析处于各种文化变迁语境的苗族女性的主体意识、社会网络、生活状况以及小群体的结群经验和群体形成机制。

（二）人类学对妇女群体的研究

妇女通过形成同性小群体，表述她们的人际与性别关系。她们透过结伴成群的力量，维护女性自主权并共享生活经验，并形成独特的女性空间。妇女结伴成群除了协助女性生活上的问题、分享经验外，在维护妇女自主权与社会地位上，也扮演了重要的角色。

人类学家 Leis 以跨区域研究的方式展示和解读了妇女小群体和团体的存在及差异。20 世纪 70 年代，Leis 将 Ijaw 地区和奈及利亚两地作比较，分析南方、北方妇女组织的差异。研究显示，世系体制、一夫多妻、女性自主的经济活动、居住法则是影响两地妇女组织相异的因素，促使 Ijaw 北方区域妇女集结成群，南方则否的相对情形。[1] 所以，妇女小群体和小团体的形成是与当地社会结构息息相关的，社会结构不仅是妇女小群体形成的动因，也是男女社会关系差异建构的背景。[2]

谢一谊在惠东地区所进行的性别与婚姻研究中，也提出"姊妹伴"的文化现象。姊妹伴被视为"亲缘团体"之一，与当地女性共同劳动有关。姊妹伴在生命礼仪仪式中，会透过礼物的交换，建立"互助"与"回礼"的关系，亦在丧礼中，扮演亲人的角色。惠东女性"不落夫家"的婚俗，与历史、经济、性别分工所创造出的女性价值与社会空间相关，而姊妹伴或劳动团体的存在，创造了女性群体紧密相系在一起的空间，而压抑婚姻中的夫妻关系。谢一谊具体描述了惠东女性的日常生活与生命经验，并且提出姊妹伴的女性结群现象对当地妇女而言是重要而不可或缺的生活群体。[3]

王智民在台湾南势阿美的女性结拜研究中，分别将阿美族女性结伴群的

---

[1] Leis, B. Nancy, 1974. Women in groups: Ijaw women's associations. In Woman, Culture and Society. Michelle Rosaldo and Louise Lamphere. eds., pp. 223 – 242. Stanford: Stanford University.

[2] Leis, B. Nancy 1974 Women in groups: Ijaw women's associations. In Woman, Culture and Society. Michelle Rosaldo and Louise Lamphere. eds., pp. 235 – 246. Stanford: Stanford University.

[3] 谢一谊. 性别、婚姻与个人：惠东不落夫家的再探 [D]. "国立清华大学人类学研究所"，2005：13.

生活实践放在家户、两性互动以及社群三个不同层面来分析。女性结拜与家的连接，承转了阿美族女性在母系亲属的权威。结拜借由基金的运作、服饰的穿着来展现女性在家户的权力性。而结拜对社群的意义，则展现在结拜以群的聚集形态参与社区活动，并透过结拜的模式维系社群家政班的运作。王智民通过以人类学民族志的形式描述了南势阿美的女性结拜，探讨了女性结群所呈现的性别概念，以及在社会变迁过程中表达当代阿美族人对亲属、性别或女性权力的一种生活实践。❶

简美玲在惠东地区的初步研究中，将中国福建省惠东地区的"作堆"文化做了剖析，"作堆"是男女两性各自拥有自己的结群团体，并在自己的群体共同表现情感与人际关系。"作堆"的成员，性别相同，年龄接近。女性作堆称为"姊妹伴"或"查某伴"，平日互动频繁，凡是生命礼俗、农事、宗教、休闲都是互动中重要的活动。总之，她透过经济、日常生活劳动以及生命仪式等民族志数据，解读惠东地区的性别差异，并进一步探讨"女性"在惠东文化所呈现的社会意义。❷

此外，简美玲在苗族村寨反排的研究中，表述了以两性结伴情感为主的游方、情歌与交表婚的传统社会理想与实际。年轻人通过游方，形成对自我、伴、群身份认同的重要场域以及促成两性在谈情聚会时在群体活动与单独成对的活动之间交替；情歌作为苗族丰富的语言形式，也在演绎着两性结伴情感中的戏谑、思慕与孤单的心情转折；在物的方面，珍品的交换与流转表达了两性成就结群理想的差异，也表达了男家与女家缔结的理想与情感。另外，人们以多项联姻结群的策略，将女人留在村内的小寨间，进行小范围通婚。一个好村寨的建构与维系，正是他们所企图达成的结群内容。❸

珠江三角洲的自梳女群体，是传统中国国家所提倡下的儒家主流文化与地方认可的自梳习俗等次文化妥协的产物，也是女性与其家族和地方社群互动的结果。叶汉明在《华南家族与自梳习俗》中，指出自梳女由于共同的信守和精神力量——贞洁观与不婚，在强烈的乡土感情和宗族观念的纽带下，

---

❶ 王智民. 性别、差异与社会理想的承转与维系——南势阿美的女性结拜 [D]. 2005.
❷ 简美玲. "作堆""查仔伴"与"查甫伴"：惠东同性同侪团体初探 [D]. 1999.
❸ 简美玲. 贵州东部高地苗族的情感与婚姻[M]. 贵阳：贵州大学出版社，2009：287.

结成姐妹群。❶。他通过展示自梳女姐妹群体与其族乡社区群体间的密切关系，揭示了女性在形构和重塑地方社会文化的角色以及她们个人姐妹群的自主性，显示了地方社会文化中的两性互动。

妇女以群体方式的存在体现了女性和文化互动的关系。作为本土苗族女性学者，张晓带着"主位"和"客位"的双重视角，用妇女口述其生命史的形式，将西江苗族妇女的人生历程放在西江文化系统进行研究，探讨两者间的互动。而西江苗族妇女的明显结群形象，不仅由西江苗族社会缔造，也是西江苗族妇女对传统文化的能动创造。她通过潜入个体妇女的心理，把握特定社会文化对其角色和形象的塑造机制，明确了妇女在社会文化体系中的地位和作用等。得出由于西江苗族妇女对男人的疏离，造成了妇女对同性的亲近；同性的亲近形成了妇女小群体；妇女小群体又构成了文化创造源和文化传承链。同时，由于受到外界文化的影响，随着妇女小群体的日渐解体，提出西江传统文化将失去其厚重历史沉淀的忧虑。❷

妇女在与他者对比下，透过相互认同而结伴成群，建立姊妹情谊，其意义在于分享生活经验、凝聚集体的力量以及维系人际关系，所延伸的价值则是共享和传承相同的文化体系与记忆。以上研究既给本文提供了可以参考的理论视角，也给笔者提供了与之对话的可能性。前面的研究所聚焦的妇女结群现象仅仅放在单一的研究框架下探讨妇女小群体与社会的关系。而本人认为，苗族妇女小群体是在苗族社会大背景下的产物，体现了苗族妇女在苗族社会结构下发挥其能动性的功用。总之，笔者就是站在前面研究的基础上反观苗族妇女的女性结群以及她们的实际经验。探讨在社会流动背景下，她们如何透过结伴成群展现自我能动性，这些由苗族妇女组成的群体对维系传承苗族文化及其变迁的作用又是如何的。总之，妇女小群体自身及其文化的变迁是本研究必须面对与探讨的。

---

❶ 叶汉明. 华南家族文化与自梳风习[M]. 载李小江等主编. 主流与边缘[C]. 北京：生活·读书·新知三联书店，1999.
❷ 张晓. 西江苗族妇女口述史研究[M]. 贵阳：贵州人民出版社，1997：126.

四、研究方法

（一）参与观察与跨文化比较

参与观察是人类学获得第一手材料的基本手段和看家本领，它通常给人的传统形象是人类学家以外来者的身份，在遥远的异域民族中开展调查工作。笔者以妇女小群体为活动单位，参与她们的平日和节庆的聚会、访友、与她们在火炉边闲聊、与她们同吃住、说她们的语言，亲身体验她们的风俗和习惯，与她们结成很亲密的姐妹关系、体验她们的日常生活、和她们周围人群互动的方式，在最大程度上理解她们的结群方式。笔者出生于黔东南州的苗族家庭，父母亲都来自黄平县苗族聚居的谷陇镇，笔者将自己母亲以及她所结成的妇女群体作为调查对象之一。因为笔者自幼就是由母亲的妇女群体带大，也与她们的儿女成了从小长大的玩伴，这种类亲属的感情已经深深在笔者的人生中打上了深深的烙印，该范围的研究实际上也是笔者的亲身经历。但由于长期浸染在所生所长的文化中，易对特殊的文化事项造成熟视无睹的问题。人类学家利奇就曾对这种调查方法做过评论："不管看起来多么令人惊讶，在你具有熟悉的第一手经验的文化脉络中做田野工作，看来比从完全陌生人的幼稚观点出发从事田野工作要困难得多。"[1] 因此，为了克服这种易对客观事实产生扭曲观点的缺陷，笔者采用"变熟为生"和跨文化比较的方法，置熟悉的事物于陌生之中，实现从熟悉到陌生视角的转换。将一种文化的某个特殊方面与其他文化中的相同方面作比较，以此来试图得出关于不同时期、不同地域和文化性质的令人信服的结论。所以，笔者将调查对象扩大到遭受旅游和消费文化强烈冲击的西江苗寨妇女小群体、从广州打工返回故土（新塘村）、从雷山流动到广州打工的妇女小群体来做比较。这种横向的比较，一是为该研究提供较客观信服的结论；二是描绘苗族妇女小群体的不同之处，为妇女小群体和妇女结群研究提供多样性的案例。

此外，妇女的结群现象除了要放在不同社会背景下探讨其差异之外，还需从历时变迁的角度梳理其脉络。对同一件事情，在不同时间和空间中会有

---

[1] [美] 威廉·A. 哈维兰. 文化人类学（第10版）[M]. 瞿铁鹏，等，译. 上海：上海社会科学院出版社，2006：16.

不同的理解。苗族地区无一处角落不被现代性打上了烙印，传统文化于任何时候也都在发生着变化，通过苗族妇女小群体过去和现在的比较，可以发现妇女小群体从过去到现在的变迁过程。通过历时和共时各个类型苗族妇女小群体以及内部个体的比较，分析苗族微观社会结构，以此为立足点，以小见大，窥见苗族传统文化的变迁。

（二）访谈

除了对几种妇女小群体横纵向的比较研究之外，笔者还与被访谈的妇女们聚集聊天、聚餐、绣花、干活的机会，进家户中访问，参与她们准备食物、聚餐闲聊、服饰穿着的日常生活过程。在参与讨论过程中，大部分是用与整个小群体对话的方法，有时是单独访谈。在与她们团体访谈时，笔者会刻意抛出某个问题，引起大家的兴趣而展开讨论，让她们畅谈过去共有的记忆以及个人经验和生命史。在面对单个调查对象时，笔者多采用深度访谈的方式，进行一对一的访谈，记录小群体内部妇女个体的流动历史、结群经验、与其他小群体的关系以及与男性的互动等。在此过程中笔者借助录音、笔记和每天访谈日志进行详细的记录，着重以妇女自己的口述生活史和流动经验作为访谈重点，展示苗族妇女结群现象与其自身的历史变迁。

五、调查对象介绍

就像"中国妇女"这个范畴，"少数民族妇女"也不是铁板一块的整体。正如我们不能简单化地描述"中国妇女"一样，我们也不可以简单化地勾勒"少数民族妇女"。即便同一地区和/或民族的少数民族妇女，其地位还取决于城乡、文化程度、职业、收入等变动因素。与汉族相比，少数民族妇女又更多地面临着民族、文化、语言、生活方式、宗教、地区/地域差异等因素的制约。少数民族妇女所处的这些不同的权力等级和认同，不仅塑就了她们的生产和再生产角色，而且影响到她们的主体性，因而也是揭示她们生活不同层面的多重窗口。

在全球化浪潮方兴未艾并成为霸权话语之际，这些差异纵横交织，深嵌在妇女的日常生活世界，影响着不同区域、民族、社会经济状况、语言、宗教及文化背景的城乡妇女个体与群体的社会经历。那么，将苗族妇女放置在这些特定的结构和过程中予以考察就很有必要。因此，本文将选取四个个案作为研究对象：一是在旅游开发下，受外界文化冲击中的西江妇女小群体；二是雷山县新塘村曾外出打工又返回乡的妇女小群体；三是从雷山村寨流动到华南师范大学打工的妇女小群体；四是从黄平县流动到凯里定居的妇女小群体。文中以个案的方式呈现和分析，被访问的报告人是群体中的个体。此外，为了得到整体性的文化观，本文还将部分苗族男性作为访谈和研究对象。

第一章　苗族妇女小群体：
"我们是谁"？"她/他们是谁？"

第一节　"我们"是谁？

一直以来，少数民族妇女群体通常被客体化地认为是男权的附属者，或是需要主流文化同情无助的弱者，她们被描写成模范的能动者或无助的受害者，对她们的描述只有"自我牺牲"和"默默奉献"。实际上，她们无论是在传统的家庭或是在市场经济的第一线都在发挥着重要的作用，本文着重描述的是一个个苗族妇女群体在文化变迁及流动的语境中，如何主动地应变社会，调适自身文化并达到维护自己与集体认同，承载和维系文化传承的社会角色与文化意义。

一、日常生活中的自我呈现

"身为女性、身为农民、身为外出打工者，苗族妇女小群体正在经历、体验、想象和反抗着自身的生活道路。"在社会变迁与社会的外力塑造相抗衡的过程中，苗族妇女小群体逐渐确立了"自我认同意识"。尤其是对于经历过流动或者重大变迁的人来说，"我是谁？我将要到哪里去？我将如何生活？"便成为当代苗族妇女们越来越迫切想要弄清楚的问题。

苗族妇女在世世代代的文化和社会规约下，并没有被死死地嵌在社会文化中，她们以各种方式发挥着自己的能动性和主体性，不断积极地建构着自我认同意识。她们在生活中有苦有乐，能够精力充沛，热爱生活，不会沉浸在悲叹、抱怨或悔恨之中，而且奋发向上，积极而独立。她们也有自己的人生目标和理想，通过自己的努力，不断在自己和他人的认同感中巩固自信与自尊，尊重自己和他人的需要与情感。因此，在日常生活的叙事进程中，苗族妇女通过与他人的互动，建构起有血有肉的个人经验。但自我认同的"内容"，即个人的经历由之建构的特质，也会随着社会和文化的改变而改变。这种自我认同在笔者分别与两位不同身份和经历的苗族妇女访谈中可以看到。

> 我现在的理想就是在广州再打几年工，赚够钱了，就回家。我老公不想回，就随便他在哪里。我是怎么都要回去的，那边有我的那几个姐妹，我们好得很，我现在最想的就是她们了。那时和她们在一起好开心啊，我们什么都讲，想唱就唱，想跳就跳，一起喝酒，一起哭一起笑。我不要很多钱，只要送我儿子读完书，我这辈子开开心心的就够了。
>
> （G-1，女，37岁，雷山鸡鸠村，在华南师大打工）

> 在家里我是妻子、是女儿、是母亲，我只有和她们几个在一起，我才知道我自己要做什么。以前我们在一起什么都讲，讲家庭、讲工作。我有烦恼的时候，她们会开导我，我无聊了，她们就陪我。我有好事，也要讲。我们在一起还摆我们以前的故事啊，遇到问题怎么处理啊，我做错事了该怎么做啊。大家就像亲姐妹一样。刚来凯里的时候，如果没有她们，我有时都不知道怎么过。我们每年都去谷陇看会，约好穿一样的衣服和鞋，戴一样的项链和项圈，别人都羡慕我们。但是那些都过去了，我们现在聚得越来越少……我之后有了新的目标，因为这个社会不像以前了，只有靠自己努力。我现在感觉还是成功了，走到今天也很不容易。
>
> （K-4，女，53岁，从谷陇到凯里工作，州政协）

从以上两个案例可看出，虽远在广州打工的G-1，对自己的认同感是建立在与姐妹们感情深厚的基础上的，自己的人生目标定位为开心快乐即可。而作为职业群体的一员，K-4与过去的姐妹们逐渐疏远，建立了自己的目标，并努力实现，但对过去和姐妹们的经历仍然抱着怀旧的情感。因此，自我并不是外在影响所决定的被动性的客体，而是具有能动性和主体性的实体。

自我的认同也不可能是个体的独立的行为，苗族妇女们的自我认同是通过结群来实现的。群体中的个体认同总是处在与他人不断地相互作用过程之中的，由个体的相互作用而联系确立的社会才是真正的社会。

并且，通过交朋友、建立姐妹关系，使自我感的记述传达给最亲密的伙伴，是传统抑或现代社会个体寻求与建立自我认同的主要手段之一。在妇女小群体中，妇女们通过互相传递其生活经验，通过群体内部亲密的伙伴作为反观自身的镜子，通过镜子成像来让她们看见自己，不断修正自己，达到自我所建立的理想状态，并从中获得发展。小群体的存在，使得她们跨进镜子里，在与她们的关系中看见自己的主体性。

同时，苗族妇女们所创造的文化符号在自我认同过程中起到很大的促进作用。人是符号化的动物，人的自我意识要通过符号表达出来。在日常生活中，身体的嵌入，是维持连贯的自我认同感的基本途径。苗族妇女们结群一起做衣服、绣花、谈论花样，分享绣花技艺、经验，若是绣得好，自己不仅得到自信心，也会得到姐妹同伴和他人的欣赏。同样，妇女们通过平日里和姐妹们的照片、影碟的收集和展示。表达了对自己和对自己所属群体的认同，另一方面，也表达了对本民族文化的高忠诚度。可见，自我是自我价值的承担着，小群体中的同伴关系则是实现自我价值的推动器。

> 大家都说我绣花绣得好，我是跟我妈她们那些学绣花的。我很喜欢和我的好朋友在一起绣。大家看到哪样好了才晓得，哪种不好就不要整了。我姑娘穿起我绣的衣服去跳芦笙，她们都讲好得很，我也很开心。
>
> （X-1，女，47岁，西江）

自我价值通过尊严感和自豪感得以实现。现代社会中得到自我认同最重要的一部分就是我何以赢得自信，这也是获得自我认同的核心部分。服饰和影像的保存和展示是塑造自我认同和自信的叙事得以表达的渠道。因此，苗族妇女小群体的自我价值在自己最亲密的小群体中，通过与群体中的他人建立信任关系、交流个人经验和创造文化符号得以体现。

二、多元化的自我认同与困境

每个个体都在同时扮演着多重的社会角色，比如新塘村妇女主任T-1，个人的身份认同是在人生的诸多舞台上经由不同的角色扮演出来的。在每一个不同的群体前,她都会表现出自我中一个不同的方面。在广州打工时,她认为自己是农民工务工大军中的普通一员,必须勤勤恳恳,多挣钱,一身时髦的装扮、说普通话能让她看起来像个城里人,以便尽快适应主流的都市社会。在面对同乡打工群体时,她认为自己是苗族妇女,依然说苗话、唱苗歌、吃酸汤菜。回到家乡后,她就是村行政体系中的一名妇女干部,承接着行政事务和维系家庭和私人网络的一名中年妇女。然而,像 T-1 这样的妇女毕竟还是属于少数。大部分有流动经历的苗族妇女,由于受到教育水平、经济发展水平等结构性因素的制约,频繁的流动反而把她们置于更边缘的状态,遇到了多重自我认同和社会认同的困境。

> 我 2003 年来到广州,刚开始来的时候很不适应。那时还不太会讲客话❶,连雷山客话都不会讲。来到广州才慢慢学普通话的,刚开始学说的时候他们喜欢笑我得很,越笑我就越不敢讲。后来就讲得少了,现在讲的这个雷山话也丑听得很。以前我回到雷山县城买东西的时候,我拿普通话讲,那个卖东西的说我:"装什么装嘛,去打工回来了了不起?说的话倒土不洋的。"
>
> (G-5,女,48 岁,在广州华师打工)

事实上,在现代中国,自 20 世纪 90 年代以来,少数民族妇女的流动人数庞大且正在不断增长。民族地区大量的民族妇女流出传统居住区域,向中、东部地区迁移,且多以打工或婚嫁的方式流动。其结果是:一方面使流入地民族成分及民族小群体不断增多,另一方面流出地的婚姻家庭、社会关系及文化传承发生了极大变化。诚然,对男性和女性来说,流动在一些方面意味着共享的经验,比如,在制度层面,城乡二元体制意味着男性和女性流动者最多成为半/准公民;在经济层面上,无论男女流动者往往只能进入次级劳动力市场;在文化层面,流动意味着从熟人社会进入一个陌生人社会,尤其是这个陌生人社会是一个将他们/她们视作"他者"的社会,使他们/她们面临城里人—农村人的认同困境。流动也意味着传统农业社区内的一些价值观的

---

❶ 客话:意为汉语。苗族人认为汉族为客家,所以汉族使用的语言统称"客话"。

丧失、无效等，特别是对于少数民族妇女来说，流动给她们带来了巨大的挑战，让她们在城市里得不到认同，而返回乡后也丧失了作为主人翁的地位，面临着出不去，又回不来的尴尬状态。

第二节 "她/他们"是谁？

"他者"（the Other）是西方哲学进行自我反思的一个重要概念，女性主义将"他者"概念拿来，用以讨伐女性在父权秩序中的边缘化地位，质疑女性在男权社会中主体性缺失的境况。在不少社会文本中不难找出女性"他者"形象的存在，可表现为高度强调女性对男性与家庭的依赖，建构对妇女的"客体化""刻板印象"与一系列的"社会偏见"。在他们的概念中，女性是被动与从属的"他者"，是人们用眼睛"窥视"与"消费"的对象。西蒙娜·德·波伏娃在《第二性》中写到"他是主体（the Subject），是绝对（the Absolute），而她则是他者（the Other）。"[1] 在波伏娃的阐释中，他者的地位和特性就是女性的地位特性，即相对于男性的附属性、非自主性、次要性和被决定（定义）性，等等。结群都要面临他者，根据他者的差异性，她们才结群。苗族女性的结群就是由于在苗族妇女被置于他者地位以及她们发挥能动认同的两股力量下推动而成。

一、父权制度规约下的苗族女性

长期以来，苗族女性在父权制度的束缚下，其传统地位、家庭角色、社会分工、遗产继承等日常生活中，与男性是不平等的，姑娘再优秀都没有儿子有用，迟早是嫁出去的人，泼出去的水。"男尊女卑"的观念不仅由苗族男性为自己利益而固守，苗族女性自己也把这种思想内化为自己的行为方式，女人有时也帮着男人来为难"自己人"，传统的父权制度长期禁锢着苗族女性的自我发展。访谈时，当笔者向调查对象了解苗族女性在家里的地位时，她们都会把年幼至成人的经历叙述出来。

> 七岁时，我背我弟弟爬树摘李子，下来时不小心两个人一起从

---

[1] [法] 西蒙娜德·波伏娃. 第二性 [M]. 陶铁柱，译. 北京：中国书籍出版社，1998：162.

树上掉下来，我们身上和脸上都被刺划伤了。我奶奶知道后，什么都不管就指着我骂："你还没有你弟弟的一个指甲盖值钱，要是他出什么事我要你的命。"当时我的脚崴了，走路一瘸一瘸地，还要被我奶奶敲脑袋，都敲起包了！后来有个老爷爷还拿他的烟斗来打我脑袋。我当时又气又怕，怕被打。我弟弟在家从来都没被大人打骂。

我家是有什么吃的先给男娃娃吃，再给女娃娃吃。而且很多家是男的先吃饭完了以后，女的才能在旁边吃。以前大人东西给我们吃，都是我先给弟弟吃后，我再喝汤。那时候在家我们就吃苞谷面、灰面、杂粮和红薯，只有弟弟得吃白米饭。在家就是我奶奶掌家，由她来分配我们的食物，我爸爸当时出去工作了，妈妈也插不上话，在家里奶奶的权力最大。

我们女娃娃以前不能读书，因为学文化出来，嫁出去了也是别人家的。我爸爸有文化，以前小时候他叫我去读书，我的外婆就说"你们让她去读书做什么？读得再多也是别人家的，不能去读！"但后来我爸爸坚持让我去读，当时我也不懂事，小学没读完就读初中，初中也没好好读，就跳级到高中去了。

（K-1，女，55岁，从谷陇到凯里工作，电影公司）

父权制度下产生"男女有别"的话语，使女性作为男性的"影子"，一直处于从属地位。在家庭里，用于计算和记载家族世系的父子连名制，苗族女性从来就进入不了直系血亲的承递链中。出嫁到男方家后，就成了传宗接代的工具。在经济上，"男主外、女主内"的劳动分工方式致使只能男性占有经济主管权。在村寨社区和社会事务参与层面，几乎也全都是男性的天下，苗族女性由于不能与男性一样接受教育，其活动范围和参与事务机会受到极大限制。

二、苗族女性他者化形象的塑造

在那些苗族文化和苗族女性的"代言人"的话语表述下，苗族妇女很少能发出自己的声音，她们被放在与表述者不平等的位置，被构建成他人想象出来的肤浅表象。

发端于20世纪80年代初"苗女"争论，如今虽然已经被人淡忘，但将其整个过程放于当时的社会背景来看,"文革"刚结束,国家大力开展经济建设,为少数民族地区的文化复兴奠定了基础,作者把苗族少女用树根雕刻为"扁平的鼻梁、大而翘起的鼻头、肥厚的嘴唇、向外突起的前额和眉弓,再加上在云髻上穿凿而过的、横幅达一米以上的巨大的牛角形木梳,夺人眼目"。这幅作品过后得到了国家和美术界的大力好评,认为其具有美学意义,代表了少数民族艺术形象。然而,苗族精英认为这时候刻画出的"苗女"形象是损害民族自尊心的表现。木雕"苗女"引来了苗族社会,尤其是苗族知识分子的极端反感:"不但头上长着一对大大的水牛角,而且在整个面部,无论从额头、眼睛、鼻子、耳朵、嘴唇都表现出落后、愚顽、丑陋不堪的样子……是一个牛头、狗面、猪嘴巴的怪物。"❶

也曾有某位文学作家在游历过苗族地区后,描述苗族妇女在温泉里洗澡的画面:"好像是原始人在野地里逐放的情景……只有彝、傣、苗、哈尼等民族的农妇,才无所顾忌地赤裸上身……;特定环境演绎她们裸身成浴,见惯不怪。而城镇妇女要拘泥羞涩(或者说文明)些,她们无论是年轻的还是上了年纪的,一律都戴胸罩沐浴……"苗族妇女在温泉里沐浴的情景,进入了这位作家的视野后,为了迎合读者对苗族妇女身体的猎奇,被描写为"原始、朴实、落后"的形象。她们的出现纯粹作为吸引男性或观众的工具。作者下意识地将苗族女性和原始联系在一起,而城镇女性则是文明进步的代表。这些带着大汉族主义和大男子主义的作家,他们所塑造的淳朴和美丽,是为了女性自己能够自信地自我欣赏,还是依然建构在讨好男性的前提下呢?

中国少数民族的形象经常被强势话语扭曲所主导,而少数民族妇女的身体形象更成为扭曲的重要表征。少数民族的他者形象大多由女性代表,并将女性表现为带有落后乡村特色却又青春盎然的融合体。在现代中国,身着民族传统服饰的少数民族妇女,常成为各种艺术、文学之主题,此主题也借各种传播媒体传播。特别是在少数民族风情旅游中,对于男性游客来说,女性总是被当作一个群体和引起性刺激的象征,是外地游客的主要吸引物,当地男人们也身不由己地卷入自己村寨的旅游促销中,并参与炒作这些传奇的故

---

❶ 杨志强."苗女"争论及其背后——论80年代初期苗族知识界的民族意识的"骚动"[J].苗学研究,2010(4).

事。在旅游开发商的包装下，少数民族妇女每个人都化了淡妆，脸上洋溢着幸福的、那种只属于她们的"没有文化"的光彩，现代话语建构中的西南少数民族妇女始终处于被同情、被观赏的被动地位，在各种现代媒介带有偏见的话语表述中，西南少数民族妇女形象受到了多重力量的歪曲。在强势文化的话语场景下，在男权文化的性别歧视下，在商业文化的功利诱惑下，现代社会营造的少数民族妇女形象正在成为一种虚拟的符号表征系统。❶

美国女人类学家路易莎·沙因（Louisa Schein）通过对中国少数民族（苗族为主）妇女形象的观察和分析，来审视少数民族民间文化与政治权力之间的关系。她发现"文革"后中国少数民族的他者形象大多由女性代表，将女性表现为带有落后乡村特色却又青春盎然的融合体，并加以非汉族文化色彩的做法，成为屡见不鲜体现民族他者特点的一部分。她指出，如今被少数民族自己复制的少数民族形象，反而女性化（Feminization）了，变成与西方的现代性相对照的种种中国传统的标志，成为族群区别的一种记号，因为至少从服装上看，少数民族的男子们是真的"汉"化了。路易莎描写了在为旅游者和海外游人的消费而出现的妇女形象生产和文化改造过程中，少数民族男性精英们作为妇女他者化的中间人是如何坚定地参与其中，确保政府的现代化进程以及官方的阶段进化论的见解。路易莎认为，20世纪80年代以来，中国旅游文化中少数民族少女的歌舞表演，与国内外对少数民族文化无休止的消费欲望有关，她将这种趋势称之为"内部东方主义"的兴起。路易莎关于中国少数民族女性化的论述很精彩，她采用"内部东方主义"的说法来描述中国内部民族之间造就形象和文化、政治统治之间的关系，在这个过程中，主导表述的"东方主义"代理人变成了从事国内他者化的中国上层人士。❷

由上分析可见，群体形成是通过与他者的互动，寻找共同点和自我认同的过程。处于不同情境的苗族妇女"自我"和"他者"的范围处于不断变化之中。不同的环境下，妇女们每个个体都有不同的身份。在村寨中，没有汉族的他者介入，苗族女人通常把被苗族男权制度作为他者。流动到都市的苗族妇女们，处于一个苗族人很少的环境，两地文化巨大的差异使得苗族女人

---

❶ 朱双和. 中国西南少数民族妇女形象的现代建构［J］. 贵州民族研究，2005（3）.
❷ ［美］路易莎·沙因. 中国的社会性别与内部东方主义// 康宏锦，译. 马元曦. 社会性别与发展译文集［M］. 北京：生活·读书·新知三联书店，2000：175.

无法与汉族女人进行情感交流。所以除了男权制度以外，还会被汉族排除在自我的边界之外。总之，苗族妇女的形象在父权制度和他者的双重作用下，被塑造成落后、愚昧、开放、单纯、可爱的表象，"苗老太""苗婆包苗帕""苗女有蛊"的极具贬义性的话语也得以流传。我们可以说，在这种多层次的他者建构中，苗族妇女的他者化形象被固化了。

第三节　历史记忆与文化变迁中的妇女小群体

一、苗族妇女小群体形成背景和表现形式

Dail naix hlib dail bel, jox eb hlib dail nil.
人离不开伙伴，水离不开鱼儿。[1]

——苗族民间歌谣

人总是生而结群，结群为家庭、民族，结群为社会。自古以来，苗族社会就普遍存在着结群现象。这是由苗族传统文化背景所决定的，黔东南苗族地区的传统生计方式主要是定居的农耕，苗族人民经过迁徙移居到这片土地上后，繁衍生息，以家庭为单位长期居住在该地。此外，苗族的传统文化，使苗族社会形成了一套宗法血缘制度，十分重视群体的关系。所以，这种定居农业和家族血缘为特征的社会结构无形中凝聚了苗族妇女们的力量，苗族社会父权文化背景虽然使她们在社会中受到种种约束，但也有相对宽松的生活空间，社会鼓励妇女与妇女之间打交道。在农业社会中，苗族妇女们喜欢结群是一个普遍的现象，她们长期生活在小群体中，血缘关系和地缘关系成为连接小群体成员的纽带。妇女小群体属苗族社会次生的社会结构，从不同角度展现着苗族的社会组织、家庭生活、两性分工、民族情感与族群认同，正如人生来就需要结伴，水和鱼儿不能离开一样。苗族妇女小群体以结群的方式表达情同姐妹的情感凝聚，内蕴苗族社会文化变迁的历史，也呈现出苗族妇女在两性差异、生活空间、亲属网络以及不同场域下的差异。她们在结

---

[1] 此处按字面翻译为汉语应为"鱼儿离不开水"，但应是从苗语字面意义来翻译，力图站在苗语的视角来认识此话。

群的生活状态下,创造以女性为主体的自主空间,一起欢乐、共享生命每个阶段的不同乐趣。

从社会学的角度来说,群体是指属于同一社会范畴的社会成员。他们可以是族群、社会阶级或民族。"当两个或两个以上的个体……感到他们自己是同一社会范畴的成员"的时候,群体就存在。[1] 小群体,是苗族妇女主要的社会交往形式,年龄从 30 岁到 80 岁,每一个小群体的人数也不一,一般而言,两个人就能构成一个群体,十位共结成群体为多。而每个独立的妇女又同时拥有好几个小群体,本文将流动的已婚苗族妇女群体作为主要研究对象。在黔东南苗族片区,各地的苗族妇女们以多种多样的方式聚集在一起,无论是在村寨,还是在城里,都可以看到三三两两穿着相同民族服饰、盘相同头饰的妇女们。她们通常在午饭过后,在一起闲坐聊天,或在一起绣花、绣鞋。到了晚上,大家仿佛更为热闹,聚集在某户姐妹人家一起吃饭喝酒,若是喝到兴头上,大家还会唱起苗歌,一派喧哗谈笑的景象十分热闹。农忙时期,同为一个群体的妇女们也会互相帮忙,遇上赶集时,妇女们也会三五成群地结伴去集市采购所需物资。从群体内部结构构成来看,小群体有亲缘、地缘和趣缘和职业群体几种类型;从小群体的活动形式来看,有劳作、经商、旅游、聚会玩乐等几种群体。因此,苗族妇女小群体是在苗族文化背景下,通过与他者互动、自我认同、寻求共同点并满足自我各种需要而促成,具有多种社会功能和形态的社会非正式组织。以下笔者将列举几种典型的妇女结群形式,说明这些现象在黔东南苗族地区是普遍存在的。

(一) 劳作互助群体

由于苗族社会传统"男耕女织"和"男主外、女主内"的两性分工模式的规约,让苗族妇女平时劳作的活动空间大多限于家庭内,除了负责家庭成员衣服制作的整个工序以外,还要为家里人做饭、抚养孩子、为牲畜煮食、喂食等。黔东南苗族地区属于农耕山区,一年一次插秧和收稻谷,靠人力插秧和收稻是传统农耕社会存在的农务形态。这两项劳动属于整年的大季,因此要动用可以动用的劳力资源,家中的女性长辈通常会叫上自己的几个儿媳妇、有时也会叫上自己的儿子一起去田地里。女性为了避免下田土弄湿弄脏

---

[1] [英] Rupert Brown. 群体过程 [M]. 胡鑫,庆小飞,译. 北京:中国轻工业出版社,2007:2.

裙子，就用自制的围布把裙子卷至腰部，围布下方还留出一截，确保能盖至膝盖。每个人身边还会自带斗笠和蓑衣，用作防止在阳光下暴晒，以及下雨淋湿身体。这种共同协作农耕的形式，在苗族社会一直被延续下来。直到20世纪七八十年代，近十年的集体化时期在生产队集体生产的过程中，妇女互助劳作小群体互相做伴的情况依然存在：

> 以前我们年轻的时候，那时正好是人民公社化、吃大锅饭。大队把我们寨子每二三十户分为一个生产队，我们男的和女的要分开做活路，然后集体一起去，大队长有男的也有女的。我们就跟着女的大队长，她叫我们做什么就做什么。一般是挖土、割谷子、栽秧、抬牛粪。我们几个玩得好的就喜欢在一堆，我粘❶到她们就可以做得少点。那个时候我们还悄悄地偷懒，管得不严，做累了就开始互相开玩笑、聊天来了。

（K-2，女，58岁，从黄平到凯里工作，州妇联）

> 我妈是客家❷，我从小就自己跟姐妹们学绣花。我刚开始时不会绣花的，我妈是客家，讲的是客话，但是我不晓得那个是哪样族。后来我看见大家姐妹们个个都会绣花，我就跟她们学，她们绣哪样我就绣哪样，我十三四岁就开始绣了。我妈那时也不说我哪样，我爸说姑娘要学做这些才行。后来就慢慢学会给我自己绣，后来自己有姑娘了就给姑娘绣，大姑娘的那套我绣好了，现在绣的是小姑娘的了。以前我和我老公谈朋友我还绣花鞋给他，他家有好多人我就绣好多双。那时候我要老公家300元的彩礼钱。我姑娘两岁我就给我姑娘买的银帽子了，有点真银。她从没跳过芦笙，都是在外面读书，等龙年吃鼓藏她就读大学二年级了，就回来吃鼓藏。

（G-7，女，37岁，雷山野伊村，在华南师大打工）

此外，苗族古歌中也以说唱的形式记载了苗族妇女成群结队在山坡上劳作的情形。

---

❶ "粘"为地方方言，其意为跟随、尾随、伴随。
❷ "客家"为苗族对汉族人口的统称。"客家"相对应于"苗家"。

Maix mail wad ghangk ghok,	有群苗少妇，
Neel dol deib ghoek ghoek,	穿短裙又短，
Baob veex baob bal hliongk,	满山遍野钻，
Veex bal sait gangk niangk,	满坡满岭黑，
Dib neid dad diaot bat,	那些是哪样，
Nix ghoeb xid dos ait?	名字如何喊？
Ghab waix niol laos dliek,	昏天结大凌，
Laos jangd val waik waik,	还加碎米雪，
Ghab waix jek gangk niangk,	天空黑沉沉，
Jeex mail wad ghangk ghok,	就像短裙苗，
Baob veex baob bal hliongk.❶	满坡满岭钻。❷

这段歌词描述的是下雪后，山坡上还未被白雪覆盖，不少地方远远看去，穿青布衣的苗族妇女们，成群结队地钻山摘猪菜而呈现出来的景象。苗族自古没有文字，他们的诗歌和音乐创作皆来自民间，人们将自己经历过的生活、见闻就用诗歌的形式代代相传，用自己的歌声唱出自己的生活。苗族的诗歌都采用对答的方式，在人们之间一问一答传唱，诗歌创作形式多样、内容丰富，用的是拟人手法，这些由苗族人自创自唱的诗歌，活生生地传达了当时妇女们结伴劳作的真实生活情景。

(二) 聚会玩乐、走客小群体

这类妇女小群体聚集形式就比较广泛，不管是在城市还是在村寨、农忙还是在农闲季节、节庆还是平常日子，平时关系好的几个妇女就会找各种各样的理由聚在一起。礼尚往来是苗族社会的传统，如有哪个姐妹家有婚丧嫁娶等红白喜事，大家就会提前相约，约好穿什么样的衣服、戴哪种银项链和项圈，并说好见面时间和聚集点，一道前去主人家凑人气、喝酒。整齐划一的着装和爽朗的笑声构成一道美丽的风景线。若是在平日，以村寨一定的群体为单位的妇女们特别喜欢聚会。聚会的目的一方面是为了排忧解难、交流

---

❶ 贵州省黄平县民族事务委员会编. 苗族古歌古词（中集、酒歌）. 1988：762.
❷ 此段歌词节选于苗族古歌《Hxak Nieex，岁时节日歌》。是叙述一年之中，随着季节、时序的变化，人们过什么节，做什么活等一些民俗事象。

思想，而更多的是为了打发时光。❶

> 我们这几个是最喜欢在一起的，以前有十多个，今年只有我们六、七了个，有几个嫁出去了，也有的出去打工了。她们最喜欢到我家来聚，几乎每天都要来，我家没有娃娃读书，我的活路要少点，有姑娘和奶帮我做。她们来都要带绣花的东西来，我们在一起就吃饭、喝酒、绣花。喝完酒就绣花。最开心的时候就是大家在一起摆事情，聚在一起都舍不得走，一个说等一个回家，走也走不成，困了就倒在沙发上睡，刚醒来唱苗歌又清醒了。
>
> （T-2，女，48岁，雷山新塘）

除了平日的聚会，到了节日的时候，妇女们还会召集平日一起玩的妇女一起结伴外出。通常是一个小群体内部的人提议去哪里玩，这个群体的某个人又会把这消息传给自己家里的妯娌、同一房族的姐妹，这些妇女又会通知自己的小群体。话传开后，有时影响到整个寨子或者邻近的寨子，组成了一个三四十人的大群体。一般由发起人所属的小群体来组织和规划，联系旅游目的地的亲戚、旅游公司的大巴车、商量每个人所需的费用等。组织原则一般是自愿参团，若有人觉得价格不合理或者时间安排不过来可以退出活动。

> 我们村这里开放，离雷山近，车子方便。村长也支持我们女的，看我们喜欢在一起玩，2008年那年就说，看你们也没出过哪里，你们组织村里面的妇女看有没有人想出去旅游。我们几个都喜欢玩，就决定在三八妇女节那天去凯里爬香炉山。那刚我们村几乎所有女的都来了，还有莲花（邻近村寨）的也有几个，将近有40个人。我们一个人交50块钱，在车上我们一路上都在唱苗歌。去爬完山了还到下面我家亲戚那里走客吃饭、喝酒。从那时我们每年都要出去玩一次，太好玩了。
>
> （阿久，女，42岁，雷山鸡鸠村）

笔者在雷山县几个村中观察到，部分村寨的妇女都有结伴外出的愿望和经历，虽然其最初是如何兴起的已经无从得知。但可以肯定的是，这种文化

---

❶ 张晓. 西江苗族妇女口述史研究 [M]. 贵阳：贵州人民出版社，1997：189.

事项是经其他村寨与群体实践后传播而来。大家选择旅游的目的在于放松休闲、开阔眼界、增长见识等。除此之外，苗族妇女们外出旅游到他乡，不仅加深了姐妹之间的情谊，还会扩大自己的交友圈子。通过联系当地的亲戚和熟人，也加强了亲戚网络的联系。因此，妇女结群外出旅游是走亲访友的延伸。

（三）经商小群体

外出经商挣钱的苗族妇女小群体是在20世纪80年代改革开放浪潮的推动下，村寨里外出流动人口逐渐形成规模以后。直至20世纪80年代后期90年代初期，妇女们大量结伴外出找钱的现象才开始凸显。

从黄平谷陇镇各个寨子迁移到凯里的苗族妇女补衣群体就是其中一类。从笔者处于少年时期开始，无论严寒还是酷暑，何时都能见到几个苗族妇女（通常是七八个）聚集在凯里市中心位置，没有店铺也没有正式摊位，沿着人行道的路边，坐在自己随身携带的小板凳上，旁边的竹篮里放着补衣所需的所有工具：几十种颜色的绣花丝线、绣花针、绷布器以及需要用到的碎布条等。不同于普通的用布来补衣，这些妇女们是用绣花丝线在破了洞的衣服上，沿着衣服的纤维纹路把破洞织满。除了这些必备工具，这些刺绣好手们还会随身带着自己未完成苗衣的绣片，以便在没有生意的时候趁时间赶工、与同伴们互相欣赏、切磋技艺。

80年代我丈夫先来凯里工作，然后过了两三年我就跟到来了。当时我的两个娃娃还小，我就天天在家里面带他们、绣花。后来他们长大读初中了，是94、95年。我就看到其他老乡有的拣纸、有的卖菜找钱。平时我家里人衣服破了，我就补；隔壁邻居的衣服破了看我会绣花也喊我帮她们绣。后来也是为了供娃娃读书，我就邀请我家一个堂嫂，说我们一起去街上给人家补衣服去，我一个人去害羞得很，她也答应了。我们后来就拿起绣花的东西，和自己破的衣服在街上绣，我们两个是最早的。开始几天到街上还是有不少的人围观，还有人给我们照相。慢慢地生意就好起来了，那时候的衣服贵而且质量不太好，不像现在的衣服穿不烂。那时两三块钱补一个洞，一个月得600来块钱。后来我就喊起我家亲戚那些来，我认识的那些姐妹看到好做了，一个一个地就来了，我们全部是谷陇那边来的。现在都得十多年了，我们人也越来越多，快有 20 个了。现在补那种好衣服的话一个洞都要十块，我们一个月可以得到一两千块钱。但是都是我们这种年纪的，年轻姑娘都不会了。

（阿剖，49 岁，从黄平谷陇到凯里补衣，凯里大十字）

从以上几种小群体的结群形式的田野调查，可以看到苗族妇女环绕在农业劳动、节日庆典、生命礼俗、外出游玩和经商等场合的结群，是苗族社会一种比较常态的现象，并普遍存在于黔东南苗族地区。她们一起绣花、做农活、相互交流技艺，并传承民族文化；或基于女性群体的自我认同与情感交流，相互提供情感支持和自我表达的机会，她们从中获得了积极正向自我认同与价值感的重要助力。此外，基于血缘和地域关系之间的走亲访友，以及平时生活经验的共享以及老幼两代之间的濡化教育与文化传承，妇女们建立起牢固的相互共享、相互认同，相互维持的社会网络关系。这样的女性社会网络，为苗族女性个体的生存发展提供了有力的支撑。

二、苗族妇女小群体的社会功能

综上所述，妇女小群体在人类学的研究中，主要是强调女性结群所展现的自主与独立，或与社会关系所产生的互动性。其主要功能包括：一是维护小群体的价值观，她们抱有相同的观念和价值而聚集在一起，内部人员的密切关系增强了小群体内部的内聚力；二是为小群体成员提供满足感、满足其交流情感的需要，小群体能够给妇女成员地位的认同，和其他有着相同经验妇女沟通和交流的机会；小群体作为一种约束成员的力量，她们聚集在一起的场域可以让成员们顺从群体文化价值观，并通过互相传播的方式，起到教育和传承文化的目的。总之，其意义在于分享生活经验、凝聚集体的力量以及维系人际关系，所延伸的价值则是共享相同的文化体系与记忆。她们通过结伴成群的力量，无论是在传统的村落还是现代都市，以不同的形式维护着女性的自主权并共享生活经验，拥有着自己的独特空间，扮演着自己的社会角色。

文化变迁是苗族社会和文化必然经历的过程，势必会影响到其文化内部各个方面的变化。苗族妇女小群体作为文化的其中一部分，也在与外界不断地发生接触，自身也在不断变化。前文论述过苗族的农耕社会是苗族妇女小群体普遍存在的根基，为了进行比较，我们假定传统的苗族农耕社会是静止状态：村落以家族血缘为纽带、保持原生的生计方式、人们也未离土离乡流动。因此，本文将主要叙述四种不同中的妇女结群现象和结群方式，与假定静止的传统状态作比较。第一种是未曾离开家乡，但旅游的大开发行为影响了她们农作的生计和结群方式的西江妇女小群体；第二种是雷山县新塘村的妇女小群体，这群妇女皆外出打过工，之后又流动回乡，在她们身上，苗族文化出现过中断的状态：相对于村里未出门的妇女，她们见过世面，带有汉族文化，回乡后又必须选择延续过去的苗族文化，辗转在城乡两地，于是呈现出在失落中选择的尴尬境地；第三种是建立在广州华南师大中的一个临时寨子里打工的妇女小群体，她们离土又离乡，于大都市中努力调试自己并维持传统文化的延续；第四种是从黄平流动到凯里市工作并定居，已从农业转变为城市身份的苗族妇女小群体。其目的在于将苗族妇女小群体置于苗族文化体系中，置于苗语生活世界的语境中来解读其社会功能。

第二章　西江苗族妇女小群体：在位与错位

第一节　西江旅游开发背景

西江镇位于贵州省雷山县的东北部，处在东经 108°5′~108°22′，北纬 26°20′~26°34′。镇人民政府驻地西江距县城 37 公里，距州府凯里 39 公里，海拔 833 米。全镇国土面积为 187.8 平方公里。耕地面积 15858.8 亩，人均 0.66 亩。西江镇北邻台江县，西北接凯里市，西面是郎德镇，南面临城关镇，东北面紧靠巍峨的苗岭主峰——国家级自然保护区雷公山。西江镇属亚热带季风气候区，气候温暖，热量条件较好，适宜农、林、牧业生产。

西江镇于 1992 年 4 月撤区并乡建镇时，由原来的黄里乡、白莲乡、大沟乡和西江镇三乡一镇合并而成，辖 24 个行政村，58 个自然寨，222 个村民小组及 1 个居委会，全镇共有 5759 户，总人口 24147 人，其中农业人口 23583 人，占总人口的 97.66%，非农业人口 564 人，占总人口的 2.34%；男 12711

人，占总人口的52%，女11436人，占人口总数的47.3%，男女比例接近1∶1；全镇共有5个少数民族，其中苗族21585人，占总人口的89.4%，侗族53人，水族2人，彝族5人，壮族2人，是一个少数民族聚居的乡镇。❶

历史悠久的西江千户苗寨是隶属西江镇的最大村寨。她因其景美如画，更有着丰厚的苗族文化积淀而闻名中外。20世纪80年代开展旅游的势头开始萌芽，随后，政府又分别于2002年至2008间开展了两次大规模的开发及系列遴选行动。2005年，国家民族博物馆批准雷山县创立"中国苗族文化研究中心"，成立"中国民族博物馆西江千户苗寨馆"。尤其是在2008年贵州省第三届旅游产业发展大会背景下，政府部门审时度势，提出了以"看西江知天下苗寨"为主题规划设计方案，打造原生态民族民间特色文化。从此以后，西江村寨旅游在此背景下大放异彩，让"天下苗寨"的名片享誉天下。2009年，西江景区接待游客达63万人次，旅游收入达1.4亿元，财税收入达300万元，农民人均纯收入由上年的1600元上升到去年的3800元。近年来，政府通过建网站、促销手段、品茗会、上海世博西江公众论坛等手段，全力打造西江旅游品牌的推介。西江千户苗寨知名度和影响力逐年提高，通过节日搭台和旅游文化唱戏等方式，直接投身参与乡村旅游的农户和返乡创业人员越来越多，并涌现出了一批成功创业典型。目前，通过旅游带动，西江外出务工的1150名农民已有325名返乡创业和参与旅游，现在西江千户苗寨苗家乐接待户已发展到138户，歌舞表演人员达180余人，服务人员达600余人，宾馆客栈发展到8个（其中二星级宾馆1个），餐饮店发展到18家，民族工艺品店发展到75家。❷ 这些过去一直是靠山吃山、靠水吃水的农民，现在被卷进了旅游开发大潮。在这后面两节里，笔者将探寻西江在旅游开发的浪潮下，苗族妇女参与其中所产生的地方和位置相关的经验和认同。在全球化和现代化的影响下，政府的开发策略和游客的旅游方式所产生的文化冲击，将她们置于边缘地位和"文化改造"的位置上。而西江在政府开展文化村寨旅游的推动下，为本地人带来了经济效益。用民族文化招牌打造旅游，另一方

---

❶ 雷山县人民政府门户网站 http：//www. leishan. gov. cn/page. jsp? urltype = news. NewsContentUrl&wbnewsid = 102570&wbtreeid = 10607.

❷ 雷山县人民政府门户网站 http：//www. leishan. gov. cn/page. jsp? urltype = news. NewsContentUrl&wbnewsid = 102570&wbtreeid = 10607.

面又让苗族妇女们体会到了她们的价值,结群的方式也让她们在旅游开发中"处于合适的位置"。

第二节 旅游开发中平衡发展的幻象

政府将西江的苗族文化作为资源而进行市场经济的旅游开发。在如火如荼地开发旅游过程中,各级政府机构运用了大量的文化促销手段,打造了西江千户苗寨这张文化名片,并推广至国内外。"看西江知天下苗寨"这句宣传广告词不仅容易让世人们误解西江是世界各地各种苗族的唯一样本,也体现出政府在文化再生产中运用的行政策略。众所周知,发展是社会的需要,然而,如果把发展建立在掌权者对资源的强行占用,以剥夺的方式威胁到这些资源拥有者的权力,使西江苗族老百姓置于他者和边缘地位,原本应该平衡发展的天平受到行政干预、旅游者对苗族妇女的刻板印象、商业化导向等多重他者的挑战。

> 下面搞的那十栋,一点都不好看。现在新修的这些房子,不像苗族的,又不像侗族的。根本就没有西江的建筑风格。有一次放铜鼓声音时,有十多个游客就说,西江有和尚吗?那边有那么多庙,可能有和尚吧。
>
> 过去那样的田坝坝才好。以前的田坝坝水很清,现在他们把河围起,河道变窄变深了。有一天我在河边洗衣服,脚踩在河边的松沙子上面,不小心就滑到了河里面。后来有个一直在旁边给我照相的游客看见了,才跑下来拉我上来,不然我可能都不站在这里了。
>
> (X-2,女,36,苗族)
>
> 现在我们去参加一次接待,一个人一次才得七块钱。是这样的,听说是政府给十块,组织的那个人又吃一些去了,站在中间唱歌敬酒的要漂亮、年轻点,可以得十块,我们老太太就得七块。而且西江开发得三年多了,门票一年给一家百分之五,实际上最多给百分之一,光是国庆节的门票收入就是四千多万块。反正大家都晓得,但是也只有这样。
>
> (乌某,女,64岁,苗族)

从西江人的角度看，官方对西江的开发剥夺了西江人自身的文化主体权利，官方和投资商合谋，从开发中获取最大利益，这是一种不平等的开发，然而，这样的发展却是违背主体间性的发展原则和理念的。哈贝马斯认为人是交往性的存在者，自我与他者、主体与主体之间必然存在于集体主体中，只有在集体主体中进行理性的交往行动，平等地进行商谈，获得真理有效性的共识，在商谈共识的基础上才能使多元价值主体和谐共生在集体主体和共同体主体中。❶ 主体间性还涉及自我与他人、个体与社会的关系，主体间性不是把自我看作原子式的个体，而是看作与其他主体的共在，主体间性即交互主体性，是主体与主体间的共在关系。主体间性是建立交往关系的基础上，是人们理解交往关系的关键。官方在西江的开发中首先应涉及当地人的主体生存发展权利，而不是主客二分基础上主体征服，是自我主体与对象主体的平等交互活动。民族旅游地的开发不应该将当地农民的生存根基作为发展代价，西江老百姓不能作为旅游开发的被掠夺的他者。建立在官方、开发商和当地人平等互利的基础上的开发才是互为主体的开发。

为了吸引外界旅游者的眼光，政府向西江农民征地，在村寨中进行步道、观景台、风雨桥等民族文化景观设施建设。除此之外，还开展了大量的西江旅游品牌的推介，在政府的引导下，西江依附于土地的农民转身投向旅游业。这样的努力的确让大规模游客涌入西江，让西江的部分老百姓获得了一定的经济效益。然而，在西江知名度逐步提升、客源市场不断增大的同时，来自外界的各种文化也随之冲击到传统的西江文化，两种文化在这个开放的村寨中不断相互撞击，令西江的老百姓措手不及。苗族旅游广告，都是用苗族妇女作为消费对象，并以此作为旅游市场的商品。政府、旅游公司和媒介都用苗族妇女身着银装、举着牛角杯、嘴角带着甜美的笑容出现在商业广告前，这种霸权式的性别诱惑成了苗族妇女商品化的典型代表。进而造成了外界对苗族文化和苗族妇女的理解偏差和刻板化印象。在西江经营农家乐的苗族妇女 X-5 就这样抱怨过旅客和西江妇女之间的主体地位不对等状态。

有些旅客来问，苗族姑娘是哪样意思？这里有没有苗族姑娘当

---

❶ 杨培德. 从主体性与主体间性视角反思发展话语：以贵州少数民族地区发展为例 [J]. 苗学研究, 2010 (4).

小姐的？有时去敬酒，有些人就色迷迷地看你，热天家还来摸你大腿。假如你服务不到位，他们不高兴了还威胁叫你的老板娘来。他们就边吼边讲这里服务一点都不好，说一会要我们这里的苗族姑娘送他们回家。我说我们家没有这种，苗族没有这服务。我们西江苗族姑娘是漂亮，但是也很干净，绝对不是你说的那样，跟你敬酒、倒酒有，但是要跟你上床是没有的！他还吼我们，说你们这些苗族太保守，太没有意思了！用那些苗族姑娘做宣传有什么用？

（X-5，女，30岁，苗族）

现在游客太多，有的时候很烦。这次鼓藏节旅客太多了。我只要穿起我的衣服那些游客就喜欢来给我照相。有一次有个游客要和我一起照，我站在他旁边照了一张，我没有笑。后来他又要我重新和他照一张，我不想笑他非要我笑。后来没办法我就轻轻笑了一下，好像我们苗族女孩子就要专门给他们拍照一样，下次再也不答应去拍了，给我钱也不拍。

（小李，女，19岁，苗族）

如今西江苗族女性的遭遇也同样反映国家社会性别话语与乡村社区的社会性别建构，既互为表里，又相互拒斥。我们从西江这里可以看见，旅游开发商和政府深知一般游客的猎奇心理，将西江的女性服饰、女性形象作为满足他们获得苗族女性旅游商标的浪漫情怀。我们也能明显看到旅游策略塑造西江苗族女性"美丽"的特质，而广告中所强调的美丽，依然是建构在讨好男性权威的前提之下。西江女性在广告中作为推介者，被塑造成外貌美丽和具吸引力的主要角色，她们的出现纯粹被当作吸引男性或游客的工具。西江姑娘的美确实驰名中外，而这样的印象容易让外界将他们对苗族社会的新鲜感同性别和性相关的话题联系在一起，形成固定的刻板印象。性别刻板印象展现在两个层面上：一是社会文化的层面，例如社会中期待女性要被动热情、温柔体贴，期待男性主动积极、坚定刚强。另一个是存在个人的认知信念系统中，例如某人对自己说"我是女生，应该被动不可以主动"，或"我是男生，应该理科比较好，文科比较弱"等，这个层面是个体内化的过程。

美国学者路易莎在西江调查时曾把这种旅游文化中少数民族少女的歌舞表演，与国内外对少数民族文化无休止的消费欲望联系起来，她将这种趋势称之为"内部东方主义"的兴起。她采用"内部东方主义"的说法来描述中国内部民族之间造就的形象和文化、政治统治之间的关系。外地旅客、村寨中的男性精英成为各种情境中流动的他者,在背后指使苗族女性把文化搬到舞台和游客的摄影机之下,将苗族女性置于不能发声的边缘地位。"东方主义"的概念来自巴勒斯坦裔美国学者萨伊德(Edward W. Said),他赋予该词三个方面的含义,即关于东方的一种学术研究学科,以东西方相区分为基础的一种思维方式,以及西方对东方进行描述、殖民、统治的一种权力话语。作为一种认知模式的东方主义,其基本特征就在于二分法和本质化,即明确地区分出"自我"和与自己相异的"他者"。[1] 简言之,内部东方主义就是国内对少数民族进行本质化的概述和想象,而西江的年轻姑娘也已经把外界对她们漂亮、热情、能歌善舞的特质内化了,并以此转化为展示的商品。她们以西方和外界作为自己的认知和自我批判的镜像,"够开放、够热情,客人才喜欢"的说法成为她们是否受旅游者喜欢的评判标准。X-5和小李遇到游客无礼要求时的表述,涉及外部文化在和西江文化碰撞之下,弱势民族中的女性群体的无奈,表达了她们在这种"内部东方主义者"交往中的困惑。本章的下一节,笔者将讨论的是,多方利益集团操控的西江旅游带来的不平衡开发背景下,苗族妇女如何通过结群,主动地在旅游商业语境中寻求自我生存和发展的策略。探寻在这过程里,西江苗族妇女小群体与西江传统文化的互动方式。

第三节　在传统与现代旅游冲击间徘徊的妇女小群体

苗族的分布特点自古以来是大散居、小聚居的形式。而西江苗寨一千多户的聚居规模、独有的传承体系得以让历史悠久的西江文化保存得较完整。自进入20世纪80年代旅游产业兴起以后,苗族文化和外界文化的交流变得前所未有的频繁,西江的变迁速度也在加速。西江苗族妇女在社会和家庭中承担着抚养子女、养老、负责家庭成员衣食住行等多重角色,是西江文化不可或缺的创造者和传承者。在原有社会结构遭到猛烈冲击的情境下,作为西

---

[1] [美]萨伊德. 东方学[M]. 王宇根译. 上海:三联书店,1999:47.

江文化传承主体的行为方式和价值观也在发生重大转型，妇女们结群的方式、功能也随之改变。在旅游威胁到她们传统的群体生活时，西江妇女仍将结群策略作为她们积极适应社区文化转型的能动手段。

一、传统西江妇女的社会结群与文化维系

苗族本土学者张晓在对西江苗族妇女小群体上的研究在20世纪90年代就有所创新。她注意到了西江妇女们之间患难共处的姐妹情谊并为之深深打动，除了建立在友情之上的感情交流，西江妇女们开朗的性格让她们经常自发组织在一起参加社会娱乐活动和社区家族间的事项。总之，妇女小群体间的成员总是想方设法待在一起，找各种活动打发空闲时间、并建立起互助信任的结群传统。张晓将这种紧密的小群体现象放在西江文化大背景下分析，认为结群是由于西江妇女与男性之间的疏远而导致的同性间的亲近。无论是在当代还是相对较传统的西江村寨，妇女们在文化的规约下，以各种各样的形式结群。有仅仅建立在友谊关系上的群体，也有妯娌间、婆媳间、互相帮助解决困难、分享彼此欢乐的群体。总之，各个年龄阶段、各种身份、根据各种需要的妇女都以小群体的形式存在。

同时，西江妇女和男性之间的男主外、女主内的劳动分工决定了妇女们负责家庭的衣着、饮食和特定的礼仪文化。小群体一定程度地促进了西江妇女情感的健康生活态度的形成，在客观上也起到了对文化的创造和传承的作用。

在小群体中，西江妇女们用说唱文学接受群体内部成员的自我教育；相互切磋唱歌、刺绣和纺纱技艺；苗族特色饮食菜谱如酸菜、酸汤鱼、腌鱼、鸡稀饭、冻鱼、冷酸汤等都是西江苗族妇女们集体智慧的结晶；在亲友互访、联系情感这种重大的生活环节，也得有妇女们来张罗和计划，为主人家凑热闹。除了创造文化，小群体也是传承文化的理想场域和手段。一代代的妇女们通过习得上一代妇女们的技艺后传给下一代。而许多个妇女小群体又把她们创造的文化互相传播。苗族文化就在纵、横两种传承链中得以积累和创造。总之，西江传统妇女小群体倾诉、教育、传承的多维功能反映了西江苗族妇女并非是被动的他者，她们不仅仅是男性的附庸，她们在苗族社会里，是苗族文化创造传承的主角之一。站在苗族女性的视角，张晓作为本土研究者，

起到了代言西江普通妇女的作用,她对西江妇女小群体今后的走向、苗族传统文化的断裂更为担忧:"如果妇女小群体解体了,'环'不在了,'链'就要断,传统文化也会失传。这是妇女小群体和传统文化的最终结局!"❶

世界上不存在一个固守不变的文化,变迁是任何一个文化和社会的常态。唯一不变的正是变迁,"统"也因"传"才能存在,而没有创新的文化是没有生命力的。在西江文化如此剧烈的转型下,西江妇女的角色如何改变?小群体是解体还是继续生存?能否依旧发挥过去多维的功能?群体中人与人的关系依然建立在相互信任和依赖上吗?西江妇女在日常生活中用她们的实践以及在社区中承担的劳动分工、角色的变化回答了这些问题。

二、旅游冲击下妇女小群体的变迁与转型

在当前西江旅游开发的背景下以及多元利益的博弈下,西江妇女小群体的传统结群方式、社会网络与文化传承遭到了前所未有的冲击。在新的发展语境下,西江妇女也在发挥着她们的能动性,主动调适和应对着社会的变迁。在张晓教授看来,妇女小群体不完全是一个封闭的体系,她在一定程度上与社会发生着这样或那样的联系。每一代妇女都在继承着上一代妇女的文化,同时又在创造着自己这个时代的文化;每一代妇女可能发展和丰富了上一代妇女创造的某部分文化,但也有可能失落上一代妇女创造的另一部分文化。西江苗族妇女小群体是在运动、变化中创造和传承文化。❷

(一)旅游开发中的在位与失落

2010年11月,笔者借雷山县委县政府举办的"雷山苗年节暨西江鼓藏节"的契机,走进了西江苗寨,接触并认识了西江各年龄层的妇女。虽然笔者也是苗族,但是对西江的苗族文化并不是很熟悉。在与不同的妇女接触过后,发现要认识西江当下的小传统文化,这些妇女是最好的口述对象,于是笔者与她们交上了朋友。在西江对笔者帮助最大的就是原西江小学的老师X-1,她们小群体精彩的故事吸引了笔者。在闲暇时,她还带笔者认识了她所在圈子里的其他妇女,让笔者感觉在西江的日子尤为欢乐和充实。X-1老

---

❶ 张晓. 西江苗族妇女口述史研究[M]. 贵阳:贵州人民出版社,1997:206.
❷ 张晓. 妇女小群体与服饰文化传承:以贵州西江苗族为例[J]. 艺术人类学,2000(4).

师已退休,她健康的心态并没有让笔者感到她已进入耳顺之年。也许正是她乐观开朗的性格,她周围的人也都是比较友好且善于言谈和交往的。也正因如此,她不管在原单位,还是后来退休在家,都曾号召过许多西江妇女,与她们的妇女群体结成了姐妹情谊,还开展了许多丰富的文化活动。

> 以前我在学校的时候,我们那个时候参加活动都拿奖的。我们学校的女同志跳舞比赛,全区的一二三等奖都拿完了。年轻的时候我们班都厉害得很,都是我去编舞、教她们跳。还喊我们去乡下表演。我这个人就是爱好。我一参加工作就当少先队大队辅导员,后来到工会,又是搞文艺这方面。后来又在学校搞了七八年的妇代会。我这个人就是喜欢大家商量、和和睦睦地一起搞。不管在哪里,她们都蛮喜欢我的。我这个人又好交朋友,到三八节老师全部到我家这里过节。我们以前还打球,得的奖旗可以挂一排墙壁。
>
> (X-1,女,60岁,苗族)

以上是 X-1 对过去在单位中积极组织大家开展活动的经历,这些经历和她的人脉,为后来她与非政府组织成功合作开展文化传承项目打下了很好的基础。

> 2005年,开始时××老师来搞民族文化传承的项目,我们两个是从小很好的朋友,所以就让我和她合作,当时我每天晚上下班了还每个村寨、每一家去走访,当时也不觉得累,自己爱好这些。可是她搞了两年以后我们就散了。2007年我觉得西江那么冷清,我就和她姐说,我们年纪也不大,就组织搞个民族文化团,搞刺绣,跳舞那些。后来我们商量好了就去对面的几个朋友家讲。她们也说她们想搞,后来大家都聚集到我家来。一个喊一个的又喊起几个朋友。大家都不约而同地商量到这个问题。然后大家就定在11月19号,我们就组织了。开始也是来几十个人。人越来越多,老老少少有一百多个人。结果我们组织起来了。我说我们组织你们搞这个,我们没有钱,要大家自己出钱来买芦笙啊、修芦笙,要垫啊。这些老百姓也是听话,我们在一起互相学跳芦笙舞,跳鱼鳞舞,还有一种是翻身舞,还有踩鼓舞,还有铜鼓舞。跳得老实起劲,老的来得最积

极。我们在那时也和 X-2、X-3、X-4 她们几个结成了最好的朋友，我们什么话都说，有什么活动一起参加。

（X-1，女，60岁，苗族）

X-1 积极组织了西江大寨老老少少近百妇女进行苗族文化传承活动。她自己在获得了自我价值实现的同时，也使西江妇女小群体在文化传承中获得了女性情感寄托。2008 年旅游发展大会召开，西江开始了大开发，官方称这是西江旅游开发历史上的转折点。而对于 X-1 这伙妇女小群体来说，这个转折点是一个巨大的挑战。

2008 年旅发大会开始后，我们这个队伍就散了。那以后什么都要钱了，唱歌、跳芦笙都要请钱了，我们这个队伍本身没有钱。以前大家热热闹闹的，自己出钱。旅发大会一搞以后，都成商业化了。那些老奶奶现在也老了，做不动别的农活了，所以她们有这个去挣钱的机会也高兴得很。现在如果让我重新组织，很不好搞。原因还是没有钱。我都觉得没有意思了。

政府和旅游公司这个时候就利用我们这个资源，他们就拿来做生意。我们这个队伍被旅游公司拿现成了。现在在寨门迎客的全是我们队的，她们一天可得 14 块，早上 7 块、晚上 7 块。晚上唱歌那些也是我们的队员，唱一场 7 块。一天做得多就得 28 块。现在艺术团算是解散了，都去挣钱了。芦笙队和歌舞队全部是他们掌管了。那时我这个人在西江妇女们对我很好，很尊重我，我去喊都听我的。现在要有点钱才喊得动。

（X-1，女，60岁，苗族）

旅游开发导致艺术团的解散不仅让 X-1 感到莫大的失落，更大的冲击是她原本通过艺术团这个桥梁结识的姐妹们，也因生计问题，每天都要加入到政府组织的接待和展演中，与她的关系渐渐地淡了。虽然有着共同的爱好和兴趣，也有着过去共同参加活动的经历，但接触的时间少了，能讲知心话、在一起喝酒聚会的机会也少了。西江女性无论年纪大小都参与到旅游的商业活动中。这个小群体中的阿兰和阿丽、阿红（化名）运用她们仍较年轻的条件投入到政府开展的接待和展演活动，结成了以挣钱为基础的商业演出小群体；而 X-1 和儿媳妇则选择自己开办农家乐，分别与家中的媳妇和妯娌结成了小群体。

> 我现在就主要是搞农家乐，有媳妇帮我。现在最信任的人就是我的媳妇，有什么心里话我们都互相摆。我现在还是和那几个玩得很好，但是大家都太忙了，没有时间见面。我想找人说知心话的时候就找媳妇摆，我们经常摆话摆到十二点才去睡觉。她们个个讲你们两个像两娘崽一样。媳妇只有一个，大家都是平等的，互相尊重，计较那些做什么？
>
> （X-1，女，60岁，苗族）

可见，西江的妇女们就算再忙再苦，仍然有结群的需要，只不过结群的方式在政府的旅游开发中形式发生了变化。为了满足每天游客观光的需要，她们必须改变各自的作息时间和生计方式，于固定的时间和场所聚集在一起，到了节庆日则会更加繁忙。在西江鼓藏节，政府为了吸引游客，将男女对情歌的场景作为西江的旅游资源，搬到了众目睽睽视野的舞台上。政府组织已婚妇女和男性们每晚到风雨桥上对唱情意绵绵的情歌。每晚从8点开始，到9点结束。每次唱完，由"队长"负责签到，并记录唱歌次数，按公分制度发给每个人工钱。

西江妇女群体在旅游开发中作为活跃的角色，正好迎合外界和官方以苗族女性的女性生理特征为卖点。返乡创业妇女李珍，来自东引村，曾贷款30多万元投资开办"阿浓苗家"农家乐。至2009年底，其农家乐经营纯收入达100余万元，日最高收入达到1万元以上，成为典型的农村致富带头人。通常她家的农家乐没有那么多的姑娘，一旦来客人时，李珍就会叫上她的两、三个同龄伙伴，一起在门前唱歌迎宾。唱一次付给对方30元，若还陪客人喝酒的话，一次付50元。西江女性的刻板印象让外界把她们当成了性对象，农家乐里面的女孩们也会结伴一起在门外穿着西江服饰迎接客人，唱着苗族飞歌，手握着苗族牛角杯，旅客们不停为她们拍照，唱完后敬酒。在农家乐里，外来游客面对前来服务的苗族女孩们，一边搂着一个女孩，时不时还将充满酒气的脸凑到她们脸上亲吻。而姑娘们自己似乎也并不排斥这样的行为，年轻姑娘们已经把外界对她们漂亮、热情、能歌善舞的特质内化，并转化为行为，在资本刺激下"够开放、够热情，客人才喜欢"的说法成为她们是否受旅游者喜欢的评判标准。

显然这种结群方式扰乱了过去的社会结构，使人际关系分散，也使亲戚之间的关系变得疏远，自发组织的情感上建立的团体已经被拆散了。而那些被旅游表演边缘化的妇女就只有另谋生路，经营起自己的农家乐或是货物小摊。总之，无论如何，西江苗族妇女在旅游开发中，都在设法寻找适合自己的位置，探求发展的策略。与之相对应的是，西江中老年苗族男性，在社会参与的程度上远远没有他们的妻子活跃。他们仍然徘徊在农业以及剩余劳动力的边缘。他们要不参与到妻子经营活动中去，要不就以另外的方式另谋出路。

> 现在他们唱的歌全不是正宗的苗族歌，我不喜欢去唱了。现在去开发这种，不喜欢去凑那种热闹了。我很看不惯那些搞表演给外人看，家里搞农家乐我都不是很支持。是我老婆各自己搞，搞得好不好我也不管。我平时住在老房子，不和他们住在农家乐这边。我自己靠整草药找钱，我大部分时间都在凯里卖草药，或者各个县到处跑，给人治病。我不喜欢去那种场合，我教别人吹芦笙，教别人练歌。从古代以来的那些事情我都懂，现在我不喜欢讲，讲了那些游客又不懂。

（孙某，男，65岁，苗族）

(二) 西江妇女服饰文化的传承和变迁

虽然西江苗族妇女小群体没有完全解体，但由于其形式和结构的变化，她们的功能也发生了蜕变，在保留传统文化同时也促使了部分传统文化渐渐流失。尤其是在旅游开发的浪潮下，游客对苗族文化的猎奇促使了西江妇女们将传统文化转变成商品出售。商品带来的高效益一方面提醒了老百姓保护传统文化的意识。同时也加快了她们将传统文化加入到文化再生产中。如今的西江，在政府的努力下，被打造成了国家4A级景区。村寨内浓厚的商业气息，已经很难想象出今后的西江人民在旅游业中能走多远。无论任何人进入寨门，都要交纳60元钱的门票。主街道上到处都是背着相机、拖着行李箱的游客，街道两边店面和农家乐的商家们想方设法把各种有关苗族文化打造成商品放在商店里出售，包括提供给游客拍照的新款苗族服饰、各种口味的糍粑和各种银首饰、以及苗族妇女们亲手绣的绣片等。几乎所有的西江农民都借政府宣传的机会，从游客身上获利。

西江妇女平日的装扮也在这股潮流风下盛行开来，大街小巷无论是本地人还是游客，都穿上既方便又美观的灯芯绒布料上衣，头顶挽上高高的发髻，下身和鞋子则穿上时尚潮流的款式。这种即代表雷山苗族经典形象又融合了现代元素的打扮，即刻成了超越西江之外，扩展到整个雷山县各个年龄层、各工作单位和身份妇女的代表服饰。西江每个妇女至少都会有两件以上的便装，自己手工缝制的盛装则很珍贵，一个女孩只有一套。然而，现在游客对苗族盛装和银饰需求量逐渐加大，妇女们便由不得自己多备几套，以便游客所需。

> 过去我出嫁的时候，都没得穿，盛装是我嫁过来才慢慢做的。我现在好羡慕她们得穿这种衣服。以前七几年"文化大革命"后期的时候，穿着说是牛鬼蛇神，要着斗。现在搞旅游了，你想要几套都可以，搞多了自己卖去也得钱嘛。
>
> 有些客人来我家住的时候说，你家是苗家，应该有盛装，她们很想穿起去照相。后来我就多用机子做了两套盛装，再买点假银子配起，反正他们只是用去照相，不一定要很好的那种，那种只有我们自己穿去跳芦笙，平常保管很好的。但是以前也有个外省的来跟我买一套衣服走，是手工做的，我开了一万块钱卖给他，他也买走了。
>
> （X-6，48岁，女，苗族）

从口述中不难看出，旅游业的盛行也并没有彻底销毁苗族服饰的生存和发展空间。相反，游客大量的需求是西江苗族服饰存在和发展的强化剂。而能让西江服饰得以那么容易获得的物质条件就是普遍机器制衣手段的推广，机器绣花和裁剪比自己手工一针一线地缝远远来得快。而这种制造成衣的过程和时间虽然缩短了，但是技艺的精湛水平却大大地打了折扣。传统上，姑娘的盛装都是由奶奶、妈妈和女儿三代人一针一线的辛劳汗水换来的，机器绣针法却比手工的简单得多。工业制衣也容易导致大家对苗族服饰的精美技艺的淡化和健忘。古老的绣法和图案在一代代地失传,年轻一代的姑娘也再没有精力去传承绣花技艺了。西江苗族传统服饰文化在资本化的同时,也出现了断层危机。

(三) 西江妇女教育子女的文化传承

我们每一个社会人长大成人,必定要经过在家庭和社会两个层面的社会化过程,教育子女是一种社会性行为。西江文化对妇女传统角色的规约下,妇女只能限于在家中养育子女、照顾家人日常起居和饮食,这样的角色期望深深蒂固在妇女和男性的思想中,导致两性在教育子女上的分工差异。女人要经历生育孩子的痛苦才能算作一个真正的女人,要把孩子抚养成才才能算是一个好女人。如今西江旅游业的发展,无疑为西江妇女们提供了一个经济上独立的好机会。然而,当她们将自己投入到商业中来时,必然会忽略对孩子的教育。过去妇女们聚集在一起的场域,就是让下一代姑娘得到社会化的重要场所,妇女们唱各种各样的民谣和理辞,年轻姑娘们也会在一旁聆听、一字一句地学,对这些传统耳濡目染,在此形成了社会承认的价值观。由于现在妇女小群体的成员聚集的时间本来就很少,再加上家中的姑娘要接受学校教育和打工挣钱,也就不屑于母亲和姨妈们聚集时所做的行为、所唱的歌了。

> 我们苗家要求姑娘要非常含蓄,内敛。跳芦笙时不能大笑、乱张望。如果跳芦笙的话在上面乱讲话,东张西望,就觉得这个姑娘很轻浮,不认真,疯得很。

> 我对这个孙崽一点没得法。她去学校老师就讲好好的,讲你不要骂奶奶,奶奶对你好的。哪晓得她回家还是这个德行。在家你要是讲她一点,她反过来吼你。孙女不听话、不勤快不行的。一点都没得礼貌,还骂我猪头、猪奶奶。不知道跟哪个学的。娃娃一点都不怕大人。以前我爸有威信,他不怕我们自己都怕。她爸没有威信,整天对她都是笑嘻嘻的,也不讲她。骂我是猪奶奶,她爸爸都不讲,做父母的要言传身教。我吼她,她爸还来讲我,我吼她,她还说,我叫爸爸吼死你。她知道了,所以就狡猾,还知道告她爷爷。以前我们在家怕爸爸老火,在家有客来吃饭,都要他点头,我们才敢夹菜吃。

(X-1,女,60岁,苗族)

以上的叙述表达了妇女们在家庭中抚养小孩的重要角色，而男人对此则不用负很大的责任。X-1用过去在家受到的父母对待经历，与她亲手带大的女儿做对比，将自己过去在家中受教育的标准用到教育孙女的身上。遗憾的是，这样的方法并不奏效。再加上丈夫和儿子对其的宠爱，使得小孙女养成了不羁的性格，对家中的长辈也并不惧怕，这与她们心中女孩子应该是要温柔和含蓄、尊重长辈的理想目标有一定落差。

（四）村寨互助和礼俗传统的流失

我国著名社会学家费孝通就把西方和中国乡土社会的结构作了区分，将我国的基层社会结构形容为"一根根私人联系所构成的网络"的差序格局。在差序格局中，社会关系是逐渐从一个一个人推出去的，是私人联系的增加，社会范围是一根根私人联系所构成的网络，乡土社会中每一层社会关系网络和社会秩序的构成是靠"礼治"来维持的。❶ 苗族是个很注重礼俗的民族，西江村寨家族众多、家户分布密集。因此，其礼俗在整个文化系统里占有很重要的地位。西江苗族妇女要满足自己的需要就要互相合作，她们之间频繁的走动和交流加强了这种网络的联系。文章前部分也提到了妇女小群体一个重要的功能就是维持妇女、姐妹之间互助合作体系，无论是平时里亲戚朋友间的走动还是节庆之时，西江苗族宴请的客人就有可能是整个家族的人。而最先请到的人则是自己血缘线上的亲人，逐渐慢慢地扩大到亲缘和地缘等更大的范围。西江苗族妇女虽然在苗族社会中都不曾在家族世袭制里占有地位，可是，她们在亲属间感情的联络或举办礼俗中都发挥着重要作用。在家庭中，请客送礼、待人接物，大权是在女人手中，妇女们还会积极张罗饭菜、陪客人、帮主人家凑热闹。同时，通常谁家娶媳妇或谁家嫁姑娘、生小孩的话，在很长一段时间内也是妇女小群体间议论的话题。❷ 而现在由于旅游开发需要大量的妇女参与，再加上商业社会价值观的冲击，维护礼俗文化的主力军也变得力不从心。

> 现在我们想招人，都招不过来，没有钱。西江现在请人贵得很。比如说我们搞农家乐，一个人给五十块钱都找不到。给少了她们是

---

❶ 费孝通. 乡土中国　生育制度［M］. 北京：北京大学出版社，2005.
❷ 张晓. 西江苗族妇女口述史研究［M］. 贵阳：贵州人民出版社，1997：89.

不会来的。现在西江的劳动力成了商品劳动力。以前你帮我、我帮你，一天十来块钱就不得了。现在大家七十、八十一天，帮去做活路。以前是以前，现在是现在。时代不同了。以前我们哥兄老弟互相帮忙，吃点饭就行了。现在你家是做生意的，人家来帮忙，不给钱也不好。现在叔伯兄弟、亲戚朋友的关系都淡化了，全部是讲钱。我们也很少来往了。照这样发展下去很麻烦。

（X-1，女，60岁，苗族）

西江传统文化不能简单地分为以上三种，也不能由此一概而论，妇女们创造和继承的文化也不能一下子理清。然而，以上三种确实反映了苗族妇女所承载的西江文化，并且这些文化是通过她们自己团结的力量呈现出来的。以此来看西江苗族妇女小群体在旅游大力开发的背景下的变迁过程，即通过表演、服饰的运用、育儿方式和互助关系网络等多方来呈现。她们既是西江苗族传统文化的传承人，也是与西江文化与外来文化交融的见证人。

第三章　新塘村妇女小群体：失落与选择[1]

第一节　新塘村的概况

雷山县新塘村是拥有八百多年历史的古老村寨，也是隶属雷山县大塘乡的一个行政村之一。大塘乡位于雷山县南部，辖18个行政村，44个自然寨，117个村民小组，3330余户，总人口1.4万人，少数民族人口占总人口的87.5%。新塘村在这18个行政村中人口比例较大，有451户，15个村民小组，共约1780人，是雷山县外出务工人口主要流地，他们往返于城乡概率较大、流动人口较多，因此具体人口数不便于统计。据当地村民介绍新塘是雷山县第二大寨，户数和人数仅次于西江。60岁的人数有211人，最大年龄的有93岁。新塘是个有着多个宗族在一起混居的大寨，而人口最大的要数任姓

---

[1] 本章系《广州、雷山苗族城乡循环流动中的传统文化传承行动研究项目》部分成果。

家族，其他的还有李姓、金姓、余姓等。

新塘村占地四千多亩，离雷山县城20多公里，离黔东南州府凯里市有60多公里。虽然空间上距离没有多远，但是如果要去县城，交通仍然不太便利，需步行近一个小时的山路才能到九十九林场的马路边坐车。成立于1953年的九十九林场属于新塘管理，过去很兴旺，给新塘村和附近的村民经济上带来了不少实惠。但自改制后已被废弃不卖木材了，这对村民的木材、经济来源及交通有一定的影响。新塘的东边是爬里村，西边是西联村、北边是九十九林场、南边是桥岗村。政府过去把桥岗、新塘、掌批、爬里四个寨子划为一个片区，原来把这四个区叫桥岗乡，现在都属于大塘乡管辖。

2009年9月11日，笔者带着一些拜访村民的小礼物，从雷山县城搭着面包车沿着弯弯曲曲的山路驶入新塘村。这个全部是苗族人家的寨子依山而建，450多户人家的房屋建得错落有致，经过岁月磨砺和棕油包装过的木房吊脚楼和周围的自然环境构成一支和谐曲。这个时节正值稻谷快丰收的季节，人们的生活大多依旧是沿袭千百年的典型农耕作业方式，种植得有水稻、玉米、红薯、魔芋、辣椒、蔬菜等农作物，还有野生的猕猴桃、野生竹笋以及各种中药材等绿色资源。到达目的地后，我们停靠车子的地方就是村子的中心活动区，村委会就坐落在这里。这栋三层楼的房子平常是关着门的，村里几个干部偶尔才来办事，楼下便是两间门面已被人用来租作小卖部。村委会是新塘村"大寨"和"小寨的分水岭"。大寨是李家寨，斜上方是新塘村唯一的一间卫生所，是大塘乡的五个卫生所之一，对面是新塘小学，新塘小学有6个年级，共241个学生。教学楼于2003年重新翻修建成砖房，过去一直是木房子。学校下面有一块宽敞的场地，经村民们商量，这块地要用作开发成芦笙场。过去村民们跳芦笙或活动场地就是那块小学里不大的操场，能建一块可供村民节庆聚会欢庆的场地一直是大家的心愿。但由于资金缺乏，现在一直没有建成，只是先用钱把地皮腾空出来。村委会的干部们也召集过各家户的人，让他们通知在外打工的家属并希望他们也能捐钱出资来建芦笙场。沿着蜿蜒的小路往下走便是新塘大部分居民的主要聚居区，这条狭长的水泥路是政府扶贫项目的内容之一，于2009年7月开始动工，整个"寨道硬化"过程仅需要两个多月便基本完工。

迫于生活，450户人家每一家至少都有一个人在外务工，无论在远离家乡的广州等地还是在附近的茶园、私人建房，外出打工只能是维持家里的开支和为孩子筹集学费的唯一途径。新塘村最早出去打工的人是任立桥，于1983年左右就出去了，那是开始分田到户后的两三年。之后大家便逐渐通过亲戚带亲戚往外输出劳动力，于是村里的空巢家庭、留守老人和儿童人数呈扩大的趋势。在外打工的村民任玉健说道："因为人们都出去打工了，老人在家里去世了，连安埋的人都没有。还有些家的老人死在家里很多天了，都没有人发现"。"每年种地收得的米是够填饱肚子的，就是没有钱用。打工就是为了能让孩子读书。我2006年也在广州做建筑工，一天到晚都要干活，去得两三个月后又回来插秧，忙完农活又去打工，在家没有固定的时间。虽然现在也50多岁了，自己也还在忙着修新房子，没有人可以过来帮忙，现在即便是请熟人也要收钱，按每天50块的工钱来支付。所以现在只是暂时回来修房子，修完后可能还要出去打工找钱"。村里几乎每一家都养猪，卖猪得来的钱以及每年把吃剩下多余的谷子卖掉也是经济收入来源之一。而牛则只有少数人家养，主要是因为家里的人都出去打工了，没有时间养牛，养牛比养猪需要花费的时间和精力更多。

因此，在社会快速转型的今天，人们除了种地外有了更多的选择。新塘村的妇女也不例外，无论是本村的还是从外村嫁过来的，都已被卷入到这场规模宏大的"转型运动"中。自20世纪90年代开始，妇女们的活动范围除了在家庭中，还涉入各地各种领域。首先，她们或经亲戚介绍到广州打工，或跟随着丈夫一同外出。作为苗族劳动力大军的一个重要部分，在广州打工的新塘妇女群体，活跃在广州的各个生产服务部门，包括鞋厂、玩具厂、手袋厂等工厂作坊，有的与丈夫一起在工地，有的在各种家政和学校后勤部门做宿管、清洁等工作。其次，在外打工的新塘妇女来回两地次数较频繁，回到村里以后，她们也会趁空闲投入到村里寨道硬化等项目中，和男性一起搬石块、用水泥铺路等，充当短期劳力的角色。然而，这样频繁的流动却使新塘苗族妇女们置于更边缘的状态：在都市和家乡两地都无法完全融入，到了都市，她们是带有苗族文化和身份的农民女工；而回到家乡，她们则是带有汉族文化，不同于当地主流的女性劳动力。于是，她们便在这种"失落"的状态下进行了自我选择。

T-1曾在广州打过近十年工，返回家乡后争取到了妇女主任的职务，成为大塘乡下属行政村为数不多的妇女干部。2008年，经过国际行动与支助雷山行动的援助和推动，政府为每家户补助400元建卫生公厕和冲澡房、成立了妇女活动室和卫生室。在国际援助的发动下，她组织妇女学习妇女健康知识，召集全村妇女一起学习、识字、反暴力、建和谐家庭、表演节目等活动。同时，由于受到雷山县以及西江开发旅游的影响，当地的妇女也急需通过旅游将自己的灵巧的刺绣手艺转化为生产力，并认为西江和新塘并无何差异，只是西江"有机遇、地势好"。此外，婚姻也是新塘妇女重构社会资本的选择之一，不少年轻的妇女外出打工以后，便想通过嫁给一个外地人作为获得社会资源的策略。由此可见，无论是以上何种方式，新塘妇女们的大量和频繁的流动中，一方面体现了妇女们在失落下的自我能动性选择，另一方面也推动了苗族传统文化的变迁进程。

第二节　新塘村妇女的日常生活与婚姻生活

走进新塘村，我们明显地感觉到这个村寨人口结构呈现不均衡的状态，村里的妇女明显多于男人，老人多于年轻人。家里大多只有老人与儿媳，有的只有老人和小孩形影相吊，周末那些在雷山或大塘读书的孩子偶尔也会回家增添些许热闹。在我们对新塘小学的访问中，双亲都在外的小孩大多是和隔代的老人住在一起，已经年过六旬的老人仍然下地种田，而只上到小学的孩子就开始承担做饭、洗衣、煮猪菜等家务活，空巢家庭成为新塘的普遍现象。在家庭劳作分工中，由于男人受到的教育比妇女多，会说汉语程度也比妇女高，所以外出打工的一般是男人，在家的女人几乎承担了所有的家务活和农活，有时还要代替男人去做石头搬运等体力活。每天除了承担教育子女的任务以外，早上天未亮就得起来去砍柴、割草摘猪菜、接着煮饭、到了下午又要去修路等。繁重的农活让所以打工回来的这部分妇女都表示过去在外打工没有在家那么累。另外，根据村里卫生所任明德医生的介绍，新塘村的妇女健康情况不容乐观。

任：村里人主要来看的是常见病，如伤风感冒、肠胃炎。而且妇科病特别多。妇女有病不看病，除非是大病了才去大医院。我是个男医生，农村妇女来看妇科病有些风气。她们有问题也不敢在我面前提起。她们很苦,但不敢说出来,她们互相在那里猜、乱用那些草药,不用现代医药,是没有用的。

问:除了风气不好,还有什么原因呢?

答:还因为农活太忙了,这些妇女没有时间去看病。有个老太子宫脱落了都忍着不看病,这样很危险的。

新塘村的女性服饰分为盛装和便装两种。女孩每人都有一套属于自己的盛装,平时则穿汉装。男人则穿汉服,保持传统服饰的大多为中老年妇女。新塘的服饰与雷山西江以及邻村的丹寨孔庆村的服饰相同,斜襟上衣、围腰和长裙,因此被称为"长裙苗"。而同属大塘乡的桥岗村妇女下半身服饰则为短裙,被称为"短裙苗"。服饰一直以来都是两地区分"他者"与"自我"的标志。因此,两村寨虽然仅相隔半小时的路途,但两地很少开亲。每年逢苗年、吃新等重大节庆或红白喜事走亲访友时,新塘女孩和妇女们就会穿着最好的苗衣服出来展示。但出生于20世纪八九十年代的女生受到现代流行思想的冲击,自己能否拥有一套苗族衣服已经不是那么必需了,更注重和喜欢现代新潮的款式和打扮。

新塘村民的生活很朴实,穿衣、饮食都是妇女们来操控。但由于经济条件所限,平常的日子只要用酸汤或西红柿煮些蔬菜就可下饭吃,既开胃又实惠的酸汤菜成为苗家人的最爱。如果家里没有喜事或客人,每顿几乎都是清汤寡水的菜肴,肉不是每家每顿都能吃得到。但只要有客人来,主人家就会买肉或杀鸡杀鱼来招待,配上自己酿的米酒、杨梅酒和刺梨酒,让客人大口吃肉,用土碗大口喝酒,每喝至情动之时,大家还会互相哼起酒歌,表达开心热情之情。每逢过年过节或贵客即将离去,村民们或主人家还会用煮好的糯米打成糍粑食用。

尊老爱幼一直是新塘村的优秀传统,而热情好客也是新塘人民的特点,所以每当上席吃饭,老人和尊贵的客人都会坐在最显眼的位置。一旦碗里空了就赶紧给他人添满。由于苗族的宗教信仰是祖宗崇拜,吃饭前要夹点饭菜倒点酒在地上敬祖宗,而后待长者起筷后大家方能开饭。随着男人大多外出打工,妇女在家务中的地位越来越重,再加上人们思想的解放,过去不准妇女上席共餐的习惯已经改变,女人和男人现在既不忌讳同坐一张桌,在决定家庭事务决定上,也比以前有所改观。

婚姻对新塘村的妇女来说，是头等大事。然而，近年来，新塘村联姻传统发生了很大变化，并表现出新的联姻特点。根据苗族过去的传统，同一个服饰圈的人才属于同一"族类"，村寨之间才有可能开亲，违背这一规则就会被歧视或指责。而现在外来文化的冲击和人们思想逐渐开放后，婚姻圈的范围大大地扩大了，边界也越来越模糊。已经不再局限于地域和族性，有时婚姻还成为提高社会地位或者获取经济收入的手段。延续过去的传统，与新塘联姻的主要是丹寨县的孔庆和乌有村，原因是这两个寨子和新塘的服饰是同一类，而同属一个乡的桥岗村是短裙苗，过去是不允许开亲的。村民们说："我们这里的女生嫁到那里孔庆和乌有去，那边的女孩也嫁到这边来，亲戚的联系也主要是这两个村。现在村里还有黄平的、凯里万潮的、湖南的、四川的、云南的媳妇，都是他们出去打工认识的。" 64 岁的村民任玉黔说到"我的其中一个女儿嫁到了桥岗村，这种事说出来都有点害羞"。而对于年轻一代的人则认为这没什么，"桥岗和新塘互相开亲的例子不是一家两家了"。

第三节　新塘妇女结群的文化调适与转型

新塘村妇女也有结群现象，她们的结群也显示出自己的特点。本小节笔者深入访谈了新塘村两个不同年龄的小群体，一个是以村寨妇女主任 T-1 为主体的、40 岁左右的姐妹伴小群体，她们中的大多数皆往返流动与大都市和村寨两地；另一个是苗族文化的承载者——即她们的女儿（15 至 18 岁）结成的亲密伙伴群体。她们共同通过结盟参与正式、非正式的活动，努力调适以面临自己流动过程中深刻的身份认同问题，以及适应快速转型中的文化。本节将叙述新塘妇女小群体放在新塘苗族传统和现代文化交织的大背景下，是如何主动地运用自己的群体策略和传统文化优势，成为新塘村一个必不可少的群体的？在这个调适的过程中，她们的行动又是如何与国家、父权体制相互融合、又相互分离？如何体现了两者之间的矛盾和张力？然而，她们自我价值实现的努力，却反映出新塘苗族传统文化在不同年龄阶层的小群体中出现断层的尴尬境地。

笔者在新塘的调查过程中发现，新塘妇女们三三两两地聚集在一起，年轻的聚在一起、上了年纪的喜欢在一起。笔者在接触她们时发现，有几个中年妇女都有过都市打工的经历,而且她们都喜欢聚在一起、一起聊天、绣花、互相看护小孩、积极地参加村寨活动。这些从大都市打过工回到村寨的妇女小群体,带着自己原本的苗族文化到大城市生活以后,又带着都市汉族文化回到村寨里。她们双重的文化身份不仅没有让她们回来以后感到无所适从。反而,面对繁重的农活和家务活,她们用互相结集的力量,成为村寨中不可缺少的劳动力和活动主力。而她们在空闲时期分享过去的打工经历和日常生活经验也成为强化她们群体凝聚力的因素。

> 我们村里的小孩全部是靠女人带。男的都出去打工了,只有犁田、收谷子、栽秧的时候才回来,来了又回去。以前我也和我老公一起出去打工,但是家里的事情没有我搞不完,我就回来了。我们之间忙不过来了就互相帮忙带娃娃。有的家里面修房子了男的才回来。抢收抢种的时候,如果哪个家男的不回来,就请我们玩得好的这些,我们搞完自己的了,就去帮忙,或者请人。
>
> 在广州打工还是轻松多,在家起早摸黑、上坡下坎、抬重东西全部是女人做,男的都不干,男的都出去打工了。这里的男人很懒的,他们只干可以得钱的活,女人干的活很多,什么活、轻活、重活都要做。
>
> 在广州没有在家里累,在家里活路太多了。在广州轻松得多,但是没有自由、每天也很孤独。最后还是要回家来带娃娃,还要守家、家里还有老人。
>
> (T-1,女,40岁,新塘村妇女主任)

尽管外出打工的苗族妇女在广州每天都做着重复的工作,遭遇精神上的空虚和人身自由的限制。但无可置疑,经济上的独立对她们自身及社会的发展都是有价值的。而她们的未来却最终得回到家乡、回到土地和大家庭里,把这些妇女拉回家的主张并非因为觉得它比别处更好或更值得向往,而那正是苗族农村妇女的归属之地,再加上社会对她们对家庭的自我牺牲的期望。这些期望和自我牺牲的人认同,使得原本由夫妻两人共同分工的劳作全部堆积到了女人身上。

然而,这些从外地打工回来的妇女主任T-1的带领下,远非丧失了她们的身份，而是产生了对其社区的一种自豪感有相当的共识。T-1（40岁）是笔者在新塘村第一个接触的被访者，但由于她的时间很少，她也是我接触时间比较短的人。外表上她和其他新塘妇女无异：着苗族便装，梳苗揪揪，健康黝黑的肤色和快言快语的言谈使得她显得很利落。然而，她从1993年开始，就在广东和丈夫打了近十年的工，后来孩子渐渐多起来，她就一个人回到家中承担起了所有的家务。到2008年，便经大家推选，任新塘村妇女主任。后来得知，她能当选上主任不仅是因为她有初中文凭，而且因为她外出打工的时间长、普通话说得好，能很好地适应大城市生活。所以当地人认为其"学历高、有眼界、有组织能力"。在她任职期间，国际行动援助机构为每家户补助400元建卫生公厕和冲澡房、成立了妇女活动室和卫生室。T-1发动妇女学习妇女健康知识，组织一起学习、识字、反暴力、建和谐家庭、表演节目等活动。援助项目结束以后，她并没有因此而结束她的工作，2010年为自己订下了下半年的工作计划。

> 5月组织妇女积极预防疾病、治疗疾病；
> 6月安排村里刺绣方案；
> 7月学习健康知识；
> 8月刺绣安排落实；
> 9月组织跳板凳舞；
> 10月召集唱苗歌。

新塘村共有3个妇女小组。根据T-1大姐的计划，她打算这些工作落实好以后，就按照程序下达至3个小组的骨干，但是实际落实情况她并不是很在意，按她的话说这样安排有时也是为了"应付工作，大家那么忙，有时间的话不用喊大家肯定会聚，忙起农活的时候，再怎么喊聚都没有用"。但这样的组织形式是新塘村举行活动不可缺少的部分。

> 她们妇女小组的人活动起来积极得很，我们村里面搞活动都要请她们来，迎宾啊、唱酒歌啊、跳舞啊。也有国际援助的支持她们，学新东西，现在她们晓得的比我们还多。还组织起来反暴力。当时我们男的看到她们这样，都觉得她们凶（厉害）起来了。
>
> （任某，男，47岁，新塘村村民）

但在平时，T-1 也有着自己更亲密的同性伙伴。她们都是从外村嫁过来、并且都有外出打工的经历，相似的生活经历和共同的话题让她们乐意每天都会聚在一起。实际上，由于新塘妇女们白天被繁重的农活和繁杂的家务活所累，无论多晚多疲倦都还要挤时间聚在一起，聊天、绣花、喝酒。按她们的话说就是"就是因为白天太累了，我们晚上才想在一起，摆苦、唱歌这些慢慢就忘记那些烦事了"。

　　我们自己说是姐妹，客家来讲就是妯娌。都是一个房族的人。其实我们几个天天就这样在一起，哪个有事都要讲。哪个和别人吵架了，我们就帮她骂。假如哪个老公骂她或者打她了，她就会来跟我们讲，我们就去她家喝酒，就去劝、去讲她老公。

　　有什么活动，我就会喊起她们这伙。我和她们每个人都处得来，我喜欢和这些亲戚多的、平易近人的人在一起。我们比其他人更团结。我还要我们这伙会唱苗歌、能喝酒、还要会刺绣。

　　我们这一代的都基本上会唱苗歌，像我们这一伙都会。我是从孔庆嫁过来的，刚开始也不太会，后来文芝家妈妈教她了，她又来教我们。我们就一个教一个。我们在哪里唱歌的时候会的都要一起唱，这样才有伴。去吃满月酒的时候，我们一起去的都要穿一样的衣服、唱一样的歌。绣花也每天都在绣。现在大家都喜欢老式花样。我们去一个伯妈家，她就煮饭给我们吃，吃好了就唱歌、绣花，晚上晚了我们就在她家睡。

(T-1，女，40 岁，新塘村妇女主任)

新塘村妇女小群体可分为正式和非正式两种，正式的结群是在村寨行政的框架下，由行政规章制度约束群体行为、并受其他组织监督和指导，有着严格、较固定的行为准则。T-1 的活动计划中对村寨妇女的相关规范、实际上促进了全村妇女群体的认同，体现她们积极融入社区的能动性。非正式小群体则由具有相同特征和命运相互依赖的个体组成，是个边界较模糊，情感因素较重的初级群体。这些非正式发展出的群体也有自己的行为模式，体现为相同的价值观、穿衣风格等生活方式和习俗惯例，并把群体标准内化于自身的行为中。因此，规范可以帮助增强或维持群体认同。同样的衣着、发饰和语言可以帮助区分小群体成员与非成员。新塘打工回来的妇女小群体充分利用私领域的空间，发展成熟而亲密的人际资源，既没有像男性在公共领域的成就与竞争压力，更能全情投注人际感情网络，与姐妹们建立起深厚的姐妹情谊。而在小群体中对于"我们每个人都要会唱一样的歌"的规范也加强了这个群体中每个人的认同。因此，村寨认同和群体认同在两种不同层面上相互交融。然而，这样发展起来的群体规范会容易随着时间变化。小群体和社区的规范在代际和群体内部的变异，也就是传统文化横向和纵向的变迁。

首先表现在传统语言功能的降低。苗语不仅仅是苗族内部交际的媒介，而且还是他们互相认同的重要标志。语言的丧失往往会造成文化的虚空，而别的文化就会乘虚而入。新塘村外出流动人口很大，而在家庭中，仍然由妇女承担抚养孩子的重任。打工回来的妇女掌握了娴熟的普通话，在圈子内部交流虽然都用苗话。但她们的下一代除了在家庭中接受父母的教育，大部分时间还是接受以普通话为普及语音的教育方式。孩子们之间逐渐地把汉语当作族际交流的共同语。苗语的传承在不同代际的小群体内部发生了断层，尤其是苗语的使用者和传承者却接受和加速了这种流变。

> 我家姑娘以前小的时候和我去广州好可怜，去那边和小娃娃在一起不会讲话，哑哑的。回来就用苗话跟我讲："妈妈，我今天学会用普通话讲吃饭了……"所以我要教她多讲点普通话，在学校学习才跟得上老师。以后要是她还是只会苗语的话在这个社会上走不出去的，学汉语就哪里都可以去。
>
> 以前我在广州的时候说苗话都被别的同学笑，不敢在他们面前说。在班里和别人就说普通话。回来到班里，我的普通话比他们的好。我也喜欢和从广州回来的同学玩。我们放假在一起喜欢听超级女声的歌，看电视剧。
>
> （T-3，女，38岁，新塘村村民）

对苗歌和流行歌曲的选择也是一样，新塘村20世纪八九十年代出生的孩子已经不再听得懂、想听、想学苗歌了，取而代之的是五花八门的流行歌曲。今年17岁的村民任春燕，是家里最小的孩子。读完初中就辍学在家，平日帮母亲和奶奶做些家务，最喜欢的娱乐方式就是和同伴们一起看台湾的肥皂剧和听爱情流行歌曲。当问到喜欢听母亲和奶奶唱的苗歌时，她说道："不喜欢听，也听不懂，太难听了。更不会去学。"苗歌曾经是新塘村文化的精髓，平日里必不可少的精神品，那么多古老文化从神圣的精神殿堂降落到快餐式的商品销售柜台，在大众化、普及化的旗号下，严肃、高雅、健康、向上的文化受到冲击和排挤，被冷落和嘲笑，文化走向低级庸俗化。

其次是价值观上的改变。改革开放下的人口大规模流动使新塘的人们传统僵化的价值观发生了深刻的变化，过去的新塘村一直是自给自足的农耕社会，金钱的地位还没有被夸大，现在人们重新认识了钱的作用和价值，追求金钱和合理的报酬成了合理合法的行为。获取金钱的多少也成为年轻人定义成功的标准。如去年从大专毕业后在浙江打工又返回家乡待业，18岁的任小佳认为："打工赚的钱不多，自己还是想当个体户，开个服装店。"初高中的孩子都普遍认为最愿意选择的职业是能赚钱和当官的，因为有钱和有权。金钱的拜金主义已经渗透到社会生活的各个领域。还有的家庭则把婚姻、嫁女儿当做交易获取利益的手段，如村民Y则对她女儿自己选择出嫁的经济条件不太好的婆家至今仍有意见。

> 我女儿的丈夫是她自己找的，她去的那家穷得很，我们要五万块的礼钱，他们家都给不起。我是一直不答应她嫁去那家，她自己跑去没办法，那家太穷。这个事情我到现在生气得很。现在家里面起房子又需要那么多钱……

在转型前，苗族传统意识形态中认为婚嫁大多是年轻人的自由恋爱，评判伴侣的标准很少有金钱的因素掺杂进去。

刺绣技艺的传承危机。刺绣的技艺在过去常常是评价一个女孩是否心灵手巧的标准，刺绣的技艺越高，越受到男生的欢迎。而现在只有40岁以上的妇女才会绣花了，原因是市场上都有卖的了，人们更愿意将时间花费在做农活或打工赚钱上；其次男生择偶的标准不再是看是否手巧和贤惠了，而是看长相、家庭条件等。现在教育的压力也迫使女孩们不得不花时间最主要的原因还是在市场经济的冲击下，让姑娘们刺绣已经不能带给她们实际的经济收益了。

> 现在不是我们不教，是姑娘们不想学了，她们都觉得绣那个来

又没钱。我们农闲时节每天都在绣花，做一整套服装要一年，如果家里没有老人分担农活的话，要两三年才得一套。现在每天只有中午和晚上有点时间，晚上忙完以后都快10点了。

(T-2，女，40岁，新塘村村民)

如今虽然新塘妇女被繁重的家务压得喘不过气，但是一有机会她们就会三五成群地聚在一起讨论刺绣技艺。她们自己刺绣技艺的传承，大多是在这个场域完成的，她们互相切磋好看的花色、绣法，还会叫上自己的女儿一起参与，一针一线地传授给她们，直到她们可以自己独立地完成一个图案或者绣片。她们的技艺和自己的经验实现了纵横两个方向的言传身教。然而，如今对于她们的后代来说，父母在外地打工赚钱买回来的家用电器让村民们的娱乐方式更加多样化，女孩们不再将刺绣作为一项必备的技艺来继承。她们更喜欢待在一起看日韩剧度过时光。

我妈和那些伯妈忙完以后就喜欢聚在一起。时间不固定，有时候是下午、有时候是晚上。她们一起绣花、吃饭、喝酒，还在一起谈那些乱七八糟的。她们还教我绣花，叫我过去跟她们学，但是我不想，不喜欢粘❶她们，我只想粘芬芬她们，和她们听歌、看碟子。

(小艳，女，19岁，新塘村村民，初中毕业后辍学在家)

另外，由于外出打工及现代化的冲击，一部分新塘村民还对苗族传统文化抱着既留恋又摒弃的矛盾错位心理，这群新塘村妇女也是如此。在社会转型过程中，当大部分旧的传统文化已经被抛弃或变质时，新的文化却没有建立起来。极易造成人们对于传统和现代难于选择的局面。当问到村民妇女余小英希望她的儿女是苗族还是汉族时，她回答"希望像汉族那样要方便一点，因为苗族思想太落后"。又问到希望儿子将来找个苗族姑娘还是汉族姑娘做媳妇？她则说："是个汉族也可以，这样生活起来就不是很困难。我家大女儿嫁的就是汉族，其实也没什么区别，汉族比苗族会找钱。"社会结构的转型、制度的变迁，相应地带来了社会文化的急剧转型，文化变迁对人格转型的影响是深刻的。在客观上造成了一些人原先操守的价值观、道德观丧失了原有的

---

❶ "粘"为贵州方言，其意为跟随、做伴等意。

效能，而新的价值观、道德观又难以立即生效并发挥作用，于是一部分信仰迷失、道德虚无、失去了自我的独立思考和自主选择的能力，失去了对自己民族的自信心。

社会结构的转型、制度的变迁，相应地带来了社会文化的急剧转型。在各地都开展城镇化、现代化的背景下，新塘村的传统文化受到了挑战。妇女的文化、心理，以及包含在制度、精神及社会方方面面都发生了改变。但新塘村妇女不是被动地接受改变，相反，她们也在发挥自身的能动性，主动地适应和应对着当下的社会变迁。

传统苗族文化从不把女性视作自主抽象的个体，而是放置在偌大的社会脉络上，她们受到国、家、宗、族、父、母、男等多元和多重制约。事实上，国际援助提供的妇女解放与国家的政治宣传是一致的。妇女虽然从中得到力量，却又要求自己及其他妇女同伴（包括自己女儿群体）扮演"模特"来取悦男人和官方。因此，新塘妇女的结群方式既是独立自主的个体解放，同时也是将父权和官方的话语内化作为自我制约的作茧自缚。同时，也正是在这样的矛盾和张力中，新塘妇女小群体的正式活动参与实践与非正式的结群娱乐也与苗族传统文化产生了互动。新塘的部分传统文化既在她们的自我反抗中流变，也在她们的自我约束中得到了保留。

第四章　华南师范大学妇女小群体：
从"边缘"到"中心"[1]

20世纪80年代末90年代初，中国改革开放政策在珠江三角洲的大力实践，让广州成了这个经济快速发展区域的中心城市。全国农村的大量劳动力大批涌入广州，其中相当一部分都是少数民族。从广东省五次人口普查数据来看，第一次（1953年）全省少数民族人口仅为5.47万，第二次（1964年）为8.85万，增加了3.38万人，第三次（1982年）为18.21万人，比上次增加9.36万人。第四次（1990年）为35.53万人，增加17.32万人。第五次

---

[1] 本章系《广州、雷山苗族城乡循环流动中的传统文化传承行动研究项目》部分成果。

(2000年)全省少数民族人口就已增至123.42万人,比1990年增加约88万人;占总人口的比重为1.42%,比"四普"时上升0.85个百分点。广东的少数民族人口增速高于汉族。❶

贵州省黔东南州雷山县作为少数民族劳动力输出大县之一,目前已大约有一万人不等流入广州市,流入人口皆为苗族,过去都是背朝天、面朝土的农民。这部分打工群体中大多是来自县城附近的村寨以及"有门路"的村寨,消息比较闭塞的如控拜、方祥、迪气几个村出来务工的人员就比较少。2000年以后流动到广州市打工的雷山苗族逐年增加,工种特点也从单一的石场工、建筑工渐渐扩大到鞋厂、电子厂、手袋厂、玩具等制造业,以及家政、学校服务和保洁等服务业。由于受文化素质限制,所以很多都只局限于非脑力和技术含量不高的工作岗位。

这些流动群体多为中年、青壮年,整个家庭所有成员全部流动到广州的不在少数。对于流出地来说,空巢家庭、留守儿童和老人等一系列社会问题和处于转型期面临的困惑通常让人们感到束手无策。村寨里传统的社会关系网已经不能发挥原来的作用,村寨里互助的传统变为有偿交易等。然而这样的流动趋势是谁也无法阻挡的。无论对于农村的打工者还是民工流入所在地的城市来说,这种流动都被视为是从"贫穷""落后"和现代化的"边缘"进入到"富裕""文明"和现代化"中心"的一场运动。❷

第一节 城市景观中的"苗寨"

2009年8月24日 广州 晴

暑期来广州很具挑战性,尤其是8月的广州,我和同伴几乎每天都在气温30度以上的暑热期度过。对于第一次来广州的我们来说,气候是我们感到身体最难以适应的方面之一。到这里已经有两个多星期了,几天以来,我们每天都辗转于各城区,寻找分散在各地的苗族打工群体。而没乘坐过地铁、

---

❶ 数据来源:广东省省情数据网,http://www.leigongshan.cn/pages/News/2008 - 05 - 05/323. Html.

❷ [澳]杰华. 都市里的农家女:性别、流动与社会变迁 [M]. 吴晓英译. 南京:江苏人民出版社,2006.

不熟悉路程、听不懂粤语等因素让我们感觉这次是考验体力和耐力的"文化休克之旅"。我们每天穿在身上的衣服都是在被汗湿透后，被风干又再湿透的循环状态中。

今天我们的访谈对象是华南师范大学园林科的苗族打工群体。和往常一样，炙热的太阳光在地面和我们的头顶上肆无忌惮地烤着，白色的水泥地面反射回来耀眼的光分外刺眼。马路两边现代的商贸大厦和写字楼也在倔强地高耸着。到了华南师范大学后，我们随意向一名正在草坪上洒水的工作人员打听去向，透露身份后，他便有些犹豫地告知我们自己也是从雷山来的苗族，把我们带到了他们的根据地。在校园里步行了20分钟，穿过主校区和教工生活区的尽头，便是园林科所在地。这是一个聚工作区和生活区在一起的院子。外面的水泥墙和大铁门把院子和外界隔开了，前院是很宽大的花圃区和正式工作人员的办公楼。背后一排平房和一小片空地便是苗族老乡们每家共同的生活区了。平房共设的有六个房间，每个房间内有十二张床铺，室内光线并不好，几乎各家的所有家当都在这个房间里堆着。此时平房内的房间都空着，男性们都出去工作了，只剩五六个妇女围作一团在院子里一边绣花一边谈笑。如果没有手中刺绣的活儿，在广州这个全世界各种肤色和面孔都有的地方，这些妇女看上去和广州汉族妇女并没有什么区别。调查工作继续展开……
（摘自笔者田野日记）

一、华南师范大学园林科概况

园林科隶属华南师范大学后勤部，位于校园东北面，如今已被更名为华南师范大学园林绿化服务中心，由广东高成环境有限公司承包。院内可分为花圃区、办公区、临时工生活区三大块。园林科内39名临时工里，全部为男性，其中有36名都是雷山苗族人。正式职工在园林科主要是做技术监督、对外联络、财务等管理工作。临时工则主要负责全校花圃、草皮的培育和养殖、修剪树枝、除杂草等体力活。

为了方便对临时工的监督和管理，公司经理分别先后任命来自鸡鸠村的姜QK和姜K、水溪村的今SL为班长。姜QK自1993年到华师园林科后就一直当班长，直到2005年才改换姜K和今SL任班长。这里的打工群体大多来自鸡鸠村和水溪村，曾按大家意愿，举行投票选班长，因两边投票数均衡，就让来自鸡鸠的姜 K 和来自水溪的今 SL 同时担任园林科的班长。有意思的是，大家都自称园林科为"园林科村"，姜 K 和今 SL 是"园林科村"的"村长"，姜 K 管"里面"，主要是大家的生活、家属、灯、水电等；今 SL 主要负责"外面"的事务，包括大家的纪律、工资等。而来得最早的姜 QK 和姜 QN（鸡鸠村）是"园林科村"的"寨老"。"村长"既是老乡们共同投票选出来的，又有经理赋予的权利，"村"里的主要事务都由"村长"管，对上级报到，对下级传达信息。寨老则不参与管理工作，但是有与"村长"共同商议联谊会华师片区分会事务的权利。

> 每次期中总结时，经理让我跟他说这里有哪些人违反纪律、有哪些家叫女人来睡等，我都不跟他说的，大家都是老乡，没必要把这些都告出去。对他我就打哈哈，但是私底下我就叫老乡们注意点。除非是经理知道了，问我了我才会说。如果哪家的女人来一两天就算了。我有的时候都帮老乡辩护的。
>
> （J-1，男，44 岁，雷山县鸡鸠村，现任园林科班长）

> 我如果和别人遇到矛盾，吵架什么的，是小事的话我们就自己解决，如果是大事情的话我们就找这边（广州）的村干，我们那边（村寨）有村干，这边也有一个村干。这边的村干很关心我们，帮助我们，也是像那边的村干一样管我们。
>
> （ZY，女，38 岁，雷山县桥港村人，文盲，和丈夫在广州揭西镇毛巾厂）

如今村寨管理正在发生重大转型，国家管理体制已经渗透到基层，取代了原来由长老、寨老、活路头、牯藏头❶等传统权力的权威的代表。大部分村寨的传统权威形式已经渐渐消失，即使存在也演变成为旅游开发及观光的符号象征。但是到了广州打工以后，苗族打工群体依然会将过去的村寨管理传统延伸到大都市中，和现代的管理体制相结合。构建起符合当地生存生活的互助、互管的制度模式。关于制度上的讨论笔者还会在第三节做详细介绍。

---

❶ 长老、寨老、活路头、牯藏头均为苗族传统社会的权威代表，掌管苗族社会的劳作、纠纷等各种事务。

二、男女两性分工区隔的松动

男女两性的身体差异决定了在园林科的临时工必须为男性。除杂草、修剪树枝、盆栽培育这些工作不仅要求工作人员在日晒雨淋的环境下，还要求操作沉重的工具，爬上大树枝头修剪杂枝。男性的妻儿则多分散在学校内做宿管、宿舍保洁、打扫校园、钟点工、和男性的关系呈现出区别和互动的现象。男性在园林科只做一份工，而这些妇女每人几乎都做两份工以上，除了正常时间上班以外，下班后或者周末都要去兼职一份钟点工，为校园中需要的教师家庭打扫屋子或者做饭。外出打工的苗族女性参与到经济上，有了一定经济自主权。其工作时间普遍高于男性，男性参与到家务中的时间和机会增多，主动承担起代替和帮助妻子做饭、洗菜的家务活。午饭过后，男性便入房午休，而这段时间便成为妇女小群体互相交流工作经验、说家常、切磋绣花技艺的时间。而晚饭则是大家找机会聚集的时间：各家会炒一两个菜到"村长"或"活路头"的家里拼上，互相交换，摆上长桌饭，一边喝酒一边聊天。妇女群体和男性群体便呈现出相互转换的现象：一起做家务、一起看电视、一起聊天。大开玩笑，即使男性在场也不避讳。体现男女两性在各自独立群体中展现的交换竞争或团结互助的关系。

> 我来这里3年了，从来没有参加过联谊会的活动，也从没有时间逛街。我空的时候就和她们在这里玩啊、绣花，想说什么话就跟她们摆。我全部的时间都在上班，周末和每天晚上都要去做钟点工，他们都说我太卖命找钱了，我有的时候一个人偷下懒坐在学生宿舍楼梯上一会睡着了。我还要努力在这边找钱给我姑娘读书，我和娃娃家爸爸的钱是分开各管各的。我的钱拿去给娃娃，他用他的钱去悄悄打麻将了。我也不管了，他帮我带好这个小的娃娃就行。我们吵架的时候全部是我讲他多，他不讲我的。因为我的工资比他的高，我一个月打扫研究生宿舍楼得860块，我还多扫一层楼加100块，每个星期做三个钟点工，还卖那些捡来的瓶子，公司还补助50块给我们在外租房的，一个月可以得一千多块钱，他（丈夫）才得900块。他打麻将自己拿他的钱打，哪里敢要我的哦？我自己的钱都不够给我女儿。我的钱要给我姑娘，我还存点钱，还要寄回家给老人，

老人栽秧、收谷子要钱，有的时候还要走客要花钱。我就负责家里和我姑娘，到时候她考取大学了就好了。我老公的工资就拿来我们大家吃饭、开房租、打麻将。我的工资我自己用、寄回家给姑娘、最后还可以存五六百块钱。

（G-7，女，43岁，苗族，雷山县野伊人，在华师做宿舍楼保洁员）

在社会变迁下，两性受到新环境的影响，在家庭分工上的区隔不再明显。因此，一方面体现了传统两性关系男主外、女主内模式的松动和流动性。两性分工模式或生计形态已经不是定义两性的唯一标准。每个社会呈现的性别关系和多元展现在不同层面上，性别对每个社会来说，都是一种实践的过程。这种男女两性在劳动分工上区隔的松动，挑战了由生理性别上的差异而构建的性别二分法，为性别差异的构建提供了另一种可能性。另一方面展现了女性的家庭地位得到提高，男性取代了部分女性的家务活，参与到了做饭、看护孩子等任务里，她们的妻子便有了更多自由时间相互聚集绣花、结伴外出。另外她们在经济上的收入使得其在男权制度下，和家里的丈夫说话也变得有底气，也有了自主运用金钱的权力。这些都是她们能在广州这样的大都市形成小群体的客观条件。

第二节 在传统的乡村与现代的城市之间

一、从乡村到都市

根据流动者口述和回忆，大家一致认为最早来到广州的雷山苗族人是野伊村的金××，老乡们尊称他为金会长。金会长于1978年在广州入伍，1979年留在广东军区一五七医院，他是当时为数不多的通过国家制度承认下获得广州户口成为广州市市民的苗族人。他的三重社会身份为雷山苗族老乡提供了可观的帮助：首先他是一位地道的雷山苗族人；其次他当兵出身，作为退伍军人到了军区医院做了正式员工，与武警这边的人比较熟悉；最后他拥有了广州正式户口，广州市民也认同他是个广州人。所以他在连接广州和雷山村寨两地之间起到了桥梁的作用，在为苗族老乡介绍工作、维权和解决生活困境上也为苗族老乡解决了很多实际的问题。因此，他在雷山苗族老乡之间有很高的声望。

> 我们这里（华师）的人全部是金会长介绍来的。他最早介绍来这里的是任二强和姜雄。后来石场要很多人，他又介绍了好多去石场。当时我们老乡出事的也多，有死的也有伤的。全部都是找金会长来帮忙处理。我是1988年来到广州打工的，当时是找金会长才来得到。他就介绍我去石场，但是在石场太累了。后来1993年到华师这边，之前想找任二强帮忙介绍我进去，但是他那个人小心眼，怕出问题不敢担保我进去。像老乡带老乡这种的话，就要跟单位担保，如果出问题就直接找上头的人。我就找我叔，他是最早到华师的人，叫姜雄，他现在也来园林科来了。当时他告诉我园林科招人，我就来应聘了。后来慢慢地我又介绍人，其他人也介绍其他寨子的人。这里人就多起来了。都是亲戚介绍亲戚，我们这里主要是鸡鸠、水溪和野伊的人多。
>
> （J-2，男，40岁，雷山鸡鸠村人，在华师园林科做临时工，是最早来园林科的人）

> 我哥（任二强）是金会长介绍来的，他最先来华师这里扫地，当时一个月还得60块钱的工资。我是我哥介绍来的。我们在家结婚以后，生得娃娃了，2003年才和老公来这里。G-1和她老公是介绍来的。我们这里都是一个喊一个，一个担保一个的。所以大家都是亲戚，住在一起，我们有什么事情好商量嘛。
>
> （G-7，女，39岁，雷山野伊人，在华师做宿舍保洁员）

从封闭的村寨流动到繁华的大都市谋生，结群出发、投靠亲戚是苗族外出打工者用传统的方式来完成这个过程。从理性经济人的角度来看，这可以让他们有可能把进城的成本降到最低，利用亲缘、地缘的关系资源的策略性选择。但实际上，结群出发，通过亲戚或朋友还主要是用传统的生活方式来回应他们所面临的新的生存环境。他们过去已经习惯于共享生存资源的生活模式。苗族女性外出打工则更多地从属于自己的丈夫，一般是丈夫先外出找到住的地方，妻子过了一段时间再过去。由男性先熟悉环境，找到聚居地，消除对城市的陌生感。因此，要到大城市寻求工作，结群出发、投靠亲戚成为他们的首选。

二、认同困境与身份重建

然而，这些苗族妇女到了广州的经历并不顺利，由于户籍制度的限定以及农民工融入城市的相关限定，这些没有户口的苗族女性外来工除了和男性农民工一样要遭遇剥削和歧视外，还要遭受性别歧视和民族歧视，还会面临性剥削的危险。其次，中国的城乡差别，城乡之间在生活方式和价值观念上，尤其是那些在民族成分上相关的差异，都可能使得她们从农村来到城市以后很难适应。

> 我刚来广州这边的时候一点不习惯啊，不喜欢也没有办法，穷了才想来的。为了生活才进城市的，家里有房子，什么都有。看人家打工了我也来打工的。
>
> 当时来这边我天天想我妈，想我姐她们，想的时候天天哭。那时候车子不方便，雷山到广州只有一趟慢车，要坐两天两夜才到，不像现在车子好方便了。加上那时也没有钱。以前我当姑娘那时，来的时候会讲一两句汉话，我都不敢讲，怕人家笑。没有老乡在的时候我才敢讲几句，有老乡在我就不敢讲。以前我们一个村才有一个电视，有的村一台电视都没有，我们都从电视上学。不像现在读书的人都会讲普通话。从小就读书、看电视就可以学普通话。以前我住在上社的时候，我带我家儿子在那边住，我和他就讲苗话，那边有个老板听到了就说，哎呀，你那个儿子那么聪明啊，你们讲的那个话那么难听，他都会说啊。
>
> （G-4，女，37岁，雷山县莲花，华南师大清洁工）
>
> 我不喜欢本地人，一点都不好，好缺德的。脾气又不好。他们以为自己是广州人，狂西西的，觉得自己是本地的。脾气太暴躁了。去买什么东西，他心情好就卖给你，心情不好就不卖了。以前去买菜说要一块钱的算了，她就用白话说要不要，不要就滚！哪有一块钱卖给你的啊？她就是看不起我们。广州这边的女的没有一个漂亮的，满脸都是痘痘，没有一个长得好的，跟她们没有话可说。我们那边的水好，人个个儿地皮肤都好，姑娘就漂亮点。我们这里人多，

我也就喜欢和这里的人玩。

(G-6，女，27岁，雷山县鸡鸠村，在华师一位退休职工家做保姆)

我那个老公像个木头人一样，他们园林科又不准女人住，我就在那些老师的柴棚租了一间房子住，我老公个把月才来我这里睡个一次，他不想我好多，总是愁眉苦脸的。但我们这样也习惯了，睡一起都不习惯了。像我们全部去白云山这些的时候，他从来不去的，我俩娘仔像没有爹一样，有什么意思嘛？我喜欢走哪里都有人陪，所以我就喜欢跟她们一起逛街，我们在一起就摆上班啊、摆老公这些。

(G-1，女，35岁，雷山县鸡鸠村，在华南师大粤海之星大酒店厨房打工)

这样的结群包括与人们在共同经历的基础上建立起联系——面对男性和大城市陌生的环境以及广州汉人双重他者，使得这些苗族妇女一起分享快乐以及不幸、迷茫和困惑的时光。这两种制度和实践都源于男人/女人，城里人/乡下人，汉族/苗族之间的等级区分，反过来又强化了这种区分。同时她们也有也都有自我意识，试图拥有那种被他人认可和欣赏的自我。他者的"共在"促进了她们的结群，在群体中她们弥补了她们在生活中的困惑和不如意。

第三节　文化的异地延伸与文化传承

城乡的二元对立在文化传承和流传上得到特别的表现。从城市的角度看，是人和环境发生了冲突，有着农村文化背景的人与陌生的城市文化发生不适应，传统文化很难原原本本地带到城市里来生根。但是随着时间的推移，农村的移民在逐步适应城市文化的过程之中，并没有完全抛弃原来的文化，也在寻找传统文化生存的空间，将传统的生存智慧运用到当下的城市生活，将传统文化延伸到了异地，建立了适应于当下的一系列文化。

在"园林科村"，大家住处的隔壁旁还有几间屋子提供给大家做厨房用。然而，每间小屋子却挤放着五六个煤气灶。在做饭高峰期，好几家只能挤在一间小屋子里面炒菜，油烟让这些不通风屋子的光线看上去更暗。但是，熟悉的贵州符号和味道却让笔者感觉很亲切：又香又呛鼻的红辣椒、悬挂在天花板下的腊肉、自己酿的米酒、自己做的酸汤菜、雷山的野生竹笋，还有妇女们每天都要加班加点赶时间绣的苗衣绣片……平时中午休息时间就是女人们的世界。员工的妻子们都会在下班期间到园林科聚在一起，在这里拿出绣片和针线出来，一边绣花一边聊天，消磨时间一起娱乐。在这里做绿化的苗族打工群体把他们在老家的生活方式和手艺带过来，围在一起，谈论家里长、家里短，切磋刺绣手艺，分享经历，久而久之，大家的关系变得像姐妹一样亲密，逐渐自然地形成了超越血缘关系的姐妹情谊。在现代大都市大学城里创建了一个独特的文化圈。无一不体现了苗族村寨生计文化在大都市的延伸的生命力。

> 我们不常回家，很小的时候就出来了，但是想老家的野生笋子、酸汤菜和纯米酒。现在我们还经常从家里带辣椒、酸汤来吃，交通很方便，广州到雷山有直达客车，很方便。如果有哪个老乡从老家过来，也会叫他们帮我们带家里的东西来。我们现在在这边还有老家的辣椒、酸笋、酸辣椒、米酒吃。家里面过节，这边我们也过，买肉买酒回来煮着吃。我们过年过节都不烧香、烧纸了，但过节还是夹点菜到地上敬祖先的。
>
> （J-2，男，40岁，雷山鸡鸠村人，
> 在华师园林科做临时工，是最早来园林科的人）

> 我们绣的这些花的颜色、图案都是自己随便搭的，怎么好看就怎么绣。只要家里有姑娘，妇女都要会绣花的，我家没有姑娘，也可以绣好后拿去卖啊。有时也会给媳妇绣，我们有的人还在绣是因为不同时期的花色样式都不同啊！哪个绣出来的好看了，别人喜欢了就互相教，你教我，我教你的。
>
> （G-5，女，45岁，雷山县大塘乡平寨人，在华南师大做清洁工）

> 我是来这里跟大家学了我才会绣花的。以前我老师不准我们整绣花这些，那个时候就没有学。现在我们中午都不睡觉的，只要是绣花的这些全部不睡，有点点中午的时间就抓紧时间绣花。我们的绣花线也是我们打伙去花都和番禺那边买的，那边很便宜。我们看哪几个哪天没上班了，就一起去买，买多多的来大家又再来分。但是我们不会坐地铁，就只有喊哪个男的带起我们去。
>
> （G-6，女，27岁，雷山从雷山陶姚嫁到鸡鸠村，保姆）

另外，在传统的苗族社会，通常是聚族而居，由一个村寨是一个家族或几个家族构成。家庭和社区（村寨）有非常密切的互助往来。同样在城市里，单个的家庭也在和来自同一个村寨、一个乡的小群体也在重构或复制着过去的传统，构成新的互动关系；此外，当人们都在农村老家的时候，"老乡"这个概念不是很凸现，而来到了沿海大城市以后，在形形色色来自四面八方的人群里，来自同一个地方的"老乡"关系就变得很亲切和有相关性。

我们这里全是家乡人，都是亲戚，在一起有什么事好照料，在一起吃饭、生活也不无聊。我当时是我哥介绍来的，他来这里得二十年了。是金华荣介绍来的，那时才87年，当时他一个月得60块钱。后来我老公也来扫一年多的地，觉得没有保险就到园林科这里来了。我也想过在外面找钱多的活路，但是在外面不认识老乡，也不知道老乡在哪里，不熟悉地方怎么走嘛？华师这里都是老乡，而且环境又好。

我们雷山的在华师这里就是个固定的落脚点，这个人找不到吃了，晓得华师那里有老乡了就跑过来，没有活路了也跑过来先落脚，这里就像一个据点。老乡没有办法了来找点饭吃，10多年前、20多年我在东莞的时候，有好多镇远的，但是他们是散的，这里有几个，那里有几个，不像我们这里。

（G-7，女，39岁，雷山野伊人，在华师做宿舍保洁员）

如图3-1所示，雷山县鸡鸠村和野伊村是华南师大苗族打工群体的主要流出地。野伊村的任强（化名）是经由金会长介绍第一个来到华南师范大学扫地的，之后任强又把亲妹妹G-7和其丈夫YH介绍到了华师。G-7是G-1和G-8两亲姐妹的姑姑。鸡鸠村的J-2是最早来到园林科的人，与J-3和J-1是堂兄弟。G-1于2003年嫁给了鸡鸠村的J-1，与G-2、G-3是堂亲妯娌。J-4和J-5是亲兄弟，G-4和G-5是妯娌，G-5和G-6是婆媳关系。G-1可以说是连接两个村寨关系的桥梁，构成了建立在亲属关系基础上的联结体。再加上她性格开朗，为人随和，园林科妇女们都喜欢与她交往，大家的活动也都由她来组织和号召。

在园林科的妇女小群体的组织之外，园林科片区的男人和妇女小群体也

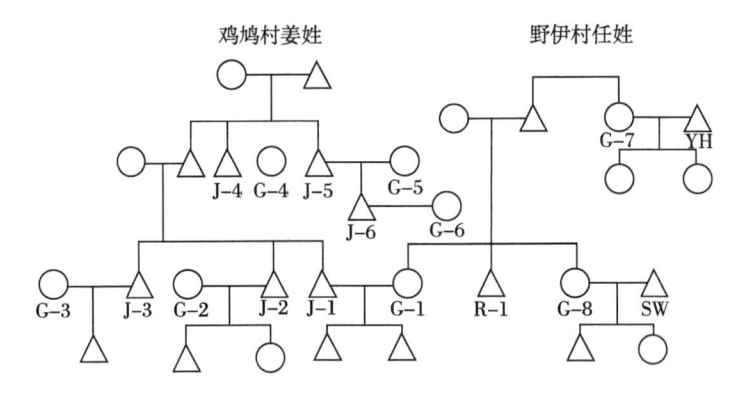

城乡流动中苗族妇女小群体与传统文化的传承和变迁 | 197

图 3-1 华南师大园林科苗族打工群体部分亲属关系图
（以 G 开头的字体为园林科妇女小群体）

被大家建构为一个另类的城中苗族村寨，有自己的管理机构和文化机制。园林科之外又有更大的华师老乡片区。由此类推，广东各地各片区也都有这样类似很多的群体和组织。如图 3-2 所示，华师片区和其他六个地区片区的苗族老乡群体构成了广州分会，而广州分会和深圳、东莞分会共同组成广东老乡联谊会。联谊会中也有自己独特的管理和老乡互助体系。由此可见，他们由老乡带老乡，一个群体联接一个群体构成的社会网络，可以一直推出去包括到整个苗乡联谊会的人。就像费孝通先生形象地把这种结构概括为一块石头丢在水面上所发生的一圈圈推出去的波纹。可见，乡土社会中差序格局的人际关系网由苗族老乡们运用到了广州大都市中。

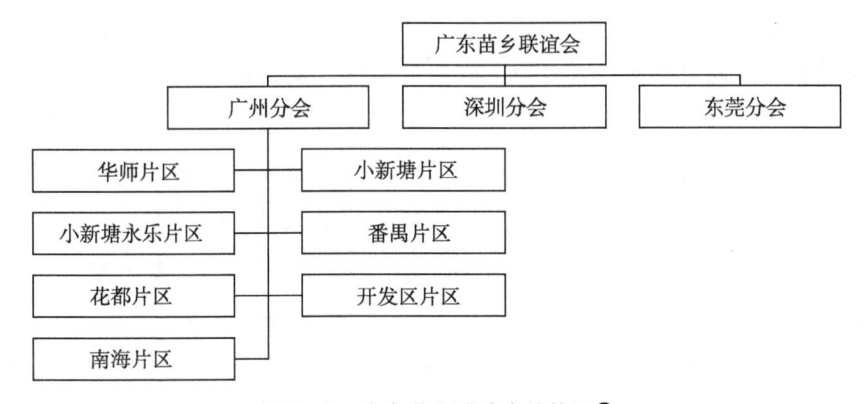

图 3-2 广东苗乡联谊会结构图❶

---

❶ 本图引用自《广州、雷山苗族城乡循环流动中的传统文化传承行动研究项目》研究报告。

同时，苗族妇女们到了广州以后，大家并没有因此而将彼此的关系分裂开，反而为了彼此的需要，加强了这层亲戚关系。图3-1大家是以非正式的组织形式将传统的乡土社会关系延伸到了广州。图3-2则以正式的制度方式构建起了一个新的团体：一个具有相同族性、相同目标的共同体。在这个共同体中，苗族打工妇女首先知道了我是一个苗族人。

我们那天在白云公园跳芦笙，穿起苗衣服，梳苗揪揪，好多人围过来看，他们老看老看的，他们看了以后还要叫自己的小孩看，我就觉得有点不舒服，但没有觉得害羞，我们觉得光荣得很。我老公还说我一点都不晓得害羞！我讲有什么害羞的嘛？他说看你们像看猴子一样的。我如果害羞我就不去了，他们看就看，想演就不怕别人来看。我们去那里照相、跳芦笙拿这碟子回老家看，老家的人都说，你们去广州是去玩乐，哪里是去打工嘛？

（G-1，女，35岁，雷山县鸡鸠村，在华南师大粤海之星大酒店厨房打工）

妇女小群体的形成和维持是要放在特定场景下分析的，是"与他者对比而呈现出的一种共在状态"。分析苗族妇女小群体的人际关系、日常生活场景、和她们对"自我"、对"我们"以及对苗族的认同，在寻找共同点的过程中逐渐形成一个相互信任，与苗族文化互动的小群体。

妇女小群体的圈内的互相认同是建立在与父权制度下的男权和大汉族主义下的城市人两者共同他者外力下建立起来的认同，这种认同是性别认同和文化认同相互交织在一起的。2008年，临近世界奥运盛会的一次聚会中，大家为了庆祝，穿苗衣服聚集在华师门口吹芦笙、跳舞，被派出所和周围的人误认为是不法组织，便立刻遭到了苗族群体们的抗议。争执中大家找来联谊会会长，他作为当地苗族代言人，警告保安不要在关键时刻惹事端，免得小事扩大为民族问题。这事以后，增强了妇女们对民族认同感："从那次以后，我们这一党每年大大小小的活动几乎都要一起去公园跳芦笙。"妇女小群体和男性群体在那时共同形成了一个有着共同命运、有归属感的共同体。妇女们聚集在一起，不仅不会担心在广州的其他人怎么看"我"，反而，会有一种安全感和自豪感。她们共同的这个自我认同会使得她们将这种结群聚集的形式继续保留下去，尽管老家的老人看到碟子以后会说她们"是玩乐而没有认真打工找钱"、男人会说她们"不知道害臊"以及城里人像"看猴子一样看大家"。相反，从这个妇女小群体仍对自己民族文化表现出光荣的话语来看，表达了妇女们的性别认同和文化认同在不同场景下的互动。因此，在建立自我认同以及文化认同之间起到了维系作用。

这些从小在围圈式的苗族社会生活和成长的人到了完全开放、陌生、变幻莫测的新环境以后会运用各种方法来解决一系列不适应问题。他们抑或是将原来的文化机制运用到当下，抑或借用和学习新的东西来进行调适。到了广州后，苗族打工者通过看电视、与老乡交流来学习普通话，吃酸汤菜、喝家乡米酒、妇女们空闲时喜欢用结群绣花的方式来消遣时间等。她们将小时候跟长辈们学到的刺绣又带到广州大城市里，在小群体内部互相模仿和学习，将传统的和当下流行的花色和样式再加以自己的创新，便在圈内横向地传播开来。

传统苗族社会中的血缘和地缘组织纽带把苗族社会人际关系网紧紧联系在一起，一旦家里有大事小事，在这条纽带上的亲属就会来帮忙、出谋划策。同样到了广州这样的城市，工作机会的信息提供也是亲戚带亲戚，老乡带老乡，从广州返乡的人就得以把信息在社区中散播开来。到了广州以后人们又形成一个个新的同乡互助群体，从家庭、小群体、社区到联谊会。到了广州后，群体的结构虽然没有传统社会的紧密，变为地缘。但是仍然体现他们在设法以集体、亲属的关系来实践。园林科妇女之间亲密的朋友圈子加上家人和亲戚就构成了打工妹的社会关系网的主要部分，创造了女性群体紧密联系在一起的空间。女性进入新环境，与夫家女性和其他来打工的远亲结成群体。在结群过程中也会呈现断裂，然后进入另一种延续的状态，是过去村寨中传统的关系网的复制且加以创造，建立起相互提供实际帮助，以及相互提供心理安慰，在生活与情感上相互依赖，体现出苗族妇女集体意识和结群的社会理想。

第五章 凯里妇女小群体——重建与调适

第一节 妇女非农就业的嬗变

素有"苗岭明珠"美誉的凯里市位于贵州省东南部苗岭山麓、清水江畔，是我国苗族的主要聚居地。凯里市居住着苗、汉、侗、仫佬、革家等少数民族，是一个以苗族为主体的多民族聚居的城市。根据第五次人口普查数据，全市人口37.68万，少数民族人口为33.94万人，占全市总人口的75.78%，其中苗族人口28.35万人，占全市总人口的63.3%。其少数民族人口比例居首位。历史上，凯里曾在明朝时被置为清平县，1913年改为炉山县，1958年置凯里县，因县治驻凯里镇得名，1983年设为市，城市重新规划建设，在食品、轻工、建材、木材加工、煤炭、化工和电子工业等领域就已有突出成就。凯里于1956年被选定为黔东南自治州的首府以后，自1957年起，就有大量干部、职工及家属子女迁入。1964年国家决定在凯里新建部署10户电子工业企业后，实行对外开放、对内搞活，大量人口迁入与迁出。1985至1990年，六年之内就从外共迁入49868人，迁出33216人，净增16652人。[1] 目前凯里已发展成为经济、文化和交通中心，新兴工业城市。

除了凯里市对其他周边各县市的吸引力外，中国政治体制下建立的户籍制度也是造成大量农村人向城市流动的另一个制度性推力。户籍制度不仅意味着户籍登记管理制度本身，它的差异还牵涉到家户和个人身份和个人社会权益的配置、资源的分配等现实因素。在国家统治范畴及计划经济背景下建立的户籍制度体系，使得其具有显著的权益二元化特征，且该特征随着国家管理的强力控制不断加强。尽管在改革开放以后，户籍制度做了一定程度的调整，放松了农转非比例的限制。然而，对一般农村人口的农转非并未放松控制。国务院在1981年、1989年两次发出通知，提出严格控制"农转非"。

---

[1] 贵州省凯里市地方志编纂委员会编，凯里市志，1998年12月。

在 1989 年还提出对"农转非"实行计划指标与政策规定相结合的控制办法，并将每年的"农转非"指标压缩为 1.5‰，并要求"农转非"必须在下达指标范围内办理。[1] 城乡二元分配格局在中国各个角落在此时依然得到强化，就算少数民族自治地区也不例外，全体公民被人为地划分为不可逾越的"农业户口"和"非农业人口"，城乡壁垒日益森严，耸立在城乡之间的"户籍墙"坚不可摧，二元社会结构也逐步形成。而户籍身份的差异与现实利益挂钩，有了城市户口，就意味着在教育、住房、就业、社会保障等方面享受着与农业户口的人们不同的优惠。总之，结构性的城乡关系各级以及由此产生并体现这种格局的就业、户籍身份等制度性条件，使得从农业中游离出来的数以亿计的女性劳动力，开始了离土又离乡、并在城镇落户的蔚为壮观的非农转移。

本章选取的个案主体是从黄平流动到凯里落户的妇女小群体。她们这种流动选择，并不仅仅受她们所处的社会历史环境影响，还取决于他们自己的意愿、自身教育水平、社会资源等因素。正是这种结构与主体的二重化过程促使了苗族的农村妇女离开农业离开农村而不断在城镇中寻找新的生活空间。而 20 世纪 70 年代的凯里也正好是整个社会发展逐渐起步，这些年轻的妇女大都具有初中教育以上的文化水平，新观念逐渐地进入到农村社区甚至农户家庭，她们的价值取舍也发生了显著变化，而且对他们来说，"乡""土"已不再具有原来那样的文化意义，她们已经有了在生活方式和价值观念上横向的比较，再加上城镇发展所提供的大量（哪怕是临时的繁重体力）工作机会，在日益松动的体制约束面前，离开农业、走出农村就是不难理解的了。20 世纪 80 年代以后，整个社会开始向市场经济转型，她们在转型中也在不断地调整自身。

由黄平县谷陇乡迁移到凯里的这群苗族妇女小群体，就是在当时的社会背景下流动到凯里、落户为凯里户口，从事非农就业并成为国家体制下的正式员工。她们到了城里以后，受到周围异文化不同程度的冷落和排挤，寻找和她们过去享有共同文化的同性伙伴。在结群过程中，她们通过反观和省视自己的活动，并不断地改变和调适自己，并因此尝试改变着自己的生存环境，

---

[1] 马福云. 中国户籍制度改革及未来政策走向//中国公共政策分析，2003 年卷. 北京：中国社会科学出版社，2003.

改变旧有的小群体结构，适应当下的资源—规则格局。社会政策导致城乡二元体质的差别扩大化背景下，探讨妇女们在身份转变时，如何重新应对，调适个人身份转型？在调适过程中，每个人有了每个人的追求，导致妇女小群体内的个体认同度降低，极力摆脱过去的农村人口身份的同时，又在追忆失落的身份。她们在凯里的流动经历和结群实践笔者将在下面两节作详细分解。

第二节 解读凯里苗族妇女小群体过程

一、流动至凯里过程

20 世纪 70 年代后期的凯里正处于向经济改革转变的节点上。虽然经济发展受到政治问题的束缚，但仍阻止不了人口的流动。然而其规模仅限于邻近县的人们通过工作调动、子女和夫妻关系等手段而安家乐户。与此同时，农村的分田到户政策的实施，让农村的劳动力土地人均占有率比例陡然下降，剩余劳动力的大量出现让这部分人从土地中剥离出来。本章关注的从黄平流动到凯里的苗族妇女小群体成员大概有七八名，她们的平均年龄都在 50 岁以上。从少女时代一直到中年，这个群体形成到现在已有 30 多年的历史了，她们的结群经历实际上也是凯里从计划经济向市场经济转变的发展历程。小群体中的每一位成员都背负着浓郁的时代和文化背景：从集体到家户、从计划到市场的社会变迁下，她们个体也发生了从农民到市民的身份转变。此外，除了制度层面身份的改变，她们还经历了文化、角色和情感层面上微妙的变化。在变化的每一个阶段，她们都在关于我们是谁、我们来自哪里等社会认同意识上不断自省，界定自己的角色，让自己加入情感认同和归属的群体成员中去。

1976 年，21 岁的黄平苗姑娘 K-1 离开家中母亲和年幼的两个弟弟、两个妹妹，穿着一套母亲两年前做的旧衣裳，头上戴着谷陇样式的红花色帽子，怀揣着激动的心情来到了凯里投靠在国营单位工作的父亲。由于她的高中学历，得以在父亲的推荐下，顺利进入了国有企业电影公司，成为在该单位唯一的苗族女性。虽然受过一些教育，但是对于从未出过门的她来说，到了新的环境里依旧是处处碰壁。由于她的苗族身份和对汉语掌握熟练程度不高，让她在单位里受到其他汉族同事的歧视。

  刚来的时候人生地不熟的，做哪样都难，以前我父亲是走资派。我们单位苗族不多，他们看不起苗姑娘，人家就讲我笨得很，汉话也说不清楚。那时也很想家，一个星期回一次老家。但工作上我对数字很敏感，1980年的时候有一个老出纳退休，我就去接替了他的位置。

  （K-1，女，55岁，从黄平谷陇到凯里工作，电影公司）

没过多长时间，K-1的生活里就多出了另一个人——K-2，性格外向的她过去一直在黄平谷陇公社做妇女主任，于1974年被选配到州里做妇联工作。由于当时娱乐方式比较单一，电视是普通家庭的奢侈品，因而电影就成了大众选择比较高端的娱乐休闲方式，也是凯里市民聚客访友、交流感情的场所。但要买到一张好的电影票并不是一件容易的事，还需要在电影院有熟人。K-2到了凯里后，也会偶尔去电影院消磨时光。

  我认识K-1是有一次和朋友去看电影，买不到好的电影票。一直听说电影公司有一个苗家姑娘，是黄平的，然后我们就在电影院跟工作人员打听有没有这个人，当时她刚好在售票处卖票。我过后就去就用苗话跟她讲我也是谷陇的，她就帮我买了好几张电影票。

  （K-2，女，58岁，从黄平谷陇到凯里工作，州妇联）

结识以后，两人便成了无话不谈的好朋友。K-1一旦有好的电影票就会留给K-2，K-2每次下乡、出差也会让K-1知道，好几次还让K-1跟随她一起出差。就这样，你来我往，两人又互相介绍各自的家人和朋友给对方认识，两人共同的朋友圈也逐渐大了起来。K-2在K-3来到凯里以后，两人因为老乡和工作关系而结识了亲密的朋友。

K-3是黄平旧州镇上人，苗族女高音歌唱家，国家一级演员。从小因为爱唱歌，音质条件好，高中毕业后就被选到中央民族学院艺术系声乐专业进修。1978年毕业后，学校和中央民族歌舞团都想留她在北京，但她眷恋家乡的山山水水，选择了回贵州家乡，于黔东南州歌舞团任职。在这个时代，由于遭遇了一场史无前例的大浩劫，贵州的文艺创作上出现了一个断层，是个全国上下齐唱样板戏的年代。在歌曲方面，除了五六十年代流传下来的一些歌唱劳动的歌曲，在贵州，能给人们灰色的心灵带来一抹色彩的，也许就是这些符合当地人风味的民歌了。因此，贵州著名的"苗家三姐妹"中的大姐、苗族歌唱家 K-3 应该算是这个时代比较有代表性的人物了，她的演唱富有激情，风格清新，加上深厚的民族文化的底蕴和对现代表现手法的学习融合，让她的歌声听上去亮丽欢快。此外，民族、美声的结合，使她的演唱颇具风格和特色，给人以美和真情的感受。至今，她和两个妹妹已曾多次参加省及全国各种大型文艺演出，先后赴中国港澳台地区及意大利、日本、韩国、阿尔及利亚、巴基斯坦、罗马尼亚、法国等国进行访问演出。在 20 世纪 70 年代她演唱的《大家笑哈哈》《苗家寨前一条河》《迎客歌》《酒醉忘上路》等歌曲具有浓郁的苗族音乐特色已让她的名字和音乐在苗族地区流传开来。

> 我的工作性质决定了我要跟各个领域的妇女接触，也是我工作的关系，才有了那么多好朋友。不然那个时候我就特别无聊，找不到说话的人，经常想以前在谷陇的那些伙伴。也是我在妇联工作，才有机会认识了这些老乡。那个时候在凯里工作的黄平苗族女的很少的，我如果知道哪个从黄平来的苗姑娘在哪里哪里上班就很高兴，就想去认识。我和 K-3 认识是一次在大礼堂开会，她在会上唱歌。下来后我们一起聚餐，然后我就去问她，和她聊天。这样我们慢慢就熟悉了。
>
> （K-2，女，58 岁，从黄平谷陇到凯里工作，州妇联）

> 我和 K-1 是一个文化系统的，每次我们系统开会，我们都在一起。经常在一起以后，大家就熟悉了。我们有共同的朋友 K-2，大家熟悉以后就经常在一起聊天、走客。
>
> （K-3，女，54 岁，从黄平到凯里工作，州歌舞团）

到了 20 世纪 80 年代，这个小群体的另外两名妇女 K-4 和 K-5 又逐渐通过夫妻关系调到了凯里。K-4 现年 53 岁，出生于黄平旧州镇，高中毕业后就被分配到黄平谷陇镇当妇女主任，结婚后，丈夫调到凯里机关工作，她也随之调到了州政协工作。

> 我有个同学和 K-1 是同学，我来凯里之前她经常带我去 K-1

那里玩，这样我们就认识了。1981年我结婚调到凯里来上班以后，通过夫妻关系把户口调了上来，我们的关系就更近了。我们很谈得来，就成了很好的朋友。

(K-4，女，53岁，从黄平旧州到凯里工作，州政协)

K-5在黄平县城一个附近的小村庄里出生和长大，父亲是当地一个比较有名气的书生，较好的家庭环境给予她一直读书的机会。1980年K-5于贵州师范大学政治教育专业本科毕业后，被分配到镇远县清溪镇卫校教书。两年后经人介绍，与黄平谷陇的小伙子（现在的丈夫）认识，而她的丈夫就是K-1的堂哥，丈夫大学毕业归来后，便与丈夫结婚，K-1与K-5便结成了姑嫂关系。后K-5与丈夫生下一子。因为丈夫的成绩和经验突出，1984年便被驻地在凯里市的一个国营中央军工厂矿招聘并提拔为高级技术工程师。随后，K-5就借着丈夫的关系也调到了该厂的职业技术学院当政治老师。两人便带着儿子在凯里的落户，在这之间，K-5和K-1因亲戚关系经常来往，此外，K-1还把K-5介绍给了这个群体的其他妇女认识。通过这种互相介绍相识、相认的方式，该群体的成员越来越多，她们家庭之间各方面的联系也越来越紧密。

二、群体结构：地缘和趣缘的重合

美国人类学家许烺光认为，在任何社会中，人们都是在一定的集团下满足自身的社会性需要，而组成什么样的集团，则是不同社会的人们所遵循的生活方式基本准则的外部表现形态。[1] 在过去苗族乡土社会中，人们之间的社会网络主要建立在亲缘和血缘之间的相互依赖的关系上，人们在生活中遇到问题最先想到的是有血缘或亲缘关系的亲属，向他们寻求帮助；同样，家里有红白事，也是靠血亲关系的亲疏远近来对待。而这些从黄平各村寨流动到凯里的妇女们到了陌生的环境，与过去的关系网断了线，寻求来自同一地域、带有相同的文化背景和兴趣的是她们的必然选择。小群体的妇女成员相同的民族和性别身份，文化水平都是高中以上、有着相同的兴趣爱好，而且都是在国家的体制下有着固定的工作单位和城市居民户口。这些相同点加深了她

---

[1] 章雯. 城市社会结构变迁中的趣缘群体研究——日常生活的视角[D]. 华东师范大学，2006.

们对彼此的认同和依赖。

> 如果在街上听到一个苗姑娘讲话,跟我们讲一样的口音,就觉得好亲切。我们就会上去问,你是哪里来的,叫什么名字,在哪个单位上班、这样我们慢慢就认识了。如果知道还是黄平一个地方来的,彼此还谈得来,那就成好朋友了。
>
> (K-4,女,53岁,从黄平旧州到凯里工作,州政协)
>
> 那时候我和我丈夫进的是中央厂矿,那里全部是从外省、北方来的人。厂里面几千人,只有我们是苗族。我们说话和他们不一样,他们知道我们是苗族,说我们是苗子那些。在单位遇到的事、家庭的事我都会跟她们说。
>
> (K-5,女,55岁,从黄平谷陇到凯里工作,华联厂)

凯里苗族妇女小群体具有共同的社会认同,而且她们的行动也是由对群体的认同所驱动的。由地缘和趣缘结构上寻求共同点的非正式小群体,她们都有认同群体的共同心理特征,也不否认自己是该群体的成员。她们对自己群体的目标有一致的认识,认同群体的规范,并在此基础上产生自觉的行动,并对重大事件和原则问题保持共同的认识和评价。也就是说,无论何时她们认为自身隶属于某一性别、民族、社会阶层而非其他群体时,她们就激发了她们部分的社会认同。从上面口述可看出,小群体成员力图使自身在语言上寻找共同点。她们的民族特性与语言的使用联系在一起。语言是文化的核心一部分,人用语言创造文化,没有语言就没有文化。同时,它也是群体资格的一种界定性特质。也就是说,我们的社会认同是经由语言来直接表达的。并且,语言还是与他者沟通的一种方式。黄平苗族妇女刚来到凯里时,她们所选择使用的语言在与凯里汉族沟通时并不是很顺畅,在单位里由于原来的苗族口音没有完全转变过来,使得她们与其他汉族人之间产生天然的隔离感。这种由语言和地域导致族际认同上的偏差,与自我认同的范畴化相结合,便产生了妇女群体成员对自我,他者,内群,外群有着很清晰的界定,并且,她们作为一个群体的存在还被第三方承认。

> 她们这一伙从我们还没结婚的时候就在一起了,我们男的是结婚以后才互相熟悉,她们经常在一起,我们几家又经常走动。那么

多年来了，她们有什么事都相互帮忙、有什么话都讲，亲密得像姊妹一样。

(杨某，男，55 岁，从黄平谷陇到凯里工作)

由此可见，凯里苗族妇女小群体成员的社会认同意识以及延伸出来的行为，不仅让她们加强了自己对内部群体的认同感，是女性同性之间互相倾诉情感的方舟，还起到了整合社会的功能。同时，群体的存在对让妇女们社会化和形塑自我也起到了很大作用。总之，小群体通过共同活动的过程把大家联系起来了。

由于小群体内共同的兴趣和目的，在面对他者和外界时，她们也会保持一致的情感和意见。若是意见暂时不和，也会协调而统一起来。因此，除了在初始结群时，她们在寻找共同点所做出的努力外，小群体的内部也会产生强烈的认同感和依赖感，在活动中改变自身的态度和行为，以使它们与群体内部的人保持一致。妇女们在家庭、工作单位和适应社会等各种活动中，互相交流经验。

我们过去经常在一起聊天，生完孩子不久，每天抱孩子出来散步，都会叫上大家到大十字和大会场这些地方。我们坐在一起聊单位上遇到的那些事，在单位有的时候被责备，大家就一个劝一个。还聊以前在老家的那些男朋友啊、游方的事。有时候想家老火了，大家还一起哭。

(K-4，女，53 岁，从黄平旧州到凯里工作，州政协)

大家在一起就是凑热闹。哪家有客来都会喊我们作陪。如果有红白喜事我们家肯定要去，像哪家有娃娃考大学、结婚啊。我们都要去帮她家凑人头，热闹一点。

(K-4，女，53 岁，从黄平旧州到凯里工作，州政协)

我就是从小喜欢唱歌，我爸爸妈妈就是当地有名的歌师。后来认识 K-1 她们，我们大家都喜欢唱歌、走客那些。走客吃饭的时候就喝酒、唱酒歌。后来娃娃大点了，我们就带娃娃一起玩，我们的娃娃都是从小一起长大的。娃娃读小学以后，我们聚的时间就更多了。每到周末或者娃娃放寒暑假，我们几家都要在一起。大家商量去耍去哪家玩。吃转转饭。

(K-3，女，54岁，从黄平到凯里工作，歌舞团)

凯里苗族妇女小群体成员主要组成除了好友和老乡，但也有涉及姻亲的亲属关系。她们日常往来互动的结群关系呈现了妇女的社会生活面貌，在她们内部结群之外，她们还积极扩展她们的公共生活空间，有些活动是由男女一起参加。比如每年的九月谷陇芦笙会，她们都和自己的丈夫约上几家一起去看热闹。芦笙会是在秋后庆祝丰收的节日盛会，每年9月27日，都会在十里桥和谷陇大平坳集会点同时进行。而以谷陇大平坳集会点规模最大，周围百十里外邻县群众前来赴会，大家身着盛装前来参加盛会，各类商贩云集，热闹异常，成为黔东南最大的芦笙会之一。大会上举行有赛马、芦笙、斗鸟、斗牛等比赛。小群体的成员都会约好穿一样的服装，戴一样的银饰，穿一个款式和颜色的鞋子。盛会上所举办的比赛项目对她们来说远远没有她们聚在一起有意义：芦笙会的形式维系了她们之间的情感，在这个场域里，大家对群体内部的身份更加认同。同时，为了达到区别于当地其他妇女的目的，她们尝试着在银饰或者小配饰上下功夫，比如约好多佩戴几件银饰、戴一样款式的金耳环、穿一样的皮靴或者围同样花色的小方巾等。服饰象征了她们群体的边界，表明了她们作为小群体的成员通过与别人比较而显示出城里人的优越感与自信感。

参加芦笙会的大部分人口都是附近村寨的苗族，参加芦笙会还是她们扩大人际交往网络、学习途径，她们刚到凯里时看电影是她们消磨时光的手段，散步聊天则是她们宣泄情感的方式。而参加这种大型集会便是她们回乡访友，并扩大自己交友圈的选择。大家参与小群体活动的次数越多，经验就越丰富。因此，她们也积累了相应的非正式规范。比如群体内部哪一家出事情了，群体内的所有人都得去帮忙，否则会被其他人责备，认为她（或她家的人）不为别人考虑，是个斤斤计较之人。同时，她也会渐渐背离小群体的规范，与大家疏远开。

我们只要哪家有红白喜事都会喊到所有的人，凑热闹也好、帮忙也好，去看看也是表达心意嘛。如果哪个不去的话，我们在后面肯定是要讲的。像以前有一家生得个小姑娘，还有一家的公去世了，我们全部都去了，但K-7一直都不去。我们就在后面说她小气、抠门什么的。这个人不能这样子，自己家有事的时候就想到大家，别人家有事了去都不去看的。

（K-1，女，55岁，从黄平谷陇到凯里工作，电影公司）

此外，她们还任命在州妇联工作的K-2为群体活动的"队长"，每次活动都由"队长"来安排和协调，大家也会采纳队长的建议，实施计划行动。这种"虚拟"的组织制度体系延续着规范起到了维护规范的稳定，维持群体稳定性的作用。可见，流动到凯里的妇女小群体的小群体形成形态是地缘和趣缘两者相结合，因为有着共同的认同和相同的爱好，这些妇女们走到了一起，建立了姐妹情谊。其功能不仅包括满足了各位参与其中的妇女精神上的需求，帮助未对环境完全适应的姐妹重建新的身份、地域文化，推动她们和自己的孩子健康地社会化进程。

第三节 身份重建和文化调适：面临解体、适应现代化

作为国家民委批准为民族自治地方改革开放的首批试验区，凯里从20世纪80年代的一个小城镇发展成为以电子、轻纺、建材为支柱的新兴工业城市。由于其明显的区位优势，现在已成为黔东南州的经济龙头。从黄平流动到凯里的妇女小群体成为职业女性，进入了过去只有男性才能涉足的生产领域，K-1和K-5、K-7都进了国营单位，K-2、K-3、K-4等也进了行政事业单位。但城市在追求工业化、现代化的同时，处于社会中的个体也在相应地做自我调整。女性的生活方式和价值观念取决于当下的社会文化和社会制度，随着社会从上至下的变革，苗族妇女的生活也呈现出不同的特点。她们的生活方式开始发生翻天覆地的转变，越来越多的苗族女性从土地上和传统家庭的束缚中摆脱出来，开始进入社会生活的各个领域。她们有了独立的经济收入和社会地位，也有了独立的人格，自我认同感在逐渐提升，当代城市社会化进程和苗族妇女自身的社会化息息相关。她们用实际的行动冲破了男女差异、苗汉差异的鸿沟。同时，她们的角色、社会活动空间和身份认同也与之前大有不同。随之而来的便是过去小群体的形态、规范和功能也受到前所未有的挑战。

我这个人现在成这个样子就算是倒霉。我是她们所有人里面文凭最高的，受过正规的高等教育，当时还托老公的关系进了中央厂矿教书，以前好多人做梦都想进中央厂矿，他们找关系进都进不去。那时我们家的条件在我们里面是最好、工资也是最高的。八几年的时候一个星期都得一只鸡吃，家里买的什么好吃的了，周末都叫大家带起自家小孩来我家聚，那时来我家是来得最多的，我家在厂里面条件好，小孩子玩的东西多。但是自从我们厂里改制后，每月工资只能填报肚子，富不起来。

（K-5，女，55岁，从黄平谷陇到凯里工作，华联厂）

以前社会上没什么玩的，大家都喜欢去看电影，要有熟人才买得到好的电影票。我们还专门把好的电影票给州里面的领导送过去。那个时候我的工资也算是高的了，比我老公的还高，在那个时候才买得起皮衣那些好衣服来穿。我们那一伙也喜欢来我这里，找我才得到去看电影。但是现在我们单位被改制了，自负盈亏，电影行业在凯里走不下去，受到电视的冲击，全单位将近一百个在职职工都面临下岗。

（K-1，女，55岁，从黄平谷陇到凯里工作，电影公司）

在计划经济时期，城市的结构和功能都处于相对封闭的情况，与外界缺少联系。国营企业的发展和企业生活区与外界社会相对隔离，自成一套完备的社会服务体系。而对于其职工而言，较高的工资收入一直持续到20世纪90年代，捧着"铁饭碗"的观念让这部分人有着与别人不同的优越感。然而，当社会进入到20世纪90年代以后，中国的经济水平得到了大幅提高，政治和文化等各个方面都呈现出中国加快了现代化的步伐，进入了一个重大的转型期。中国提出了历史上具有重大意义的国营企业改革：对所有的国有企业进行改组改制，抓大放小的方针。由国家一手掌控和负责的国有企业改革为股份制企业或者是私营企业，让一些规模比较小型的企业在市场上自生自灭。在K-1和K-5在工作和生活上皆面临危机和挑战的同时，这个年代也让K-3的事业和名气达到了高潮，K-4、K-2的工作和职务也得到了提升。

K-3在一次机会中与她的两个妹妹同台演唱歌曲《大家笑哈哈》，演出效果一鸣惊人，获得1996年中国音乐电视铜奖、中国西部音乐电视银奖和贵州"五个一工程"好作品演唱奖。参加拍摄的《三姐妹》获1997年贵州人民政府二等奖，被授予"天马杯"，随即于1999年10月被文化部，被国家文化部选赴北京，参加国庆50周年文艺演出，不久于12月20日赴澳门回归演出。在中央电视台《国际频道欢聚一堂》栏目中演唱的《苗族敬酒歌》，被拍成电视播放多次；有多首演唱歌曲在贵州、云南、陕西、江西等省电视台及中央人民广播电台、中国国际广播电台播放；其名已被编入《古今中外女名人大辞典》《歌坛民族之花》《中国音乐家名录》，《全国人才交流指南》评其为"中华人民共和国优秀人才"，并发给《优秀人才证书》。也当任了黔东南州歌舞团副团长，州人大常委、省及国家音协会员。K-2也因为她所积累的工作经验，敢想敢做的性格和认真负责的工作态度，也于这段时间被任命为妇联妇女与儿童部的部长。K-4也在政协部门站稳了脚跟，从一个管收发的秘书职员上升到了某科室主任的位置。然而，这一切都是来之不易的，她们似乎要比同龄的汉族女性付出更多努力。这种往上流阶层流动的意志一直支撑着她们走到今天，可她们的价值观和行为也发生了重大转变，小群体内部的分歧也越来越明显。

　　我们非常珍惜我们的今天，以前来凯里觉得害怕面对汉族的那些人，他们有文化，家庭背景比我们好很多。所以在他们面前工作说话做事得非常小心，其实不能让他们小看我们。我就靠我努力工作，在行政单位该拉点关系就拉点。在行政单位就是可以"旱涝保收"，这个才是"铁饭碗"。所以我现在不觉得我比汉族那些有钱的人弱，还希望我的娃娃以后也能当领导，我还鼓励我女儿找个当公务员的男人以后日子才好过。

　　（K-4，女，53岁，从黄平旧州到凯里工作，州政协）

　　我是在安家、得到了城市户口的时候，就觉得我成了城里人。我们这一伙都很不容易，过去苗姑娘不准读书，那时我们加巴那一片只有我一个苗姑娘读书的。所以后来我们也好不容易得个工作，得在凯里安家。现在她们有钱的有钱，有权的有权。我虽然年纪大了，但还是想做点别的事情，不能只靠那个快倒闭的单位。前几年就来开饭店，我们各忙各的，平时都没时间聚了。除了家里有很重要的事，不然我们也不会聚在一起的。

　　（K-1女，55岁，从黄平谷陇到凯里工作，电影公司）

户籍制度是城乡二元结构的直接因素的话，造成凯里妇女小群体内部根本差异的导火索可以说就是贫富差距和社会等级差异。而等级结构在群体中确实是一个普遍、真实的现象，不同的群体成员所承担的角色，不是都被平等地评估，她们也不具有相同的权力去施加影响或控制他人。以上案例便显示出社会局势在发生变革时，她们不再认为她们互相是处在一个水平上的人，权力地位等级开始出现分化，身份等级和政治等级相统一。群体内部成员获得了新的自我价值的认同，认为她们已经转变为一个城里人，K-2 成为那个时代民族歌手的领军人物，K-4 走上仕途，认为在行政单位工作势必比别人高一等，在社会中广络自己的人脉资源，与工作上的人员结成了利益相关的职业群体。而 K-1 在单位虽然面临下岗危机，伙伴们也不再去找她要电影票看电影，但也并没有被动地接受，而是积极地与自己的亲姐妹合伙经营起了小饭店，与自己的姐妹结成了小群体。K-5 也渐渐退出小群体的范围。小群体内部由于地位等级差异而导致了分化。

另外，商业化下的娱乐空间、消费结构加速了小群体的分化。由于中国苗族城市女性尤其是职业女性享有独立的经济地位，加之家庭结构的小型化、家务劳动的社会化等原因，女性的显现活动逐渐发展。女性的休闲时间、休闲内容、休闲空间都在迅速增加。随着消费社会的发展，女性的休闲更成为城市商业发展的重要组成部分，结群时间和空间多与金钱挂钩，群体内部的贫富差距导致了她们的疏远。此外，女性的休闲空间也越来越多，使得她们能接触更多志同道合的趣缘同伴。苗族女性开始日渐成为商业社会的主角，成为各种各样商品的代言人，成为物质世界的"符号"，女性在商业领域的发展向我们描述了一个虚假的"女性世界"。从这伙苗族妇女小群体的休闲内容上不难看出，女性休闲及休闲消费的多数都和身体有关。女性会花较多时间和金钱用于购买服装、化妆品，或者用于美容。物质主义正在向人们灌输什么是女人，尤其是什么是时尚的女人。女性正在进入一个大规模的标准化生产的"身体化时代"，苗族女性除了在工作上积极向上流动，在消费结构上也要趋于"城市标准"。而时尚的衣装则是她们在消费价值观上的诠释。

> 我现在已经在城里安家，自己刚开始工作的时候还穿苗衣服，后来才慢慢改过来的。过去是没条件买好衣服穿，被人家说是苗子。现在条件好了，自己也可以有买高档衣服的权利。

（K-4，女，53岁，从黄平旧州到凯里工作，州政协）

K-4有钱花在吃穿上面，她也喜欢去和领导交往，我们这点工资只能吃饱，逛衣服的地方和她的根本不能比。开始还和她去买过几回，后来慢慢地发现我们的差距很大，玩不到一起去。

（K-5，女，55岁，从黄平谷陇到凯里工作，华联厂）

以前我们大家的工资都一样，地位也是平等的。去哪里都是大伙一起去，玩哪样也是大伙一起玩。去哪里走客，都要约好穿一样的衣服。打麻将也是，我们喜欢打小点的，和自己家里的人自娱自乐。她们就喜欢玩大的，那种我们也玩不起，现在就各玩各的了。去哪里走客也是，我们戴的银饰有的少、有的多，不统一了。

（K-1，女，55岁，从黄平谷陇到凯里工作，电影公司）

而所谓追求的背后是更深层次的奴役，女性陷在物质主义的漩涡中难以自拔。女性过去的休闲娱乐活动被转嫁到社会当中，例如，看电影、相聚由逛服装店、光临美容店来分担其功能，大家过去每到周末、芦笙会就会互相相约穿苗衣服，一起看会，照相；聚餐宴会、分享苦乐交由饭店、打麻将消磨时光来完成。过去大家聚集在同伴家户中，一起喝酒、唱苗歌、一起聊天。如今麻将的流行取代了这种互相交流情感的空间，贫富差异带来的消费方式和结构上的分化，导致了小群体内部的解体，分解成了不同的小群体。

结论　结群、流动与变迁

本文通过将苗族妇女小群体的文化现象放置于流动语境中考察，并在不同类型和场景中对新时期苗族妇女结群现象进行阐释。笔者基于对调查资料的分析和田野观察的体验，从苗族妇女小群体的现象本身，通过窥视苗族社会结构和苗族两性关系差异，分析苗族妇女在各种场景下结群的产生原因、特性及其功能；并在当下社会流动的特殊语境与背景下，归纳出四种处于不同地域、有着各自特性的妇女小群体，运用女性人类学的社会性别和主体性的文化变迁的理论视野，分别从身份认同、社会网络、女性情感、身份重建、文化调适、文化传承等多维度地分析苗族妇女的社会结群实践与文化变迁。

妇女结群不仅是她们对自我身份认同归属的表达，女性的自体性与能动性也得以在亲属关系、两性角色、情感、社区组织的参与以及日常生活实践等不同层面得以鲜明的体现。

一、小群体、认同与苗族妇女的关系

苗族妇女小群体是文化塑造的结果，也是作为苗族社会中的真实存在。该现象在苗族历史和口述传统中早已有所记载，并在苗族千百年社会中得以实践。苗族妇女的结群现象不能一概而论，对苗族妇女主体以及两性意识的研究要放于不同情境中探究，需要区分不同阶级、族性、教育程度、婚姻职业、国家的各种限制条件，才能得出客观、多层面的结论，不然又会陷入唯本质论的泥潭。同时，在苗族社会，妇女结群和姐妹情谊是客观的真实存在，不只是存在于现代小说家们对抗男权愿望的美好希冀。苗族妇女通过她们的实践，努力适应社会的变化，通过灵活建立相互信任的机制、编织出有利于自身发展需要的多重社会网络，一定程度上提高了妇女的主体性和能动性。

而社群（Community）的概念在人类学领域，是晚近才出现的观点。Cohen认为，社群不再只是简单的场所（Locale），而像是民族志中所描述的小型社会，是文化和社会身份（Place）错综复杂关系的聚合交叉核心。不仅表达成员的身份，也传达成员相互之间的关系网络，是结合思考与传达文化的象征体系。社群具有集体认同（Collective identity）的意义，Anderson则认为人们可以借由想象自己成为同一社群的一部分。然而，Herzfeld却认为，想象社群的概念，无法解释日常生活中家庭或朋友互动的共生（Commensality）。Herzfeld也指出，想象的社群的意义，必须放置在日常生活的社会脉络来讨论，才具有实践的意义。想象的社群必须建立在复杂的社会关系基础上来理解。[1]无论对此现象如何表述，作为一个共同体的认同感是小群体存在的潜在源动力，认同在概念上则指向拥有一个群体性的情感建立。妇女小群体关系的创造是透过自我、他者、内群、外群范围的统一划定，通过与群体成员交流生活、重建亲属关系、延伸和创造传统文化等生活实践来实现。同时，结

---

[1] 王嵩山. 性别、差异与社会理想的承转与维系 [D]. 台湾慈济大学人类学研究所，2001：142.

群关系呈现的是一种动态模式，妇女小群体也有在群际间流动的可能，例如群体成员的退出、群体的解体等，但它们也在世代传袭，小群体在重组中获得承转。

二、苗族妇女小群体的变迁

本文的研究对象是处于小群体内部的个体，她们正处于经济、文化迅速变迁的全球化时代。在一定文化荫蔽下成长起来的个体既是文化的携带者，也是文化的传承者。这样的个体共同构成一个群体时，文化也因之获得了存续的基础和滋养的根本。[1]然而，一旦环境改变，处于社会中的人也会随之做出调适，文化也会随之转变。处于流动语境中的苗族妇女正是如此，她们离开过去的母体文化到异地生存，并没有完全撤弃过去所携带的文化，而是在异地积极地适应和转变。这种能动性体现在心理、日常生活实践等诸多差异范畴。

以上论述已经得出妇女们结群的共同根源在于对"她/他们"的区分，以及对"我们"的认同。然而，根据特定的情境将动态中的各种女性差异予以考虑具有不言而喻的重要意义。本文假设苗族妇女小群体是在传统苗族文化静止的状态下产生，把留在故土和流动到外地两种大类分别进行比较。其中，前者包括未出过外地，但是受到强烈的外来文化冲击的苗族妇女小群体和曾外出打工，带着外来文化返回家乡、继续着家乡文化和生计方式的新塘妇女小群体。后者则包括从雷山到广州华南师范大学打工的妇女小群体和从黄平移居到凯里，获得城市身份的凯里妇女小群体。不同环境中的妇女们所做出选择性的文化保留和调适，具有各自突出的特点。

首先，西江妇女小群体虽然未曾离开故土，但在旅游开发中被剥夺了主体性，加上外来文化的冲击所导致的一系列社会变迁，其制作的苗族女性服装、群体互助模式及其育儿观念等都发生了变化，过去的小群体渐渐松散。其次，新的生产和管理体制及打工浪潮等，使苗族农村家庭社会性别角色仍处于深刻变化之中，男性劳动力的广泛外出移民和非农转移将越来越多的大

---

[1] 杨筑慧. 妇女外流与西南民族婚姻习俗的变迁[J]. 云南民族大学学报（哲学社会科学版），2009（6）.

田劳动和社会责任留给了妇女，在越来越多的地方出现了"农业的女性化"现象❶。往返于城乡的新塘妇女小群体不得不承担起农业生产和家庭生活的主要责任。在此之外，她们在农闲时间仍然积极参与村寨、社区的文化活动，以活跃的姿态赢取在社区当中的地位。再次，在亲属关系实践中，外出广州务工的妇女小群体把苗族乡土社会"波纹式"的社会关系移植到了新的环境中，通过亲属带亲属式的结群出发、就业、维权、居住等要事都能在该亲属链条上得到回应。体现出她们远离他乡，极力维护以血缘、亲缘、地缘的层级的模式来安排自身活动。华南师范大学内园林科的妇女小群体在城市中的运用绣花技艺、歌舞展演构成了大学城里的亮丽的文化景观，体现了她们共同应对陌生城市以及对过去集体式传统生活的怀旧情感；同时，在男女两性角色上，华南师大的苗族打工群体和西江旅游开发区、凯里的苗族群体也不再限于过去的"男主外、女主内"的传统分工模式，女性加入了职业群体中，参与家庭经济生产中，男性也参与到了家务劳动中，男女两性的区隔呈现出交融的势态，为妇女结群提供条件了空间；最后，改革开放以来，城市不同妇女群体作为生产者、消费者、家庭照顾者的多重社会位置和角色也发生了急剧的变化，"铁饭碗"的打破和劳动用工制度的改革对原公有制企业中女职工的冲击最大，获得"向上"流动机缘的妇女和面临挑战的妇女在各自的娱乐空间和消费结构上产生分化，凯里小群体的存在受到威胁。然而，她们将结群实践转移到了同事，亦或是自己的姐妹之间，结成了表演、亲缘、趣缘等不同性质的小群体。

　　不仅苗族妇女们的结群形态发生了变化，其结构和功能也发生了不同程度的转变。凯里妇女小群体的妇女们由于职业和地位的分化，西江妇女们也由于追求商业利益，不再具有相同的价值观和兴趣，互相之间的亲密关系必然大打折扣，小群体的网络变得松散；小群体内部的满足感已不再是交流情感，凯里妇女小群体内部已转变为互相攀比，交流的形式也变得与商品和消费联系在一起；西江苗族妇女小群体的成员们聚集在一起也已不再是互相传递生活经验和交流情感了，在旅游的推动下妇女们忙碌于每天的迎宾和表演中，理性经济人的策略取代了感情和互助模式。

---

❶ 胡玉坤. 社会性别、族群与差异：妇女研究的新取向. 社会学人类学中国网，2006 – 01 – 20.

总之，这些差异又共同表述了女性可藉由结群来展现女性主体的生存策略之外，又与传统文化之间呈现出纵横交错的关系。在流动与现代化潮流冲击下，苗族妇女小群体未完全解体，存在苗族社会的文化意义并没有消失，依然在维系着相关之间的关系。并在流动的语境下表达当代苗族妇女对认同、亲属、性别或女性权力的一种生活实践。但是小群体的结构、形态和社会功能在不断发生转型，并随着文化的变迁进行着新的文化调适和认同。由此可见，苗族妇女小群体正朝着多向度转变，她们所创造和携带的苗族文化也得以在传承与变迁中生生不息，这也是苗族社会多样化的意义之一。

参考文献

一、中文图书

[1]［英］安东尼·吉登斯. 现代性与自我认同［M］. 赵旭东，方文，译. 王铭铭，校. 上海：三联书店，1998.

[2]［德］埃利亚斯. 个体的社会［M］. 翟三江，陆兴华，译. 南京：译林出版社，2003.

[3]［英］布朗. 群体过程［M］. 胡鑫，庆小飞，译. 北京：中国轻工业出版社，2007.

[4]［英］巴纳德. 人类学历史与理论［M］. 王建民，等，译. 北京：华夏出版社，2006.

[5]［法］迪尔凯姆. 社会学方法的准则［M］，狄玉明，译，北京：商务印书馆，1995.

[6]费孝通. 乡土中国　生育制度［M］. 北京：北京大学出版社，2005.

[7]贵州省凯里市地方志编纂委员会. 凯里市志［M］. 1998.

[8]［英］齐格蒙特·鲍曼. 共同体［M］. 欧阳景根，译. 南京：江苏人民出版社，2005.

[9]胡玉坤. 社会性别、族群与差异：妇女研究的新取向［J］，社会学人类学中国网，2006-01-20.

[10]何明洁. 劳动与姐妹分化：中国女性农民工个案研究［D］. 清华大学，2007.

[11]简美玲. 贵州东部高地苗族的情感与婚姻［M］. 贵州大学出版社，2009.

[12]［澳］杰华. 都市里的农家女：性别、流动与社会变迁［M］. 吴晓英，译. 南京：江苏人民出版社，2006.

[13]［美］凯特·米丽特. 性的政治［M］. 钟良明，译. 北京：社会科学文献出版社，1999.

[14]［美］路易莎·沙因. 中国的社会性别与内部东方主义［A］. 康宏锦，译. //马元

曦. 社会性别与发展译文集. 北京：新知三联书店，2000.
[15] 李小江，等. 主流与边缘 [M]. 北京：生活读书新知三联书店，1999.
[16] [美] 罗丽莎. 另类的现代性——改革开放时期中国性别化的渴望 [M]. 黄新，译. 南京：江苏人民出版社，2006.
[17] [美] 玛格丽·特米德. 三个原始部落的性别与气质 [M]. 宋践，等，译. 杭州：浙江人民出版社，1988.
[18] 马福云. 中国户籍制度改革及未来政策走向 [A] //中国公共政策分析，2003 年卷. 中国社会科学出版社，2003.
[19] [澳] R. W. Connell. 性别：多元时代的性别角力 [M]. 刘泗翰，译. 台北：书林出版有限公司，2004.
[20] [英] Rupert Brown. 群体过程 [M]. 胡鑫，庆小飞，译. 北京：中国轻工业出版社，2007.
[21] [美] 萨伊德. 东方学 [M]. 王宇根，译. 上海：三联书店出版，1999.
[22] 孙立平. 社会学导论 [M]，北京：首都经济贸易大学出版社，2004.
[23] [加拿大] 泰勒. 自我的根源：现代认同的形成 [M]. 韩震，等，译. 南京：译林出版社，2001.
[24] [挪威] 托马斯－许兰德－埃里克森. 小地方，大论题——社会文化人类学导论 [M]. 董薇，译. 北京：商务印书馆出版，2008.
[25] 谭深. 农村劳动力流动的性别差异 [J]. 社会学研究，1997 (1).
[26] [美] 威廉·A. 哈维兰. 文化人类学（第 10 版）[M]. 瞿铁鹏，等，译. 上海：上海社会科学院出版社，2006.
[27] 王智民. 性别、差异与社会理想的承转与维系——南势阿美的女性结拜 [D]. 台湾慈济大学，2005.
[28] 王向阳. 关于"姐妹情谊——姐妹之邦"的书写 [J]. 辽宁大学学报，1999 (3).
[29] 王政. 国外学者对中国妇女和社会性别研究的现状 [J]. 山西师大学报，24 (4).
[30] 王政，等. 社会性别研究选译 [M]. 北京：生活·读书·新知三联书店，1998.
[31] [法] 西蒙－德－波伏娃. 第二性 [M]. 陶铁柱，译. 北京：中国书籍出版社，1998.
[32] 张晓. 西江苗族妇女口述史研究 [M]. 贵阳：贵州人民出版社，1997.
[33] 张晓. 妇女小群体与服饰文化传承：以贵州西江苗族为例 [J]. 艺术人类学，2000 (4).
[34] 庄孔韶. 人类学通论 [M]. 太原：山西教育出版社，2004.

[35] 庄孔韶. 人类学经典导读 [M]. 北京：中国人民大学出版社，2008.

[36] 周大鸣，周建新，刘志军. "自由"的都市边缘人——中国东南沿海散工研究 [M]. 广州：中山大学出版社，2007.

[37] 章雯. 城市社会结构变迁中的趣缘群体研究——日常生活的视角 [D]. 华东师范大学，2006.

[38] 朱双和. 中国西南少数民族妇女形象的现代建构 [J]. 贵州民族研究，2005（3）.

二、国外文献

[39] Leis, B. Nancy, 1974. Women in groups: Ijaw women's associations. In Woman, Culture and Society. Michelle Rosaldo and Louise Lamphere. eds. Stanford: Stanford University.

[40] Sered, Susan Starr, 1994. Ideology, Autonomy, and Sisterhood: An Analysis of the Secular Consequences of Women's Religions. In Gender and Society.

三、网络资料

[41] 广东省省情数据网 http://www.leigongshan.cn/pages/News/2008-05-05/323.Html.

[42] 雷山县人民政府门户网站 http://www.leishan.gov.cn/page.jsp? urltype = news. NewsContentUrl&wbnewsid = 102570&wbtreeid = 10607.

性别视角下的舟溪苗族妇女纺织

贾 婷

前 言

一、研究缘起

2010年5月笔者参与了张晓教授主持的"贵州省苗族代表性服饰（头饰）"的第二期讨论会，在会议中领略到贵州省各个地区苗族服饰及服饰文化的丰富多彩，并从中深受感染和启发。苗族作为一个具有悠久历史的民族，通过自己特殊的方式把本民族的历史和文化传承下来——这就是独具特色的苗族服饰；纺织中"纹以载道"的图案及其内涵蕴含着一个个故事和民间传说，可以说纺织是整个苗族服饰的重要组成部分，而妇女便成为这个重要历史文化的"设计师"和"传承者"。面对以前只有通过口耳代代相传的方法传授技艺，妇女仅凭记忆将各种各样的图案编织在苗服上，寄托着各种情感和思念，一定意义上说苗族妇女编织的不是普通的织物，而是历史沉淀的岁月和对祖先的思念。张晓教授建议笔者将凯里舟溪地区苗族服饰中的"纺织"和"织锦"作为毕业选题。考虑到笔者的研究兴趣，加之舟溪的纺织及织锦文化很少被前人所研究，当地织锦背带是"舟溪二宝"之一，因此笔者选择纺织作为毕业论文的主题。笔者的兴趣在于通过对黔东南地区舟溪织锦文化的调查，探索性别视角下舟溪苗族妇女在纺织及纺织文化变迁下的自我文化调适、主体间性的发挥及文化传承等问题。

二、国内外研究现状

(一) 国外研究

日本学者鸟居龙藏著的《苗族调查报告上册》第六章"苗族之花纹",有对纹路这样的表述:"民族精神之发现与表示,虽有神话、传说、诗歌、雕刻、建筑、音乐、绘画等之别,然其形式,不能不谓之完全同一也。换言之,表现于是等之性格,即带同一系统而发现与显示也。故欲研究民族之心理,舆欲记述一民族之'性格'者,应综合由是等所发现显示之系统,而决不可以个别视之也。余今选述苗族之花纹一章,以作研究词问题之一助。余对于苗人花纹正如下章所述苗人之笙然,乃从各方面之研究,而欲探知彼等之人类学的性格者。"❶ 作者将花纹等同于苗族的性格,即研究苗族花纹可以窥测到苗族社会的文化习俗、宗教观念等,对笔者研究纺织纹路有一定的借鉴意义。但唯一不足是书中作者探索的是以苗族刺绣的花纹为主,而非针对纺织,笔者只能采纳其描写花纹的方式、写作手法。

英国剑桥大学社会人类学博士白馥兰女士所著的《技术与性别——晚期帝制中国的权力经纬》(《海外中国研究丛书》江苏人民出版社,2006.4) 从中国社会空间(传统社会观念)、妇女工作和母亲的身份意义三大方面来诠释中国妇女在传统社会文化中怎样传承文化和怎样被社会所建构的过程,其中"妇女工作"一章提出"妇工"的概念及妇女工作与家庭地位之间的关系,妇女技能、知识和地位的介绍更加强调"技术"与妇女的结合,并最终结论:"是日常技术塑造了物质世界",她从家庭空间、"妇工"技术、女性生育保健等方面分析"科学技术"是怎样传播和塑造中国传统文化中的性别规范和女性角色。❷

日本学者鸟丸贞惠女士(Sadae Torimaru)针对贵州省内各地苗族纺织手工艺所著《中国贵州苗族染织探访 20 年——织就岁月的人们》(英文名《SPIRITUAL FABRIC——20 Years of Textile Research among the Miao People of Guizhou, China》)(西日本新闻社,2006.5),她花费自己 20 年的时间走访贵

---

❶ [日] 鸟居龙藏. 苗族调查报告 [M]. 贵阳:贵州大学出版社,2014.

❷ [美] 白馥兰. 技术与性别:晚期帝制中国的权力经纬 [M]. 江湄,邓京力译,南京:江苏人民出版社,2006.

州省内各地苗族聚居地并写下了三部关于苗族纺织、印染和刺绣的书籍,而这本书是其中三部曲之一。作者开篇用春、夏、秋、冬四个季节来描述贵州苗族人民的生活状态,这本著作更多的是讲述纺织蜡染的实施过程和记录,更加注重的是手工工艺的实践记录和传承,所以通篇都是用图片来记录着苗族妇女的纺织类型、纺织过程和纺织工具,作者对各个地区、各种类型、不同派别称呼都做了非常详细的解释和说明,为了让读者更加能够明白图册要表达的意义,作者不遗余力的介绍苗族传统的节日和风俗习惯,对纺织材料来源、纺织前的准备和方法都做了如实的记载,这是一部在贵州对苗族进行20年的织物调查记录,是一部"活的纺织电影"。❶ 文中讲述方式来源材料之一的"棉"和"织花带"一章,对笔者本人探索舟溪棉纺织技艺提供了很大的帮助,对于花带类型、"整经"过程诠释的非常到位。尤其是最后一章"苗族的花纹织物"写到的苗锦并提及舟溪的苗锦纺织技术,更是契合笔者对舟溪纺织及织锦研究的题目,作者将苗锦比作用经纬织起的"吉祥空间",是苗族的护符物,是一种信仰的寄托而不仅仅是织物,其中黔东南凯里舟溪的娃崽织锦背扇就是鸟丸贞惠女士所要介绍的经典。

(二)国内研究

1. 关于纺织文化记载

李仁溥所著《中国古代纺织史稿》系统地论述了中国自原始社会至清代鸦片战争以前纺织发展的史稿,分为原始社会时期的纺织、奴隶社会时期的纺织和封建社会时期的纺织等共三篇十章,以文献资料为主,结合出土文物,引证繁富。❷ 文中对棉花种植及棉纺织技术的叙述,对纺织工具的革新发展的阐述,都给笔者对舟溪棉纺织及织锦的探索起到一定的辅助作用。戴争编著的《中国古代服饰简史》叙述了中国古代纺织原料、工具的出现及演变,❸ 让笔者对纺织原料诸如葛、麻、蚕丝、棉的运用和区别有了初步认识,对研究舟溪苗族棉、蚕织锦及工具运用也有一定学习价值。赵翰生所著《中国古代纺织与印染》讲到,中国文化是以华夏民族为主体的中华民族各地域文化(包括荆楚文化、中原文化、巴蜀文化等)和各民族文化(包括苗族、壮族、

---

❶ [日] 鸟丸贞惠(Sadae Torimaru). 织就岁月的人们 [M]. 西日本新闻社, 2006.
❷ 李仁溥所. 中国古代纺织史稿 [M]. 长沙:岳麓书社, 1983.
❸ 戴争. 中国古代服饰简史 [M]. 北京:中国轻工业出版社, 1988.

回族等 56 个民族的文化）不断地交流、渗透、竞争和融合的结果，而纺织文化便是其中之一；文章分别对古代的麻纺织、毛纺织、棉纺织进行一一描述，尤其是棉纺织业在全国的普及和黄道婆对棉纺织业的贡献。❶ 由孟宪文和班中考主编的《中国纺织文化概论》用诗意般的语言组合阐释了一个另类的纺织文化，它分别以"云想衣裳花想容""昨夜星辰昨夜风""春色满园关不住""应驮白练到安西"等九章叙述了纺织的文化概说、古今论谈等面面观，❷ 也对笔者有一定的启示和影响。

2. 关于苗族纺织及其纺织文化

如果说苗族的服饰文化是苗族传统文化的重要组成部分，那么苗族纺织及其纺织文化则是苗族服饰文化的核心及重点，传统社会里"男耕女织"的说法就一定程度说明纺织作为苗族妇女"女红"技艺的重要性。最早描述苗族先民服饰的典籍当推《淮南子》，而关于苗族纺织的历史文献历代王朝都有过些许记载，《后汉书》中记载的"绩织木皮，染以草实，好五色衣服，制裁皆有尾形"❸，并受到当时王朝的赏识，向苗族征收"岁令大人输布一匹，小口二丈"的"口赋"，比较准确地反映出秦汉时期苗族妇女织、染、绣的技术水平，足以见得苗族的绢、麻纺织技术水平之高超。同样在《元和郡县图志》中也有关于苗族居住在五溪地区纺织业发展的介绍；明代《贵州图经新志》记载了龙里一带的苗族"男子科头赤脚，衣用青白花布，领缘以土锦，妇人盘髻，贯以长簪，衣用土锦，无襟，当幅中作孔，以首纳而服之，别作两袖，作事则去之"。❹ 在清代《黔书》中记载的红苗"衣被俱用斑丝"指的便是湘西和黔东一带的苗锦，"锦用木绵线染成五色织之，质粗有文采"。❺《续黔书》中："黎平之曹滴司出峒锦，以五色绒为之，亦有花木兽各样，精者甲他郡，濡之水不败，渍之油不污，是夜郎苗妇之手，可与尧时海人争妙也。又有诸葛洞锦出古州，皆红黄绵纱所织。"❻ 明郭子章《黔记》描述妇女"织布

---

❶ 赵翰生. 中国古代纺织与印染 [M]. 北京：商务印书馆，1997.
❷ 孟宪文和班中考主编. 中国纺织文化概论 [M]. 北京：中国纺织出版社，2000.
❸ 《后汉书》卷八十六，南蛮西南夷传 [M]. 北京：中华书局，1973：2829.
❹ （明）沈庠，（明）赵瓒等纂修《贵州图经新志》卷11.
❺ 转引徐家干. 苗疆见闻录 [M] 上海：上海古籍书店，1979：177.
❻ 同上。

如锦为盖头，服短衫，系双带，结于背，胸前刺绣一方银钱饰之"。❶

杨正文教授的《苗族服饰文化》中提及"蜀地发达的织锦技术也从另一渠道对苗族纺织产生了积极的影响……明清时期贵州遵义一带出现的苗族妇女织的'诸葛锦'就是蜀锦工艺传入的产物"。❷ 早在战国时期苗族纺织就开始发展并取得一定水平，而"织绩木皮"的概括说明苗族妇女除了运用葛、麻和丝纤维纺织外，可能运用到某种树纤维。而《铜仁府志》中载"女苗习耕种，勤纺织，养家蚕，织板丝绢及花布棉，以为业"❸，概述了传统的"男耕女织"的场面，对本文研究纺织文化从古至今的变迁和发展有一定的帮助。

吴泽霖在《贵州短裙黑苗的概括》一文中针对炉山、麻江、八寨、丹江等县交界区域的舟溪地区情况，清晰叙述了舟溪短裙黑苗的服饰、婚姻、宗教社会、风俗民情等。❹ 这奠定了笔者了解短裙黑苗的服饰文化基础。陈国钧另一文《苗夷族妇女的特质》，则力图以"家庭地位""劳动状况"和"经济活动"三个板块展示苗族妇女的踏实勤劳、善良热情、"内当家"的主妇形象，其中在"家庭地位"中着力渲染了苗族妇女在家庭中所占的"绝对地位"：他们妇女都能独立谋生，有经济生产的能力，所以在家庭分子的地位中，似乎是妇女为重心。❺ 在"劳动状况"中苗族妇女的家庭分工做出表述："她们劳动的部门众多，主要的家事与耕种稻麦杂粮外，打草鞋，纺布绩麻做衣裙，绣花纹，撷猪菜，春米、磨稗、磨荞、磨苞谷等为家用；采水芹，采蕨菜，采茨藜、山楂、红子、毛栗、煤炭、柴草、河鱼等挑往场市易钱。"❻ 颂扬了妇女在家庭劳动分工中所起的重要角色。而在"经济活动中"可以用文中一句描述："苗夷妇女一生的生活总是劳动的，他们的职业是生活，她们的经营能力常超过男子。"❼ 生动的描绘了苗族妇女身上的特质。这三章的论

---

❶ 郭子章《黔记卷五十八·诸夷》，贵州省图书馆藏复制油印本，1966.
❷ 杨正文. 苗族服饰文化 [M]. 贵阳：贵州民族出版社，1998：210.
❸ 中共贵州省铜仁地委办公室档案室 贵州省铜仁地区志·党群编辑室整理《铜仁府志（据民国缩印本点校）》1992：30.
❹ 吴泽霖. 贵州短裙黑苗的概括 [M]. 载吴泽霖、陈国钧等著. 贵州苗夷社会研究. 北京：民族出版社，2003.
❺ 陈国钧. 苗夷族妇女的特质 [M]. 载吴泽霖、陈国钧等著. 贵州苗夷社会研究. 北京：民族出版社，2003：59.
❻ 同上，61.
❼ 同上，60.

述都对本文帮助莫大，尤其是"劳动状况"章节对于笔者深入了解苗族妇女的生活习性和承担的责任有很大的指导意义。

杨昌国著《苗族服饰的人类学探索》是从文化人类学中恢复苗族服饰作为一种文化符号与象征的原貌，探寻苗族亚文化聚落的服饰形态、功能结构、符号象征意义及文化精神，其中描述苗族服饰的制作：以凯里青曼种棉、缫丝、纺织的手工技艺为个案，尤其是第五章中"苗族服饰与人生礼仪、社会生活"的阐释，对笔者深入理解纺织与人生礼仪的关系有很大启发，书中作者对纹样含义的阐释更是独到，对服饰与巫术之间的关系表达，无不体现出作者深厚的苗族文化底蕴和人类学田野经验。❶ 同样，西南民族大学的杨正文教授所著《苗族服饰文化》主要以"历史苗装""支系分布""风格类型与纹饰造型""手工工艺及人类学分析、美学分析"等八章为主线，探讨苗族服饰的变迁利弊。❷ 其中纹饰的概括对本人研究舟溪织锦背带上的纹案也有启发意义，更有查缺补漏的作用；作者对织布及织锦手艺的叙述，尤其是对舟溪织锦花带及织带机的描述，更为笔者提供一定的资料借鉴。

由吕胜中主编的《广西民族风俗艺术卷二·娃崽背带》中，展示了广西少数民族娃崽背带五彩斑斓的式样和花纹，通过背带的图纹显现出，背带作为一种育儿的工具，在抒发母爱的同时，也寓意于其中关于生命传承的主题。作者主要叙述"背带歌"在婚礼及孩子满月酒上的过程和对唱，以实录的方法将"背带歌"的内容全程记录下来，颂扬广西瑶族妇女娃崽背带上的花纹及作为孕育的深刻含义。❸ 这本书虽然是写瑶族妇女，但对本人研究舟溪的织锦背带文化同样具有启发意义，娃崽背带寓意的不只是母爱，也是一个地区民族的文化习俗。对舟溪当地文化习俗及服饰研究的书籍也有一两本，譬如，由中国科学院民族研究所贵州少数民族社会历史调查组，中国科学院贵州分院民族研究所共同合编的《贵州省黔东南舟溪地区苗族的生活习俗》，从服饰、居住、饮食、家庭、婚姻、节日、迷信、丧葬几个方面对舟溪地区苗族社会传统文化进行梳理阐述，文中对当地苗族妇女便装及盛装中的衣服（织

---

❶ 杨昌国. 苗族服饰的人类学探索 [M]. 北京：中央文献出版社，2007.
❷ 杨正文. 苗族服饰文化 [M]. 贵阳：贵州民族出版社，1998.
❸ 吕胜中. 广西民族风俗艺术卷二·娃崽背带 [M]. 南宁：广西美术出版社，2001.

锦)、腰带(织锦)、围腰、裙子、绑腿布(织锦)、鞋子进行了一一介绍。❶
这为笔者研究舟溪本地苗族生活习俗及妇女服饰纺织打下扎实的基础。吴泽霖《炉山黑苗的生活》和《贵州省清水江流域部分》两文对短裙黑苗的服饰和宗教信仰、苗族织锦图案进行了详细的解读。❷ 对本文在解读苗族社会各个方面提供很好的素材。

由杨培德教授所发表的文章《苗族民间美术的审美特征和文化内涵——以黔东南苗族服饰、刺绣和蜡染为例》分别以审美视角差异、对生命存在的赞美、审美特征和文化内涵四个板块对苗族服饰中的图饰进行不同层面的解读和诠释。❸ 其中作者对纹饰以生命力与圆满美的赞颂及独特视角,给笔者提供一个对纹饰的全新解读。文中对民间美术的文化解读,除了有历史记忆、识别认同、生命繁衍、宗教信仰等功能,但更重要的是强调苗族妇女对苗族服饰、纹饰的创造和对生命存在、生命美的追求。本篇在对笔者进行纹饰解读上给予一定的指导、借鉴。

3. 苗族妇女与纺织、纺织文化

古文凤女士《云南苗族妇女的性别角色与自我意识初探》一文从妇女的性别角色、自我意识的表现、觉醒与发展问题进行深入阐述和讨论。将社会性别带入到苗族妇女这个群体中,对妇女家庭角色和社会角色进行一一解读。❹ 这篇文章为本文提供一个很好的社会性别应用在苗族妇女角色分析的案例。另一部由她所著的书籍《苗族 民族文化的织手》(1995),❺ 是一部以苗族妇女纺织及纺织背后的故事为主的女性文学作品,作者以其苗族妇女的独有身份对苗族传统文化及妇女纺织灌注自己的独特见解,文章无处不渗透出作者对云南、苗族妇女和苗族纺织的深厚情谊,"来云南,忘天忘地,忘不了色彩斑斓的高原女人"就表达出这样的钟爱;作者不时地赞美着苗族妇女一针一线绣出不用文字记述的神话,唱出苗族创世纪的史诗和悲欢离合,把

---

❶ 中科院民族研究所贵州少数民族社会历史调查组编. 贵州省黔东南舟溪地区苗族的生活习俗,1963.

❷ 吴泽霖. 吴泽霖民族研究文集 [M]. 北京:民族出版社,1991.

❸ 杨培德. 苗族民间美术的审美特征和文化内涵——以黔东南苗族服饰、刺绣和蜡染为例. 中国苗族网,2010. http://www.chinamzw.com/WebArticle/ShowContent? ID=177.

❹ 古文凤. 云南苗族妇女的性别角色与自我意识初探 [J]. 民族学,1992 (2).

❺ 古文凤. 民族文化的织手 [M]. 昆明:云南教育出版社,1995.

它们整合成一部象形的"史记",穿在身上,随身携带。全书从通篇介绍高原上的苗族妇女纺织文化,到颂扬昔日的"东方吉普赛"纺织能手、家庭经济的支柱——妇女,再到展示妇女智慧的节日,讲述着高原的妇女是怎样利用自己的智慧去超越传统,将苗族纺织推向世界的伟大历程。通过对苗族妇女口述访谈的叙述,从妇女的经历故事总结知识体系,以最真实的面貌还原苗族妇女的纺织文化,全文一共八个篇幅,作者惯用讲故事和个案向人们转述着苗家女子的多才多艺。

王慧琴女士所著《苗族女性文化》中将涉及苗族女性文化的方方面面囊括其中:女性服饰(银饰、刺绣、蜡染、纺织、百褶裙、发型等)、文学中女性形象、苗族歌舞节日、女性爱情生活、苗族婚姻习俗和家庭生活,把一个女人的恋爱、结婚、家庭生活的经历过程全部展示出来,最后分析出苗族女性的社会角色及演变中的苗族女性文化。[1] 其中对苗族女性社会角色分析中,又进一步阐述在承担农业劳动和家务劳动的妇女为全家老小耕织纺衣的"农妇"角色,转变为"参政议政"的女性角色,对笔者在女性社会地位方面的研究有所帮助。

张晓教授所著的《西江苗族妇女口述史研究》以西江苗族妇女为研究对象,从妇女口述史为切入点,在特定的社区背景下对特定的妇女群体和文化体系间的互动关系展开研究,展示了文化对妇女的塑造和妇女对文化的认识的双向运动;采用本地人身份/外地人身份,局内人/局外人的身份对西江苗族妇女进行访问观察,在调查过程中"进得去,也出得来"。她的这一双重角色为调查带来更多的视角和途径。书中以整体论为原则,全书以十个章节梳理了西江苗族社会的宗教历史观、婚姻、经济、女性地位、妇女与文化传承的互动关系、男女平权变奏及文化变迁等妇女生活的各个层面。[2] 张晓教授发表的另一文章《妇女小群体与服饰文化传承——以贵州西江苗族为例》以自身苗族女性研究者的特殊身份和优势,透过长期的积累和对西江妇女生活在典型苗族聚落的考察,提出妇女小群体生活方式及对文化传承、创造的作用,

---

[1] 王慧琴. 苗族女性文化 [M]. 北京:北京大学出版社,1995.
[2] 张晓. 西江苗族妇女口述史研究 [M]. 贵阳:贵州人民出版社,1997.

描述妇女与文化之间的互动关系，[1] 给读者提供了关于苗族服饰文化和女性主义文学的新视角。

由张晓、徐午等主编的《社会性别民族与社区发展研究文集》将"社会性别""民族""社区发展"三方面有机地结合起来，研究少数民族妇女理论且关心她们的现实发展，试图改善少数民族妇女处在妇女中的弱势和民族中的弱势双重边缘。[2] 文集中杨正文教授的《现代性困惑：中国少数民族传统女红工艺的没落》从介绍女红、社会转型与少数民族女性角色变迁到女红衰落及其解决方法这一整条主线展开，对于笔者研究女红之一的纺织具有重要影响和指导。

古文凤女士发表的一篇关于苗族纺织文化的文章《男不和女织麻布 女不和男葬死人——苗族麻纺织文化中的社会性别关系透视》以其独到的社会性别视角与苗族妇女纺织结合，探索苗族社会中男女性别差异平等问题。[3] 作者本着"以当地人为本，让当地人发声，和当地人一起研究"的女性主义口述访谈方法，试图对苗族的口述访谈进行讨论和诠释。全篇以"苗族麻文化传统的建构过程""纺织文化中的社会性别关系分析"和"苗族妇女主观能动性的展示"的主题成立了简明扼要的三章。张晓教授所著《"好女人"的建构——以西江苗寨的一个家庭为例》一书，以文化的、历史的、自我的建构三篇章来描写苗族妇女与社会文化之间的互动。[4] 其中在文化的建构中"性别关系与妇女角色"一章，详细讲述了生计变化给当地苗族妇女带来的改变，性别分工与妇女社会地位之间的变化，都对本人关于舟溪苗族妇女性别分工的研究有巨大指导意义。

三、研究目标与意义

本文通过阐释妇女所建构的纺织观及纺织文化对妇女塑造，来探究苗族

---

[1] 张晓. 妇女小群体与服饰文化传承——以贵州西江苗族为例 [J]. 贵州大学学报·艺术版，2000（4）.

[2] 张晓，徐午等主编. 社会性别民族与社区发展研究文集 [M]. 贵阳：贵州人民出版社，2003.

[3] 云南社会性别与发展小组. 参与性发展中的社会性别足迹 [M]. 北京：中国社会科学出版社，2005.

[4] 张晓. "好女人"的建构——以西江苗寨的一个家庭为例 [M]. 贵阳：贵州大学出版社，2008.

社会结构和性别分工对性别关系（男女两性在社会地位、家庭地位、情感等）的影响；在论述性别角色和地位（家庭私领域、社会公共领域）的变迁，纺织对妇女的建构过程中，来揭示妇女在多元化时代中如何找寻、确立自我的方式。在这些方式中她们有各自的选择，而不是甘愿受苗族社会规范的"无助女子"。男女关系从古至今并非一成不变，在苗族社会里，女性、男性展现能力的空间也是在不断变化；在社会工业化和打工浪潮席卷而来的当下，妇女面临多重抉择和扮演着多重角色，她们怎样在这些角色中扮演好自己，并成为本民族纺织文化的固守者和发扬者，本研究也将予以探讨。

本论文将女性主义和社会性别理论，纳入苗族妇女纺织的话题上进行研究，是对"生物决定论"的一次否定；从纺织入手探讨社会性别存在的意义，性别意识和性别关系不是与生俱来的，而是由我们的文化观念和社会体系所构造，即社会文化建构性别文化。在全球化大潮的影响下，不同区域、民族、社会经济和语言、宗教及文化背景的人们也随即改变，苗族也加入到这个庞大的改革中，于是性别角色在发生改变，这个过程便呈现出整个苗族社会文化变迁的轨迹。其次，将审美人类学的一些研究方法带入到舟溪纺织文化，描述苗族妇女对祖先的崇拜和对生命美的不断追求，尤其是对图案、背带的解读，也是对苗族纺织的经典再现。

四、研究理论与方法

（一）研究理论

1. 女性人类学

女性人类学产生于20世纪70年代，是女性主义与人类学交叉、结合而形成的人类学的一门分支学科。女性人类学的研究主要是围绕着社会性别与女性地位之间的关系展开，而社会性别理论是女性人类学的核心，它分析了人类社会中两性不平等的实质和根源，男女两性各自承担的性别角色并非是由生理决定的，而主要是后天的、在社会文化的制约中形成的；男女两性在社会中的角色和地位、社会对性别角色的期待和评价（如男高女低、男优女劣）、关于性别的成见和对性别差异的社会认识等，主要是社会的产物，而且又反过来通过宗教、教育、法律、社会机制等得到进一步发挥和巩固。本论文并非为了推翻"男尊女卑"而建构一个"女强男弱"的理论，而是受社会性别理论的指导来分析舟溪妇女纺织及纺织文化。从纺织文化变迁甚至到社会文化的变迁及转型，来研究舟溪性别关系、性别文化和社会角色的变化，舟溪妇女和男人们共同携手创造财富，创造属于舟溪的文化和经济，达到一种和谐与共赢的状态。苗族妇女虽然生活在男权社会领域，虽然深处苗族乡土社会现代化过程中，但同样发挥着自身能动性进行自我文化调适，体现着自我的价值，以此来驳斥妇女是男权社会的"客体"和"附属"的观念。在中国特定的历史环境下，双性和谐确实是最适宜的道路。文化是由女人和男人共同创造构成；同样，舟溪苗族纺织文化，如果没有男人的参与和支持，苗族妇女也无法发挥极致的创造达到接近完美的程度。

由我国台湾大学妇女研究室召集人林维红与浙江省社会科学院社会学研究所所长王金玲合作推出"台湾妇女/性别研究文丛"系列。其中《性别视角：生活与身体》一书主要以"生活与性别空间""亲属与性别关系""身体与性别政治"三大方面来阐述妇女，其中探析性别关系对亲属关系的影响，关注女性在工作、休闲与家庭意识形态上的自我觉醒，[1]都对本人运用社会性别视角来观照性别关系具有一定指导意义。杜芳琴，王向贤主编《妇女与社会性别研究在中国：1987—2003》是对妇女学进行的研究文集，其中收录了关于妇女研究、妇女学、社会性别学，妇女发展及工作、家庭的文章，[2]在社会性别意识和社会性别的概念上给本人带来一些启发。王政、杜芳琴主编《社会性别研究选译》[3]张晓主编《文化多样性与社会性别》[4]，马元曦、康宏锦主编的《社会性别·族裔·社区发展》[5]都使笔者对社会性别理论在女性文学与传统文化中的运用提供了借鉴。沈奕斐所著《被建构的女性：当代社会性别理论》系统的阐述了今年来在国际女性学领域兴起的社会性别理论。该书就社会性别概论，日常生活中的性别图景，文化建构和性别与发展，四

---

[1] 王金玲，林维红主编. 性别视角：生活与身体 [M]. 北京：社会科学文献出版社，2009.
[2] 杜芳琴，王向贤主编. 妇女与社会性别研究在中国：1987—2003 [M]. 天津市：天津人民出版社，2003.
[3] 王政，杜芳琴主编. 社会性别研究选译 [M]. 贵阳：贵州人民出版社，2003.
[4] 张晓，张寒梅主编. 文化多样性与社会性别行动研究文集 [M]. 北京：中国言实出版社，2007.
[5] 马元曦，康宏锦主编. 社会性别·族裔·社区发展 [M]. 北京：中国书籍出版社，2001.

个主题进行深入讨论分析。❶ 作者从惯习、风俗、宗教、教育等各方面来剖析社会文化对社会性别的建构过程，对笔者在分析性别视角下的纺织文化具有重要指导意义。王政《国外学者对中国妇女和社会性别研究的现状》一文，阐述了社会性别理论在中国妇女理论中的应用和实践，并提出更加适合中国妇女自身情况，更反映当代中国妇女处境的社会性别理论。❷ 作者对以往所有针对中国社会性别理论所著的优秀书籍都做了简要的介绍，对于笔者了解中国的社会性别理论风向标具有指导意义。

2. 审美人类学

审美人类学经历了从本质界定到功能分析，再到意义认知为核心的三个发展阶段，开辟了一种独特视角来审读人们生活中不同的审美现象。它强调的是把当地文化、客体的艺术对象结合主体性认知，来发现审美活动中主体能动性表现。海力波教授所著《从本质界定、功能分析到意义认知：审美人类学的研究历程》的文章（《广西民族学院学报》2004年第5期），就阐释了审美人类学的发展历程以及理论实践介绍。❸ 本文对图案纹样的审美分析，及图案对称与统一、冷暖、强弱、动静的节奏感纹样的研究上，对审美人类学均有一定程度的借鉴。

（二）研究方法

在方法上，主要以女性主义口述访谈的方法进行田野调查，该方法给本人带来很多启发和借鉴。参与观察法是人类学田野获得第一手资料的基本方法，笔者多次深入舟溪平中村、大中村、新光村等地，参与苗族妇女晒布、纺纱整经、做裙的过程，与她们同吃同住，亲身体验舟溪苗族乡土社会的风俗和习惯，包括重大的春节和芦笙盛会，与该地区的妇女结下特殊的感情。笔者用文献梳理法，搜集各类地方志、文史资料和文献史料，参考了与苗族纺织有关的期刊、论著；从图书馆、硕士点借阅的书籍，及从贵州大学电子图书馆中下载的电子图书。这些相关理论书籍和文史资料，都为本文的研究拓宽了视野并打下一定的理论基础。

---

❶ 沈奕斐. 被建构的女性：当代社会性别理论［M］. 上海：上海人民出版社，2005.
❷ 王政. 国外学者对中国妇女和社会性别研究的现状［J］. 山西师范大学报，1997（4）.
❸ 海力波. 从本质界定、功能分析到意义认知：审美人类学的研究历程［J］. 广西民族学院学报，2004（5）.

第一章 舟溪的农耕社会

第一节 舟溪概况

舟溪地区位于黔东南苗族侗族自治州凯里、麻江、丹寨、雷山四县的交界处，舟溪（苗语 xangx mos）是一个农村市集，四面群山环绕，中为舟溪大坝，因卯日赶集而得名。在这里青山河与里禾河在"亨莫"处汇合，流水可以行舟，故名为舟溪。现属于凯里市管辖范围内，距离凯里市 30 余里，在凯里新开发区方向一带（见图 4-1）。

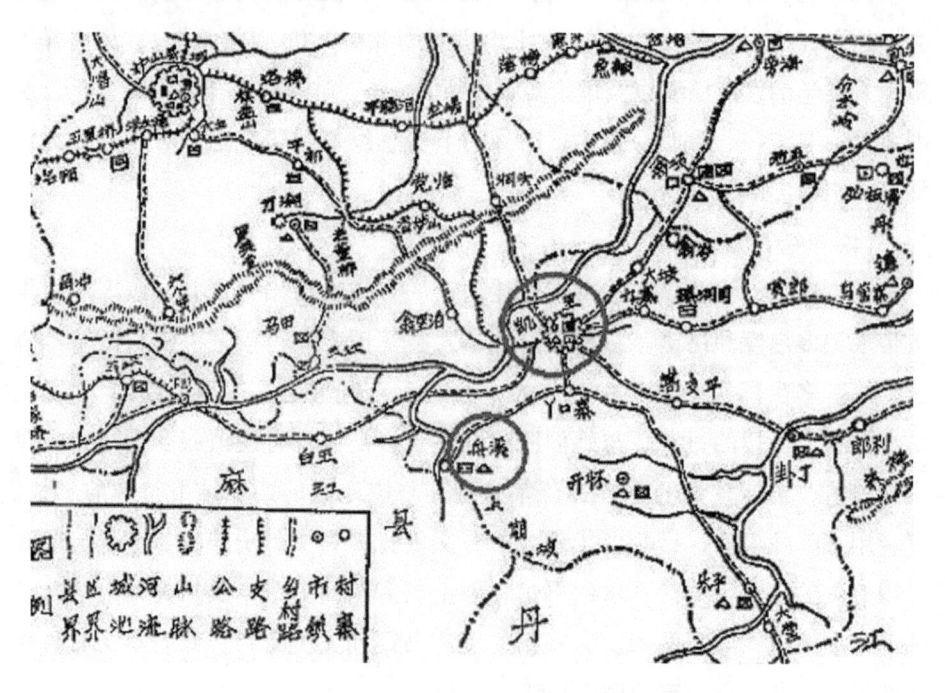

图 4-1 引自吴泽霖《贵州苗夷社会研究》舟溪地区

广义上，舟溪地区下属有 19 个民族村寨，分别有舟溪村、屯上村、苗岭村、舟南村、青山村、里禾村、大众村、平中村、营盘村、新光村、白狮村、石青村、果园村、新龙村、青杠村、枫香村、曼洞村、情郎村、大塘村；狭义上，所谓的舟溪是指舟溪镇。这里聚居着苗、汉、仫佬等民族，苗族人口占93.5%，是中短裙苗（汉文献旧称黑苗）的大本营，因此舟溪社会是一个较大的苗族社会。这里的中短裙苗族自称为"嘎闹"（苗语："Gnab naof"），而西江苗族则称呼他们为"Gongk gaf"（他称）。据当地人称是由别处先后迁徙而来，譬如有青杠、曼洞的龙姓，舟溪镇附近的潘姓，甘超、黄金寨的吴姓和上平寨的杨姓。多数是以一姓一寨子的方式聚居。舟溪地区多是山地地貌，只有一些较少的河坝，河坝是土地肥沃的地方，适宜开辟耕地，所以驻在河坝水源附近的村寨是比较富饶的村寨，在舟溪除了大中村、平中村、牛厂等几个寨子地势平坦以外，以新光村为代表的其他寨子都是在半山或者靠近山脚之处。笔者文中所指的舟溪，主要以平中、大中、新光、舟溪镇一带为主，是舟溪地区重要的交通要塞。从地理分布上，平中村（苗语：Dangd lut）有茶园寨"Gab yub"、青井寨"Gab bieb jif"、小台湾"Dub baod"、牛厂"Dub yangx"；而大中村分为大寨"Hnangb hiex"、中寨"Hnangb kax"和下寨"Ax menl angb dax"；制作芦笙的新光村"Gab θongd"，就有新寨和阳光寨等六个自然寨（见图4-2）。

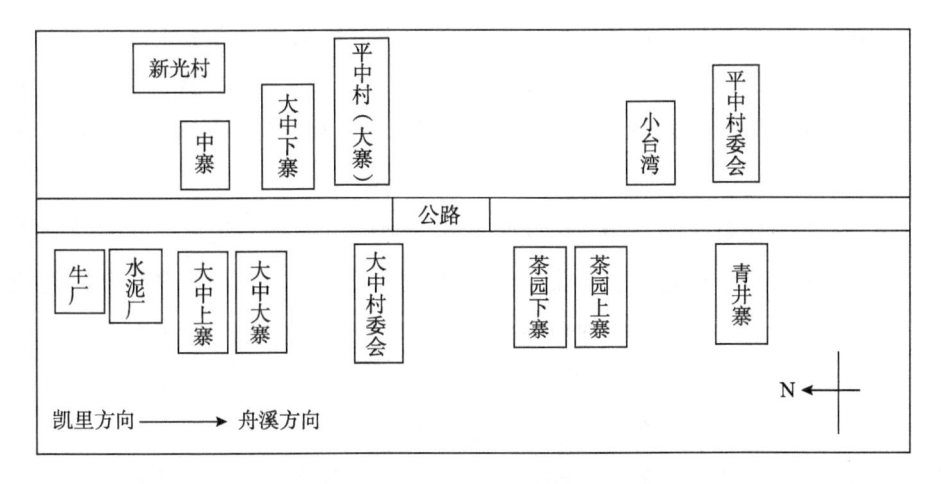

图4-2 大中村、平中村地图

在农业生产方面，主要是水稻、玉米、小麦、红薯、油菜等，其中生产的粮食以水稻为主，因此对小米、玉米、小麦、高粱等统称为杂粮；❶ 在副食

---

❶ 苗族叫作不好的饭菜。

上有各种蔬菜、瓜豆及猪肉、鱼肉等。这里气候温暖，土质肥沃，适宜农作物生长。资源以水力资源为甚，清水江上自卡乌下到凯里，全程50多公里，落差大，水力充裕。中华人民共和国成立前，这里的苗族过着自给自足的自然经济生活，集市贸易主要集中在舟溪镇上。今日的舟溪，正处在农耕社会的变迁转型期。

在居住方面，这里的苗族多是聚姓而居，几姓合寨的情况很少。苗族由于历史的种种原因和地理环境的限制，形成"依山为寨，聚族而居"的特点，舟溪地区多是山地，只有一些较少的河谷坝子是平坦的。河坝是土地最肥沃的地方，宜于开垦耕地，因此苗族的村寨大多设在有水源和靠近耕地的山脚、山腰或丘陵上。舟溪除笔者调查的大中、上平寨、牛厂等几个寨子的地势平坦外，其余的如新光、甘超、营盘等都是聚居在半山上。舟溪苗族的房屋类型，大多数是木质结构，复瓦型；近几年流行砖瓦和木制复合型两层楼搭建，这是后期装修的结果。中短裙苗族起房盖屋，在立房当天，亲朋好友前往祝福，房主按苗族规矩要大宴宾客，且在酒至尽兴之时唱起盖屋歌，其形式有一人唱多人听或者问答式对唱两种，全歌有两千余行。其内容有砍伐烧山、借风撒种、泥土哺育、露雾滋养、阳光恩照、护林防火、祝歌子孙等，讲述了从种树到起房盖屋的全程。房屋立好后，主人经过一番装修后，又宴请亲朋，苗语叫"Denf diux hlieb"（即踩大门），踩大门又是有着一套完整的仪式。

舟溪中短裙苗族的服饰，以女装为主，男装已演变为汉服。女装及其用料上还保持着自纺、自织、自染、自缝的传统习惯。上衣常用自织自染的藏青色织布缝制成对襟大领宽袖短夹衣（不过现在布多数是从集市上买来现成的，织布已很少见），穿衣时袖口向上翻卷，手戴绣花袖套，下穿藏青色百褶裙，身系前后围裙。衣摆系丝绵混织的花腰带，腿部裹上绑腿布，下穿绣花鞋。相比之下，便装更素净，盛装绣有花纹，佩戴着多种多样的银饰。据新光村的寨老说，舟溪的盛装，原来是给男人们上战场穿的战衣，战败后很多人死去，女人们不甘败战，于是穿上男人的战服上战场，之后敌国与其和平谈判。这只是舟溪服饰的一个传说。服饰，它所具有的功能除了遮蔽身体、族群识别、祖先庇护外，还有妇女自身内在对外界的需要——对"美"亘古不变的追求。因为"美"所以感受到愉悦，舟溪妇女才会每年做几套新盛装，待到芦笙盛会、走客时候穿。舟溪苗族的艺术，譬如服饰、纺织，是在苗族传统宗教的宇宙观和生命观的熏陶下获得神奇的灵感，亦是对祖先的崇拜和对生命的赞美。苗族妇女为了消解艰辛生活带来的痛苦与忧虑，她们发挥丰富的想象力和智慧，编织出一个能与自然融洽，并使自己快乐善待一切生命的文化意义之网。

第二节　风俗民情

舟溪的中短裙苗在宗教信仰上，信奉以祖神为最高神的传统，他们崇拜祖先神，也对自然和"鬼"崇拜；它们被认为是属于善的一类，能便利于人，贡献牺牲后，会得到它们的庇护，消除劫难。

自然神有大树、巨石和岩等来于自然界的万物。崇拜树神有两层寓意，一层是因小孩身体较羸弱、时常生病而崇拜，这同崇拜巨石和岩神一样，被众人公认为"灵验"的；另一层含义是在寨边选择古树作为"噶吓"（白虎）的栖息之地，借以保佑全寨平安、瘟疫不作、六畜兴旺。同样，在舟溪的纺织物中也有自然崇拜的体现，如舟溪二宝之一的织锦背带，背带上有各种样式的纹饰：老虎脚、柿子花、青蛙纹、龙纹、人鸟纹，这些图案大多是祈福襁褓中的婴儿能像纹饰一样强壮、多子多福，是对婴儿的祈福和保佑。

祖先神是最高神，舟溪在1949年前都设有神坛供奉祖先。舟溪的众多节庆中最能体现祖宗崇拜的是"吃新节"，"吃新"就是将抽穗的新秧包做祭品，寓意是预祝丰收，一般从农历六月至七月的"卯"日过，平中村的吴姓是从农历七月初五那天开始，将待抽穗的秧包作为祭品，表示对祖先的怀恋和祈福，并祈求祖先保佑丰收。早饭那顿全是素菜，直到晚饭才能有油荤菜。节日清晨先以秧包祭祖，而后晚饭则备好美酒佳肴招待应邀的亲朋好友，次日便举行斗牛、斗雀、赛马、跳芦笙、游方等活动，今年增加了球赛、田径、文艺表演等形式。舟溪还有一个具有宗支性的节日"吃糟"❶，是一个祭祖的节日。旧历七月的第一个卯日，甘超、黄金寨、虎场坡、鸭塘、吴家寨等吴姓就过吃糟节，主要祭品就是以糯米饭浸在灰水里做成的"糟"，当地客家人

---

❶　苗话称"能粑稿"。

称灰糟或灰菜,这种食物具有开胃消食、治疗结石病的功效,是一个地道的舟溪苗家绿色菜肴。

当地人认为人有三个魂魄,人死后,第一个魂魄守坟,第二个魂魄住在神坛里,第三个魂魄随同子孙流动,保佑平安。人死后埋葬时,会请鬼师交代死者的去路,名为"交路",要送到天上的"刁嘎鳃,咀乓浓"(祖宗住的地方)。交代死人的路线,起初是从地狱直至"刁嘎鳃,咀乓浓"(天堂)。苗族没有神的概念,只有"鬼"这一词,而"鬼"有好鬼和坏鬼之分,因此舟溪有很多鬼师。在祭奠"善鬼"和驱除"恶鬼"时候的方法不同,前者是为了求子求福,后者是因为病或遇见一些奇异现象而后举行。在祛除"恶鬼"的时候有很多故事,可见舟溪苗族对"鬼"的崇拜和敬畏。

> 因为我是"80后",经常出去打工,见到外面的世界后,对我们这个苗族的鬼师是信但也没全部信,有些时候它确实说的有道理,你不得不信。像我家丽萍(女儿)才2岁多的时候,经常生病吃药,但总是治疗不好。后来上面寨子一个伯公过来给我讲"你们不要一天说我信这些封建迷信,喊个鬼师来给你家姑娘看下",然后我就请一个鬼师来,来之前我家丽萍还在哭,来之后搞完就乖乖吃饭没哭了。那鬼师就放点米在地上,放一元两角钱在地上,米上插几根香,就在那"唱歌"一样念词,我们也听没懂。还有,我们这里以前有种叫"切姑娘"的说法,就是天气太热了,倒在床上睡觉,你拿扇子给他扇,他的灵魂就出窍了,这种情况是要请鬼师来唱招魂歌,在天亮以前把他引回来,要是天亮了没还魂,那这个人就去了;有些人觉得你那里太穷了没肯回来,就这样魂散了。这些事情都是发生过的,有些还是我亲眼见到的。

(吴 XL,男,28 岁,苗族,舟溪茶园寨)

舟溪除了祭祖节以外,还有爬坡节和春节,其中以春节最为浓重。春节是舟溪最盛大的节日,节日中最热闹的活动便是"芦笙盛会",期间有斗牛、斗雀、赛马等活动,春节从正月十六持续到正月二十日达到高潮,正月二十一还有苗族青年男女喜爱的爬坡节和赛马、斗牛。春节时期盛大的芦笙盛会,汇集来自各地各省的苗族同胞,年轻女子们穿上自己的苗服载歌载舞,因此有节日的地方，少不了芦笙会，有芦笙会的地方，则少不了苗族盛装。苗族服饰在盛会上得到了充分的展现，将舟溪少女的才艺和技能都展示出来，许多婆家就专门在芦笙会上挑选自己未来的儿媳妇。

舟溪的独特之处，在于这里没有苗年之说，也没有鼓藏节，更不会在芦笙堂上吹跳那首鼓藏曲"ghab niul"。

> 我们这支苗族是从江西那一带迁过来的，迁徙后就分到不同的地方，其他地方条件好的，会把好吃的东西放在春节吃。但那个时候有土匪抢劫，有些地方会选当月的隆重节日提前一两个月过（苗年）。新光条件好，没有被土匪抢劫，所以没有提前过，也就没有苗年的习惯。我们新光这边以前也是过鼓藏节的，舟溪这边也是过鼓藏节的，但是现在不过了。那是因为当时粮食产量没有那么多，粮食是以前生产队搞成的，反正是粮食经常没够吃，原来搞鼓藏节要杀很多猪，杀好几头牛，客人来吃开始是三天三夜，客人来吃就是四面八方的吃啊，粮食那几天吃的都快差不多了，主人家于是把来年拿来种稻的种子也拿来给客人吃，后来剩下的人就没有吃的了。饿死了好多人。所以老人觉得这样搞不对劲了，不应该这样搞，于是联系那些德高望重的人商量以后，你要讲突然一下子制止它也做不到，也没有人相信的。所以寨老们就采取了一些巫术或者像客家所称的"封建迷信"方面的来讲，鬼师（德高望重的人）就对大家说："我们现在为什么死这么多人，就是我们吹芦笙，所以有惩罚，瘟灾哦，人有什么病，反正就是没好，死人等等的事"这种迷信，大家就信以为真，就没搞了。然后到后面，我们老人说不能吹这首鼓藏的芦笙曲"ghab niul"，否则到时候我们这里叫"fab niul"，苗话的意思就是说到时候死好多人哪个都负不起这个责任。所以现在没哪个人吹那首，谁吹谁就被批斗，遭打。
>
> （潘 GS，男，37 岁，新光村党支书）

新光村的寨老们正是利用了人们的祖宗崇拜信仰，巧妙地说服人们相信"过鼓藏"是会遭到天谴；"三年自然灾害"和 1958 年"大跃进"时期的生活难关也安然度过，从那时起沿袭到今天就已经不过鼓藏节了。

第三节 永久的芦笙盛会

在舟溪，作为"舟溪二宝"的芦笙不得不提，它是舟溪文化的一部分。每逢节庆时节，舟溪苗族做什么都少不了芦笙和盛会，尤以每年春节的芦笙会最为盛况空前。从正月十六至二十日，各村寨的"芦笙会"都集中到舟溪甘囊香芦笙堂（Gix Ghab Nangl Dliangb，译为河流下游的神圣之地），人们身着节日盛装，一时芦笙如林，彩带飘逸，银铃叮当，直至二十日芦笙会便被推到了高潮。一首《舟溪是个好地方》足以表达舟溪苗人对芦笙的热爱。

> 舟溪是个好地方，舟溪是个好地方，
> 山连水，水连山，芦笙响，铜鼓昂，
> 青山绿水水稻花香，舟溪姑娘真好看，
> 苗家木楼真好住，银角银片满身飘，
> 流连忘返爱家乡。爱我姐妹爱家乡。❶

舟溪的"甘囊香"（Ghab Nangl Dliangb）芦笙堂，位于舟溪镇桥下的河滩边，在芦笙堂东面龙井石壁上竖着一块石碑，碑楣为《永垂不朽》："窃为吹笙跳月乃我苗族数千年来盛传之正当娱乐每逢新年正月各地纷纷循序渐进以资娱乐而贺新年更为我苗族婚配佳期其意义之大良有已也我寨先人吴乜灵公建一笙堂于此名曰甘囊香笙堂……每年这月十六起至廿十日止各寨均得参加毫无限制……中华民国卅一年古历正月十五日立。"五百年前，芦笙堂在康勇，封建王朝视为聚众造反而予以取消，清朝政府对苗民实施压迫，苗民忍无可忍在张秀眉和杨大陆带领下起义反抗，并以吹笙为名联络各村寨抗击清军，苦战了18年却最终以失败告终，之后清政府严禁苗族地区举行芦笙会。在20世纪50年代末，芦笙会也曾被取消过。没有芦笙堂，年轻人失去社交场所，姑娘们找不到心上情人，后生寻不到伴侣。当时有个叫吴乜灵的老人，奔跑于各寨子商量，最后决定在甘囊香（Ghab Nangl Dlangb）河沙坝上重建芦笙堂；从当时跳芦笙最好的马田村请来芦笙队，杀了九头猪，煮了99箩糯

---

❶ 吴德海. 漫谈舟溪芦笙会［J］. 苗学天地，2010（8）：1.

米饭，供给参加芦笙堂的人们，芦笙堂就这样办起来了。为了让芦笙堂活动得到政府支持并合法化，吴乜灵的第十五世孙特别在芦笙堂东面的岩壁上，为芦笙盛会树碑立传"甘囊香芦笙堂碑"。这便是甘囊香的起源，可见芦笙在舟溪苗人的心目中占据着很重的地位，从很久以前芦笙便在舟溪扎下根，新光村的芦笙协会副会长潘JZ（男，43岁）讲述了一个故事。

几千年前，有一个苗名叫"Vangx ghab xiol"的男人，汉译过来叫王盖秀。他老婆被皇帝抢走，他没办法后就用竹子雕成竹红片拿来吹，那种吹比较好听，皇帝看到后很喜欢，就请那男人进去皇宫吹笙。男人就有机会看老婆，于是免费吹笙一个月，到第28天的时候，他和老婆就悄悄地从墙上滑出去跑了。之后他们生下六个儿子，他每个人搞一个芦笙，大的搞长芦笙，小的搞短芦笙，让他们拿着各奔东西，三年之后再聚首回报父母。六个兄弟回来后，把父亲做的芦管插在一起，成为过去最初的芦笙"六声管"。那时候老大在我们新光，所以说芦笙的起源是从这里开始，最早的开始是从舟溪这里。

芦笙堂建立后，乜灵的儿子们轮流负责启堂，但到讲灵启堂时，当年风不调雨不顺，庄家无收成，于是要乜灵大哥来启。凑巧大哥启堂后，风调雨顺，五谷丰登，六畜兴旺，因此决定每年芦笙的启堂都由乜灵的子孙来主持，有歌唱到："Ghet linb daib sail hliod（灵公儿谦虚），Xangs jangx linb lol qend（叫讲灵启堂），Ax bub weit ghail xid（不知为什么），Ait gheb ax diangl hxangd（庄稼无收成），Diot hsenb ax diangl pud（棉儿不开花），Niox dial diot dail bud（放手给大哥），Vaugx vougx ghab qeb lol bob（黄金、甘超来护卫）。"于是舟溪芦笙堂每年农历正月十六日到二十日举行，连续五天，一年举行一次。

正月十五的晚上，由舟溪村茶林寨子吴姓起堂，过去，每起堂一次都要杀一头水牯牛来祭祖，后来开销太大浪费财力，逐渐改成不杀牛的习俗，只要有酒有肉、有鸡有鸭也行。起堂的时间一般是正月十五的晚上九点钟到十点钟，吴氏的子孙聚集在舟溪甘囊香芦笙场上，由一个吴家德高望重的寨老念祭词；烧香烧纸，作揖磕头，喝酒吃肉。等到酒足饭饱之后，子孙们围成一圈，吹笙跳舞，兴高采烈直到深夜才结束离去。经过起堂之后，外寨外姓的人才能进入甘囊香，吴家子孙都会发一点钱作为奖励。每个寨子都会得到，一直到农历十八截止。一般一个寨子是一百元左右，一个寨子人数多的话就按每人十元发放。而钱的来源，是靠吴家子孙到各家各户去募捐和政府资助得来。从正月十六就开始有人进芦笙堂吹笙跳舞，待到正月十八、十九、二十日这三天达到了高潮。

　　舟溪吹芦笙一直是吹"Ghab neil"三步走的芦笙曲，只准吹那首，一直坚持到1993年或是1994年，后来人家说舟溪本来吹芦笙最有名的，结果现在去听芦笙打瞌睡，都是一步步，一天到头都这样一步步走。后来年轻人也讲这一首太没意思了，那个吴氏家族，就是专门负责舟溪甘囊香芦笙堂的茶园寨那边，他们说该改一下了，老是这样别人也小看我们，后来出现少壮派和老人派（保守派），互相争吵还打架呢，一个讲不准吹，一个讲吹，出事了我们年轻人负责，最后那一年有些年轻人就公开吹花样多的芦笙曲了，慢慢地发现没哪样事情发生，后来就变成哪首都可以吹了，但现在就只有那首"Ghab niul"鼓葬节的曲子不能在芦笙堂上吹。现在的舟溪芦笙节才会越搞越热闹。

（潘GS，新光支书）

　　苗族古籍《贾》里描述过舟溪的芦笙会："早晨现出养龙坡，养龙是位坐家婆；脊背稍稍有些陀，活像老母鲤鱼背，胜似神腰猫儿脊；傍晚现出养龙坡，养龙是位富家婆，髻别双银梳子，项间层层银项圈；弯弯银角头上翘，茫茫白雾身际绕；中流砥柱养龙坡，象块穿枋贯南北，千山万岭齐拥抱。"[1] 这支神韵之曲叙述着舟溪凤凰（养龙）婆婆培育出的千万苗家儿女，世世代代披金戴银随笙起舞的盛况，这便是舟溪"永远的甘囊香"。苗族妇女穿着自己的盛装来到芦笙堂，不仅是为了跳芦笙，也是为了通过"服饰美"展现自己的"技艺美"，芦笙堂已成为苗族服饰及刺绣、织锦、蜡染、银饰等展览的大殿堂。通过这个舞台，苗族姑娘可以展现自己辛苦纺织后的成果，姑娘之间也暗自比拼技艺。苗族社会人们以姑娘是否成为勤劳、能干的织手来作为

---

[1] 杨文瑞. 舟溪神韵知多少 [J]. 苗学天地，2010（3）：32.

挑选未来儿媳妇的标准，苗族女性时刻被所生活的社会所规范着。芦笙场，既是苗族姑娘的"个人专长秀"，亦是一个纺织竞技场，评委是吴姓家族的子孙和长老。苗族青年男女有了这样一个社交场所，游方对歌结识、成双成对者比比皆是。

第四节　传统的性别分工及妇女角色

舟溪是一个传统的乡土农耕社会，舟溪苗族自古就是一个农耕民族，当地以种植香米（水稻）为主。传统农耕社会的经济模式都是以自给自足的小农经济为主，社会性别分工亦是典型的"男耕女织"，男人管"吃"，女人管"穿"。这种人类社会的自然分工，早在原始社会就已出现，与自然分工相适应，男女成为各自活动领域的主人。于是男人成为土地的主人，女人成为家中的主人。在自给自足的农耕家庭中，"男耕女织"依然是一种性别差异区分的自然分工，是符合当时社会经济发展的分工模式，维护了当时经济发展的平衡。

舟溪苗族有一句谚语"Mais sux daib nangl lal, bak ngas daib nongx xangd."（母巧儿穿好，父勤儿吃饱）。在传统社会中，家庭是生产和消费的基本单位，而吃穿又是人类的基本物质需求；因此男人上山耕地，妇女在家纺织，是自然合理的一种分工。当然，"男耕女织"只是一种代表性的概括，实际上真正的苗族社会中妇女所承担的并不仅是"织"的任务。苗族妇女所要承载的责任还有哺育孩子、家务劳动、耕田种地等。在"妇女"不断替补"男人"活路的前提下，妇女的负担实质上是十分沉重的，而男人则转向了其他行业；男女的劳动分工已经逐渐从"男耕女织"过渡到"男女同耕"，再过渡到"女耕为主"。尽管如此，具有代表性的"男耕女织"在一定程度上反映了起初性别分工的特色，舟溪纺织最初也是从"男耕女织"开始逐渐形成、壮大。"男耕"在苗族传统的农耕经济中的体现，按一年的时间流程来划分如下。

农历十月：象征性地动土，表示新的一年农活开始；

农历十一月至次年一月：修整田土、砌田坎、浆田坎，护理小麦、油菜等；

农历二月、三月：犁耙、散粪等，准备秧田、泡种、播种等；另外种苞谷、育红苕、辣椒、西红柿、茄子等秧苗；种棉花等；

农历四月份：插秧，大忙季节；

农历五月、六月：管理庄家，薅秧两次以上；给其他庄家和蔬菜追肥、薅修等；给棉花打尖、采棉；

农历七月：割田坎，以免雀鸟吃稻谷；砍柴为秋收准备柴火；

农历八月：收割稻谷，农忙季节；

农历九月：摘禾、挖红苕等；撒种种菜；秋种小麦和油菜[1]。

"女织"在舟溪农耕社会的体现，从舟溪一首著名的《打扮歌》的部分节选中就能深刻体会。

Hxak hxangl vangl	打扮歌
Lat yak lat jox lol,	八月九月来，
Lat yak menslix mongl	八月妈来关衣柜，
Menshfek dleek nix liangl	妈来关银柜，
Menslaok hxangt ax daol	妈织不成布，
Laol diaot θal diaot leos	别人织五六捆布，
Axdaol θal diaot dlens	织不成五六挑，
Liuas ax mongl niek naos	嫁妹不出去，
Ghongl genx ghel diuat mens	妹向妈哭诉。

——潘 BN，新光鬼师，70 多岁，男性

这首舟溪的《打扮歌》是新光村年近 70 岁的潘 BN 老人所吟唱并翻译。潘老师是新光的鬼师之一，年轻的时候学过苗文，当过教师，是舟溪苗族社会里掌握苗文为数不多的精英之一，他爱好收集各种有关舟溪的苗歌，平生最大的希望是出版自己的苗族歌曲大全和普及苗族文字。潘老师向我解释："这首歌就是讲，苗姑娘没有衣服穿，看见别人穿的好看有衣服穿，就自己生气，然后就自己织布染布来。"实际上，"女织"已经不仅仅是满足自然经济发展的产物，它更多代表了社会对妇女的观念和期待。不会织布的苗族姑娘，

---

[1] 张晓. 好女人的建构——以西江苗族村寨一个家庭为例 [M]. 贵阳：贵州大学出版社，2007：52.

就不是好女孩，这是传统苗族社会对妇女所持的观念。苗族社会通过一套纺织技术及纺织文化的掌握，来形塑、规范一个苗族妇女，苗族妇女的形象从古至今都是善良勤劳、心灵手巧。歌中唱出苗族社会及妇女自己对自己的看法，不会织布做衣的女人是会被外人笑话，是嫁不出去的懒姑娘，这便是当时作为一个苗族女人的社会标准和价值取向。舟溪苗族老一辈的妇女经常感叹，女人是"苦苦的"，这与当时社会评判女人的价值观有很大关联。

> 以前小时候我没晓得为哪样要做这些，只晓得做得漂亮会有人来夸你，很羡慕的样子。我妈也是老讲，你学点点就会点点，以后没让人笑。以前大家聚在一起织啊绣啊，做出来的东西都有好有坏，能看出来的。你织的好，就有人来看；像那种绣花，大家都在绣，但是我绣的和你绣的真的是不一样。就即使是同一朵花，你绣的漂亮多，我绣的就没漂亮多，因为手艺没一样。譬如我家大姐嫁到凯里开发区去了，她绣花真的绣的好，我俩绣同样的一朵花，她绣我也绣，我绣的就是没她好看。因为以前年轻的时候，她一天都在家绣花，做那些花带、背带啊，就是我们这里的苗族拿来背娃娃的背带，全部是她自己绣。年轻的时候勤快很，书倒是没读好多就跑到凯里去打工，刚开始给人家当保姆，结果人家发现她太勤快，心太好了，就介绍给自己亲戚家的儿子谈朋友，那男人是做生意的，最后嫁过去了现在什么事情都不用做，生活好得很。我家大姐就是我家那个伯妈，是吴传珍她家姑妈的女儿；她现在家里没事就来做一些衣服、绣片来卖，只要有人来找她，她就做。她绣一个围腰和手套拿去卖就得了一千多块钱。
>
> （吴 HY，女，26 岁，苗族，茶园寨）

> 我十四岁是从雷山公统那边嫁过来的，生有两个崽，大儿子在福建工厂打工，二儿子在给老板开车，都没有讨媳妇。我一大早就来这河滩晒布了，"酿"的很（无聊），又热又累的，但是又要天亮布才晒的好。太阳好的话我们才高兴，那样布才晒的好，一天下来可以晒个五六次，布晒的硬邦邦的。太阳没好的话，这个布也没晒得漂亮。我总共晒十三张布，拿来是做裹腿啊，做裙子、衣服的；没晓得够穿几个人，要六斤多布才够一个人穿。我没读过书，从小

没认得几个字，客话也没人会讲，所以没聪明，家里穷得很。我十四岁从雷山县嫁过来，生的两个崽都没儿媳妇，要是有儿媳妇就好了，这样就有人来帮我晒布了，我就没现在这么累了。我小时候家里没有姐姐和妹妹，只有哥哥，所以干活苦得很，没有个人来帮忙；要是有姐妹的话，就没苦了。我也是一个跟一个学的，没有哪个专门来教我；今天晒的这些布是给我家公晒的，我有两个公，做给他们死的时候穿的。这些要勤快的人做，没勤快的人就没人会做。像这么大热的天，晒布是最好的，也是最累人的，我连饭都没敢吃，忙着晒布，等到两三点钟的时候再去吃饭，我带的酸汤菜过来。布没晒好，吃饭也没香啊。

（鱼伯妈，平中大队，50多岁）

"女织"的产生，赋予了苗族妇女更多的角色扮演，她们在担任纺织手的同时，也同样是承担农务、家务、哺育儿女、家庭经济支柱的主心轴。苗族妇女第一个角色就是人的再生产角色，即对孩子的抚育。由于女人首先在生理上是有着明显的孕育角色，因而在社会性别方面也承担着抚育孩子的重任，妇女从怀胎、生子到抚养主要是一人担当。舟溪古语箴言所道："Naib naib hangb ax hxib gid dol, Naib naib aie ax hxib gheb not"（天天走不怕千里，日日做不怕活多），苗族妇女总是有做不完的活路。长年累月的劳作和古训从内在将她们自己催化成一个生活中的女强人，培养出苗族妇女坚韧不拔的性格和独当一面的能力。有着当家使命的苗族妇女，除主持家政，譬如每天的挑水、煮饭、捡柴、喂猪、喂鸡，还兼及下田耕种，负责一家老幼的扶养。此外还应酬亲朋好友之间的走客，妯娌关系的调节，周旋于社会间各种网络关系，成为家里家外的"主心轴"。

第二章　纺织及纺织文化

精神文化与物质文化是相辅相成的关系，苗族传统纺织文化也不例外地由精神与物质交织而形成。苗族纺织的产生，最初是为了满足人类基本的生存需要；随着人们生活水平和审美情趣的不断提高，对纺织物的要求也不断提高，它不仅成为御寒物，也成为装饰物，逐渐演变为既有实用价值又有文化内涵的、物质与精神并存的载体。舟溪苗族的纺织，装载着当地人的许多期待和想法，包括自然崇拜和祖先崇拜。同他们的历史一样，纺织也同样承载着悠久的历史和深厚的文化底蕴，影响着一代代的苗族后代，并成为他们生命的一部分。舟溪纺织要经历一个漫长的循环过程，不同年龄层的妇女担任着不同的分工。一般母亲的任务是从种棉直至裁剪，完成一件衣服的全部工序，而女儿负责衣服上的绣花；中年妇女喜爱织布、做百褶裙，老年妇女喜爱纺纱晒布。年轻女孩和中年妇女多做纳鞋底，绩麻则多为老年人做，同时这些分工有时也有交叉。

第一节 纺织的技艺与智慧

一、纺纱、织布、晒布

从舟溪的《织布歌》里我们能感受到种棉织布的艰辛，这首地道的舟溪织布歌讲述了一个苗族妇女如何挑选良田、开垦荒地，从种棉到织布的辛勤劳作过程。

> 我看到别个场坝去，到一月份来，我看那个田土像巴掌一样窄；就商量搞活路去，拿着犁刀和锄刀去，挖土到老森林去。妈妈没有饭吃，住的地方不成地方，我妈这时还年轻，爸爸现在也年轻。把稻谷搓下来，一搓它就脱；洒一把种子出去，种子长得很壮很好，拿犁刀和锄头找遍满山坡，活路做得多庄稼不生草。我那个锄头不是一般的锄头，很好的。满山都找遍了，庄稼没生草就好了。庄稼长起来了，种得棉花才得穿，种谷就得吃，我做活路搞成一半，把棉花摘起来，用哪样去割？又用哪样去拔？把棉花籽籽去掉，把棉花拿来一边，棉就跳出来了，机器把它搞干净点，把种子整一边去了，搞棉也在一边了。把棉花搓成一条条来，汉族把棉花搞成来，结婚的人都搞成，把棉线搞在织布机上，把棉连成了丝线，捉我男人来纺线，我搞太累了。我捉你来你就来拉线，一捆线拿来做什么？两捆拿来做什么？现在搞成可以纺线了。梭子穿来穿去，搞成稀拉

拉的，织布机像是柿子树，梭子是沙木树，两脚踏着木板一步接一步，两手再合着动织布机。布中间给妹穿，边上布给外人穿；挖水到染缸里去，一把小小铜剪刀把布剪布十九张，剪它来染布。剪它好好的，缝成一块块来，搞成一对对来，项圈放在柜子里头，捡那项圈来洗干净，阿妹来到了，不晓得要哪张好，布太多没晓得哪张才合心。捡一件件来看。穿着那个衣服，嫁给汉也好，苗也好，侗也好，嫁得远也好，近也好。早上吹筒生火煮饭吃，把衣服穿来。把衣服抓来放进衣柜去，姐拿去给孙穿。一早抱来一包（衣服），一晚去一包（衣服），衣服真的好得很，丢到我这里就得穿，穿着跟人走客去，外人羡慕表扬我的衣服，我的心里就亮堂堂的。

（吟唱者：潘XY，平中大寨，女，40岁
翻译者：潘BN，新光村鬼师，男，70多岁）

新光村70多岁的潘老师，用他不是很娴熟的客话帮我翻译舟溪《织布歌》的一部分，歌中讲述一个舟溪妇女勤俭持家、开垦荒地、织布做衣的故事，当别人夸她衣服漂亮的时候，她的心里"亮堂堂"，这便是那个年代舟溪妇女心情的真实写照。

实质上从种棉到织布，再从织布到晒布，是一个冗长的过程，甚至于枯燥乏味；但是舟溪妇女就是在重复着一步步单调的动作后才完成一幅幅散发着大自然气息的布匹。春天的下种待到棉花收成后的压棉、弹棉，直到梳纱、浆洗和纺纱，最终成为一张完成的白布。将棉花摘来便进行加工，是纺织的第一道工序。妇女用土方法挤出棉籽和各种废渣，获得皮棉后将棉花弹开铺盖在桌面上，用一根芭茅杆或细棍把棉花擀成一根跟棉条，便开始了纺纱。纺纱机一般是原始的单纱手工纺纱机，右手摇纺纱柄，左手配合着扯纱，右脚协助固定纱线。纱线纺好后，再把纱锭上的纱缠到木架上，方便浆洗。浆洗过后，由几位妇女帮助根据所需布匹的长宽度，把纱梳理出来，缠在圆架后便可上织布机，准备织布工作。

以前我妈教我做的时候，我好小，没会做的是哑巴嘛，人家都这么说。那个时候是自家种棉花，把棉花碾碎搓揉成一根根线，再用纺车纺线后，用豆浆来给棉线上浆，之后就可以拿来织布了。阿刚（以前）我妈是一根线一根线的织上去的，那时候织出来的衣服粗粗的，厚厚的，没太好穿。

（河滩边晒布的伯妈，50 岁，平中村，苗族）

织好的白布要将之进行晒干、晒透后用蓝靛进行染色，经过晒、洗的反复过程后，最终形成藏青色的布，成为制作舟溪盛装及便装的原料。这是一个繁杂的过程，舟溪妇女纺织制作当中最艰辛的除了制作织锦背带以外，便是晒布。染布需要先制作染料。苗族的染料是源自蓝靛的种植，每年农历的二月下种，到九月就可收割并制作成染料。将适量的蓝靛和酒放入染缸的灰水（植物灰）中搅拌，每天加入一些白酒使之保持一种活性，半个月后便可以染布。将白布放入蓝靛中浸泡许久，捞起晾干再浸泡，重复工作浸泡七八次，连续几天后，白布变成青布。之后是对布匹进行进一步的上色和暴晒，便是在蓝靛水中加入新鲜猪血、淘米水和山上一种树秆煮的红水，这样混合后的染水可以将布匹染成藏青色并泛红。天气晴朗的时候，妇女们通常会拿着布匹和染缸来到河坝边进行染晒，反复重复多次，一次完美的暴晒要耗时一天，连续四五天后的暴晒、染布工序，布匹才会形成漂亮的藏青色。七月的火辣天气，舟溪妇女要时刻不停地"追着"太阳去染布、晒布。笔者在2011 年 7 月 13 日的田野笔记中写道：

今天早上八点多钟太阳就早早出来，是个晒布的好天气。中午为了寻找平中的"Vouf loul maob"奶奶❶，我来到河坝边上晒布的人群中。正巧在河对面遇到五家人在晒布，场面之壮观，遇到了杨 YC 哥哥的妈妈"Menb vangt"和几个姨妈在晒布。"Menb vangt"为了赶着"出太阳"的时间，叔妈直接没吃早饭，一直到下午两点才有空吃。她们刚开始染布，布的颜色不是藏青色，而是浅蓝色，用从赶集上买来的白布放在染缸里染成湛蓝色后，晒干。拿到河滩边用豆浆滤过的豆浆水和猪血掺水混合在一起，把蓝布放在水里洗布，之后将洗过的布匹拿到石滩上晒干，动作反复持续。叔妈说豆浆水可以使布变硬；从山上挖的树根"daof gangx kongb"用水煮后会变

---

❶ 汉译为猫老太。

成红色的水，红水与猪血混合后的水，拿来浸洗布匹然后暴晒，布匹会泛红光。正如苗家妇女自己所说的一样，晒布是个极其麻烦复杂的事情，她们晒的是自己的"心血"。

"Vouf loul maob"是一位平中大寨几近八十岁德高望重的老妇，她用自己的勤劳养大家中三个儿子，大儿子进入省城工作并有所作为。她感叹道："一定要选择干净的河滩边晒布，洗布的猪血混合水一定要滤掉树根的杂质，这样浸出来的布才香，干净的水才能让布好看。晒后的布拿去染缸里用蓝靛染，最后再拿去河边洗干净，后面的工序就简单多了。这个晒布，又热又闷，又累又渴，没办法，为了好看，先苦后甜嘛。为了我的孙女，以后我死了，还有这些衣服、裙子留着，其他人都不会做了。"

"猫老太"是个十分典型的舟溪苗族妇女，她的一生大部分时间都是做衣服、裙子。她对染布的水十分重视，把染布水看作有生命的东西来看，每天都要往水中注入新的"白酒"以保持里面的"活性"，像在喂一个吃食的孩子一样怜爱，用老人自己的话说这样做染出来的布才是"活"的，才是有生命、有情感的东西。

做成一张张藏青色的布匹后，可裁剪成衣服，围片，亦可做裙子，舟溪40岁以上的妇女喜爱做百褶裙，而裁剪衣服则会拿到舟溪镇上专业裁缝店去做，裁成一件上衣要15元。成形的上衣，是加工多次的青藏棉布缝制成的对襟大领宽袖短夹衣，穿衣时袖口向上翻卷，好似日本和服袖口的外翻设计；圆领对襟，袖管宽大，胸前左衽虽然有五对至七对的锡纽，但事实上只有胸口的第一对可以扣，因为只有第一颗锡扣在右衽配有扣帽，其余六颗就成为装饰品，工作的时候不得不靠腰带栓腰固定。藏青色的百褶裙，长仅到膝盖处，短裙穿戴时并不拴在腰间而是肚脐下方位置，一条百褶裙需要一尺宽的布，大约二丈二尺，由布到百褶裙的工序也是相当复杂、讲究。即使要花上很长时间，苗族妇女也会在百忙中抽出时间来做这些，那是她们不得不做而又喜欢的事情。

我们少数民族做这些东西就是麻烦很，又累又渴，天又热。但是天没热的，又没好，布也晒得没好；天好的时候（有太阳），不管你晒好多布，两三天就晒好了；天没好的话，有时候要晒一个多星期啊。我晒了十多条布，可以一口气做七八条裙子，这样一口气做要方便。以前穷的时候，一家人柜子里最多只有一两套衣服，姐姐穿完就给妹妹穿，所以要拼命地做衣服；现在生活好起来了，只要得空，我喜欢做好多就做好多。

（河滩边晒布的伯妈，50岁，平中村，苗族）

纺织是一个比农业生产更为复杂的工作，一年四季都可以进行纺织，不存在连贯性，可以时断时续，没有固定时间拘束纺织。因此一匹布的制作时长，可以是一年，也可以是一个月，快慢主要取决于女主人的勤快。因为苗族妇女大多是利用在完成田间劳作和家务后的空闲时间进行纺织。纺织过程中，需要多人的合作，耗费大量人力、物力，因而很难发展成产业经济，一般都是满足自己家人的需要。

二、织锦衣

夏天是一个忙碌的季节，农忙过后的日子里，妇女们选择做布的同时，也会选择做锦衣。锦衣可作为盛装里的衣服。盛装由花衣、裙围、腰带、绑腿和鞋袜构成；而所谓上身的花衣，是夹层衣，用藏红色的缎子作面，布作里的花衣，里面就配有锦衣。锦衣主要由蓝色、紫色、绿色的丝线织成，经纬交错编织成格子纹的丝衣。

这是个纺织的季节，也是织物原料收获的季节，即蚕茧的收集和火麻、家麻的采收。舟溪的织物原料多以蚕丝棉为主，所以很少有麻纺织。5月末，蚕蛹开始变成蛾，交配直至产卵，养蚕的地方是家里最好的地方；孵化六周的蚕就开始吐丝结茧。将蚕茧收集后放入煮沸的开水中，蚕茧开始软化直至变成蚕丝，从沸水中拉出的丝进行晒干就可以直接绕在纱架上准备整经。现在一般当地人都从集市上买来棉丝线，因为没有太多的时间"麻烦"在养蚕上，养蚕做丝只是以前的事。

线备齐后，就准备开始整经。向笔者展示整经的是青井寨50多岁的王XY叔妈和儿媳妇杨玉华（以前在深圳打工，现在凯里打工，一女儿在大中小学读学前班），这次整经时间发生在2010年11月的冬天。

工具：捆线的十字架"Gheb yongx"；木块块"Job daof"；梭子"Ngangb daof"；梳子"Yeb xaf dof"（铁梳块）；勾针"Ghat dof"（牛骨制成）。

❶ 定桩，拉线。
❷ 将拉好的线，一根根的用勾针"Gat dof"勾到梳子"Yeb xaf dof"中。
❸ 用梳子"Yeb xaf dof"分开的线，再用两根白棍分出上下线"Liangb ngab daof"。
❹ 将梳子拉好的线上到十字木架"Geb yongx"上。
❺ 众妇女在帮忙梳线，目的是上丝线如同头发一样光滑顺畅，避免纺织过程中断线。梳完将线裹在十字木架"Geb yongx"上。
❻ 分线过程"Sao bed daof"：用一捆白线工具分出上下层。
❼ 经过"Sao bed daof"后，再将白线用勾针勾进梳子"Yeb xaf dof"中。
❽ 上织布机。

整经程序：拉线——勾线（勾针）——梳线（用"梳子"分开，再用两根白棍子分出上下线"Liangb ngab daof"）——分线（上下层分线）"Saob ed daof"（一捆白线分层）——上织布机：先从尾部将纺线固定，再依次将两根白棍固定中间，再将"梳子"固定在"Liub bingx laof"上，最后将上下线捆在小棍子上（整个程序叫"Qianx ghangb daof"），小棍固定在"Sangb daof"，先调整白线"Saob ed daof"的高度，两层白线要保持水平）——拿一根稻草来，用一根稻草放在纺线开始端部位置，隔开上下层纺线。

首先"拉线"：用三根木桩立在地上形成两地坐标，中间相距约三十多米，将棉丝线顺着一定规律、按一定颜色比例分配绕在木桩上，时间大约要一个多小时。接着是勾线，用水牛骨做的"勾针"（苗话"Ghab dof"）将"拉线"好的一端棉丝线，从一排铁梳块的器皿"梳子"（苗话"Yeb xaf dof"）中一根根的勾出，这个过程耗费两个小时左右；然后用两根白棍分出上下线（这个过程称"Liangb nangb daof"），形成上层和下层一排的棉丝线，这样有利于上纺织机，这时候会有同村的七八个妇女来到主人家帮着主妇开始"梳线"。从"梳子"和"Liangb nangb daof"中穿过的棉丝线用各自带着的梳子进行梳理，目的是让丝线平滑顺畅，末端在梳线，而棉丝线的开端部位就卷绕在十字架的经轴上"Gheb yongx"，通常是一边梳一边卷线。一般"梳线"过程要耗费一个多小时，梳线过后主人家用糖果来招待帮忙的朋友。接下来的分线，就是将梳理好的一捆棉丝线进行又一次的上下分线"Saob ed daof"；最后上织布机，先从尾部将纺线固定，再依次将两根白棍固定中间，再用"梳子"固定在"Liub bingx laof"上，最后将上下线捆在小棍上（这个程序叫"Qiand ghangb daof"）。这样基本上织布机完成后便可以开始纺织。但事先须拿一小捆稻草，放在纺织经纬线上的纬线开端处，以此来隔开经线的上下面，达到固定效果。从拉线整经到上织布机这一整个过程大概要花10个小时左右，这是一个冗长而精细繁琐的准备过程，每个环节稍有差错都要从头再来。整经的好坏，直接影响到衣服的成形，一根根经线、纬线从数量上都计算得分毫不差，不得不佩服舟溪妇女的耐心和智慧。整经后的丝线上到织布机上，事情便成功了一半，接下来的功夫只需要在织布机上来回运转梭子织布。

三、花带、头带、腰带和绑腿布

舟溪的花带编织起来要比织锦衣和背带简单。从集市上买来配好颜色的丝线，上架到小织布机上就可以纺织；多以黄色丝线打底，红色、绿色丝线成纹，一条完整的花带估计要一丈多长。花带上的图纹多以青蛙纹、老虎脚纹、龙纹、柿子花纹为主，这些纹样来自对大自然中的动植物抽象化理解，都是象征祈福和对生命力的歌颂。苗族的织花带，是用手、脚、腰、眼等运动合力通过经线织成的纹样，也是寓意深厚的吉祥图案。花带在舟溪苗族社会的用途是广泛的，可作围腰带、腰带、裙带、小孩的花帽带、斗笠带。结婚宴席上新娘会将自己编织的花带送给远道而来的亲戚朋友，用来展示自己的手艺，也表示对客人的尊敬；芦笙盛会上男子也会向心仪的姑娘"讨花带"。头带，则是比花带稍窄一些的花带，在盛装的少女头饰中，作为固定通天帽和银饰的装饰品；头带上的花案也同花带上的图案大同小异。便装的腰带，一般由丝和棉合织而成，丝线染成红、绿色，而棉纱线染成藏青色，这样便织成图案纵横交错，形成大大小小的格子纹案，工艺越精细则格子就越小。舟溪的妇女，从小就开始学习织花带，无论年龄大小都可以织花带，因为这门手艺不仅花费的时间较少，并且可以打发无聊的时间。

> 我妈在我小时候，就是我六年级的时候就逼我学做织花，可能是想到姑娘大了要嫁人了，怕出去什么都不会遭人家笑话。就在这间房子里架起了那个织布机，我不想学，宁愿去做饭都不想学织啊，我妈就说她宁愿自己去做饭都要我学，我就被逼着学织，我最后还是学会了织花带。以前我们这里跳芦笙，好多人穿那种假银子打的服饰，人家也是喊我妈给我打套假银子来穿，结果我爸爸说要穿就穿真银的，就打了一套新的银子给我。我一穿去跳，其他带假银子的姑娘就不敢出来跳了。我妈妈给我织的花衣服，是一针一线细细密密做的，穿出去，人家都在边看边评价，比哪家的做得好。像以前我们织的那些花带啊，我们自己没觉得哪样好看，但是有些人来

看的话，我们那时候年纪还小，才十多岁样子吧，人家来看我们织，而且以前我的手工还是蛮好的，我织的还蛮好看的，她们说'么耶……织这么好，手艺这么巧啊'，她们还是蛮羡慕的那种感觉。这刚我就没会织了，我要是织的话也照样织成。

（吴HY，26岁，女，凯里上班，高中文化，已婚）

我们以前像她们这么小，四五岁时候就开始学习织布绣花的了，从学织花带开始，到了十五六岁的时候就开始学做背带。这个绑腿布，她们年轻人是没有的，现在舟溪都很少有，很少有人穿着出去，甚至是跳芦笙的时候。我家里有两三条，都是我过去自己织的，留它来给自己死的时候穿。你不要看这个布不好看，它管用的地方多得很，冬天腿疼有风湿的地方，裹上它还是舒服多了。

（李SZ，女，1952年生，平中村坡上寨嫁到茶园）

传统的绑腿布，亦是由织布机编织而成。听老人们说，过去穿苗裙的时间多，由于裙子很短，小腿部位都暴露在外所以要常绑腿，只有下田或炎热夏季不包。活人裹腿时是由上而下往里缠，替死人裹腿时则要顺一边缠绕。由于绑腿布的做工考究古老，现在工艺流失比较严重，一般只有老妇能够纺织绑腿布，年轻人不愿意穿着这么复杂麻烦的织布。所以现在绑腿布的用途主要是作为老人去世时备用的丧服，舟溪每个上年纪老妇家中都有一两条自织的绑腿布，她们相信死时穿上这个能够圆满到达彼岸世界。于是人们为了方便、美观考虑，一般用健美裤或裤袜来代替。右上图为青井寨的王XY伯妈，五六十岁，身体硬朗，和两个孙女和儿媳住在一起。她为自己的丧礼准备了三条绑腿布，全部都是新的，儿女已经不愿意穿这种布，更不会做这种布。

四、织锦背带

织锦，是苗族社会服饰及日常不可缺少的民间工艺品之一，尤其以黔东南花样繁多。织锦花带，织锦头带，窄2~8厘米，作带子拴绑或礼物之用；宽20~50厘米的织锦物，作织锦背带、背包或围裙等之用。"贵州舟溪织锦最具代表性,是苗族织锦的精品,享有盛名,常常是博物馆珍贵的收藏品"[1]。舟溪织锦背带,做工精细,质地细致,纹案精美,经纬线耗费几百根制作成宽约 30 厘米,长约 150 厘米的背带。

织锦有通经断纬法和通经通纬法两种,在色彩配合上分素、彩两种。织锦图案为规整的几何纹,由无数变形的动植物纹组合。布局严谨,繁而不乱。织锦有机织和手织两种。机织是为织锦背带所用,即用织机织锦,一般的织布只用两综线,而织锦用的综线较多。每个综线都连着一块踩板,脚踏踩板,踩板一般有四块,通过不同踩板的踩法,所踩出来的图案不一。舟溪的织锦,以细丝为经纬线,凭借储存在每一位织锦者大脑中的纹样,制作时,借助竹片挑纱和脚踩按动经线,每次只能踩两块,依次进行,或周而复始,或踩毕倒回。然后投梭拉筘,织出的锦细腻有光泽,手感轻柔,色彩淡雅,图案有青蛙、浮萍、游鱼、芭茅草、寿字纹、几何纹等。该锦用丝之细,达到每平方厘米经纱 60 根,纬纱 90 根的水平。所制锦布,多用于制作衣服、背带和围腰带。手织即以手代替挑板或综线来交错上下分开经线的纺织方法,这种方法一般多用于织较窄的锦带,即花带或头带。一些少女在山上干活或放牧时,将牵好的经线卷好上筘(短筘),随身携带,在空闲时,即以一端系于小树上,一端系于腰,手拣经线而引进纬线。编织的花纹同机织一样。

舟溪背带分为小背带和大背带。大背带即不对称的对角式长条形背带,可两面使用。织锦背带在技术上甚至比盛装的剪贴更复杂,过去母亲常为传授女儿织锦而操心。它的编织方法是用白丝线作为经线,黑丝线作为纬线,牵好经纱后,将其安放在织布机床上,接着交叉织一根、挑引一根纬线。即先织一根白丝线,再用一块平滑的竹片按照需要的几何图案向经线逐一穿挑,接着穿引黑丝线。每隔三至四厘米长时,便织两根红线、绿线;有的用白色经线和绿色纬线搭配,与黑白经纬线搭配又各成风格。织锦背带,是舟溪纺织中最难的一种工艺技术,苗族妇女一天中要不停歇的做才能织两三寸的织锦,实属不易。"在七八十年代前多用

---

[1] 王慧琴. 苗族女性文化 [M]. 北京:北京大学出版社,1995:20.

棉线编织，后来逐渐改用丝棉混织，近三四十年来基本上都用丝线，并且有的寨子改用绿色丝线作挑引的纬线。背带心宽五、六寸，每床长约六尺。二三十年前除用少量做袜筒外，都是作背带用"，❶ 背带是舟溪少女在嫁入男方家前的必备之物。一般十五六岁的姑娘就开始学织背带，即婚后落夫家之前的每年夏季（插完秧的秋收之前），除了帮助母亲做家务外，苗族姑娘大部分时间都投入织背带中。背带复杂的工艺会耗费很多时间，往往一整天忙下来只能织出一两寸长的背带，一条完成的背带通过每天不停地赶工最快也需要两三个月时间。苗族妇女常常背着孩子，以腾出两手进行劳作，生育后更没时间制作背带，所以背带是苗族姑娘时期不可缺少的备用品；虽然这是极其耗费苗族妇女时间的织物，其中却蕴含着姑娘的情愫和对未来美好生活的憧憬。

　　背带的做法，我们就是拿一根棒棒，在织布机上把丝线架好，用棒棒在那上面开始"雕花"，上下经纬线要分明。

　　　　　　　　（李SZ，女，1952年生，平中村坡上寨嫁到茶园）

　　衣服，我十五岁就开始搞了，然后十七八岁就开始搞那个背带，都是我妈妈教我做的，我有姐妹聚一起学。我有一个姐姐，我家姐姐比我高，比我好，比我大，还比我聪明。我们织背带上面的图案，要一根根的数线，你看那个麻雀的脚要好多单（只），你才要好多线；一个麻雀飞的脚要两根线还是三根线，然后到雀的腰杆要多少线，不是其他乱七八糟的乱看得来的，而是要一根根的数来编图案。像我们分线这种，差一根，错一根线都没行哦，麻烦很。那都是我们自家愿意学的，大人也说你没会的话，你嘴巴也没的勒，是个哑巴。那个个都搞，我看你，你想看我的，搞来就像搞比赛一样的，个个都勤快，一个跟一个比。像你们现在学习一样，一个比一个，个个加油勒。

　　我做的那个背带，我大姐才教我做半天，然后她给我上好机子

---

❶ 中国科学院民族研究所贵州少数民族社会历史调查组，中国科学院贵州分院民族研究所共编. 贵州省黔东南舟溪地区苗族的生活习俗 [M]. 中国科学院民族研究所贵州少数民族社会历史调查组与中国科学院贵州分院民族研究所，1963：5.

上,她搞成一半就跑去了,她讲:"到中间了,随你咋搞,你没有意见?"她骂我一顿就跑开了。我就慢慢边看边做,我大姐吓我说这回搞这种纹,下回搞其他的图案,没会做就要遭打。后来有那些花样太多了,我讲你教我点点,我没晓得咋做,我姐就答应教我了,我妈讲我做的背带还是可以的。

(潘 XY "Menb naot",女,平中大寨)

年过 40 的 "Menb naot" 讲述了自己女孩时期做背带的趣事,从开始什么都不懂不会的"哑巴"女孩,通过向姐姐、母亲学习织锦花带、衣服到最难的织锦背带,姐姐成为"Menb naot"的学习榜样。当母亲觉得"还是可以"的时候,其实她得到了夸奖和认同,技艺得到外界的认可,是鼓励女孩继续学习纺织的动力。当一个苗族女孩会做织锦背带的时候,两只手就如同"长了嘴巴"一样"会说话",会做事情,是勤快贤淑的体现。

我们以前在上面那个场坝上做,经常爆满,就是自己做,自己织布,十四五岁就开始织布了。做一条背带起码要两三个月吧,天天做啊,一个姑娘最少都要做三四条背带,四五条,有些勤快点的,动作快点的一年可能织一两条。

(王 XY,女,平中村)

五、纺织的艺术品:舟溪服饰

舟溪苗族服饰以女装为主,而女装有便装和盛装,也有少女和成人之分(以头饰区别)。舟溪女装工艺采用织锦、平绣和茧片贴绣(即板丝绣)等,舟溪中短裙苗族服饰亦是纺织的艺术品,服饰伴随着自然条件、社会条件及精神文化的变化而发展演变。

在形式上,女子的便装与盛装大致相同,主要以材质和装饰为二者区别。舟溪苗服的特色在于,上装的青衣类似汉族的马褂,或类似日本便装的和服,长仅到脐下,韵味十足。便装,上装为无领对

襟宽袖蝙蝠衫上衣，外围胸襟，下身着过膝百褶裙，小腿打绑腿或穿布脚笼，头挽锥髻。主要由衣服、腰带、围腰、百褶裙、群围、吾腰和布鞋构成。上衣多以自织自染的青色棉布缝制成的对襟大领宽袖短夹衣，穿衣时袖口向上翻卷，类似日本和服袖口的外翻设计；圆领对襟，袖管宽大，胸前左衽虽然有五队至七对的锡纽，但事实上只有胸口的第一对可以扣，因为只有第一颗锡扣在右衽配有扣帽，其余六颗就成为装饰品，工作的时候不得不靠腰带栓腰固定。袖口有七八寸宽，袖边外层内侧镶有一条宽约一寸的蓝布条，穿后向上翻卷露出一圈蓝色，美观而又大方。"吾腰"（苗语：围腰的意思），本来是在劳动的时候用来遮脏，但当地人喜欢在穿新装时佩戴，并在围腰上正中处绣有各种图案的花卉，而这也是从汉族传入。"舟溪式苗服的百褶裙，为藏青色，长约仅到膝盖处，这条短裙穿戴时并不拴在腰间而是肚脐下方位置，一条百褶裙需要一尺宽的布约二丈二尺，而裙腰则另用布二尺多"❶。裙围有两张，分布于百褶裙的前面和后面，均为两张藏青色窄布镶缝而成，前面的裙围长一尺六七寸，全部素净；而后面的裙围比前张略小一寸，下摆钉有宽约三四寸、由彩色丝片剪贴而成的花边；花边下面用没有织完的经纱编成网状，并在上面用锡片包裹好，网状下面留有一两寸作穗子，年过40岁以上的妇女一般就不用钉花边，只包锡片。绑腿，是因为裙子很短，小腿部位都暴露在外所以要常绑腿，只有下田或炎热夏季不包。

---

❶ 中国科学院民族研究所贵州少数民族社会历史调查组，中国科学院贵州分院民族研究所共编《贵州省黔东南舟溪地区苗族的生活习俗》，中国科学院民族研究所贵州少数民族社会历史调查组、中国科学院贵州分院民族研究所，1963：3.

盛装，上装为无领蝙蝠衫宽翻袖对襟衣，两襟钉有 3 至 7 颗布扣于胸。但在左衽只配第一颗扣子的钮襻，其余扣子均成装饰品。穿着时衣袖反卷，戴袖筒套。亦是由花衣、裙围、腰带、绑腿和鞋袜构成。所谓的花衣即夹层衣。用青藏色的缎子作面，布作里，两袖及下摆都绣有彩色的花纹，常服的袖口多以白布绲边，盛装则饰以瑰丽的绣花。盛装的上衣多以紫缎为料，衣袖镶宽约 10 厘米左右的绣片，用彩色自染丝片贴花或绣花装饰，并在衣肩及前襟两侧、后背两旁缝上带状银泡，下摆缀满银花饰片，颈后系有多个圆形银片缝成的长条节带。衣背、衣肩钉银圆泡及银片装饰，腰束织锦腰带。衣袖的制作上有两种，一种是用绸缎作为底色，以彩色的丝线剪成各种象征物的三角形小片贴在上面，用细丝线紧密缝好，这种做法即日本学者鸟丸贞惠女士在其著作《中国贵州苗族染织探访 20 年织就岁月的人们》中被介绍过的板丝绣，其中材料被称为"平板丝"，作衣饰贴花用。额头系上银头围，发髻插上中小形银牛角与扇形银饰，颈戴实心方形项圈，胸前配上锁形"压领"。盛装的腰带和便装形状一样，但面料多用半丝半棉织成，有的全是丝织品，染作绿色、蓝色或紫色。便装穿单件短裙，盛装则是多条裙叠穿，裙外系前后围片，前围片绣满水车纹、指甲花、牛角花等纹饰。绑腿和便装一样，只是要包两双而且是新的。下面穿布脚笼或打绑腿，脚穿刺绣花鞋；穿盛装时一定要穿布鞋和袜子配套，过去老式的布袜是用白布或蓝布做袜面，袜筒由自己编织而成，现在的袜子一般都穿市场销售的棉袜。参加舟溪"甘囊香"芦笙节的时候，普遍以银制品作为盛装的饰物。

第二节 苗族纺织的吉祥空间

《苗族古歌》里创世纪说生命从"枫木"而来，蝴蝶妈妈"妹榜妹留"从枫树树干和树心中孕育而生，由花蜜喂养长大，后与"水泡"游方 12 天，生下 12 个蛋。蝴蝶妈妈不会孵蛋，由枫树树梢变成的鹡宇鸟，花了整整 12 年时间帮忙孵化 12 个蛋，于是孵出苗族的始祖姜央、雷公、水龙、老虎、水牛、蛇、蜈蚣、大象、野猪等生命。所以，蝴蝶妈妈是人、神、兽的共同母亲，人、神、兽都是平等的兄弟姐妹；苗族把蝴蝶妈妈看作生命之母，是生命力与人类繁衍的象征。《苗族古歌□枫木生人》："这里砍倒棵枫树，树倒地上忽明亮。砍倒这棵枫香树，就变化成千祥物，变成百样个物种……树根变成布谷鸟，树根变成黄鹂，树梢变成鹈宇鸟，树叶变成燕子飞，熟疗疤变蝉儿鸣，木片变成了鱼种。"❶ 人类与自然界所有生命都是平等的兄弟姐妹，生命是神圣而平等的，人类的始祖姜央也是自然界的创造物。譬如古歌中："啄木鸟敲鼓，咚咚又咚咚。姜央在田坎上跳，水牛在田里跳，牛尾巴跳在两腿间，跳累了都不知道。牛鞭听见鼓响，也要来踩鼓，牛背当舞场，蚊子一群群，围着牛头转，踩鼓踩得更欢。还有一把钉耙，它在田角打圈圈，跳得田水翻大浪。大家都在跳舞，大家都在歌唱。"❷ 这是关于生命起源的欢乐颂。从古歌中可以看到苗族的宗教观：宇宙同源，生命同源。人与自然平等和谐的宇宙观和生命观，渗透着苗族人民对生命的礼拜和生命之歌的赞誉，这种对生命的礼拜又表现在纹样图案的生命寓意中。苗族对生命自由达观的理解，创造是她们绚丽多姿苗装的艺术创作理念，是苗装多彩纹样符号产生的根源。苗族对生命无等级观念或无歧视意识，对生命的无怨无悔，无不在他们的故事、传说、语言及其服饰、纹样符号中得到诠释。他们把周边各民族、大自然万物都认同为与自己一样，是一个母亲所生养的后代。"在自由达观精神浸染下，苗族人的性格变得柔和善良，他们创做出的图式具有海纳百川的精神气质。这种气质自然给人以平和、欢乐、达观、幸福的审美享受"❸，苗族纺织中自然渗透出苗族妇女对生命、幸福、美的追求。

苗族服饰及纺织，其纹样反映的内容多是苗族人民经历过的渔猎时代和农耕时代，人与自然的紧密联系。以动物为主题的纹样，在舟溪地区拥有丰富多彩的动物形象，诸如苗龙、水牛、黄牛、老虎、水鱼、螃蟹、青蛙、蝴蝶、蜜蜂、饕餮等动物形象，既有单独的展示，又有人与动物的有机搭配，每一种动物都被描绘得抽象变异。它们已不是自然界客观存在的动物写实纹样，而是通过意向性的灵感思维，无所顾忌地把多种动植物的优美特征组合而成，是神性化的自然形象和超自然形象。人与自然融合，人兽共体、人兽

---

❶ 贵州省少数民族古籍整理出版规划小组办公室编．燕宝整理译注．苗族古歌 [M]．贵阳：贵州民族出版社，1993：476－477．
❷ 杨培德．苗族民间美术的审美特征和文化内涵——以黔东南苗族服饰、刺绣和蜡染为例 [J]．中国苗族网 2010. http：//www. chinamzw. com/WebArticle/ShowContent? ID =177.
❸ 杨正文．苗族服饰文化 [M]．贵阳：贵州民族出版社，1998：289．

互变的形状，体现出苗族传统宗教哲学的宇宙观和生命观。舟溪的每件纺织物，都与自然、生命存在有着必然联系。枝叶茂盛的古树，是生命力旺盛的象征，苗族小孩体弱多病的人家常将之拜祭给古树，祈福孩子健康成长，如"凯里市舟溪的苗族在农历二月或九十月，带鸭1只及鱼、酒、糯米饭、香、纸等，携小孩到寨子边的神树下（多为枫、杉树），乞求神树保佑，以后每逢此期，都去敬祭，直到孩子长大成人，有的直至终老"。[1] 这是对生命、自然的崇拜和礼赞。百褶裙，是从大自然的棕树叶而得来灵感；围腰上的百鸟图，花带上各种抽象图案（牛角纹、龙纹、青蛙纹、芭毛树纹等）都是对生命的力与美的赞誉。苗人就这样在纺织和服饰中创造了一个生命吉祥的空间。在苗族社会中，当人的生命达到终结的时候，人们往往要寻求一个精神寄托之地，于是人们创造了一个永恒的彼岸世界，作为与现实世界的照应。人死后的灵魂可以通过这个彼岸世界达到苗族祖宗之地，在那里享受极乐。这从某种意义上说，人们不仅"创造"了彼岸世界，也拥有了生命存在的另一种寄托方式。而丧衣，成为苗人通往彼岸世界的"通行证"，只有穿上它，才能找到自己祖宗的根。服饰，成为苗人离去寄托信仰与祝福的吉祥空间，成为从现实世界到彼岸世界的载体。它对祖宗的怀恋与追寻，更是对生命存在的延续和赞美。

第三节 纺织对妇女的意义

纺织及纺织物在苗族妇女恋爱、结婚、生子、逝去的四个生命周期占据着重要作用，有时甚至具有转折意义。

一、定情信物

纺织物在男女择偶标准的性别差异上就体现出来，在苗族男女青年恋爱时期，人们通过"游方"或"跳芦笙"的形式传达爱意。苗族青年男女在这样公开的场合里，通过跳芦笙、踩鼓、对歌相互结识后便建立起友谊。在苗

---

[1] 吴一文，覃东平. 苗族古歌与苗族历史文化研究［M］. 贵阳：贵州民族出版社，2000：306－307.

族传统的乡土社会中，对每一个具体人给予的社会性评价，往往都突出地发生在他们的婚姻选择过程中。人们互相选择配偶的过程，即是他者或社会希望、期许所要达到的标准，女人应该是什么样，男人应该什么样。舟溪地区，男子或者男方父母主要通过芦笙场上姑娘身上穿着的苗族服饰好坏，纺织的精细程度，来判断是否符合一个"苗家好女人"的标准；而反之，女子在挑选丈夫的时候主要看对方是否吹得一手好芦笙曲或是否会唱苗歌。对歌是苗族男女探测对方是否聪明的一种方式，一个人能歌与否往往关系到择偶因素；譬如姑娘对小伙的歌词、言谈有意而羞于启齿，便透过要好女伴来探视对方的口气。双方通过反复的对歌与交谈来寻求共同的话题，情投意合时互赠定情信物。有时候，男女对歌亦是一种比赛，若小伙唱赢姑娘便可以娶她回家。这是过去舟溪传统的苗族社会里的评判标准，但也或多或少的影响着现代苗族社会的审美观；虽然现在没有用对歌胜负来定夺婚姻的做法，但是织物作为定情信物的方式一直延续至今。正月"甘囊香芦笙盛会"跳芦笙、爬坡节游方，男女彼此互有好感而相赠的"讨花带"，仍然成为舟溪女子青年时期的定情信物。

> 以前吹芦笙的时候，玩朋友的出去聚，比如爬坡节的时候，你讲你送我花带搞留恋的嘛，你讲"你送我根带带嘛搞留恋"，我对你有意思的话我就送给你花带了。那个时候送花带不是随便送的，因为是古老的嘛，没像现在这刚，哪个都送；以前是没随便送的，送了是恋爱关系的。我们结婚谈朋友都是自己谈，是晚上他们赶场天自己来找我们认识的。我以前是住茶园上面那个寨子"Ab oul"的，后面是搞了新房子才搬来这里。
>
> （李SZ，女，50多岁，茶园寨）

"讨花带"自然是要在芦笙会上"讨"，舟溪最大的芦笙会是每年的正月十六开始的"甘囊香"芦笙会，来自凯里舟溪、麻江、丹寨、雷山及凯里经济开发区两百多个村寨的青年男女汇聚在这里跳芦笙。舟溪苗族芦笙最大特点是先踩后跳，姑娘们舞着，上身保持相对稳定，双脚随节奏有规律地前后移动，自然而优美。"跳芦笙"音乐节奏明快，情绪热烈，动作奔放，愉快活泼。男吹笙在前作引导，姑娘们则在男外侧围成圆圈随着芦笙的节奏舞动。

讨花带歌是男女青年建立在数天芦笙吹跳的感情基础上吹奏的曲子，是在特定的感情背景下孕育而生的。芦笙跳到高潮之时，男女情意正浓时，小伙子就开始吹奏讨花带"Gix dlak hlat"。

HSangb jox vangx wangs jox diongl	千条岭万条冲
Bibhlib mongx leit mongx vangl	想你才到你寨中
Bib cobgix dit mongx dongl	我吹芦笙你跳舞
Baib bib jox hlat ghab bel	讨根花带做朋友
Baib lol baib lol kheib diangb gix	送来送来拴在芦笙上
Dadmongl dad mongl hsent Sangs naix	回家想你一辈子

来自新光的芦笙好手们吹奏着自己的《讨花带》。

> 五条岭六条冲，吹起芦笙到妹村。
> 吹首芦笙讨花带，吹首芦笙给妹跳。
> 请妹送给哥花带，回去哥来常记在。
> 请妹送条好花带，长点可以当腰带。
> 送来送来快送来，妹有心来哥有意。
> 盼望永久成一对，白头偕老在人间。

新光的潘JZ说《讨花带》歌曲一般在正月二十，在天黑后，锦标插完后，才开始吹芦笙，一直吹到天黑。舟溪的男子通过芦笙曲调传达对姑娘的情谊，而姑娘们也同样用花带表达自己的爱意，花带成为男女感情的见证。

二、结婚嫁衣

结婚，是舟溪妇女在自己人生中的第一个转折，姑娘将离开从小长大的本家去到夫姓的客家，直到生子后正式成为夫姓家族中的一员。婚姻对苗族妇女的意义，常视为成熟、成年的标志，进而能获得社会地位，这些是由已婚妇女享受的权利。"婚姻是社会为孩子们确定父母的手段。从婚姻里结成的夫妇关系是从亲子关系上发生的"[1]，婚姻的目的既是以家族利益为前提，也是女子未来的幸福保证。在婚嫁当天，舟溪妇女穿着的盛装，从头到脚向人

---

[1] 费孝通. 生育制度[M]. 天津：天津人民出版社，1981：29.

们展示着自己勤劳的成果，参加婚宴的宾客都能收到新娘赠送的一条自织花带，而织锦背带在结婚当天就由新娘母亲从家中挑来，其中也不乏许多被褥挑花、花带等，这些都是新娘在十四五岁时候起早贪黑"加班"的成果，它们向宾客证明自己是一位符合社会评判标准的"当家人"。

　　我和杨松他爸（丈夫）是自由恋爱，赶场时候认识的。我们这结婚有个"偷新娘"的叫法。你叔叔（丈夫）是高中毕业，吃酒那天，我把我做的花带拿出来，全部送给当天来的客人，不管大小，就连背着的小娃娃都要送一根，我织了三百多条花带啊，每根有两丈长，没长的话就没好看，才方便系在腰杆上。个个都说我织的好啊，我织的花带没像他们场坝上卖的那种花样，这些都是我自己想出来的，哪种好看我就编那种。然后吃酒三天后，我回我爸爸家，你叔叔的伯伯、叔伯些就去我家粘我爸爸说："你家姑娘嫁到我们家来了，你们就放心吧。"然后拿出带去的三箩筐用稻草包好的糯米、酒和肉嘎嘎（猪肉），给我爸爸，但是我爸爸说没要，就这样来来去去推辞了三次后，我爸爸才收下的。我们那边就是这样的习俗，没是我爸爸没想收，是大家所有人都这样搞，送礼要送三次表示诚意嘛。那时候他叔伯问我爸爸要多少钱，就当现在的聘礼一样，我爸爸想了想要了一千多块，那时候我家大嫂才嫁过来没多久，她的聘礼才两百多块钱，我的就高出那么多，他们都给了。我老公那时候已经分家了的，公已经去世了，我的聘礼和公的葬礼费都是他出的，已经花光他所有的积蓄了，我嫁过来的时候家里很穷的，我们两个是白手起家，现在这刚才慢慢好起来，房子也是新建的。

　　我们这里以前结婚吃酒是要吃三天，哪家要吃酒就要提前十四五天通知我们，然后我们各家各户要有准备，每家送一件棉衣服、一筐糯米和酒，先集中到一家放好，然后大家一起抬去吃酒。第一天，是主人家备好糯米和酒，先集中到一家放好，然后大家一起抬去吃酒。这天，是主人家备好饭菜供客人吃，第二天是我们出钱，送的这些吃的来招待大伙，第三天才是把前两天的饭菜拿来招待所有人，要是菜没够的话主人就出点钱去买点来，最后算是一个大团圆嘛。这刚吃酒都吃一天，正酒那天新人来敬酒，自家那些伯伯、伯妈是要送钱给他们的。我们吃酒高兴了,就乱得很❶啊,没管哪样的,哪个爱哪个随便他们怎么整,哪个爱哪个就敬酒唱苗歌,好玩得很。

(潘 XY "Menb naot",女,平中大寨)

我今天是来找我家表姐学做寿鞋的,置办一些我家公的寿鞋。做好寿鞋后,我还要来向我家表姐"Menb naot"学做寿衣,她的手艺好得很,我什么都不会做啊,现在才开始学。我们这里流行"偷新娘"的习俗,就是如果你们两个相好了,女的就直接到男方家去住上三天,然后回家,男方就派自家亲戚来说媒,反正是生米已经煮成熟饭了,没管你父母同没同意,到最后也是会同意的。我们这里结婚,没像是你们汉族一样,是要先媒妁之言的,我们就是女生到男生家去住上三天,事实已成后,男方再来提亲。我家表姐"Menb naot"就是这样结婚的,这种也是有意思的。不过现在有些出去过的读书人,在大学里面搞对象那种就没有我们说的这种"偷新娘"的做法了。

(王 QX "Menb fax"❷ 女,30 岁,"Menb naot" 的表妹)

"Menb naot"作为一位中年妇女,是当地出名的妇女主任,也是典型的舟溪妇女,她从女孩时期就跟着母亲、姐姐学习纺织、染布等苗家女必备的"手艺活"。由于其他原因她不得不放弃了自己喜欢的学习,从十多岁开始将这份热情和精力转向了纺织的学习中,她把所有的时间献给了纺织,以至于在结婚当天打开女儿衣柜的时候,父亲不得不感叹;宾客不得不佩服其手艺的精湛和勤劳,婚礼当天她便成为人们眼中一位标准称职的贤内助。她是地道的舟溪妇女,她的一生经历也延续着舟溪的传统,包括结婚、盖房子、吃酒等活动。凭借自己的勤劳,她和丈夫两人白手起家,慢慢从困境中走向富裕。婚后,即使是繁忙的家务劳作,也没有停止纺织的习惯,亲朋好友都来找她学习、探讨手工纺织。

---

❶ "乱的很"意思是大家很开心,想唱就唱,想跳就跳。
❷ 王 QX 是从公统嫁到大中上寨的,有两个儿子,大儿子 11 岁,小儿子 2 岁多。早年在广州打工,去过河南、浙江等地打工,现在呆在家中带孩子。

三、生育力的象征

织锦背带，倾注着苗族妇女青年时期所有美好的回忆和心血，它不仅仅是一件工艺品，也是饱含对下一代健康成长的希望寄托。背带上各种抽象的几何图形，完全凭借舟溪妇女天马行空的想象力和创造力，在大自然万物的启迪下，发挥出来的一幅幅具有生命意义的"吉祥空间"。新娘分娩后的三天，夫家会派人向岳母丈人报喜；孩子满月后，丈母娘便邀着本房的叔伯、姨妈，三五人或七八人不等，挑着母鸡、糯米和女儿在娘家时做的背带、衣服、鞋帽等前去看望，苗话称"Koub ngaf"（意思是想外甥），汉语称"吃满月酒"。丈母娘到夫家一般住两天两夜，第一个晚上，主人会特别请房族内的叔伯、姨妈一起来作陪；第二天房族则逐户设宴招待客人；到第三天，客人和房族都集中在主人家欢宴。宴上，主人与本族的叔伯、姨妈向客人敬送织锦花带和脸帕。献毕边吃边唱，高兴时边唱边跳板凳舞；期间唱的歌曲名叫"想外甥"，长达千余行，内容以承先启后、继往开来为轴心，愿祖宗保佑子孙后代，快快乐乐成人成才。尽兴之后，客人告别，主人则以酒和歌相送。

> 吃满月酒的时候，喊亲戚朋友来，一家送一箩筐谷子，找车子来拉一些家具，每家送三十、四十斤谷子。以前交通没方便就抬着过去，现在方便多了就找车子来拉。抬那些娃娃穿的东西背带、被窝等就去了，抬十三斤，就去吃一天的酒，热闹很。
>
> （王XY，女，青井寨）

> 我是二十五六岁才从青山那边嫁过来，我娘家太好了。以前我爸爸是街上卖布的，我天天喜欢在家搞这些布啊衣服啊，每天早早起来帮他们做完饭，我就去搞我的背带了，结果我爸爸他们回来说你天天做冷饭给我吃，其实是开玩笑而已，说我起早很了做饭太早，等他们回来吃都冷了。我天天粘我爸爸要钱，说买衣服买裤子，我爸爸说"天天看你要钱买衣服，也没看你穿哪样好看的东西，还是穿那几身旧衣服，是没是认没到钱给打落咯？"结果等我出嫁那天，等我爸妈打开我的衣柜一看说："么，原来她把钱拿来做这么多苗衣服、花带和背带啊。"到我生完林子（大女儿）吃满月酒的时候，我爸我妈就从家里把我以前织好的背带啊、鞋子、被褥啊，挑了一大

挑过来，我爸看到都说："么耶，她一天就待在家里做这些衣服、背带，做的太多了，用没完哦。"

（潘 XY，女，平中大寨）

潘 XY 年轻的时候，像大多数老一辈妇女一样，做着背带、衣服、花带，这是她喜欢并且能赢得赞许的事情。未嫁人前，她生活中唯一的事情就是纺织，所有的时间、精力、财力都倾注在这项她热爱的苗服上。虽然没有文化，但从纺织中、从旁人的夸赞中，她得到了自己的成就感。

织锦背带，不仅仅是一条宽大的背带，是舟溪妇女的生育能力的象征，更是母爱的承载物，传达旺盛生命力与殷切的希望，祈求平安与希望，具有生命护符的精神寄托。婚后在婆家与娘家来回走动的"不落夫家"习俗，使得女子一直要待到自己怀孕为止才能长住进婆家。当新娘怀孕生子后，她才真正意义上成为夫家的一分子。那一条条背带及背带上的纹饰，才显示出苗族女子是何等的智慧，她对自己下一代满满的关爱都倾注在背带上。背带的图案以几何纹为主，纹样是来自对大自然的感受，身边的物象也是编织者寄抒情怀的元素。对于大自然中的各种生物，舟溪妇女都能发挥丰富的想象力，达到装饰美的抽象效果。

四、丧葬入殓

死亡，是舟溪妇女在人生中的最后一个限期，丧服将陪伴舟溪苗人走完最后一程，他们一起到达彼岸的神圣世界：祖宗的地方。他们相信死后灵魂穿上丧服，❶ 能够使他们在另一个尽头追踪溯源找到祖先落叶归根的地方。苗族的哭丧歌《可怜我阿妈》，字里行间无不表达子女对母亲的怀恋之情。

阿妈啊阿妈！你可晓得呀。
你穿绸缎服，船鞋装新袜。
草灰当棉垫，银瓢胸前挂。
绸缎九机织，九梭一次飞。
织成丧命衣，贴身肉腐烂。
……

---

❶ 过去丧服多是麻物，但舟溪特以棉丝为材质。

回来吧，妈妈！换身家常服，
穿你纺的纱。恢复常人样，
还来做妈妈。起来吧，阿妈！❶

  作为苗族男女走完人生的最后一个仪式，丧葬是最隆重的仪式。它不仅是生者送别死者，也是死者为追寻祖先神圣之地而转化成生命的另一种形式。丧葬服饰在整个仪式中起到关键作用，它不仅是遮盖死者身体的衣物，也是通往圣地的灵物，装满生者的祝福和祈祷。在这里，不得不了解舟溪的丧葬习俗，这样才有利于了解纺织在丧葬中的作用。中短裙苗族的丧葬有土葬和火葬，正常死亡的实行棺木土葬，非正常死亡的有些愿意实行火葬。舟溪的丧葬也有着一套完整的礼节，是一个人一生中最重要的仪式，在这个仪式中可以感受到苗族社会的宗教观和对服饰的另类寓意。老人临终前会召集全家老小守候，待老人断气后由一人在门口鸣枪向全寨人报丧。"趁人死后未僵硬时，即到溪边'买'水洗尸。买水的仪式，就是男人用摘刀（收割小米穗用的工具）一把，女人用纺花针一颗，插在溪边，并烧一点香纸，即舀半桶水回来，将尸身洗浴一遍，并梳理头发、穿衣。据说要洗浴干净，死者的魂魄到'刁嘎鳃、咀乓浓'时，祖先才容许一起住，而不会来找子孙的麻烦。"❷死者若是女性，由其儿媳或女儿用温水擦拭尸体，为其梳头、穿衣和整容，入殓时所穿的衣服则是自己年轻时的盛装，包括花衣（织锦衣）、裙围、腰带、绑腿和鞋袜。若死者为男性，就由亲生儿子给以剃头、擦拭尸体，穿衣和整容，入殓所穿的丧衣则是儿媳为之纺织的衣服。一切整理完毕，不论男女一时还不能入殓，需要做一个叫"嘎当"的尸床来为死者停尸。尸体下面垫着儿女及亲友送来的殉葬品——被单。死者脸上盖着白纸，并把准备好的银子剪成细片，包成三包，放于死者腰间作为"买水钱"；接着派人去通知寨子的亲戚来吊唁。入殓前待鬼师念词，举行"交路仪式"，大意是把死者从家中引出，沿着祖先迁徙来的方向走回去，一直走到天庭极乐世界，并把死者交代给尚待祖宗收留为止。随后出殡，须有一人手持火把在前，表示为亡人

---

 ❶ 黔东南苗族侗族自治州民间事务委员会等编. 苗族民间文学资料集 第一集 [M]. 1984: 59-60.
 ❷ 中国科学院民族研究所贵州少数民族社会历史调查组，中国科学院贵州分院民族研究所共编. 贵州省黔东南舟溪地区苗族的生活习俗 [M]. 中国科学院民族研究所贵州少数民族社会历史调查组、中国科学院贵州分院民族研究所，1963: 42.

照明引路。到墓地后由亲生儿女掀开棺盖，再次为其整容，最后入土。依托于服饰的纹样符号，逝者才能被祖先神们认可吸收到极乐世界得到永生。

从本节纺织对舟溪苗族妇女的意义可以看到，将纺织技艺等"女红"作为妇女评价的重要内容，其实同对男性劳动技艺的评价一样具有全社会性，并不存在评价系统上的任何性别趋向性和歧视性。这种评价标准与传统农耕社会的价值观是相符的，是社会历史发展轨迹使然。在这种前提下，"女红"技艺成为传统中国各民族社会对妇女评价的当然指数，"女红"也成了中国女性创造和传承的一种技艺文化。正如涂尔干所说，"在于维持社会的平衡"。❶从纺织对舟溪妇女的意义来看，纺织对于妇女们来说已经不仅仅是一种兴趣爱好，更是一种精神寄托。妇女们利用闲暇时光聚在一起，刺绣纺织，互相学习手艺的同时，也相互倾诉着自己在生活中遇到不顺心的事情，倾诉一些家长里短或者是寨中大小见闻，整个纺织过程即是一个聊天大会，气氛相当活跃，每个妇女在这里都能一吐为快，而小年纪的女孩们也从中听到许多趣闻，增进彼此之间的友谊。这便是纺织所带给舟溪妇女最大的"吉祥空间"，在这个空间中，她们可以畅所欲言、互诉衷肠。

波伏娃曾说过，"一个人并非生下来就是女人，而是变成女人"。的确，在社会文化的大环境中，我们每个人都被社会想要我们成为什么样子的期待所规训着。舟溪妇女也是如此。那舟溪妇女为什么要纺织呢？难道纺织就天生属于妇女吗？从纺织的起初看，它的作用是保暖，中国传统的小农经济开始就是"男耕女织"的搭配方式，因此妇女起初就自然担任了纺织的使命。当轻工业进入舟溪农耕社会，当人们可以在集市上买到自己所需的衣服时，衣服变得不再紧缺之后，舟溪妇女为何还要继续纺织呢？这其中必定有许多原因，这将是我们接下来要讨论的。

第三章　性别分工与农耕社会的演变

改革开放以来，在政策制度和经济发展的推动之下，舟溪社会生活发生

---

❶ 杨正文. 现代性困惑：中国少数民族传统女红工艺的没落//张晓，徐午等编. 社会性别·民族·社区发展研究文集［M］. 贵阳：贵州人民出版社，2003：394.

了显著的变化，从单质化社会转型成多元化社会，具体表现为多元化的少数民族社区发展及社会组织功能的现代化发展，农村社会分层状况也由固定性向流动性转变。舟溪苗族社会群体在生活方式上日益呈现出多元化趋向，并且在文化观念上的更新和开放。舟溪苗族文化的形貌正在经历传统与现代的整合、重构，在这个过程中必然会有各种矛盾和冲突显现出来。

第一节　舟溪的社会变迁

一、农业经济体制改革

1978年中共十一届三中全会召开，决定了党中央的工作重点转移，黔东南自治州农业也随全会精神转向农业现代化建设，全面贯彻落实中共中央《关于加快发展农业若干问题的决定（草案）》。从1979年至1981年，舟溪农村先后普遍推行联产承包责任制；1985年，政府积极施行"农业是基础，粮食是基础的基础"的发展方向；1987年，各级党委和政府对资金投入、物资装备、技术指导等施行"倾斜"政策，实行技术承包，深化农田基本建设，兴修水利。从1981年，凯里市政府深化农村经济体制改革，从家庭联产经营到联户经营，再到转包转让，最后到现在政府收回土地。过去，在计划经济体制下，农村的市场经济活动被停止，一切农副产品由国家计划控制；自农村改革以后，市场经济日渐活跃，逐步建立了市场经济体制，开放了农村集贸市场，农民在自由市场上可以自由交换各种农副产品。舟溪由过去单一的种植水稻、小麦，发展成为引进外来蔬菜品种，市场上增加了诸如西红柿、卷心菜、柑橘等水果蔬菜品种。

> 我们这里的田地现在被政府征收回去了，她们有些家被征收了好多田哦，政府把征收来的田作为一个个的实验基地来种一些新品种，比如毛辣果啊、荷花啊。我家伯妈都被叫过去种地，政府说一天给四十块，从早上七点到中午一点，再从下午一点到晚上七点钟干活，还有老板看着她们干活，以防有人偷懒。我家前面那一片地，这一堆，那一堆的田都是被政府拿来种荷花了。马路对面，荷花池那边的土拿来种毛辣果（西红柿），农业局说现在人口多了，蔬菜供

不应求，所以喊拿些土地来种毛辣果，那些种毛辣果的人家，每家政府都会发补贴有一万块钱。现在我们这里就有种水稻和荷花、毛辣果的，荷花种来好看，也可以拿去卖，但没晓得是去卖什么。我们这里从来没见过荷花，也没晓得有哪样用。河那边往青井寨走有个新建的"冷冻库"，说是政府建来储存新鲜蔬菜的，说是怕天气太热毛辣果都坏掉，冷冻库旁边的田里就正好种着毛辣果。我伯伯就在那里打工，一天七十元，被晒得黑黑的，苦啊。

（"Menb aox"叔妈，女，47岁，茶园寨，初中文化）

我们村的土地都是自己种粮食来吃，没有像大中村和平中村他们的土地被政府所租用，但是据说没过几年之后我们这里也要"被"种荷花了。那些荷花成熟后，藕跟和莲子拿出去卖到好多钱，那个大老板赚老火了，我们这些农民也没有得到什么东西。平中村那些有点人不愿租给政府，想自家拿来多种些其他的东西，这样土地可以循环利用很久，但是舟溪政府没管你愿不愿意耶，硬是要你土地也是没办法的。政府租用土地是一亩地补助九百元／一年，这个钱肯定是少得多了。他们把土地承包给外面来的大老板，让外商一定要保证每亩土地收益两千元钱给农民。比如说那亩田只收益一千元钱，那外商要把另外一千元钱给补上去才行。荷花长出来的时候好看很，好多凯里的人开车到这边照相，现在新光正在搞旅游村寨，我们新光估计没过几年也要像这样种荷花。到时候我们没有土地种粮食了，吃哪样就没知道了。

（炳庆叔"Ghab loul joux"，男，新光村，50多岁）

凯里市政府在舟溪的农业政策，近几年是用均价将土地从农民手里收回，再用高价承包给外地商人进行各种实验蔬菜品种的摘种，外商再聘用本地农民进行土地种植和管理，工资实行日薪制。政府的土地政策，一方面对当地土地资源多层开发，为待业人群谋得一定的就业机会；另一方面，对农民发展农业起到了消极作用，这样打击一部分农民参与到土地耕种中的积极性。农民一旦没有了土地，只能被迫离开家乡、外出打工来谋求生活之道。当然，政府在政策上也对贫困家庭进行一定的帮助，譬如低保户的设立，旱情严重的年份对农户发放粮食进行补给，不过在实施上又会出现个体差异性。

我们马路那对面又开始修房子起来了，老板修的房子，以后好拿来卖嘛。政府这几年搞这个低保户，是要看你家的土地有没有被租用，被租用土地的人家才有资格评选上。这个资格是平中村委员会评定的，没是说你想得就得，低保户每个月都有八百元的补贴，你家叔叔是因为以前是村干部，现在中风偏瘫了，所以他们才分给我们的。

（"Menb aox"，女，茶园寨，丈夫是前任村支书）

我们这里的低保户，没是说你想得就得，有个时候还要看你关系硬不硬，和领导关系好没好，和那些领导关系好的才有的分。我们家没有低保户。今年大旱，我都是买的外面一些米，自己还有一些种得的米，没有听说政府补助粮食，反正我们家是没有得。

（"Menb naot"，女，平中大寨，40岁）

近几年，黔东南州政府实行"封山育林，严禁上山"的口号政策，凯里市政府也积极响应，对舟溪地区凡在山林中有自己农田的住户，鼓励其退耕还林。作为补偿，政府会给予一定的补贴来减少农户的损失。政府的初衷是好，政策也惠民利民，但这样的政策也恰恰导致一些失衡。

我现在每天起来，除了把猪、鸡给喂了，做好早饭外，就跑到后面山上去砍树，一天可以砍掉一两根树。政府有个政策，就是补贴钱给那些山上有田的人家，所以那些被砍掉的空地就成了我自家的田。到时候向政府好要点补贴，它给补贴是根据土地的大小，按平方算，所以我要尽量去砍多点树，这样才能得多点点钱，来补贴家用。没办法，才想到这个主意。

（"Menb aox"，女，茶园寨）

二、工业的发展和科学技术的引进

农村工业的发展始于20世纪70年代的农村社队企业。农村的社队企业发展则是在1972年以后，经过"文革"，城市工业的发展受到严重影响，为了实行工业反哺农业，政府鼓励农村兴办小型社队企业，从而开始农村的工业发展。黔东南州的乡镇企业，就属于小心社队企业的队伍。"乡镇企业是农村经济的重要组成部分，它的兴起和发展，改变了农村单一的产业结构，使得第二、第三产业在农村经济中的比重逐年上升。它以工补农、以工建农，促进了农业生产的发展，为农村剩余劳动力提供了'离土不离乡，进厂不进城'的就业新路子。"[1] 从当时的时代背景出发，兴办乡镇企业确实是有利于农村经济的发展。

州内乡镇水泥生产要属舟溪为开头，1977 年舟溪公社建办水泥厂，拥有职工 400 人，当年生产 325 号水泥一千一百吨，产值达十万元；1978 年，职工人数升至 180 人，产量为 2100 吨，产值达 20.9 万元。1980 年，省社队企业局在舟溪水泥厂召开全省社队企业小水泥生产现场会以后，舟溪水泥厂进行了整顿和改革，生产大有起色，成为全省乡镇企业水泥产品质量最好的企业。与此同时，水泥产品的加工导致了舟溪水泥厂附设了水泥制品厂，生产水泥瓦和水泥砖等产品。之后，水泥厂承包给个体户经营，一直延续至今，地处大中上寨的上游；而水泥制品厂则地处现在的大中大寨附近。水泥厂在当时算是比较成功的企业，吸纳了一定数量的当地农民工。工业打着反哺农业的口号，进入到舟溪社区，打破了当地自给自足的小农经济，人们的"自然"生活被迁入到"工业"生活中，思想和观念在不断被打破和更新。舟溪社会的变迁不仅受到舟溪本地工业化发展的影响，周边凯里市的工业化进程也辐射影响到舟溪地区。凯里市近几年的发展突飞猛进，借助着旅游城市的口号，引进外地物资和技术，许多工业落户凯里。各大品牌的车店和修理厂的建立，吸引舟溪当地人纷纷进厂。

> 我以前在浙江那边打工，现在回来在这边上班。因为我是家中老大，还是要回来照顾老人和孩子，另外在外打工还是不如在家打工好，那边没有人情味。我现在上班的地方就在凯里一个车厂，就是从舟溪到凯里的路上，鸭塘那个方向那里，在一个车厂工作，一个月就一千多的工资，生活还是勉强能过得去。我老婆还在浙江那边打工，年底就回来和我一起进厂。
>
> （"立"（苗名），男，26 岁，茶园寨）

---

[1] 黔东南苗族侗族自治州地方志编纂委员会编. 黔东南州志 乡镇企业志 [M]. 贵阳：贵州人民出版社，1994：10.

> 我现在为舟溪车队工作，我有一辆大货车，是我自己家买的，车队要是有任务的时候我们就跑车，一般是拉煤或者其他东西，跑贵阳、凯里、黔东南各个地方，最长时间跑一次要一个星期。苦虽苦点，但还是够养活我自己，我是家里老小，"立"是我大哥。我老爹老妈都有养老保险，每个月都有生活补贴，所以我们家算是温饱家庭，不差也不富。
>
> （"林"（苗名），男，24岁，茶园寨）

舟溪地区的年轻人，大部分选择到凯里进行谋生，有的人进厂，有的人做生意。凯里都市化的生活，浸染着这一代"80后"的苗族年轻人，他们身上有了更多的城市气息。他们懂得电脑上网，酒吧K歌等各种城市人的娱乐方式。凯里的生活气息已经牢牢烙印在这代人身上，他们为了提高生活质量而远离舟溪，来到都市追求更好的物质生活条件。

改革开放以来，中国的文化生活手段日益丰富，大众媒体和各种娱乐设施日益齐全，舟溪的文化生活方式也日益丰富和多元化。改革开放之前，电影和电视等媒体没有普及，苗族社会人口难以看上电视或电影，通常的娱乐方式是跳芦笙、赶场等。随着生活质量的提高，电视、电脑等多媒体的出现，舟溪社区的人们可以足不出户就可以看戏、看电影。通过电视媒体，了解来自外面世界的精彩，让当地人开阔了事业，收集信息的能力提高，很大程度上丰富了舟溪苗族社会的精神文化生活。在舟溪赶场的日子，大街上摆放着各种各样的录像店，兜售着各种苗歌比赛和舟溪节日录像，人们通过电视中播放着苗歌碟，重放着节日的欢庆场面。每每这时，电视机前都围满了五六十岁上年纪的中老年人。通过多媒体，当地人感受到科技带来的新体验，人们可以重温许多过去传统文化节日的喜庆场面，在歌碟中回味年轻的岁月。卡拉OK和麻将的盛行，新娱乐方式的出现以及现代生活方式使得舟溪传统的文化活动面临着挑战。传统文化活动在舟溪苗族社会的日常生活的减少，带来的影响是传统文化逐渐衰落。打麻将成为舟溪年轻人的生活主要娱乐方式，这让大多年轻人足不出户停留在家中的麻将桌上，走客次数就会相对减少，阻碍了邻里感情联系。人们的生活观念越来越现代，就连身穿的衣服也越来越时髦和汉化。生活的提高，苗族妇女对美的追求标准就越模仿都市时尚，她们将美的一部分定义归为"汉服就是美"，因此平日中的舟溪妇女都是穿着汉服，她们认为这样既方便耕种干活，又漂亮简单，比苗家服饰方便许多。

  我没喜欢穿苗衣服，我喜欢穿这种（汉族）裙子，学校里同学都全穿这些。但是我跳芦笙的时候就喜欢穿苗衣服了。

（吴CZ，女，茶园，五岁半）

  我们现在年轻人都没爱穿苗衣服，主要是穿这个苗衣服没方便下地干活，容易把衣服搞脏。那个苗衣服本来就不能洗，穿一两次就不行了。所以现在穿汉服就方便多了，而且式样、款式和价格都可以，比做苗服都便宜点。大家现在流行穿汉服，只有过节和走客的时候才舍得穿苗服。

（王QX "menb fax"）

  集体无意识感潜意识地使人们的行为和穿着都表现出一致性，大家都这样穿汉服，于是舟溪从小孩到大人开始穿上了汉服。教育体制的发展，随着舟溪文化水平的不断提高，人们的观念也在逐渐改变。学校里用普通话进行授课，虽然授课的教师懂得汉语和苗语，由于师资水平有限，还无法对学生进行苗文教学；这使得当地学生的普通话越来越流畅，而本民族的文字却不会运用。

三、旅游开发和地区人口流动

  凯里市政府计划将发展旅游业作为舟溪后续支柱产业加以培植，力图挖掘整理民族文化，向外招商引资，近几年正不断完善旅游景点基础设施。从2001年，引资500万元在曼洞修建民族刺绣楼及附属配套工程，由日本人出资在青曼修建的博物馆，到2011年新光村建成的民族博物馆，舟溪的旅游设施在不断完善。舟溪青山绿水的资源，有贵州东线民族风情旅游点曼洞；有省级文物保护单位、黔东南最大的民间芦笙堂"甘襄香"芦笙堂；有夐醉达溶洞群和文昌阁，苗族花桥的遗址；有农民画乡石青；有苗族芦笙制作、苗族芦笙表演及苗族银饰制作村寨新光，政府力图把舟溪镇建设成为凯里市公园乡镇。平中村作为凯里市通往舟溪镇中心的必经之路，处于两地的正中心路段，村寨建设沿着公路延伸而来，其经济也一定程度受到旅游业发展的影响。从2010年，市政府着力打造"舟溪国际芦笙节"成为一种旅游品牌，力图将甘囊香芦笙节作为凯里旅游的一大卖点。政府发展旅游业，便将土地收回进行统一规划和管理，舟溪公路两旁的土地被征收后用来种植荷花，荷花的欣赏功能满足了旅游的一大看点，成为舟溪旅游的一大热点之一。然而，土地被征用过后，舟溪本地人的传统生活方式被打破，他们祖祖辈辈赖以生存的土地被征收后，面临着生存的困境和抉择。

旅游业的发展，带来的后果之一便是舟溪传统节日的改变，节日成为旅游业的宣传渠道。为扩大影响力，市政府邀请了媒体的参与和来自国外苗族同胞的加盟，不仅在声势上还是在资金上都投入巨大的精力，芦笙会规模便更加盛大。但与此同时，芦笙盛会上的传统仪式也发生了改变，政府的介入和主流意识的强化，致使仪式过程中渗入许多主流社会的思想，导致本地苗族无法会意。就2011年二月舟溪国际芦笙节来说，政府安排了许多项目活动。譬如正午十二点的启圣笙仪式❶，包括市委书记杨ZM讲话，再到芦笙甘囊香代表人吴RS讲话，最后到中共团委副书记迎接来自寨老手中的芦笙，整个过程成为政府包装舟溪芦笙节的流水方程式。之后便是芦笙堂上的杀牛仪式和苗歌比赛。有来自各个地区的苗族芦笙队欢聚此堂，譬如：广西融水苗族自治县，四川省古蔺县苗族，毕节地区赫章县苗族芦笙队，贵阳花溪苗族，毕节地区纳雍县苗族，安顺市镇宁县苗族，丹寨新仁县王家村苗族，剑河县苗族，雷山县苗族芦笙，麻江县苗族，榕江县苗族，三穗县苗族，施秉县苗族，台江县苗族，镇远县苗族。芦笙节规模的盛大，在一定程度上确实吸引了外界的目光，尤其是扩大了海外影响力。

  现在政府搞的这个杀牛仪式，有些都变了好多。今年我们去的时候政府已经派人开始杀牛了，他们把牛捆好就开始杀，边边摆上好多桌子，在舟溪那个平地上（逸夫中学外面）杀牛，那个地方是才修的，以前是平平的田啊，现在搞成一大个坝子，以前杀牛都是在下面那个河坝上。十二点整开始杀牛，起圣笙仪式要长老，杀牛也要这个德高望重的长老来杀，他老了没力气杀了，砍一刀没砍好，牛还在跑来跑去。牛死后，把牛皮割下来，把牛肉煮来请跳芦笙的

---

❶ 官方安排，舟溪传统芦笙节中是没有的。

人吃了，晚上再跳芦笙。❶ 现在杀一头牛外，还杀了一头猪。猪捅一刀就送到杀猪场了，就是过一个形式。其实我们也没有看到哪样东西。他们没把牛头放在"甘囊香"堂上，我们这里是自家杀牛，才把牛头放在堂屋。然后他们（政府）从来没放，只是去烧香、烧纸、祭拜，去放些熏肉、酒啊。下午四点钟的时候就通知开始煮饭了，然后五点钟就来收集各家准备的东西，腊肉、血豆腐、米酒、糯米、香肠，每家要一点点，吴家的每一家都要点点，然后晚上八点钟开始祭拜祖宗了。

其实我们舟溪，我感觉没有像以前好玩，现在像有点搞形式的东西，没有内涵了。正月十六、十七才搞"起圣笙"仪式，以前都没有这个的，这个都是政府开始近几年搞的，我们各个都看不懂啊。以前只有十五晚上祭祖完就没了，我们吴家自己搞的，我们自己晓得哪样是哪样，还看得懂。昨天祭拜完就开始放烟花，拜祭完就吹芦笙，边走边吹，走到芦笙堂，从舟溪龙井祭拜后吹到这边甘囊香芦笙堂上的。

（潘HY，女，25岁，平中茶园人，高中文化）

舟溪芦笙节的改变，变得盛大而有规模，每年来自各个地方的人们纷纷来到这里感受舟溪甘囊香芦笙节的热闹。但是在本地人眼里，"节日"变成了"形式"，成了表演作秀给游客的节目，而不完全属于本地人的娱乐。舟溪传统节日的变化，很大程度上受到主流社会和政府意识的操控和影响。

关于农村人口流动问题，我国在1958年的时候就开始实施了限制流动的政策，农村人口被严格限制在农业生产领域，作为农耕社会的舟溪也不例外。直到1984年，中国开始允许农民自筹资金、自理口粮，进入城镇务工和经商。这次"城门开放"是农村劳动力流动政策变动的标志，限制城乡人口流动的就业管理体制开始松动。政府接二连三的出台各种优惠政策，允许和鼓励农村劳动力的地区交流、城乡交流和贫困地区的劳务输出，使农村劳动力的转移和流动进入一个较快增长的时期。同时，城市经济的不断发展，国有

---

❶ 以前吃牛肉是分来给大伙、百姓一起吃，现在吃牛肉的人有一半是政府、民委和邀请的人，百姓是不能吃。

企业和非公有制经济的蓬勃发展为农村剩余劳动力提供大量的就业机会，农村劳动力外出数量迅速增加，以外出就业为主的工资性收入，成为农民收入总数中的主要部分。舟溪苗族社会也从20世纪80年代开始人口流动，打工群体逐渐分层化直至年轻化。

> 我们村过去的妇女，都是在家干农活，农活和家务太忙了，都没有时间去做其他的；现在这些女的，都是要么出去打工，要么在家干农活，各种各样的都有。
>
> （炳庆叔"Ghab loul joux"，男，新光村）

> 我从公统贾岛大中上寨的嫁过来的，有两个儿子，大儿子十一岁，小儿子两岁多。我以前在广州打过工，去过河南、浙江好多地方，觉得还是家里好，外面的人太欺负人了，现在我就待在家中带孩子。孩子他爸还在外面打工，外面打工挣的钱要多一点，钱拿回来可以给孩子上学啊，还可以给家里添补家用。
>
> （王QX（苗名"Menb fax"））

在市场经济的影响下，打工浪潮逐渐成为舟溪社会经济的主流，越来越多的中青年投入到这一队伍当中。他们接受新鲜事物的能力比长辈、老年人快。打工形式主要是先男性外出打工，待到打工地点稳定、熟悉环境后，再将自己妻儿接到外地打工处，妻子同样加入到打工群体中。如今的舟溪人口流动的主要原因便是外出打工和教育。教育质量的低下，导致许多家庭环境好的舟溪家庭选择把孩子送到外地读书。舟溪村中人口的变动对舟溪本地农村职业结构发生一定的改变，现在舟溪的职业主要以种植户、外出务工及个体工商户。

如今的舟溪是一个变化更替性的社会。随着时代的发展，当地政府结合舟溪情况将旅游业带入，招商引资，舟溪获得了前所未有的宣传。耕种品种的增多，外资的投入，增加了舟溪的经济收入；电视机的进入和义务教育的普及，使当地人怀着好奇心去接触外面世界并拥有了接受新鲜事物的能力；轻工业的进入和打工浪潮的席卷，导致外地人到舟溪打工和舟溪当地青年出外打工，人员的流动加快了舟溪传统社会的变迁速度；随着现代国家权力监控的加强，传统苗族社会组织迅速解体。舟溪苗族社会在整个现代化的过程中，伴随着现代科技和现代国家政策的介入，其社会性别角色必然会发生变化，因而引发舟溪苗族两性文化产生适应性变迁等问题。社会转型带来的后果是明显的，交通的便利也促使舟溪地区的汉化、现代化的进程加快。但这也还没有导致传统文化"舟溪二宝"的灭绝，虽然在形式上可能有所改变，但象征着舟溪标志的服饰、芦笙在内容上没有发生根本改变，依然有着自己的传统特色。

第二节　性别分工的变化

传统的农耕社会里，家庭是生产和消费的基本单位，吃和穿是人们的基本物质需求。男人上山耕地，女人在家缝补管家，这都是自然合理的分工。但是这种分工存在的前提是，男人"耕"够吃的，解决掉全家温饱问题。当物质资料无法满足人们在社会生活中的物质需要时，生活的压力与经济问题成为主要矛盾。随着社会的发展，人口在增加，资源在减少，人们在"吃"的方面负担逐渐加重；城市工业的发展，轻工产品的进入，导致人们在"穿"的方面可以从集市上轻松获得，这样手工纺织的需要就变得越来越少。农活的工作量变的越来越大，纺织的空间和需要在逐渐萎缩。马克思曾说过，物质基础决定上层建筑；生活中的物质需要直接影响着人们生活中的价值观和主导思想。于是舟溪传统农耕社会的"男耕女织"模式被打破，性别分工的具体内容也发生了改变。

传统的"男耕女织"已经不再对舟溪那么井然奏效。改革开放以后，农民工进城，农业耕种开始逐渐女性化。男女性别分工开始从"男耕女织"发展到"男女同耕"，再到以"女耕"为主导地位的模式，这些都显而易见。在"女"不断代替"男"的过程中，舟溪妇女的角色也在不断地改变，此时的性别角色发生了变异。男人的主业已不再归属于耕作，而是更好的工作：外出打工。而女人在承担全部家庭的重担的时候，成为家中的主心骨；在现代化的推动下，越来越多的妇女随着发展趋势开始外出打工。苗族社会的价值观开始改变，人们已经不再以是否心灵手巧、勤快贤惠作为苗族"好女人"的硬性标准，追求在改变，标准也在改变。

我们苗家现在也没看不起那些没会做苗服的姑娘了，有些姑娘到外面去打工没有时间来做苗衣服,她们把打工来的钱买苗衣服穿,过年过节照样去跳芦笙。她们觉得做苗衣服太浪费时间了,还不如把时间省来打工赚钱,再用钱买自己想要的东西。反正钱能买到所有的东西。现在我们苗家就是觉得,哪家姑娘出去赚到钱来,给家里添置东西,那家姑娘就是好姑娘。现在没会做苗衣服的,已经不算什么了,没有人会拿你没会做来笑话你。但是要是这个女人既不勤快,又没会挣钱的话,那么就会被人说三道四,是个懒女人了。

(王 XQ "Menb fax",女,大中上寨)

当妇女从事打工职业的时候,男人们开始转向其他领域:经商。当打工成为普遍大众选择的生财之道时,男人们用打工挣来的钱回到家乡做起了生意买卖。男人从耕种到打工,再到经商,所从事的职业种类在逐渐增多,这与其所具有的文化程度是有很大关联。妇女,由于受到文化水平的限制,经商的可能性受到制约。但也有小部分受过初等教育的妇女,走出社会从事经商。最主要的体现便是做起苗族服饰的生意,集中聚集在凯里的营盘坡和金泉湖的仰阿莎广场地带。她们大部分都有合伙人。合伙人可以是自己的姐妹,也可以是自己的丈夫。丈夫一般负责外交和联络买家、商人,而妇女则负责制作苗衣服。这种男女夫妻搭配的合作方式,在黔东南苗族服饰制作中属于普遍现象。在时代的进步中,舟溪的妇女和男人,正为适应社会的步伐而逐步调整自身的适应能力。

第三节 纺织的分化及对周边地区的影响

舟溪的纺织生产,在经过现代化进程的洗礼后,纺织工具及纺织过程发生了一定的分化。过去,舟溪纺织从摘棉花开始,经过纺棉、理线、梳线,再到织布和漂染,所用的工具主要有面杆(压棉籽)、弹棉器、纺车、织布机、梭子等。现在,由于轻工业的进入,棉布可以直接从集市上买来,省略掉中间许多环节和功夫,直接进入染布工序。于是棉花的种植与采集这些工序被逐渐简化直至消失,如今舟溪的棉线和棉布大多是从外地或凯里的市场买进,本地已不产棉花。棉线同样可以从舟溪集市上购买,无论是纯色还是彩色,无论是纯棉还是桑蚕丝加棉,各种款式类型都能在集市上找到。

  我卖这个白布有十几年了，我们舟溪这里现在不产棉花的，以前还有人种，现在已经没有了。有现成的白布来，谁还去做，麻烦很。这里的布啊、棉线啊，都是从凯里外地运进来的，我每隔一段时间都要去凯里拉货。像我这种布匹一尺就卖三元，有些好点的布就要贵点，棉线就是一元五一股线。现在这些都是机织的，比手工织的面料要细点，以前手织的那种太粗老火了，又麻烦死，没好穿。现在这种好穿多了。

（杨 YC，男，45 岁，舟溪镇）

因此舟溪的纺织现在已经将种棉、弹棉、纺纱和织布那一块省略掉，直接用现成的白布进行漂染。在制作舟溪百褶裙的工序中，也省略一些步骤。

  我现在开始喜欢做这个裙子了，裙子做的工序复杂得很，一开始那个裙子上面的褶皱要用两三道工序才能做出来。第一道就要用大针在布上划一道道的直线，接着就是用指甲按着纹路一条条的抠，起码要抠个两三遍，那个纹路才会又深又固定，有个时候我们指甲都被抠痛起来，没办法，麻烦也要做，最后一道工序就是把抠好褶皱纹路的裙子固定在一个桶桶上面，这样起到固定的作用。这说的都是手工做的，现在我们怕麻烦，都改用机器打出来，镇上有机器的，打一条下来要 80 元，能省掉好多时间和麻烦来。有高科技的机器，就是节省时间，我们也轻松了。

（"Menb aox"，女，茶园寨）

当前面临着严重分化、消失的纺织物，就是织锦背带。作为"舟溪二宝"之一的织锦背带，是舟溪锦的代表之作，现在市面上已经看不到新的手工织锦背带流通。由于背带是年轻姑娘为了准备出嫁而准备的"嫁妆"，如今年轻女子都外出打工，就无人花费时间在织锦上，因此面临着消失的困境。即使是会做背带的中年妇女愿意教给自己的姑娘或儿媳，也没有人愿意学。

  现在我们家没有做背带了，太麻烦了！只是她们年轻人喜欢学习刺绣那种，现在背带也没有人做了。以前做背带都是我们十五六岁的时候，现在个个都读书了，没有时间学了。以前那些老爸老妈讲："哎呀！读只读小学毕业认到字、认到钱、认到路就够了，就算了，不用读那么多书麻烦很，就做这些绣花、背带"现在的年轻人，要么就是去读书了，要么就是去打工挣钱了。读书后可以挣更多钱，知识就是钱嘛。（问：以前一个人做这么多条背带自己背的完吗？）答：以前就是讲生娃娃多得很，织多一点点才够背娃娃。现在场坝有卖的了，所以都去那边买来用啊。现在生娃娃也没有多少了，才两个，没以前的多了，那些年轻的都没愿意做了。有些姑娘一怀孕就织不成布了，天天织布是要坐在那里的，眼睛都睁没来。那老妈剩下来的背带，就要老妈的那种来用，有些老妈就打自己姑娘没会做啊。（问：有没有说老妈替姑娘织背带的事呢？）答：有些织的，有些姑娘嫁了就怀孕了，老妈就帮她绣被窝那些东西。

（王 XY 叔妈，女，平中寨）

像我们这刚有一些女的只有儿子，就没有教背带了，因为只有女儿才能教啊。有一些女的有姑娘，那些姑娘没会做，就拿老妈以前织的背带来用；有些婆婆就送给没背带的媳妇，可能媳妇是外面的客家人（汉族）或者是其他地方的苗，没是我们这个地方的苗，就没会做这个背带。我的背带剩下来是为了背我家须须（孙女）用。我搞的这个织锦背带，石青那边有个工作队的人，他曾经看到我绣的这个好看很，他讲送三百块钱给我，那时候钱很值钱，估计是现在的三四千块钱，送三百块钱给我我也没愿意卖。他好像是要拿来卖出去，可能是拿到国外去。

（李 SZ "Vouf ghangb"，女，茶园寨）

在舟溪的纺织中，出现了一个年龄划分。年轻的媳妇和未出嫁的姑娘，喜欢刺绣；而中年妇女喜欢做百褶裙、纳鞋底和盛装；老年人喜欢染布、晒布之类的"苦活"。而作为织锦中的背带，却变得无人问津。原因有很多，主要是因为年轻女孩都读书和外出打工，后继无人。从外地嫁入舟溪本地的外来媳妇，只能用婆婆的背带。种种原因，造成舟溪织锦背带如今的窘境。

面临着舟溪纺织技艺一方面的退化，另一方面随着旅游业的盛行，旅游地的民族产品开始走俏。舟溪纺织开始逐渐呈现产业化和商业化的特点，许多民族工艺厂纷纷下到舟溪开始搜罗样品，虽然大部分都是苗族刺绣，但其中也不乏一些对织锦衣的偏好。许多会做苗服的舟溪中年妇女，将纺织作为一个赚钱的敲门砖；把自己制作的苗布、苗裙等拿到凯里市苗服集中地"小十字"去兜售，从中也获得很大的利润。这一群妇女成为舟溪纺织的能人和主力，成为带动舟溪旅游业发展的中间力量。舟溪纺织的分化，面临着技能的退化和纺织业商业化两大发展趋势。

第四章　舟溪妇女及纺织文化的性别透视

在一个社会规模相对较小、分工相对简单的社区中，两性的社会差异也较简单，形成的价值理念也相对单纯，这就是传统舟溪社会的写照。对于大多数依赖的传统农业社区来说，以"家"为单位的苗族妇女，纺织的技艺和成果赢得了家人的赞誉和尊敬。同样，这样的一份情感无论是在过去的舟溪，还是如今正在进入多元化、现代化的舟溪，都不曾改变。舟溪妇女在纺织中倾注的情感是无法用天平称量。在分析性别文化和纺织文化的过程中，不能忽略苗寨农村的差异和情感的因素，不能简单地用一些既有的发展指标来衡量，关注民族性所带来的差异性特征，会有许多不一样的收获。性别文化是由男女两性构筑出来的，其中也会有渗透纺织而显现出来的情感因子。舟溪妇女用织布的双手在编织性别文化的同时，也包含有女人的审美情感和美好愿望，并非只是简单的机械操作。舟溪妇女将这种情感，内化到纺织中；而男人们则将男人的审美情感换化到芦笙艺术形式。

第一节　舟溪二宝的性别关系

作为"舟溪二宝"的芦笙和织锦背带艺术，有着它们各自的传奇故事和寓意，它们从不同方面展示着舟溪苗族性别审美文化的融合。

一、芦笙："以笙代鼓"的传奇

"以笙代鼓"在当时的舟溪来说，是一个创新和改革。没有鼓藏节的舟溪，因为芦笙而有了春节最大的"芦笙盛会"，有了黔东南最大的芦笙场地——

"甘囊香"。有歌唱道："Ghet Jangx Linl lol qend（讲公来启堂），Ax bub weit dol xid（不知为什么），Ait gheb ax yel hxangd（种谷不抽穗），Diot hsenb ax yel pud（种棉不开花），Niox dlial baib dail bed（让给大房公），Nix Linb jef lol qend（㐰公才来启）"，"Dongl taid juf jex lob（脚舞十九步），Wil lol xangs ox fangb（来给亲朋讲），Wil ait gix tit wil niel（我兴芦笙代替鼓）。Dib mongl dib pit nangl（想击鼓的去下游），Dib mongl dib pit bil（想跳鼓的去上游），ax gid dib wil dlangl（不要击跳在我堂）"，讲述了芦笙堂改由大哥启堂的内容。祭鼓不但劳民伤财，更影响来年生产发展。舟溪苗人又因怕击鼓后唤醒祖先神灵，祖神动怒降下瘟疫惩罚子孙，所以㐰灵启堂后不兴"吃鼓藏"。苗族男人在芦笙场上可以尽显自己的才华，尽情享受吹奏芦笙的乐趣；没有鼓藏节的舟溪苗人，却有了和鼓藏节一样浓重的"甘囊香芦笙节"。近几年，省、州、市各级政府部门，在"旅游兴州"思路的指引下，在凯里多次举办"苗族国际芦笙节"，甘囊香被列为分会场，美、法、澳等国苗族同胞亲临参与，2010年州政府决定由凯里市政府主持在甘囊香召开的苗族国际芦笙节。芦笙盛会上的天籁之音，融合苗族姑娘优美的舞步，勾画出经典的芦笙盛会。由香港社区伙伴组织（PCD）和贵州省农业科学院植物所合作，在新光2006—2009年的"贵州省凯里市舟溪镇新光村恢复传承和发展芦笙文化项目研究"中，报告人新光村党支书潘GS（苗名"贵"）陈述了芦笙文化在舟溪的重要性以及对芦笙传承的反思[1]。

苗族最喜爱芦笙，历史最悠久，流行最广泛，内容最丰富，形式最多样。苗族最具代表性的乐器是芦笙。最具代表性的舞蹈是芦笙舞。"金竹叶子嫩青青，苗家自古爱芦笙。隔山听到芦声响，牵动花裙牵动心"；"不会吹芦笙，不是苗家后生，不会绣花，不是苗家姑娘"；"芦笙一响，脚板发痒"；"妹随笙曲坡过坡，哥心随妹寨过寨，妹到门前不逢时，芦笙伴妹似阿哥，哥不接妹笙接妹，笙声伴妹望月落，月落日出天边挂，时辰一到与哥合"。芦笙在少数民族中（尤以苗族为甚），流传了数千年，历史古老悠久。在历史上的战争

---

[1] 以下部分属于香港社区伙伴组织（PCD）和贵州省农业科学院植物所合作《贵州省凯里市舟溪镇新光村恢复传承和发展芦笙文化项目总结报告》的部分成果。

中，苗族人民以芦笙为战斗号角，激励人们出征，去战斗、拼搏。在和平年代，苗族人民仍然喜欢吹芦笙曲、跳芦笙舞来表达劳动的欢乐、丰收的喜悦、爱情的甜蜜、以及对祖先的怀恋。祭礼、婚丧嫁娶、迎宾送客要吹芦笙；春播前、秋收后要吹芦笙；节日聚会、娱乐、示爱求偶等都要吹芦笙。盛大的芦笙节又是增进人际间的情感联系，是加强同族间的协作和各族之间的团结，是组织生产的"活路头"和寻求爱情的媒介，是集成和发扬民族文化传统，培养造就文化艺术人才的好场所。苗族若无芦笙，其文化就会大大失色，生活就会像死水潭一样。

芦笙文化是以芦笙这个乐器为中心，吹奏美妙动听的芦笙曲调，有极丰富的芦笙歌词，常伴随着多姿多彩的舞蹈，形成一种独特的、系列的苗族生活世相。芦笙文化包括芦笙的源流、芦笙制作、芦笙曲、芦笙词、芦笙舞、芦笙技巧与芦笙有关的各种民族习俗，还有少数民族口耳相传的关于芦笙的种种民间传说和故事等内容，其中每一首芦笙曲，又都反映了一个个民间故事的生动情节和精彩场面。芦笙文化渗透于苗族人民社会生活的各个领域，始终与苗族人民紧密联系在一起，无论苗族人民迁移到哪里，芦笙就跟随到哪里，芦笙在苗族人民心目中是一种神圣、纯洁、欢乐、友谊的象征，是人与人之间友谊的桥梁，是团结的纽带、是幸福吉祥的标志，是繁荣兴旺的征兆，是苗族的象征。

社区村民认为，芦笙是他/她们的一种待客方式，演绎芦笙比较开心，能帮助年轻人找对象；芦笙文化能带动刺绣的发展（如演绎需要穿戴苗族服饰），通过演艺交流，学习别人刺绣的优点，如果没有芦笙，他们的生活就像感觉有一种失落感，没有音乐就没有舞蹈，如果芦笙缺少了演艺人群就失去了生机，他们认为芦笙是他们生活的一部分，通过芦笙和演艺的结合增进了民族的团结……

村民认为芦笙在他们的生活中影响大，推广范围广。各种服饰都要通过芦笙演艺活动来展示；除结婚的那一天穿，民族服饰都是在有芦笙活动的时候才穿。服饰同时也带动刺绣绘画的发展，它们是紧密联系的。新光的芦笙为什么保存得这样好，首先是新光制作的芦笙好，来购买的人多，形成了一种经济收入方式，改善了社区村民的生计；其次是芦笙制作的人多，技术功底深厚，在社区对芦笙文化的氛围还很浓，因此当地的芦笙得以保存完好。现面临的问题主要是芦笙竹缺乏，部分传统节日（如鼓葬节）中大芦笙和大芒筒失传了，年轻人外出打工，不愿意学习制作芦笙，对芦笙文化的理念淡薄等。芦笙竹缺乏问题现已得到 PCD 项目两期的引种种植支持，几年后就可以得用了。但怎样留住更多的年轻人学习芦笙文化，把芦笙文化继续发展和传承下去，这是目前面临的最主要问题。现在已经失传一种大芒筒，我们不能把现在拥有的传统文化再丢失了。社区现在只有一套大芦笙，没有钱买大芦笙竹来制作大芦笙。大芦笙曲吹起来非常压堂，以前每到晚上就吹，直到天亮，现在大芦笙曲只有潘胜朝会吹了，该曲非常难学，所以学的人更少。除了芦笙文化外，苗族文化还有对歌、纺织、银饰、酒文化等，这些文化也不能失传。芦笙和社区的其他传统文化是相连的，所以只要传承发展好芦笙文化，也就传承和发展社区节日、服饰、银饰、刺绣纺织等传统文化。

在这从报告中，将芦笙文化与服饰、纺织文化等联系起来，他认为只要传承好芦笙文化，也就发展了服饰纺织文化，这两者是相辅相成的关系。从某种意义上说，芦笙文化归属于舟溪的男人，成为男人精神文化的象征。目前在新光做芦笙的师傅基本是男性为主，PCD 的项目组倡导妇女参与到芦笙文化传承的学习中，成为推广芦笙文化的协助手。新光村的妇女学习制作芦笙的簧片工艺，PCD 将新光的男人与妇女有机的组合搭配在"传承文化"这个主题中，男性与女性共同创造着新光的芦笙文化。

新光村包括六个自然寨子：新寨，阳光寨等，80%的人都是潘姓，吴姓和杨姓各有一家，胡姓有十多家。新光村有三百四十多户人家，新寨有一百四十多户人家。目前在家会做芦笙的有六十多户，有 26 家人会做芦笙，做一把芦笙材料费可能要 30~60 元，做得快的话一天可以做一把。我们一把小芦笙就卖 100~150 元，一把六管芦笙就是三百，还有那些多管芦笙有的卖七八百，有的卖上千元都有。我们新光做芦笙出名后，除了都是我们这附近的人来向我们定做以外，还有国外的一些人托人来找我们寨子做。有时候生意太忙，只能预定。预定的芦笙有可能要等上一个月的时间才能得到。

（新光村党支书潘GS）

芦笙，已不再仅仅是娱乐工具，更发展成一种商业品牌，成为舟溪"旅游兴州"的产业之一。在舟溪大兴发展旅游业的今天，芦笙成为男人的专属和标志，成为标志他们个人能力和技能的载体。芦笙文化和纺织文化，通过舟溪男人和妇女在"甘囊香芦笙盛会"上合作、表现，并发展成为一种旅游文化，成为一种经典搭配。舟溪的男人和妇女，在精神文化领域达到了一定的和谐与协作，为推广舟溪传统文化节日和习俗都做出自己的努力。

二、织锦背带的纹样与纺织文化

织锦背带，汇聚着舟溪妇女在少女时期编织的心血和对未来美景的期待，它是舟溪妇女成为母亲的重要标志，更是生命成长的护身符。舟溪背带上的纹饰特点，是几何纹样的大集合，是苗族妇女智慧的结晶。几何纹饰，既有单独图案的文化内涵，也有组合搭配图饰的整体象征寓意。有对自然、生活的摹写，也有苗族妇女发散性思维的创造。几何纹饰丰富多彩，表现出苗族妇女丰富的想象力和奇特的创造力。几何纹饰在纺织中的运用水平与发明、使用纺织技术是同步的，从舟溪纹饰的发展来看是由简到繁的过程，下面重点介绍几个典型舟溪组合纹饰。

此图为舟溪大背带中的一个组合图案，从外到内的纹饰分别是蕨菜纹、水车纹、枫叶纹、锯齿纹。枫叶意味着枫树，蝴蝶妈妈从枫树心中孕育；锯齿纹，是干农活锯木头的锯子；蕨菜纹，是苗族经常栽种的蔬菜，在苗族最困难的时期伴随他们渡过难关。整幅图的构造，由九幅小图形成菱形状，无论从大图或是小图来看，各种纹饰形成对立与统一的节奏感；图案色彩以黑白对应，中间连续性的以红丝做纬线穿插其中，给人以动静、冷暖结合的效果。水车纹，在舟溪苗族几何纹饰中"+"纹和"⊢"纹饰是最早、最基本的结构。"+"纹在苗族纺织中就是经纱与纬纱交织

的最基本单位，而"卐"则是由"+"纹样演变而来的。如果说"+"是经纬线交织的结果，是纺织品中最小、最常见的图案，那么"卐"则是由实用向美化的结果，它更是一种简单抽象化的结果。舟溪妇女形象称为水车纹，庄稼地里农民耕田不可缺少的水车轮，给人带来甘露和生命希望。这种纹饰常见于舟溪的织锦图案中，以一个单位纹样组成二方连续或四方连续、对称的花纹，一般作为主花的配饰纹，不单独使用。

右图以老虎脚纹、锯齿纹、柿子把纹构成。老虎脚，苗话称"Laob bib xad"，象征着勇猛无畏与力量，祈福婴儿茁壮成长，生无疾病。柿子把纹，是柿子果实上端的把子图形，已被抽象化。

鸟纹"Del laot"，鹡宇是鸟纹的代表，人首鸟身的羽人，是苗族神物之一，负责孵化蝴蝶妈妈生下的12个蛋。鹡宇和蝴蝶妈妈一起承担着孵化自然万物和人类的职责，以人类和万物生命的母亲角色出现，成为人类的救星。鹡宇在织锦背带中也大量出现，象征着无穷的生育繁殖能力。蝴蝶纹"Gangb bax lol"，是苗族纹饰中使用最广泛、最主要的纹饰之一。蝴蝶是人类始祖姜央的母亲，是枫树生出的"妹榜妹留"。舟溪的蝴蝶纹，主要表现蝴蝶妈妈哺育儿女的主题，其造型除部分写实外，用拼图技巧构图，使之从大框架上看是蝴蝶造型，从细化角度看则是一个完整的物象纹饰。上面两图中，分别以鸟纹+桃花纹+老虎脚+枫叶纹和蝴蝶+老虎脚+鸟人纹+柿子把头纹，这些纹饰都来自自然万物，"柿子花把"是舟溪苗族人经常吃的果实，象征着多实多子。背带中经纱和纬纱勾勒出的纹饰，呈连续性、对称性图案，左右两边统一对称，形成三角形。

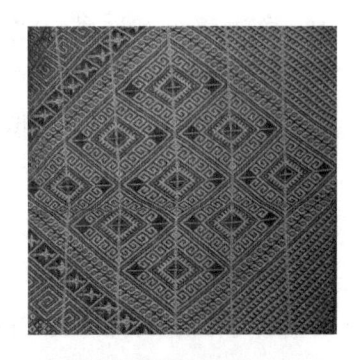

龙纹，可以自由变化形态，苗族人民在创作龙的形态时思维是自由发散的。舟溪织锦上的龙，是抽象变异化的，它只有弯曲的粗线条，连续而对称的盘旋纹饰。这种龙纹在舟溪织锦中是很古老的图案，没有几个人会织，几乎绝迹。平中大寨的潘 XY 所织背带中，两边都织有这种古老的纹饰，她称为"Nongx"（龙）。苗族宗教中的苗龙是变幻莫测的，人见了可能带来灾难也或许是福祉，龙让人感到恐惧却更多的是保护神。因而在舟溪的娃崽背带中，龙纹象征着对婴儿的庇护和保佑。然而，这种纹饰更像是一种饕餮纹。纹最早见于环太湖地区出土的良渚文化玉器上；饕餮纹是上古时期蚩尤九黎联盟集团的神徽，是苗族人文始祖蚩尤的象征。其后的夏、商、周三代立国重器的鼎上均在使用饕餮纹。苗人一直继承饕餮神徽纹样，而舟溪苗族背带织锦上的饕餮纹就是明证。

人头纹，舟溪称为"Bub kob led"，图中所蕴含的意义是两个农夫赶着两头牛锄犁，象征着辛勤的劳作。

青蛙纹，右图中由九个方块图形组成，而小图中又由四个青蛙纹饰构成，形成上下、左右的对称统一格局。而小图与小图之间亦形成对立统一的关系，使整幅图从大面或细则上看，线条、纹饰都很协调、饱满，青蛙象征着多子多福。

右图以小方格图饰为单元，方格中由芭茅草纹呈左右对称，蝴蝶纹呈上下对称，以坛子纹为中心环绕。芭茅草是苗族田间最常见的植物，而坛子是苗族妇女腌制泡菜的载物，都是妇女日常生活中所熟知的物品。

如今的舟溪，"芦笙"越来越多地被应用在公共表演场合，作为标志舟溪国际芦笙节的象征。同时，芦笙不仅仅是节庆时的乐器，芦笙文化更成为舟溪男人精神情感的象征。另外，芦笙也被当地苗族男人作为获取经济利益的商品。织锦背带，作为一项濒临失传的手艺，它的精细制作工艺、独特内涵和典雅不俗的色彩外形，赢得越来越多人的赞赏和关注。背带，不但作为舟溪妇女生护佑生命的象征，还是她们创造的精美艺术品。芦笙，代表着舟溪芦笙文化的经典，而背带则代表着舟溪纺织文化的精髓。它们两者的搭配，成为舟溪芦笙文化和纺织文化交相辉映的舟溪二宝。两种标志着苗族男性精神文化和妇女精神文化的载体，呈现出舟溪男女性别关系的融洽。正如新光的党支书所说，有苗族服饰的地方就有芦笙的出现，那么有芦笙的场合必定会有苗族纺织（苗族服饰）的呈现，两者是相辅相成的关系。这两种代表着不同性别的非物质文化，随着时代的进展而不断发展改变，有着自己的发展轨迹，并有着彼此的交集。可以说，文化塑造了社会性别，塑造着苗族社会的各种关系网络。

　　波伏娃在《第二性》末尾所言："一切在于男女能共同去建立一个自由的世界，获得最高的胜利，而且通过他们才能达到平等的自然相异之处，去加强证实彼此的手足之亲。"❶ 舟溪社会成员由男人和女人构成，它的文化共同由男女两性创造。父权文化在寻找男人优越于女人的根据时，大肆渲染男强女弱的"天然法则"；而西方女权主义严厉挑战男性中心的知识体系，将男女二元对立化，这两种观念都不能很好地阐释一个和谐的社会体系。双性和谐，则冲破了男女二元对立化的父权制度，试图拉拢男女两性共同携手创造未来。舟溪的社会性别关系，正显示出在这方面的成果和努力。处于这种状态中的舟溪妇女，首先在心理上逐渐摆脱依附于男性的思想，她们勇敢地迈出家庭走向社会，达到经济上的独立而导致精神上的独立。她们为家庭带来经济收入，与家庭中的男性共同创造着财富，这种模式成为舟溪现代社会理想状态。舟溪社会对现代"好女人"的评价标准在改变着，人们的道德标准和价值观也同样发生变化，那些为家庭带来丰厚经济回报和收入的舟溪妇女，成为人们标榜称颂和羡慕的对象。

　　　　我嫁到这里的时候，杨松他爸刚分家，家里穷得很，我们两个
　　人就齐心协力的搞。杨松他爸是高中文化，在我们当地这里还算不
　　错的当时，就经常跑出去打工，还到福建去打工，挣钱了就拿回来

---

❶ 罗长江. 西蒙·波伏娃［M］. 沈阳：辽海出版社，1998：103.

给我们生活,他爸也是勤快老实。我没文化,但是家里的地啊、猪啊,都是我一个人来干,两个孩子也由我带。我也开始帮人做苗衣服,裙子之类的,赚点点钱。生活节约点,把挣来的钱存起,才慢慢建起现在我们住的这个砖房,以前我们住的都是那种木房子。现在家里什么家具都没有,慢慢好起来,日子会越来越好的,只要我们勤快。

("Menb naot",平中大寨,妇女主任)

平中大寨的妇女主任"Menb naot"讲述了自己和丈夫同甘共苦,一起把家庭带向小康生活。舟溪社会正在逐渐走向男女两性互相理解、包容和支持的状态。

第二节 社会文化与社会性别的关系

早在恩格斯1861年发表的著作《家庭私有制和国家的起源》中,就论述了性别分工与压迫对社会经济和阶级关系的影响。从中得到结论,性别作为专项的妇女研究,发端于生物学基础上的心理学分析。它强调心理现象有直接的生物性原因,性别行为以生物性为基础,生育活动对女性心理、行为的制约有一定的作用。由此,妇女角色即与婚姻成功、责任联系,从性关联到生育、妻子、母亲等"本性"职责。而后发展的弗洛伊德女性说,则认为女性是不完整的,具有脆弱、自卑、挫折感等特性,她们的性别与命运相连:是"照顾男人的需要"。性别的生物决定论,阐述男女特性由生理结构所赋予的体能差异所决定,性别分工造成劳动分工的差异性。

直至20世纪60年代后期的斯图尔德多线进化论提出,对单线进化论的批判,阐释了人类社会存在多种不同的演进方式,引起人类学妇女研究对生物进化论的批判和质疑。"性别和文化观念与社会体系相关联,性别差异是社会依据不同性别待以不同方式并具有不同行为的结果,它随着社会的演化、民族志的不同等呈现变化,形成不同的性别意识形态,即文化形成性别角色的差异。"[1]人们生活在自己编织的意义之网中,而这个意义之网便是文化;

---

[1] 徐杰舜. 走在乡间的小路上 [M]. 哈尔滨:黑龙江人民出版社,2005:717.

社会文化的变迁，将会导致社会性别角色的变化。即性别角色具有社会性。苗族社会的文化变迁与转型，因素有很多。有资本全球化分工的影响，有国家表达权利意志的政府政策，也有苗族内部自身发展的需求。政府和市场经济意识到苗族传统文化资源的可开发性，以在总体上加快国家现代化的步伐来"改造"苗族社区。而苗族社会内部也开始意识到，借助现代性的资源来解决当地的经济问题，以及苗族内部文化身份的重新诉求和地方乡土社会族群的重建等问题。就如同杨正文教授所说，"少数民族社会的转型自然会重塑其社会角色，来自经济的、政治的、文化的变迁，势必对少数民族女性职业产生剧烈的影响"。[1] 纺织文化在整个社会转型中必然会发生变迁，而它所塑造的舟溪妇女世界也必然会发生改变。

由于受主流社会的社会达尔文主义和单线进化论思想意识的影响，苗族社会文化被当作一种落后的"活化石"，需要改造的社会文化形态。许多单线进化论者认为，一个社会的形态必须经历诸如封建社会、资本社会和共产社会的发展路线才能达到兴盛；苗族社会也被这样的思想所主导，一步步进行"被汉化"的过程。事实上，苗族社会的文化，并不是一成不变，它也有自己多元化发展的进程。通过全球化影响国家，国家通过政府政策等权利运作，迅速而深刻地按照自己的意志修改地方性社会文化的规划，而影响社区发展，最后主导村落的变迁和发展，这只是多元化发展的其中表现。现代性、全球化对苗族传统社会传统文化的渗透，则通过国家、市场等中介来实现。因此苗族的社会变迁是必然的结果。舟溪苗族妇女在接触和接受现代性的过程中，文化变迁、社会转型和自我调适等会随着具体语境的不同而呈现不同的状态。

经历过改革开放的舟溪苗族社会，是一个多元化的社会。它的多元化发展势必会影响其社会角色，来自经济的、政治的、文化的变迁，对苗族妇女职业产生巨大作用。制度层面上，社会制度的建设与置换，是影响苗族社会现代化过程的因素之一，政府力图在少数民族地区建立一套与国家核心社会统一的、具有整合功能的社会制度。这从根本上打破了少数民族传统社会制度的特殊性、宗族性和乡土性。国家现代化的过程，是一个渐进学习、引进

---

[1] 杨正文. 现代性困惑：中国少数民族传统女红工艺的没落//张晓，徐午等编. 社会性别·民族·社区发展研究文集 [M]. 贵阳：贵州人民出版社，2003：397.

和改造的过程；而对于苗族社会来说，是一个有计划的移植过程。苗族社会变迁的主要趋势，将表现为逐步向核心社会价值取向接近，是一种外发的、有计划性的变迁，它势必带有执行者意志的烙印。譬如计划生育在少数民族地区的执行，在一定程度上解放了苗族社会妇女，减少了她们的经济负担和肉体痛苦，苗族妇女有更多的时间和精力花在经济创收中；而这恰恰符合国家政府所主导的"一个中心，两个基本点"经济主旋律。

经济层面上，商品和市场经济是现代性对地方性传统社会产生影响最为有力的因素，具体到舟溪的社会文化变迁中，旅游业的蓬勃兴起是最有现代化和全球化色彩的影响。市政府处于实用功能的考虑，为拉动凯里市的经济发展，对舟溪民间文化习俗、节日等复兴活动表现出极大的积极性。譬如政府对民间仪式的举办和复兴，黔东南州府的凯里市为促进旅游宣传耗资打造"舟溪国际芦笙节"的品牌。当政府各部门举办这个节日的时候，在时间上尽量与舟溪社会保持同步的节奏，但中心会场却建立在凯里市，仪式场面上的开场和结束直接征用舟溪芦笙节的口号。具体来说，国际芦笙节的"启圣笙仪式"有固定的流水模式，早上从凯里体育馆游行到舟溪，在舟溪甘囊香芦笙堂请吴氏长老启圣笙，长老进行一部分仪式后，将一把芦笙交到中共团委副书记手中，再由书记将芦笙转交给两个"金童玉女"组合的小孩，最后送往凯里体育馆摆放，直至芦笙节结束为止。过去舟溪春节跳芦笙的仪式，一般只在正月十五的晚上到甘囊香芦笙堂拜祭祖先即可。现在随着政府的介入，结合宣传舟溪的现代性思维，便衍生出"启圣笙仪式"。舟溪的节日依然存在，只是其中的仪式发生改变。伴随着旅游业进入舟溪，农业经济也发生部分改变。以种植水稻为主的舟溪，公路两旁的水稻田被国家征用，竞标给外商种植荷花。由于人口增多，农民的土地被征用种植西红柿。这样，人们没有足够的土地来种植水稻，赖以生活的粮食没有得到充足保证，许多人选择外出打工的方式来增加经济收入。当农业耕作不再是职业的唯一选择时，苗族妇女可以自由参与社会流动，谋求别的职业为家庭创造财富。苗族服装和纺织文化是苗族正在经历的文化转变的重心之一。随着原料与制作工序的简单化和市场化，民族工艺品的大量生产和商品化，给苗族社会的生活带来一定程度的冲击。苗族妇女无论在现在还是将来，都会在苗族纺织文化变迁过程中担任重要角色。

生计层面上，过去苗族传统社会中的"男耕女织"的生产方式，是传统农耕社会分工的必然结果。它所衍生出的"男主外，女主内"的基本家庭角色及其社会角色定位，一定程度上反映出每个性别角色相应的基本行为准则和价值评判。家庭是传统社会生产和消费的基本单位，而吃、穿则是人们的基本物质保障和需求，男人保证温饱，女人负责穿暖，是比较合理自然的分工。"女红"曾经是苗族传统社会性别评判的重要依据，成为划分"好女人"的标准尺码，它是符合社会发展的需要而应运而生。在以农业为主导的传统社会中，这个标准尺码主要根植于传统和制度性的宗教、家庭、家族及村社等群体观念占优势的位置上，个人意志也以集体意志为转移。随着社会的发展，在少数民族社会逐渐现代化的过程中，一方面，生活的负担迫使越来越多的人外出打工，寨子里的男人越来越少，农活的重担便压在妇女身上。另一方面，轻工业产品的进入，苗族社会里"穿"的需求在市场上得到满足后，家庭纺织品和供应在减少，纺织的空间在萎缩，妇女愿意把时间安排在其他赚钱的途径上。传统的性别分工从"男耕女织"到"男女同耕"，进而发展到以"女耕为主"的形式，这种变故其中绝大原因是迫于生活的压力，追踪根源还是社会历史的变故。苗族传统社会被现代化所冲击而重新建构，各种新兴思想观念渗透到苗族传统社会，人们的思想越来越开放，男人与女人已经不再受制于生理上的分工。于是，在苗族妇女群体中，一部分人选择走出家门迈向社会，她们选择同男人一样的工作：外出打工。一部分的人选择将"女红"技艺作为谋生的手段，在旅游业逐渐红火的黔东南州发展传统手工艺品发家致富。在现代舟溪家庭中，已不再是男人养家，女人守家，此时的性别关系已改变。社会文化建构着社会性别，而社会文化的变迁对纺织文化也有一定的影响，并由纺织文化作用于社会性别。

第三节　苗族妇女在现代文化建构过程中的文化调适

素有"苗岭明珠"美誉的凯里市位于贵州省东南部苗岭山麓、清水江畔，是我国苗族的主要聚居地。凯里居住着苗、汉、侗、仫佬等少数民族，是一个以苗族为主体的多民族聚居的城市，而舟溪则隶属于凯里管辖的民族村寨。从20世纪70年代后期，凯里开始进入经济改革的转型期，舟溪也卷入到这场经济改革中。当苗族社会进行现代化改革时，苗族女性以她顽强的性格和坚韧不屈的品质，对自身进行着不同形式的文化调适和自我"改革"。在这种文化调适中，苗族妇女做着各种不同的尝试，选择不同的职业和生活方式。财富的累积，并不是她们挣钱的唯一目的，最终她们所期盼的是：收入的增加可以为她们带来现代化的生活条件和优良的生活水平，使自己和家庭走上小康生活。在这个选择和被选择的社会中，苗族妇女可以选择的余地是有限的，有限的文化水平限制着她们的职业取向。但是她们并没有气馁，在有限的条件下尝试着各种努力，创造着一部部属于自己的奋斗史，做出了新时代苗族妇女走出家门的典范。

首先出现一批改革、开拓型的妇女尖子，希望通过自己行动来改变苗族妇女落后的生活状态，要求经济的独立。譬如开民族商店、苗族旅社、学习蜡染、织花。

当农业耕作不再是职业的唯一选择，苗族妇女可以自由参与社会流动，谋求别的职业为家庭创造财富的时候，舟溪苗族社会的价值观真正发生了转变。"女红"技能不再是社会对女性评价的重要变量，但拥有这项技能的妇女们却仍能从中受益。民族旅游越来越受到外界和媒体的关注时，政府在民族文化资源丰富的地区也进行着如火如荼的旅游开发产业，民族旅游正逐步成为舟溪地区的经济支柱之一。在这样的环境中，游客们不仅是希望看到乡土社会中美丽的风景和真实的生活，更想看到那一套套手工制作的精美苗族服饰，或是购买到一幅幅精美的苗锦图案。于是有部分苗族妇女看到了商机，成为以民族服装经营为生的群体。大致在20世纪90年代，在凯里市围绕营盘坡宾馆和仰阿莎广场两地，逐渐形成了一个传统民族服饰交易市场。交易市场上从事不定期交易的都是来自台江、雷山、黄平等县乡村的苗族妇女，她们的主要交易对象是来自旅游和专为收藏而来的旅行者。有较少舟溪的妇女从事这个行业，大多舟溪妇女选择在家中向来讨要购买舟溪苗锦的这类商贩出售自己的苗服。

> 我们今晚才刚从昆明"倒衣服"（卖衣服）回来，所以金泉湖广场上没有人，我们什么苗服都有，品种很多，有雷山、台江、榕江和舟溪等地的，舟溪的苗服也有人买，都是下去收来的，一套最简单的舟溪苗服至少一两千，还有些是上万元都有，简单的衣服至

少有件上衣和裙子，就要一千多块。现在舟溪的苗服都没好收了，以前都被那些人收光咯，现在卖得贵哦。舟溪背带，现在没卖咯，因为没人买了嘛！以前都能收到点，现在下去都收没到了，也许是真的没有了，也许是人家没愿意拿出来，那个背带也是难搞得很。

（李 HY，女，台江苗族，女，30 多岁，经营民族传统服饰）

笔者在一个夏夜的凯里公交车上偶遇到一群苗族妇女，提着大包小包的苗族服饰，和李 HY 进行了简短的谈话。她们这样的妇女三五成群，每隔一段时间便会结伴，背着货物到全国各省市的博物馆、旅游点进行销售，最简单的销售就是靠挨家挨户的叫卖或者在定点摆摊兜售。后来发展成乡村收集者、二手批发者和专门销售者组成的商业网络，经常下户到村落中收集宝贵的苗服。舟溪苗服在这个"被征收"的过程中，当地人逐渐将价格抬高，从中也获取了不少的暴利。

仰阿莎广场——金泉湖，这里是黔东南州最大的苗服聚集地，大部分的商贩是来自黄平和台江、施洞的苗族妇女，收购的衣服大多是来自于黄平、台江、从江、榕江、毕节一带。从 20 世纪 90 年代，这群妇女中有部分移师北上，长期在北京潘家园旧货市场参与交易。在金泉湖访问的时候，一位三十多岁的妇女走近笔者，要带笔者去她家看收购的舟溪苗服和背带。这位妇女和张 CL（老公）一起做苗服收购倒卖的生意，自己在家中建立了一个名叫"中国少数民族刺绣工艺品"的"陈列室"。这间"陈列室"坐落在金泉路 88 号租住的一间房子，每个月要 400 元租金。

现在卖这个苗服没有以前赚钱了，以前还是蛮找钱的。从 2009 年开始这个生意就没好做了，因为越来越多的人都来做这个，下去收购那些衣服的时候当地人要价太高，我们收上来的价格成本就高了，而来购买衣服的顾客杀价也杀的很低，那些老外喜欢这些衣服，现在还价也是厉害很，尖老火了（太聪明）。这样中间我们得到的钱就少很多。我有舟溪的这种小背带，背带要比舟溪苗服卖得便宜，一件 600 元。那个舟溪的盛装就要贵点了，卖 1800 元，还有这个围在裙子外面的围片，全是手工绣的所以也卖 1800 元，这两件组成一套要卖三千多元。现在卖舟溪衣服的人没多，那些日本人就特别喜欢舟溪的这些苗服和背带,他们没喜欢那些花花的、艳丽的图案和颜色,就喜欢舟溪这种朴素的风格,他们觉得这种好看呢。不是说日本人可能和舟溪这边有什么关系,你看他们那边的服装和舟溪这边的苗服有点点像的。青曼那边就有日本人来出资建的博物馆嘛,前几年还传有日本人来舟溪认祖归宗,也有日本学者来这里搞研究,没晓得是没是真的。这两件是我最后的舟溪东西,之前也曾卖过十几套舟溪苗服,现在没好卖了。

我们做这个生意做了十多年了,我家儿子现在都十一岁了嘛。现在我们还是会定时间到北京、上海、云南这些地方去倒卖。像北京的潘家园,那里的老板有时候还打电话给我们送货过去,我们出去是一两家打火的,在外面就一起拼房住宿,有人一起去要方便点,但是没能要太多人。你想想,好不容易一天下来走了那几个村才卖的一件衣服,人多多的来没够分啊,所以我们还是少点好,现在竞争太大了。外面的人也是尖尖(奸诈)的,也没好卖东西。我们在外省摆摊一天收摆摊费就要两、三百元,你说我们能经常去吗?我们金泉湖就没这么贵,一天收费五元钱,所以出去也是没待几天就回来了。但是外面还是要好卖点,比在这里的价格要卖的高些。

(张XZ,女,30多岁,台江施洞人)

在凯里小十字附近,往二中方向走的凯里老街,那里有专门贩卖苗族服饰的交易市场,与仰阿莎广场不同的是,这里卖的苗服都是新做的纯手工制品和舞台制品,为来自各地购买苗服的人们提供各种类型。这里有一批来自舟溪的中年妇女,凭借着自己的手艺赚到钱后,从舟溪搬到凯里市居住。其中有两位来自舟溪的叔妈金XM和王XZ叔妈都负责制作舟溪盛装,舟溪盛装中有很多不仅涉及纺、绣,还有一种更为精细的手艺是"平板丝",这种绣法将耗费更多时间。

我开始做这个行业已经很久了,是舟溪来这里做这个最早的一批人。20世纪90年代就过来开始做,刚刚开始的时候有点困难因为不懂怎么做生意,后面慢慢跟着其他人学习,现在上道了,在凯里买了一套房子,但是每年过年我都是要回舟溪跳芦笙的。

(王XZ,女,舟溪苗族,30多岁)

舟溪妇女制作苗服，最主要是为了自己家人的需要而制作，她们首先要满足自己的需要，之后才能有余力做多余的手工制品赚外快。在她们的供应中，大部分购买者都是舟溪本地人，而非依靠旅游业里的游客购买。因为真正的游客只会被导游带到西江苗寨或者凯里的仰阿莎广场、营盘坡去购买。绝大部分是来请做衣服的人都是熟人介绍，皆是这个妇女的亲戚朋友或者是亲戚的亲戚。靠着口耳相传得知这个妇女有着很好的手工技艺，拜托熟人来请做衣服。这些人大多是家中媳妇不会做苗服或者是没有苗服传下来，而且也有多余的钱财来购买苗服。

现在舟溪有好多人，没愿意花时间做这个呢。有很多家里年轻人出去打工赚钱，他们宁愿把做衣服的时间拿来打工，拿来找其他事情赚钱，把赚来的钱请人做衣服，也没愿意做呢。因为做这个苗衣服真的太耗时间了，从晒布、染布到纺衣裁剪，麻烦得很啊。现在家里有钱的人，都愿意花钱请人做或者到场坝（舟溪镇）去买现成的衣服，没钱的人家也还是要硬着学做，没做就没有穿的。

（"Menb aox"，平中茶园寨）

我这两天在帮人家赶做那个苗衣服上的苗扣子，做一件衣服可以得20元钱。我昨天和今天就做了六七件衣服的，都是别人喊我伯妈来找我做的。没是熟人的话，还没想去做，因为我自己家要做的就有好多了，忙老火了。熟人的话，就想着帮忙收也没收到好多钱。我平时也帮人做一些裙子，做苗衣服，还有那些腰带和袖套，要看忙没忙，没忙的话就还是做得快一点。只是说忙不过来现在，做没来得及啊，所以才没有做了拿出去卖。现在舟溪镇上也有人卖苗衣服的，现在的真银要卖四千五百元/一斤，在银匠那里买的银子他能保证质量给你打好。所以，现在打银匠都流行开始这种一条龙服务了。我们这里现在是听哪个做得好，就找熟人带来请你做；有些人做得太快，没保证质量，下次那些人就没来找你了。所以，我帮别人做的衣服，都是好好的，慢慢地做出来，只有慢工才能出细活。像我订这个扣子和扣绳，好多人都没会打那个结，就连一些老人都不会了，我忙的时候一天大概只能做一两件，有空的时候就可以做四五件了，这个也要看上手快不快啊。这刚买我们舟溪苗服的，也只有我们本地人来穿，凯里那些一般都是很少有人买的。外地游客都是喜欢去西江，在西江当地购买他们的苗服。所以，我们舟溪苗服真正的市场还是在本地人，我们自己人买的多点。

(潘 XY "Menb naot"，女，平中大寨)

在舟溪，有很多年轻妇女不会做苗服；当然，同样也有很多会做苗服的中老年妇女在兜售苗服。她们所谓的兜售，只是熟人将晒染好的布匹拿来请人做成百褶裙或衣服，或把准备好的蚕丝线拿来请人纺织成盛装的内衬衣。按市场价，一件蚕丝织锦衣服要卖七百多元，一件蚕丝织锦腰带要价五百元，但如果除去购买原材料的费用，只算加工费的话，制作的妇女每件能挣的钱其实也不算多。譬如制作一条百褶裙除去机器加工的费用，最后纯利润只有两百元不到。所以舟溪妇女只有靠多做，提高效率来增加收入总量。在这个利益互惠的过程中，她们不仅巩固了已有的纺织技能，并发展丰富了许多纺织花样和纹样图案，将纺织文化升华到另一个高度。同时，在一批年轻苗族女子中开始重新审视自己族群的纺织刺绣文化。平中茶园寨的吴 HY，嫁个一个河北人，生有一子。早年在家待业期间，利用闲暇的时间帮附近的工厂做绣品。

我只是以前会做点点刺绣，现在都没行了，从头开始学。附近不是有个厂子需要赶一批急货运出去，我就自己去报名交了点押金，他们给了我针线和绣品的图样，我就跟着样子一针针的绣，其实也没好难，就跟那个汉族搞的十字绣差不多的。我趁现在在家带孩子没事做，就讨来点点这种活来做，又轻松又有效率，一幅画绣出来，质量可以的话就能得到七八百，一幅图我要绣半把个月，因为我是生手。我有个姐妹，初中的同学，手巧得很，现在专门在场坝上利用赶场时候把自己织绣的东西拿来卖，她织出的东西特别好看，线都是一针针的分明，特别好看。

(吴 HY，女，26 岁，初中文化)

一个完整的家庭中，当妇女在一定意义上拥有了自己的"事业"时候，通常是需要另一半丈夫的理解和支持的。只有在家人的支持和鼓舞下，舟溪妇女才能将纺织这个事业做得尽善尽美。正如潘 XY 曾说过，"只有那些心好点点的丈夫，看你晒布累很去帮你挑水啊，挑担子，勤快点，那样的人已经很好了，日子也会好过点"。往往家庭的和睦相处，需要双方的关心和照顾。

我妈叫王Q，43岁，是舟溪石青花寨的苗族，从舟溪嫁到白午来的。我妈有我和我弟两个崽，所以要做很多苗服，现在为我准备的都有四五套了。她做苗衣服的时候，我爸也会去帮忙。比如说，我妈要挑东西（布匹）去晒，就喊我爸去抬，起码要有一挑七八斤重。因为我和我弟在外读书不在家，所以我妈一个人不方便，就会喊我爸去折布。他也帮我妈去晒布、挑布，帮她一起去赶集买这些布、染料、银饰品，我觉得我爸是心甘情愿的，我爸对我妈的好一般是藏在心里面的。我妈说我爸虽然在外面不是很强悍的男人，但是他对家庭和子女的关心，我爸做得很细心。她说我爸最好的一点就是，有次我妈上班累很了，跟我爸说下班了带她去下司吃狗肉，去哪里玩，我爸都会带她去的。因为我和我弟不在家的时候，他们两个还会小浪漫一下。而且我爸去参加那些战友聚会、同学聚会的时候，最喜欢带我妈去。

（金XG，"Ghuit"，男，苗族，凯里白午，1989年生，贵大中文系，母亲是舟溪石青人）

我是我们平中大寨的织手能人，去年我们镇上搞刺绣比赛，我作为新人去参加比赛得了个二等奖。我把我绣的那些老虎啊、鸟啊拿出来展示的时候，好多人都感叹"太像了，好看很"，其实好多人都说我可以得第一名的，但是由于我是新人，第一次参加，评委对我说就给我第二名，把第一名留给那些长辈，我明年再去参加就给我第一名。比赛的时候，有个台湾的商人来找到我，说我绣的东西很好看，就是可惜拿出来展览给大家看了，就是说曝光了就没值钱了，要不然可以卖到几万元的价格啊。然后那个富商就让我以后给他设计图案专门搞刺绣。我家那位（丈夫）现在专门做我的"经纪人"呢，帮我联系外面的客人到我这里来买这些绣品，我绣了好多东西，只可惜找没到销售途径给卖出去。我客话也没会讲好多，很多时候都是靠我家那位（丈夫）和外面的人谈生意，他读过高中，会讲客话和凯里话，外面的人来我家都是他招待的。多亏有他在啊。

（金某，女，30多岁，平中大寨）

这位平中大寨的妇女，本身有着过硬的女红技能，会纺织、会刺绣，在芦笙盛会的比赛中也得到很好的名次，以此奠定她今后的事业发展。但由于自身文化水平的局限，不会说客话成为她与外界交流的最大障碍，而其丈夫在这个时候作为她强有力的支持者站在了她的旁边充当"外交官"的角色，进行对外生意的接洽。这样，妇女负责制作手艺，男人负责兜售商品，两者有很好的分工合作，这种搭配成为舟溪普通家庭兜售手工艺品的主要模式之一。女性主体性的建构，并不是单纯的由女性自身来完成，男性也发挥着特殊的作用。男性族长、家长以及其他男性成员对风俗或一件事情的尊重，有助于文化传统的保存和延续。

其次，舟溪妇女对苗锦的创新，在织锦中丰富的想象力和创造力，同样是发挥自身主体性的体现。

女性自我认同的性别表述，要从女性整体性别地位的文化传达、社会期待和心理诉求，到个体的生存理念、人生定位、情感期盼、心理暗示等，全方位地从被给予被塑造的被动结构，转变为自我给予自我塑造的主动结果。从群体到个体，从群体文化到个体心理的性别表述，都朝向女性自在自为自我认同的方面。妇女对苗锦的创新，从本质上是对生命的礼赞和崇拜，属于个人情感期盼的一种表达。从舟溪的织锦中，我们领略到一幅幅美丽而又欢乐的"生命赞歌"，一幅幅浸透着苗族宗教理念的感官图。舟溪妇女向世人展示着苗人对生命存在的体验与生活中的具体物象转换成抽象的个体，组成一幅幅超乎想象力的人与自然和谐共处的生动写真。贵州苗学会常务副会长杨培德教授曾说过，"朝气蓬勃的生命是力与美的生命。苗族文化崇尚的就是力与美，因而苗族民间美术总是围绕着力与美来表现"。❶ 织锦艺术中的美，是源于舟溪苗族女性乐观的生命态度，她们对精神生命的执着与热爱，以及对神秘世界和自由精神境界的忘我追求，都转化成一股股动力进行着苗锦服饰的创造和革新。苗族妇女群体内部的共鸣和合作，在理想的自由艺术之境中完全转换成对生命的歌颂和追寻。

舟溪苗族妇女不可能有机会从专门的美术学校或技校里学到专业的美术

---

❶ 杨培德. 苗族民间美术的审美特征和文化内涵——以黔东南苗族服饰、刺绣和蜡染为例. 中国苗族网，2010. http：//www.chinamzw.com/WebArticle/ShowContent? ID=177.

知识、实用的手工技能，然而却天生具有千百年传承下来的本土美术知识，她们运用这些"知识"对服饰纹样进行符合本土美学法则的装饰。我们从这些传统服饰的纹样结构和线条色彩的搭配中，都可以看到专业美学法则中的有关对称、统一、协调、节奏和韵律等规律。在这里专业的美学知识常常被本土美学知识所打破并加以丰富。如何使平面的纹饰具有音乐般的节奏、韵律并产生美感，舟溪苗族妇女自有她们独到的理解，生活中旺盛的生命力使她们感受到生命冲动所具有的强烈节奏感和韵律感。由虚实变化、黑白交替、曲直搭配、冷暖穿插所缔造的节奏和韵律在生命中无处不在。当苗族妇女在美化自己服饰，进行纹饰组合、构图、着彩之时，便自然而然的运用自己在生活中的发现来体现生命的节奏与韵律，从而获得美的创造和享受。舟溪妇女在自己的文化体系熏陶下，用不同的艺术灵感创做出了丰富多彩的装饰纹样。这些纹饰主要取材于她们的山地农耕生活以及丰富的神话传说，图案大致有几何纹，植物纹，动物纹和人纹四种类型。这些纹饰经过数千年的历史文化积淀不断传承创造而形成；在这个纺织的世界里，人与山水、花草、虫鱼、鸟兽、树石可以无障碍地交融，互变，沟通，欢聚，和谐相处。在舟溪纺织纹饰中，可以看到人头龙、人头鸟、人头兽（饕餮纹）等人与动物的互变纹样，舟溪妇女从最初原始的饕餮纹发展到如今更多来自生活元素的纹饰，其发展样式越来越丰富和多样化。文章前面有对背带的纹样与内涵进行分析解读，从中可以发现，纹饰从古至今的变化是显著的，呈现多样化发展。不仅在背带中，还有各种锦衣、花带中，可以看到苗族妇女正运用自己丰富的想象力将织锦纹饰创作得越来越丰满和多样，而这种技艺只掌握在少数妇女的手中，成为绝技。织锦背带的图案，从最初简单的蝴蝶纹饰、蕨菜纹、老虎脚纹、枫叶纹，慢慢演变出更多的抽象纹：水车纹、鸟纹、人头纹、饕餮纹、青蛙纹等。从象征着祖先崇拜的鸟纹、龙纹，到象征生殖崇拜的青蛙纹、蝴蝶纹，再到自然崇拜的芭茅草纹、柿子花纹等；在这些图案中，舟溪妇女除了传承上一辈留下来的图案外，还大量吸收、借鉴现实生活中常见的动物、植物和各种自然物象，发挥着自己的想象力，创造性地将之抽象化在织锦平面上，升华和提炼成由经纬织就的、黑白轮廓分明的舟溪锦。

最后，舟溪苗族妇女在强大的经济压力之下，选择出外打工，挑负起家中的经济重任和抚养子女的责任，用自己的行动去支持下一代子女的教育。

她们大多是三四十岁的中年妇女，用自己的努力换来子女美好的未来，将自己的希望寄托于儿女教育身上。

  我讲一下我妈的个人经历，她是舟溪石青花寨的苗族，后面嫁到我们白午这边。先从我外公说起，才能了解我妈小时候生活的家庭环境。我外公以前是在凯里给人赶马车的，那时候赶马就像现在的小货车一样，就专门从火车站拉货到凯里各个地方，后面他跟一个当官的人牵马。后面他就是有那种农民的思想，觉得1949年以后回家会比较得吃，那时候没有向往高处爬的思想，然后我外公就回家了，觉得回家可以分田分地更好。他第一个结婚的女的后面死了，也没留下一儿一女，后面就又娶了我外婆。我外婆也是改嫁给我外公来到石青花寨的，经人撮合就嫁来了，我外婆是湖南苗族后裔，所以她讲普通话和苗话都很好。我外婆带着两个舅舅改嫁到这边，嫁后才生的我妈。而且我妈妈是家里最小的，也是我外公外婆亲生的，所以家里很疼她，很少让她做活路，也很重视她的教育。她小时候就跟我外婆学习少数民族的服装，然后小学是在大中小学读的，因为比花寨小学要好很多。以后我外公有几个朋友是老师，也很关心我妈妈，然后我妈就到舟溪读初中了。由于家里的支持和培养，因为我外婆会讲客话，我外公也经常在外面做生意，很少在家做活路，所以我外公对知识和教育是有认知的。他喊我外婆支持我妈读书，后面我妈又读了技校（相当于现在的中专），中专毕业以后就谈恋爱，后面这方面就没行了。

  我妈妈在他们石青村先谈了一个朋友，后面我外婆因为那家人以前有得过麻风病。只要那家有一个人有这种病，那么这家在整个地区当地就是非常受歧视。这种病是遗传的，也没像是苗蛊。然后我外公外婆就坚决反对，怕我妈嫁给他。那时候我妈春节来我们白午跳芦笙，我家爷爷以前是榕江林业局的副局长，家境在我们那边各方面都算是比较好的。那时刚好我爸读完高中，考不上大学就去当兵了，当兵回来就在场上看到我妈妈长得比较好，就利用晚上去喊，又通过大人亲戚去说、问。那时候人都比较崇拜当兵，就像现在舟溪比较崇拜大学生，但那个年代最崇拜当兵了。我外婆一听就同意了,想到他是当兵的,老头又有工作,又有二层楼的木方,然后我外婆就撮合我爸妈两个。后面我妈也是觉得自己糊涂,就是受爱情冲昏了头脑,听了外婆的话,自己也喜欢,就嫁给我爸了。

后面结婚嫁过来,我爸退伍回来,由于各种客观原因,再加上其他人没愿意帮忙,所以没有得到工作,就回家当农民了。刚好那个时候回家,我爸又生病了,我觉得这个时候是我妈从一个不成熟的妇女变成一个很强的妇女。那时候我爸生病后就住院,我妈一天要照顾我爸,还要做其他事情养活我们。那个时候是1994年,我妈从整个人生就认识到作为一个妇女其实也可以担当起家里所有的重任,那时我已经有三四岁,还没我弟弟。我妈妈那时学了很多东西,学做生意啊,出去与人交流、请人帮忙啊,帮人卖衣服,帮人做苗服。然后她也带了很多的刺绣回我们寨子给那些妇女做,再把成品交给公司老板,从中拿点提成。后面有了我弟后,我爸的病也养好了(住院三个月,回家休息了一两年没做重活),我爸就负责出去打工,我妈负责在家养我和我弟。我妈除了把该做的活路做完,她也种点经济作物。后面我爸觉得打工也老火就回家来,跟我妈学种西瓜。因为那个时候我们那里流行种西瓜,可以说我家是整个白午村里最早种西瓜的。其实最早种西瓜的是舟溪那边的石冲村,我外公去那边把这个技术学会后就传给了我妈,我妈租了很多田和土来种,所以我家经济才开始好点点。后来,我妈又进了村委里面做一些妇女工作,也得到了领导的欣赏而当上了妇女主任。我妈还做了两届县里的妇女代表,一个镇只有三个名额,我妈是其中之一,于是就老去开会,就得出去外省观察和学习。

后面她也比较喜欢苗族这些东西,跟我外婆学做很多,然后到我读高中时候,由于经济的原因,我妈就放弃了很多,可以说包括是政治上的机会和利益,去给我和我弟找钱读书。我爸在开发区当了一届村委干部,后面我爸妈都觉得,你去村里当干部,经济搞开发始终是要得罪人的,只有得罪人才有很好的收入。因为双方之间就是,你让我就亏。所以我爸爸就选择放弃了当村干,接着我爸妈通过以前认识的老板,进厂打工一直到现在,就是为了培养我和我弟。我弟现在是中央民大的大一新生，考的是定向分配到西藏。虽然他表达上没有我口才好，但他从小受我爸妈影响，追求那种艰苦的环境，他从小就喜欢军事这方面。我妈现在和我谈心说，虽然你爸这一生有很多失败的地方，但是他最成功的地方就是培养了两个大学生。作为两个农民，培养了两个大学生，他觉得他很自豪。

我妈他们思想比较开放，从小我爸妈打娃娃就知道适可而止，起到惩戒我们的作用就行了。没像有些家长往死里打。虽然我妈是妇女，但是她比较重视子女的教育。因为以前她意识到自己在教育上没有选择好的结果，所以很重视我们的学习。从我小学到初中、高中，我妈全部认识我的班主任。虽说农村经济不好，但是我妈也会想办法送点东西，让老师关心点我。比如，有一次初中我班主任在家长会上拿我当典型例子，给全班家长讲。她说"你看金XG家长比较关心孩子的教育和生活，从开始我们搞军事化管理，寝室里他被子叠的不好，结果找原因是被子不够整齐，所以他妈就亲自跑来买一床新被子；金XG生病时候，他妈亲自放下农活，赶紧跑回学校带他去医院输液，这些他们家都做得很好"，然后全班表扬我妈。我妈在我还没上学前，就开始教我学习认字拼音了。现在我爸妈一起在开发区厂子里打工。虽然我妈没在村委了，但和开发区领导、老板都比较熟，关系也比较好，想为我和我弟以后工作铺垫道路。

我觉得苗族妇女比较能干，尤其是受过一点教育的妇女，又比较了解社会。他们对子女的教育和付出也比一般人要先进点。用那种先进思想去培养子女，多数子女也成才了。比如说考大学，或是在外面做生意做得比较好。这些功劳都是跟自己父母，尤其是母亲有很大关联的。虽然我们那边苗族，大多数大事情是男人做主，但是在这些子女培养，对周围社会关系上的处理都是女人负责。如果母亲做得好的话，整个家庭的环境就会好很多，不管是自身环境，还是与周围邻居环境、亲戚关系，都会很好。我家就是大事情我爸做主，但这些看似小事情是我妈做主的。但这些东西对整个家庭环境发展是很好的。比如我从小学到初中，老师这一块都是基本我妈去了解、接触，我爸就提供经济上的支柱。

我觉得我妈思想还是比较先进的,像我叔妈他们又不一样了。我堂妹成绩不好,但可以考大专,我就给她讲一定要去读书,你不读在家最多两三年就嫁人了,即使是专科,但是读大学出来真的比别人懂好多,晚结婚也好的多。我叔妈确实那种思想,赶紧高中读好嫁人算了,反正成绩也不好。

我觉得苗族女性为什么在这种环境下,因为不像东部地区经济发达,苗族女性在经济不发达的情况下,她那么坚持的努力,就是因为有个苗族的精神。因为苗族从黄河一直迁移到这个地方,是经过很多灾难,很多苦,所以她们骨子里面有那种吃苦的精神遗留下来。

(金XG"Ghuif",男,白午)

可以说金XG的母亲是一位典型的新时代舟溪妇女,她从小就受到家里的宠爱,在当时的社会背景下受到当地女性得到的最好的教育,凭借自己的能力和文化水平,她本可以走上仕途之路。当丈夫遭遇病魔,家庭濒临危难之时,她从一位不成熟的女性成长为一个内心坚强的母亲,通过帮人做苗衣服、学做生意、种西瓜、当妇女主任和妇女代表,到最后进厂打工,这整条路都是为了家庭和子女付出、努力的轨迹。正如"Ghuit"所说,因为骨子里有苗族精神,所以才鼓舞着很多像他母亲一样的舟溪妇女冲破生活的艰辛,继续坚强的面对现实。苗族妇女的能干,不仅体现在"女红"和打工上,她们在做这些事情的前提是家庭的和睦和子女的教育、未来。许多受过先进思想教育过的妇女,有着"知识改变命运"的观念,倾尽自己心血为子女的未来和教育付出很多艰辛。为了培养后代,她们要放弃很多东西,有时候甚至是个人幸福和未来。

我家有我和我弟弟两个崽,我比我弟弟大一岁。现在我弟弟没读书了,已经结婚,这种事情在我们那很正常。我那些好多同学都有孩子了。他老婆是黄平苗,是自由恋爱。因为我一直在读书,我妈妈一直找钱供我读书,她现在一直在家赶做她的苗衣服。弟媳是黄平苗,没有做这边的衣服,所以全部都靠我妈妈做。因为走客的时候要穿,而一套苗衣服穿一次两次就坏了,所以一个人至少要准备五六套。现在，我妈很忙的。又要给我找钱读书，又要给我们做苗衣服。我妈姐妹多，有大姨妈、大舅、小舅，一般我妈要做纺织这些的话就来找我大姨妈，我大姨住平中，离得也很近。

我小学是读"大中小学"，初中是读凯里六中，高中是读凯里一中，我能读的这么顺畅是因为我妈妈一直支持我读书。舟溪不是有个逸夫中学吗？我小学升初中的时候，我们老师讲逸夫中学很烂，所以建议我去凯里读书，然后我就去那边一直读书。我爸妈都很支持我读书。反正我家里没有那种重男轻女的思想和现象，我妈妈讲你能读就尽量去读，我们都支持你的。我们专业第一年学费我就交了六千多元钱，包括其他学杂费，现在纯学费都要3800元，可能明年我家要开始贷款了，但是即使是这样，我爸妈都很支持我读书。我妈妈除了在家干农活，平时都出去打工。她和我爸一起出去，因为我爸是起那种房子当搬工，他们现在就是给我找钱读书。爸妈对我和我弟弟很公平，如果我做错事情，我妈会骂我；如果是我弟做错了就骂他。最主要是做家务的时候我和我弟两个是分工的，我做一样他也要做一样，两个都是一起做的。

(吴MS，苗名"Wangt"，女，舟溪大中下寨，苗族，
1992年生，贵大生物专业学生)

我妈妈是从万潮嫁到舟溪来的，也是苗族。我家有我和我弟弟两个，我读大学，我弟读小学，因为要给我们找钱用，所以我妈没有时间给我做苗服。我的苗服都是我奶奶给我做的，我奶奶就是平中大寨的"Vouf loul maob"，已经七十多岁，村里人很尊重她。我爸妈为了给我们一个学校环境好的地方，就从舟溪搬到了贵阳来，在这边租个门面做起了火锅生意。我妈一点都没读过书，所以没会讲好多客话，只有我爸会讲多点。你想一个客话都没会讲的妇女，连上街都会迷路，和我爸来到这里，还是不容易的。平时店里菜和招呼生意都是我爸负责，我妈就负责在厨房干活，很少出来。我爸妈为了节省生活费，没有再多租一间房子来睡觉，就直接在店铺打地铺睡觉，夏天那个晚上蚊子又多，冬天地上又冷，就这样坚持了两三年了。我妈他们太苦了，我想等我以后读出来好好挣钱养他们。

我还想读研，没晓得考没考的起。

（杨 L，苗名"Mant"女，舟溪苗族，
1990 年生，贵州民院艺术系学生）

吴 MS 和杨 L 都是从舟溪走出来的女大学生，她们都是家中长女，下面都有一个弟弟。她们的父母都意识到，"知识改变命运"的重要性，虽然她们的母亲都没有文化，却同样选择支持女儿读书的决定。正如"Ghuif"所说的一样：父母的意识决定孩子的命运。她们生活在健全的家庭中，享受着父母的关爱，这样两性和睦的家庭给予孩子最大的精神支持。

我们这里离婚的也有，以前是没有的，到了20世纪90年代他们就开始说凯里离婚的人开始好多哦。现在离婚的女的也多起来，但是也没觉得有多苦，我们看起那些人来也很正常，该吃就吃该过就过的。我上面有个伯伯他姨家有个妹妹，原来是舟溪大中村的，嫁到丹寨去，老公是开长途汽车的，从凯里到广东的客车那种，开一趟车子去就要一个多星期回来，赚好多钱。后来她老公就开始在外面乱嫖，常常不回家，还带那种小姐回家嫖，后面这个妹晓得后就和她老公闹翻了。那男的就打她，打得耳朵流血，到处鼻青脸肿的。后来，那妹和老公离婚了，当时是已经有两个姑娘了的，她后来改嫁到我们这里的青井寨，"Gab bil jef"那里，自己也会开车，所以现在就开始做生意了。她孩子也带的很好，一起跟着过来。我家爸爸在我出生六个月的时候就去世了，我妈妈带着我和我哥哥从枫堂那里改嫁到这里的李家坡。我新爸爸也是对我们好，我妈妈没有再要孩子了，因为我新爸爸也有自己的孩子，双方各自都有自己的孩子，我们是个重组的家庭。

（"Menb aox"，女，茶园寨）

我们那边也有离婚的，年轻人。因为我们那边搞经济开发区，经济好起来后，男的什么事情都不做，反正家里有个几十万，他就到处玩耍、赌博、吃老本，会引起家里矛盾的。有些女的实在受不了就离婚了。离婚的女人，一般是改嫁，现在她们基本是初中文化以上。也有为了子女没有改嫁的妇女，怕子女到别家受冷落。我妈

有个朋友，她家姐就是这样的。她们大中那边，她老公以前是因为生病，所以去世以后她一直没肯改嫁，好多人帮她介绍不错的人，她就不愿意改嫁。她当时就讲一句，为了她那两个崽。她家关系比较好，她家叔叔经常来帮她干活，还拿钱给两个崽。再加上她自己种蔬菜、大米，生活就这样维持下去了，孩子上小学义务教育也没花好多钱。

在舟溪青曼我认识个很小的女生，是我朋友。她家有三个兄妹，她妈有她和一个小弟和一个上小学的妹。她是因为家庭经济不好所以选择读职业技术学院，没读高中。她爸也是生病去世了，她家还有爷爷、奶奶。她妈为了三个崽，又为了照顾爷爷、奶奶，因为他家没有叔，他妈也没有改嫁，一个人。她妈先把家里农活干得差不多了，就到外面去打工；每到收获的季节，她妈就从外省回来喊人帮忙，把家里经济作物收割好后，又出去打工。她妈是这种循环的。她妈也不容易，有时在广东打工，有时在凯里打工，经常往外地跑。两个老人都是身体不好的，都是七十岁左右。上次她妈去打工，刚好找到个比较好的工作，才上了一个多月的班，就因为爷爷生病老火很，就辞职放弃了工作，然后拿了一个月工资就回来照顾，弄好后又回去。所以，苗族女性中至少有部分是很坚强的。

（金XG，男，贵大中文系，苗族）

那些遭遇感情变故或丈夫离世而成为单身的苗族妇女，一般都会选择再嫁，这样才能让生活变的好一点，"Menb aox"的母亲就是这样的例子。但是也有那么一部分的苗族妇女，为了自己的儿女和家庭，选择一个人承担一切。这样的母亲无疑是伟大而坚强的，她们承担子女和家中老人的生活，面对社会中各种困难险阻。没有任何文化背景和人脉关系的苗族妇女，甘愿只身前往都市打工，为了下一代的未来。在舟溪，这样的妇女不是少数，而是绝大多数。她们没有发扬自己民族的传统技艺，也不是"文化织手"，却做起了下一代教育的榜样。为了下一代的文化教育，她们情愿自己受苦出外打工，没有丈夫、亲人的帮助。来到大城市，过着与苗寨不一样的生活方式和规律，舟溪妇女也做着自己的文化调适，使自己尽快地适应这座城市。因此，她们是伟大而坚定的；这样的妇女如果内心不足够强大，是不可能撑起一个家庭的。

结论与反思

本文通过将舟溪苗族妇女纺织及纺织文化放置于社会性别的语境中进行考察，采用女性主义口述访谈法进入舟溪苗族纺织文化，并结合人类学传统的参与性观察进行调查研究。在舟溪苗族社会大变迁的背景下，舟溪苗族纺织及文化发生着改变，性别分工也发生改变，阐述苗族妇女社会性别意识的表现及苗族两性关系的变化。舟溪苗族纺织文化塑造着舟溪苗族纺织女性的世界；同时，舟溪社会文化的变迁同样改变着舟溪男女两性的性别关系和性别角色。为了适应文化社会的转型，舟溪妇女从不同方面进行文化调适，她们不仅从纺织中寻找到自己的价值所在，也在其他更多选择的道路上寻找自我，达到经济和精神上的独立。在社会文化建构的当代性别文化中，男女两性必须打破男女二元对立的旧有观念，摆脱敌对的性别划分，消除在两性对立基础上的社会意识、思维模式和价值标准，建构起平等、互补的性别文化。

第一节 社会文化建构社会性别

"在我们汉文化或者大多数文化中，性别变成一个非常有意义的差异，整个社会围绕这个差异组织起来，并不断制造这个差异的文化意义，这就是社会性别制度；而人类社会最基本的社会性别制度，跟经济制度、政治制度都是有密切联系的，相互交叉的。"[1] 性别既不是由"生物决定论"所划分，也不是人类生活中固定的男女二分法的表现，而是人们在社会配置、日常生活与实践中的一种模式；性别关系配置由社会性所决定，随着人类行为产生新的情况或是随着社会结构发展出新的趋势，这些配置以及所涉及的关系就会被改变。性别意识与性别角色也不是与生俱来，而是由社会文化所规范建构，是与文化观念、社会体系相互关联的，性别分工可以在社会文化的变化中改变。即社会文化建构性别。正如王政教授所说，"从社会、文化、政治、经济

---

[1] 王政. 越界——跨越文化女权实验[M]. 天津：天津人民出版社，2004：135.

全方位地考察社会性别等级制的建立和巩固以及社会性别等级制同其他等级制之间的交叉关系，推动了这个学术领域的不断发展"。❶

舟溪的社会性别意识，在苗族纺织文化中得到体现，并随着纺织文化的变迁而改变着、重构着两性关系。在舟溪的纺织文化中，我们可以看到苗族妇女的坚定和吃苦耐劳的性格特征，她们用属于自己的欢乐去填补着生活和纺织中的艰辛、困难。正是这种苗族精神，支持着苗族妇女怀揣着坚定的信念在坎坷的人生中进行不同的选择。纺织文化，象征着舟溪妇女坚韧不拔、面向希望的精神境界。舟溪妇女是舟溪纺织文化的主体。舟溪的社会性别制度，不仅在舟溪纺织文化中有所体现，它与整个苗族社会的文化、政治、经济各个方面都有关联，可以说，社会文化建构着舟溪的社会性别。当社会发生变迁，男女两性不得不面对性别分工的改变，进行着自我文化适应，不得不重新选择生活和就业的渠道。在这个文化适应的过程中，舟溪妇女面临着各种选择：在家务农，外出和本地打工，苗族纺织品经营和制作等。她们坚定的毅力和信念，促使着她们在不同的道路中获得不同程度的成功，其结果是获得经济上的独立。她们可以在经济上不依附于男性，并且在精神上得到充实，这正是苗族妇女发挥主观能动性的结果。

性别分工的变化也影响着社会文化，譬如妇女角色的改变对纺织及纺织文化的影响。经济基础决定上层建筑，即物质形态决定意识形态，但意识形态也一定程度影响物质形态。当舟溪妇女从家庭作坊中走出来，走向社会公共领域，从事各种各样的职业，展现自己的聪明才智。作为苗族传统文化显性象征的纺织技艺，苗族妇女的角色在市场化进程中发生转换，一定程度上展现了舟溪妇女身上多姿多彩的更多面。但另一方面，大量劳动力的集中转移，纺织作坊也面临着生存抉择。性别的分工的变化也影响纺织文化，二者的关系是相互影响的。

第二节 变迁中舟溪的文化传承困扰

当前全球化资本已经进入舟溪苗族传统社会，舟溪正在以前所未有的速

---

❶ 王政. 越界——跨越文化女权实验[M]. 天津：天津人民出版社，2004：189.

度发生着变革。舟溪苗族传统社会内部充斥着现代性与传统性，两者不断发生融合与摩擦。人们不断地适应转型期的舟溪。在这个过程中，显现出了很多问题。譬如，随着人们价值观的改变，越来越多的年轻人离开舟溪走向大都市，有学习、打工和上班；许多年轻女性不愿学习舟溪的传统纺织工艺。人们宁愿将挣来的钱拿去买苗服，也不愿花费大量时间耗费在纺织上。现在，舟溪传统纺织工艺的传承人，主要是30岁到50岁年龄段的一小部分妇女，她们不仅是舟溪辉煌纺织技术的传承人，也是舟溪纺织文化的未来和希望。再过50年，当这批中间力量消失后，舟溪的年轻人都走到大城市，许多舟溪"苗二代"[1]过着城市生活，大多数从小生活在城市，那么本土苗族文化还所剩多少，舟溪苗族纺织文化将走向一个不确定性的时代。

> 我们这里的土地已经有好多都被政府征收回去，那片土地这几年是种荷花，可能再过三五年，就要承包给外面的大老板盖房子了。这边不是说建成像西江一样的旅游区嘛，所以盖房子来发展旅游业吧。到时候我们的土地估计要全部征收回去，那我们真的不知道该吃什么了。可能政府会有其他办法吧。
>
> （"Menb aox"，女，茶园寨）

> 我觉得去年政府搞的那个"舟溪国际芦笙节"的起圣笙仪式，这种东西一点都不符合少数民族的地方特色。而且我个人觉得最差的一点就是他们政府在鸭塘那里不是设了一块宣传的牌匾，写着"甘囊香欢迎您"那里，他们应该先用苗文写出来，然后用汉语写，最后标注英语。结果上面苗文都没有，所以我觉得很诧异。你要搞苗族特色，就该写苗文，不管外面的人进来看懂没懂，至少他会觉得这个是真正的苗族东西。
>
> （金XG，男，白午）

在文化宣传上，政府过多地关注于当前利益，将大量土地承包给外商，大量农民失去土地后将失去生活来源保障，更多的农民选择外出打工这条路。政府将自身主体意识强硬插入当地文化建设中，在建设"舟溪国际芦笙节"

---

[1] 苗族的第二代子女，生活在城市里，远离苗族村寨。

的时候，忽略了苗族传统文化本质和精神，伪造出一些本地苗族无法理解的表演仪式和活动。政府过多将旅游当作挣钱的途径后，往往会忽略舟溪老百姓真正的实惠和需要，带来的后果将是无法估量。舟溪本地老百姓对舟溪的未来无法预测，他们对自己的未来感到迷茫和不知所措。这是我们需要深刻反思的问题，在旅游成为苗族地区争先恐后开发的主要经济产业时，作为当地传统文化遗产资源主体的苗族老百姓，不能被官方和投资的商家排斥成为被动边缘的客体。资本全球化的分工逼使凯里市及其舟溪地区只能走旅游发展之路。舟溪苗族传统纺织文化是舟溪旅游开发的"二宝"之一，离开"二宝"传统资源的创新利用，就谈不上凯里市及其舟溪的旅游发展，传承与创新"舟溪二宝"，离开舟溪苗族的女人和男人只能是空谈。可以预见，在正确发展路线的引导下舟溪苗族妇女纺织文化将会以新的面貌在全球化和现代化的进程中亮丽地向世人展现。

参考文献

[1] [日] 鸟居龙藏. 苗族调查报告 [M]. 贵阳：贵州大学出版社，2014.

[2] [美] 白馥兰. 技术与性别：晚期帝制中国的权力经纬 [M]. 江湄，邓京力，译，南京：江苏人民出版社，2006.

[3] [日] 鸟丸贞惠（Sadae Torimaru）. 织就岁月的人们 [M]. 西日本新闻社，2006.

[4] 李仁溥所. 中国古代纺织史稿 [M]. 长沙：岳麓书社，1983.

[5] 戴争. 中国古代服饰简史 [M]. 北京：中国轻工业出版社，1988.

[6] 赵翰生. 中国古代纺织与印染 [M]，北京：商务印书馆，1997.

[7] 孟宪文，班中考. 中国纺织文化概论 [M]. 北京：中国纺织出版社，2000.

[8] 《后汉书》卷八十六，南蛮西南夷传 [M]. 北京：中华书局，1973.

[9] （明）沈庠，（明）赵瓒等纂修. 贵州图经新志卷11.

[10] 徐家干. 苗疆见闻录 [M]. 上海：上海古籍书店，1979.

[11] 郭子章. 黔记卷五十八·诸夷 [M]. 贵州省图书馆藏复制油印本，1966.

[12] 杨正文. 苗族服饰文化 [M]. 贵阳：贵州民族出版社，1998.

[13] 中共贵州省铜仁地委办公室档案室. 贵州省铜仁地区志·党群编辑室整理. 铜仁府志（据民国缩印本点校）. 1992.

[14] 吴泽霖. 贵州短裙黑苗的概括//吴泽霖，陈国钧，等. 贵州苗夷社会研究 [M]. 北京：民族出版社，2003.

[15] 陈国钧. 苗夷族妇女的特质//吴泽霖, 陈国钧, 等. 贵州苗夷社会研究 [M]. 北京: 民族出版社, 2003.

[16] 杨昌国. 苗族服饰的人类学探索 [M]. 北京: 中央文献出版社, 2007.

[17] 吕胜中. 广西民族风俗艺术卷二娃崽背带 [M]. 南宁: 广西美术出版社, 2001.

[18] 中科院民族研究所贵州少数民族社会历史调查组. 贵州省黔东南舟溪地区苗族的生活习俗 [M]. 1963.

[19] 吴泽霖. 吴泽霖民族研究文集 [M]. 北京: 民族出版社, 1991.

[20] 杨培德. 苗族民间美术的审美特征和文化内涵——以黔东南苗族服饰、刺绣和蜡染为例. 中国苗族网, 2010. http: //www.chinamzw.com/WebArticle/ShowContent? ID=177.

[21] 古文凤. 云南苗族妇女的性别角色与自我意识初探 [J]. 民族学, 1992 (2).

[22] 古文凤. 民族文化的织手 [M]. 昆明: 云南教育出版社, 1995.

[23] 王慧琴. 苗族女性文化 [M]. 北京: 北京大学出版社, 1995.

[24] 张晓. 西江苗族妇女口述史研究 [M]. 贵阳: 贵州人民出版社, 1997.

[25] 张晓. 妇女小群体与服饰文化传承——以贵州西江苗族为例 [J]. 贵州大学学报 (艺术版), 2000 (4).

[26] 张晓, 徐午, 等. 社会性别民族与社区发展研究文集 [M]. 贵阳: 贵州人民出版社, 2003.

[27] 云南社会性别与发展小组. 参与性发展中的社会性别足迹 [M]. 北京: 中国社会科学出版社, 2005.

[28] 张晓. "好女人"的建构——以西江苗寨的一个家庭为例 [M]. 贵阳: 贵州大学出版社, 2008.

[29] 王金玲, 林维红. 性别视角: 生活与身体 [M]. 北京: 社会科学文献出版社, 2009.

[30] 杜芳琴, 王向贤. 妇女与社会性别研究在中国: 1987—2003 [M]. 天津: 天津人民出版社, 2003.

[31] 王政, 杜芳琴. 社会性别研究选译 [M]. 贵阳: 贵州人民出版社, 2003.

[32] 张晓, 张寒梅. 文化多样性与社会性别行动研究文集 [M]. 北京: 中国言实出版社, 2007.

[33] 马元曦, 康宏锦. 社会性别·族裔·社区发展 [M]. 北京: 中国书籍出版社, 2001.

[34] 沈奕斐. 被建构的女性: 当代社会性别理论 [M]. 上海: 上海人民出版社, 2005.

[35] 王政. 国外学者对中国妇女和社会性别研究的现状 [J]. 山西师范大学报, 1997

(4).

[36] 海力波. 从本质界定、功能分析到意义认知：审美人类学的研究历程 [J]. 广西民族学院学报, 2004 (5).

[37] 吴德海. 漫谈舟溪芦笙会 [J]. 苗学天地, 2010 (8).

[38] 杨文瑞. 舟溪神韵知多少 [J]. 苗学天地, 2010 (3).

[39] 中国科学院民族研究所贵州少数民族社会历史调查组, 中国科学院贵州分院民族研究所. 贵州省黔东南舟溪地区苗族的生活习俗 [M]. 中国科学院民族研究所贵州少数民族社会历史调查组, 中国科学院贵州分院民族研究所, 1963.

[40] 贵州省少数民族古籍整理出版规划小组办公室. 燕宝, 整理译注. 苗族古歌 [M]. 贵阳: 贵州民族出版社, 1993.

[41] 吴一文, 覃东平. 苗族古歌与苗族历史文化研究 [M]. 贵阳: 贵州民族出版社, 2000.

[42] 费孝通. 生育制度 [M]. 天津: 天津人民出版社, 1981.

[43] 黔东南苗族侗族自治州民间事务委员会等. 苗族民间文学资料集 第一集 [M]. 1984.

[44] 杨正文. 现代性困惑：中国少数民族传统女红工艺的没落//张晓, 徐午, 等. 社会性别·民族·社区发展研究文集 [M]. 贵阳: 贵州人民出版社, 2003.

[45] 黔东南苗族侗族自治州地方志编纂委员会. 黔东南州志 乡镇企业志 [M]. 贵州人民出版社, 1994.

[46] 罗长江. 西蒙·波伏娃 [M]. 沈阳: 辽海出版社, 1998.

[47] 徐杰舜. 走在乡间的小路上 [M]. 哈尔滨: 黑龙江人民出版社, 2005.

[48] 王政. 越界——跨越文化女权实验 [M]. 天津: 天津人民出版社, 2004.